暨南大学港澳研究丛书

"暨南大学高水平大学建设学科建设项目——应用经济学之一"经费资助

转型时期的澳门经济

Macau's Economy
in Transition

冯邦彦　著

暨南大学出版社
JINAN UNIVERSITY PRESS

中国·广州

图书在版编目（CIP）数据

转型时期的澳门经济/冯邦彦著 . —广州：暨南大学出版社，2019. 11
（暨南大学港澳研究丛书）
ISBN 978 - 7 - 5668 - 2675 - 6

Ⅰ.①转…　Ⅱ.①冯…　Ⅲ.①区域经济发展—研究—澳门　Ⅳ.①F127.659

中国版本图书馆 CIP 数据核字（2019）第 144953 号

转型时期的澳门经济
ZHUANXING SHIQI DE AOMEN JINGJI
著　者：冯邦彦

出 版 人：徐义雄
责任编辑：曾鑫华　高　婷
责任校对：邓丽藤
责任印制：汤慧君　周一丹

出版发行：暨南大学出版社（510630）
电　　话：总编室（8620）85221601
　　　　　营销部（8620）85225284　85228291　85228292（邮购）
传　　真：（8620）85221583（办公室）　85223774（营销部）
网　　址：http://www.jnupress.com
排　　版：广州市天河星辰文化发展部照排中心
印　　刷：佛山市浩文彩色印刷有限公司
开　　本：787mm × 1092mm　1/16
印　　张：19.5
字　　数：350 千
版　　次：2019 年 11 月第 1 版
印　　次：2019 年 11 月第 1 次
定　　价：68.00 元

（暨大版图书如有印装质量问题，请与出版社总编室联系调换）

前　言

　　我对澳门经济的研究起步稍晚。1987年9月，我应聘到香港东南经济信息中心工作。翌年仲夏，我从港岛信德中心港澳码头乘船到澳门东亚大学（澳门大学前身）参加一个学术研讨会。会后我从澳门东亚大学徒步走过嘉乐庇总督大桥，进入澳门半岛来到亚洲最具规模的赌场——葡京娱乐场。记得当时，我围绕葡京转了一圈仍犹豫不决，没有贸然进入。我找了附近一位当地老者，小心翼翼地问他：可以进去吗？老者大笑曰：当然可以，不过你要注意，里面三山五岳的人马都有。葡京娱乐场人头攒动、气氛紧张刺激的场面，以及它的喧闹、杂乱、奇特、陈旧等都给我留下了深刻的印象。后来我还到了具有浓厚欧陆色彩的南湾海旁，游览了西湾主教山、议事亭前地以及著名的圣保禄教堂遗迹——大三巴牌坊。这是我首次踏足澳门。我当时的感觉是：这是一个与香港有很大差别的地方，或者说是一个具有浓厚欧陆风情的博彩小镇。

　　1991年初春，我因为工作关系再次从香港来到澳门。当时，澳门经济正处于一派繁荣之中，一系列大型基础建设工程正相继动工兴建，地价、楼价节节飙升。然而，记忆犹新的却是美国麦健士公司（Mckinsey & Company）刚发表的研究报告——《澳门未来十年发展前景》。该报告以明确无误的语调指出："澳门已处于其发展的转折点。其一直采取的'随波逐流'（Ride with the Tide）的发展模式，迄今已走到尽头。一些重大的、结构性的不利情况已在影响澳门的经济。"数年之后，我才深刻地体会到，这实际上是对澳门的传统经济发展模式和当时的繁荣盛世敲响的第一声警钟。

　　如果说第一次到澳门给我留下的只是一种表面的感性认识，那么1991年初春的第二次澳门之行，则使我对澳门经济有了更深入的了解。当时，我正对香港的资本财团展开研究，其中就包括对何鸿燊财团的研究。何鸿燊是澳门旅游娱乐有限公司的大股东和掌门人，而澳门旅游娱乐有限公司垄断了整个澳门博彩业的经营权。为了调查澳门博彩业的发展情况，我走访了澳门相关机构，包括新华通讯社澳门分社、中国银行澳门分行研究部、南光公司研究部、澳门基本法协进会等机构并撰写了相关的研究报告。这次澳门调研引发了我对澳门经济的浓厚兴趣，为后来的研究打下了基础。

1994年底，我回到暨南大学特区港澳经济研究所工作。不久，全国港澳经济研究会兼广东港澳经济研究会副会长周唯平教授计划组团与澳门经济学会合作，共同调研澳门经济问题。周唯平教授邀请我参加调研小组，我欣然接受。由于得到澳门经济学会的支持，我们有机会接触到澳门社会的方方面面，调查了澳门经济的各个领域。我们一行数人走访了众多相关机构，见到了后来出任澳门特区政府首任行政长官的何厚铧先生，认识了澳门宝法德玩具有限公司常务董事杨俊文博士、汇业集团董事长区宗杰先生、胜生企业有限公司董事长梁维特先生、澳门经济学会副会长杨允中博士、理事长刘本立先生、澳门基本法协进会高展鸿先生等一批澳门知名人士，与他们的接触、沟通使我对澳门经济、社会有了更进一步的认识。1997年3月，我们课题组完成了题为"澳门经济发展的若干策略"的研究报告。该研究报告曾在澳门社会引起广泛反响。当时，澳门经济实际上已开始衰退。

澳门回归前后的几年间，我曾先后多次较长时间到澳门从事调查研究，参与了当时澳门的一些知名社团组织的研究课题，包括澳门经济学会、澳门发展策略研究中心的一些研究课题。其时，席卷亚洲的金融危机已蹂躏东南亚诸国，连刚回归祖国不久的香港亦未能幸免。受外围经济影响，澳门经济衰退加深，市民对回归祖国的期待更加迫切。澳门回归祖国后，其经济将如何走出低谷，并再创繁荣，已成为澳门社会各界普遍关注的焦点。在此期间，我查阅了大量澳门经济的相关资料，拜访了不少相关的澳门机构、企业，走遍了澳门的大街小巷。我还从澳门特区政府有关部门获得了一批珍贵的图片、数据。在此基础上，我撰写了30万字的《澳门概论》一书，于1999年5月在香港三联书店出版。该书于2005年被澳门基金会评为"澳门首届社会科学哲学优秀成果著作类一等奖"。

澳门回归后，我一直跟踪研究澳门经济的发展、转型，期间从未中断。转眼间，澳门即将迎来回归20周年。为此，我计划将过去多年来撰写并发表的有关澳门经济的论文结集成书，定名为"转型时期的澳门经济"，以与2017年出版的《转型时期的香港经济》相呼应。全书共分四编，分别从整体经济发展，产业发展与适度多元化，资本财团、财政与金融，以及粤澳合作与横琴开发四个方面，回顾过去澳门经济的发展与转型，并提出澳门经济未来发展的一些方向和趋势。本书的部分论文内容有所增删，但我尽量保持它们原来的面貌。

第一编"整体经济发展"共收录了7篇论文,包括《澳门与香港两地经济、社会、政治的差异比较》《澳门经济发展模式反思与发展路向探索》《回归十年:澳门经济的成就与深层次矛盾》《当前澳门经济存在的主要问题与对策》《港珠澳大桥建设与澳门战略地位的提升》《香港与澳门产业结构比较研究》及《回归以来香港与澳门经济发展比较》,主要分析了澳门与香港在经济、社会、政治等方面的异同,并根据澳门在资源禀赋方面的比较优势提出澳门在回归后经济发展的主导产业和战略定位——"以综合性旅游博彩业和中介性商贸服务业为主导产业",发展成为"亚洲的拉斯维加斯"和"中介性的国际商贸服务城市"。此一提法很可能成为目前澳门经济发展的两大定位——"世界旅游休闲中心"和"中葡商贸合作服务平台"的最早溯源之一。本编还深入剖析了回归以来澳门经济发展的总体态势、所取得的成绩、存在的深层次矛盾与问题以及澳门与香港的经济发展比较等,可视为全书的总论。

第二编"产业发展与适度多元化"共收录了7篇论文,包括《澳门博彩业开放的经济效应分析及存在问题思考》《微型经济产业结构演变:理论研究与实证分析》《微型经济体产业适度多元化理论与实证研究:以澳门为例》《澳门经济适度多元化的路向与政策研究》《借鉴淡马锡控股经验,设立主权财富基金——澳门经济适度多元化的新选择》《澳门建设"世界旅游休闲中心"的战略内涵与发展策略》《澳门经济适度多元化的评估与策略》,主要从产业发展的视角,深入分析了在博彩专营权开放的背景下,澳门博彩业快速发展所产生的经济社会效应及面临的潜在风险,特别是深入分析了博彩业"一业独大"所产生的"挤出效应"和"马太效应",并进一步深入研究了澳门作为微型经济体在推进经济适度多元化方面的基本路径和相关策略,包括"主导产业的垂直多元化:推动旅游博彩业向旅游休闲业发展""围绕'中葡商贸合作服务平台'建设,大力培养和发展现代服务业,推动经济横向多元化发展""积极参与横琴开发,实现横琴与澳门产业的对接和错位发展,形成区域经济适度多元化",以及"借鉴淡马锡经验,设立主权财富基金"四个方面。本编重点分析澳门经济在产业发展方面的转型。

第三编"资本财团、财政与金融"共收录了7篇论文,包括《回归前澳门资本结构的基本特点》《澳门博彩财团的历史演变与发展现状》《回归以来澳门特区政府财政政策分析》《澳门的货币发行制度》《澳门银行业的发展与特点》《澳门金融业的战略定位:中葡商贸合作的金融服务平台》

《新时期澳门金融业的战略定位与特色金融的发展》，主要分析了回归前后澳门资本结构的基本特点，澳门博彩财团的历史演变与在博彩经营权开放和博彩经营权中期检讨背景下博彩财团的发展现状与发展策略。同时，分析了回归以来澳门特区政府的财政政策，包括财政收入、财政支出、财政储备、财政管理等方面的情况；分析了澳门特区的货币发行制度和银行业的发展历史、发展现状与特点，并深入研究了在新的历史发展时期澳门金融业的发展定位和特色金融业的发展策略。我认为当前澳门金融业的发展定位，可确定为"区域性商贸合作的金融服务平台"，并应加强在融资租赁、资产管理、债券发行等特色金融领域的发展，以推动澳门经济的适度多元化。本编重点分析澳门经济在资本财团、财政、金融方面的转型。

第四编"粤澳合作与横琴开发"共收录了7篇论文，包括《粤澳经济合作的回顾与前瞻》《以横琴开发为纽带，推进粤澳区域合作》《粤澳合作开发横琴："五平方公里"做文章》《粤澳合作开发横琴的几个关键问题与政策思考》《CEPA实施、服务贸易自由化与澳门经济适度多元化》《横琴开发与澳门企业的发展商机》《从"合作开发"横琴看澳门参与区域合作的模式创新》，主要分析回归以来澳门与毗邻的广东珠三角地区之间的经济合作，包括在CEPA框架下粤澳经济合作的发展进展，其中重点研究了粤澳双方在珠海横琴新区的合作开发方面所面临的发展机遇、合作重点及所存在的问题。在此基础上，提出了澳门作为微型经济体在参与区域合作方面的总体发展思路、发展战略目标和合作模式的创新。本编重点分析了澳门在参与区域合作方面的转型发展。

以上是本书的一个基本脉络。本书的出版，首先要衷心感谢暨南大学经济学院院长刘少波、副院长刘金山和特区港澳经济研究所所长钟韵的鼎力支持；衷心感谢暨南大学出版社经济与管理事业部主任曾鑫华编辑和高婷编辑的辛勤劳动和专业编审，若没有他们的大力协助，本书实难以顺利出版。

诚然，由于笔者水平所限，书中可能有不少错漏之处，恳请读者批评、指正。

冯邦彦谨识
2019 年 2 月

目录
Contents

第一编 整体经济发展

澳门与香港两地经济、
社会、政治的差异比较

  长期以来,澳门和香港一样,都是中国领土中被外国管治的地区,它们同属海岛型经济体系,都实行自由港政策、简单而低税率的税制,两地之间存在不少相同之处。因此,它们通常被内地合称为"港澳地区"。然而,两地之间其实差别很大,就人口、土地面积等而言,1997年澳门人口为42.2万人,土地面积21.45平方公里,仅分别是香港的6.5%和2.0%;以当年价格计算,1997年澳门本地生产总值为584.7亿澳门元,折算为港元仅为香港的5.3%。就比较优势来看,香港的优势是全面的,澳门亦有其独特的优势。双方的差异主要表现在以下几个方面:

  (1)香港是国际著名的商业大都会、现代化全方位对外开放的自由资本主义经济体系;而澳门则主要是区域性的旅游博彩城市,以及周边地区的后勤服务基地,资本主义经济尚未达到现代化的水平,国际化程度不高。

  (2)香港是亚太区国际金融中心,香港的货币金融体系已较健全、完整,金融市场发达,金融工具众多,外汇储备雄厚,财政稳健;而澳门的货币金融体系相对较薄弱、单一,对香港的依赖性强。

  (3)香港凭借着世界三大天然良港之一的优势,充分发挥自由港的功能,是中国内地乃至亚太区最重要的贸易转口港,与国际市场保持着极密切的商业、贸易、航运联系;而澳门则因缺乏深水港,其自由港的优势长期受到制约,必须借助香港为中转港。

  (4)香港和澳门的国际联系面各有侧重,香港在国际经济中的联系是全球性的,但侧重美国、日本、欧洲及东南亚;而澳门则因与葡萄牙的关系,其国际联系面侧重于欧盟、葡语国家以及东南亚,有其特定的潜在优势。

  (5)香港与澳门的经济均已转向服务经济,但香港的经济结构仍呈多元化,金融、贸易、地产、旅游以及信息业等均较发达;而澳门的经济结构则相对较单一,1997年仅旅游博彩业在澳门本地生产总值中所占比重已高达45%,正如美国麦健士公司的研究报告所指出,澳门经济结构呈现出"极性"的特点。

（6）与香港相比，澳门开埠的历史更悠久。它在历史上曾是中西文化、宗教长期交汇的城市，具有"博物馆"式的都市风貌和丰富的历史文化遗产。与生活节奏快速的香港相比，澳门弥漫着欧陆小镇的悠闲情调。而且，澳门的博彩业早已闻名于世，享有"东方蒙特卡洛"之称，长期以来都是周边地区的旅游博彩胜地。因此，澳门更具有发展旅游博彩业的优势。

（7）与营商成本相当高昂的香港相比，澳门具有低成本的优势。据估计，澳门的生活费用只是香港的40%左右，地价和租金约为香港的17%，雇员工资也只是香港的40%左右，澳门还有一套比较灵活的劳工输入制度。

（8）香港与华南地区经济的合作和融合程度较高，经过多年的发展，双方已形成"前店后厂"的分工格局，香港在整个区域分工格局中处于商业大都会和服务中心的战略地位；而澳门与毗邻的珠海，在进入20世纪90年代以来反而逐步凸显其竞争性。其中的重要原因之一是澳门经济体量细小，特别是缺乏深水港，无法与其背后的经济腹地，尤其是珠海、珠江三角洲西部以及西江中下游地区形成紧密的战略联系。不过，自从1995年底澳门国际机场落成并启用后，情况已开始改善，澳门作为台湾与内地的中转站的角色开始凸显。

（9）香港自20世纪70年代以来已逐步形成了一套较为完善的政府行政架构和公务员制度，形成了一支素质较高的公务员队伍；而澳门在葡萄牙的管制下，引进了一套葡式体制和公共行政架构，中高级公务员本地化进展迟缓。因此，澳门现行体制仍存在着行政效率低下等问题。

（10）香港已形成现代化法制和法治环境，其经济方面的法律适应香港作为现代商业大都会的发展；而澳门则实行源自葡萄牙的大陆法体系，其经济方面的法律仍滞后于社会经济的发展，法治环境尚未形成。

（11）在种种因素的推动下，香港在过渡时期已初步形成政党政治的趋势，政党政治的影响力正逐步上升；而澳门社会的特色则是社团政治，其中，中总、工总、街总等亲中社团在政治生活中具有重要的影响力。

（12）与香港相比，澳门市民的国家、民族观念似乎更浓厚，在对待回归问题上，香港部分市民持疑虑的心态，而澳门市民则普遍持期待心态，希望回归成为澳门政治、经济进入一个新时期的转折点。

［原文摘自《澳门概论》序言，三联书店（香港）有限公司，1999年］

澳门经济发展模式反思与发展路向探索

踏入过渡时期以后，澳门经济的平稳过渡成为瞩目的社会问题。澳门经济自 1993 年开始放缓之后日渐陷入不景气之中，在经济持续增长数十年后，1996 年首次出现负增长。1997 年以来，受到外部亚洲金融风暴的冲击和内部治安日趋恶化的影响，澳门经济的衰退从地产建筑业、出口加工业逐渐扩散到旅游博彩业以至其他各重要产业，正面对前所未有的困局。

目前，澳门的回归已日渐迫近，澳门即将进入一个崭新的历史新纪元。在新的历史时期，澳门经济将如何再创繁荣，这是未来澳门特区政府所面对的最大挑战。因此，澳门在新时期的经济发展模式和经济的发展路向，将再度成为澳门社会各界关注的焦点。

一、经济发展模式的反思

对于澳门经济发展模式的研究，其实是从 1990 年澳葡政府委托著名的美国麦健士公司就澳门中期经济发展规划所作的研究报告《澳门未来十年发展前景》开始的。其后，较有影响的尚有 1994 年中国国家科委专家组的《澳门高技术产业发展之路》、1997 年广东港澳经济研究会和澳门经济学会联合课题组的《澳门经济发展的若干策略》，以及 1998 年吴立胜、曾国坚主编的《平稳与繁荣——澳门跨世纪经济发展战略研究》。这些研究报告实际上都对澳门新时期经济发展模式作了颇有深度的研究。

1. "地区性的战略枢纽" 的反思

揭开这一研究序幕的，是 1990 年底美国麦健士公司发表的《澳门未来十年发展前景》。该研究报告开宗明义指出："澳门已处于其发展的转折点。其一直采取的'随波逐流'（Ride with the Tide）的发展模式，迄今已走到尽头。一些重大的、结构性的不利情况已在影响澳门的经济。"① 这是对当时仍呈现一派繁盛景象的澳门经济敲响的第一声警钟。通过事后分析，这种判断至今仍然是相当深刻、中肯的。该报告认为澳门应趁当前大

---

① 美国麦健士公司. 澳门未来十年发展前景［N］. 周筠，译. 澳门日报，1990 – 12 – 10.

规模发展基础建设的有利时机，重新确定经济发展的路向，而最佳的选择就是利用"靠近增长中的有潜力的、吸引人的华南经济"这种战略竞争优势，争取发展成"地区性的战略枢纽"。① 这是麦健士公司对澳门经济的明确定位。可惜的是，该报告并无具体阐述这一定位的真正内涵，这是它的不足。不少人因而将所谓"地区性的战略枢纽"误解为华南地区的制造业中心。例如，有评论就批评："如果像麦健士公司建议的那样，把澳门未来经济的希望寄予工业，而又将工业发展的重点确定为，以内地特别是华南地区为目标市场，引进技术、资金，建立中等技术、有较高附加值产品又是中国所需的工业，这是很难实现的。"②

综观整份报告，所谓"地区性的战略枢纽"的内涵，不仅包括制造业，而且包括服务业以及其中的旅游博彩业。该报告认为，澳门要成为"地区性的战略枢纽"，就必须采取短期防御性措施和长期进攻性策略相结合的方针。从短期来讲，必须保护现有的核心行业，包括制造业的纺织制衣业、玩具业，以及服务业的旅游博彩业。该报告明确表示："在服务行业，旅游业将是保护性行动的焦点。"从长远看，报告认为，澳门在制造业方面应发展纺织制衣、食品加工、家私及木制品、包装、装饰纸品、印刷、制药、塑料制品、皮货、玻璃和瓷器、工业机械和设备等具有中等技术及较高附加值的产业，在服务业方面则应发展旅游、银行、保险、运输、教育、耐用品批发及其他商业服务。而旅游业应向高附加值方向发展，包括包租旅行、国际商旅。可见，服务业尤其是旅游业仍是其中的重要环节。

不可否认，报告的侧重点是在考虑澳门制造业的提升，这与当时的客观环境有莫大关系。20 世纪 80 年代期间，制造业一度取代旅游博彩业成为澳门经济最大的产业，而 80 年代末期，制造业的升级转型已成为当时澳门经济中一个极紧迫的任务。可惜的是，该报告并未能扭转制造业日渐式微的颓势。

2. 大力发展高技术产业的反思

踏入 20 世纪 90 年代，澳门出口加工业的增长明显放缓，"加快工业转型步伐，以求经济持续繁荣"已成为当时澳门社会各界上下一致的呼声。③ 1993 年 8 月，澳门基金会委托中国国家科委国际合作司组织专家研究澳门

① 美国麦健士公司. 澳门未来十年发展前景 [N]. 周筠, 译. 澳门日报, 1990 – 12 – 10.

② 吴立胜, 曾国坚. 平稳与繁荣——澳门跨世纪经济发展战略研究 [M]. 香港: 香港文汇出版社, 1998: 32.

③ 中国国家科委专家组. 澳门高技术产业发展之路 [M]. 澳门: 澳门基金会, 1994.

科技发展与经济繁荣之间的关系，探讨以科技促进澳门持续繁荣的发展之路。1994 年 10 月，中国国家科委专家组经过长达一年的调查研究，正式发表题为"澳门高技术产业发展之路"的研究报告。

该报告在引言部分明确指出："发展高技术产业已成为当今世界经济发展的主旋律。面对这一世界大潮，在 1999 年之后，澳门将如何保持繁荣？从当今世界的发展趋势看，答案是明确的，那就是'乘世界之大趋势，积极创造条件，大力发展高技术，求澳门经济之振兴'。"① 报告根据"立足现实，面向未来，有限领域，重点突出，形成特色"的原则，结合澳门发展高技术产业的战略优势和制约因素，提出了澳门面向 21 世纪的发展战略，即"借中国内地高技术人才之优势，融澳门政治、经济、社会之位势，造澳门发展高技术产业之大势，从生物和信息两大高技术领域入手，培育生长点，营造新产业，再显澳门之辉煌"②。据该报告的预测，到 2000 年，生物技术产业和信息技术产业将与旅游博彩业、出口加工业、地产建筑业，以及金融业一道成为澳门经济的六大支柱产业，其中，生物技术产业将仅次于旅游博彩业、出口加工业，而居第三位。而到 2010 年，生物技术产业将超过旅游博彩业成为澳门经济的第一大支柱产业。

《澳门高技术产业发展之路》预测澳门六大经济支柱产业序位变化

序位	2000 年	2005 年	2010 年
1	旅游博彩业	旅游博彩业	生物技术产业
2	出口加工业	生物技术产业	旅游博彩业
3	生物技术产业	出口加工业	信息技术产业
4	地产建筑业	金融业	出口加工业
5	金融业	信息技术产业	金融业
6	信息技术产业	地产建筑业	地产建筑业

数据来源：中国国家科委专家组. 澳门高技术产业发展之路［M］. 澳门：澳门基金会，1994.

不过，正如有评论指出："澳门需要以高技术来装备和改造传统产业，也可能在极其有限的领域发展高技术产业，但要像中国国家科委专家组设计的那样，使高技术产业成为澳门的主导产业，并通过高技术产业的发展

---

① 中国国家科委专家组. 澳门高技术产业发展之路［M］. 澳门：澳门基金会，1994：1.
② 中国国家科委专家组. 澳门高技术产业发展之路［M］. 澳门：澳门基金会，1994：92.

带动整个澳门经济的持续发展，前景不容过分乐观。"①

3. "区域性商贸综合服务中心"的反思

1996 年，澳门经济进入衰退时期，出口加工业在本地生产总值中所占比重已降至不足 10%，高技术产业的崛起尚未见踪影。在这种背景下，广东港澳经济研究会和澳门经济学会的专家组成联合课题组，对澳门经济再次进行全面深入的考察，并于 1997 年 3 月发表题为"澳门经济发展的若干策略"的研究报告，该研究报告曾在澳门社会引起广泛的反响。

该报告在全面深刻地分析了澳门经济的种种优势和制约因素的基础上，提出了澳门经济的具体定位——"区域性商贸综合服务中心"，这一定位明显是《澳门未来十年发展前景》中"地区性的战略枢纽"的具体化，而在其内涵上亦从侧重于制造业转向侧重于商贸，包括旅游博彩、金融服务和商业服务等。根据该报告的解释，"商业服务包括贸易、商业咨询、电信服务、船务、仓储、空运代理、会计、核数、法律、建筑设计、工程及其他技术顾问、数据处理、广告、市场研究、机械设备租赁服务等"②。与《澳门高技术产业发展之路》截然不同的是，该报告将商贸服务取代高技术产业视为"已经兴起并日益发展的服务行业，将成为澳门未来经济新的支柱产业"③。

不过，有评论批评说，将澳门经济发展的路向定位为"区域性商贸综合服务中心"值得斟酌，因为"按课题组的定义，显然不能把旅游博彩业包含在商贸服务业的范畴内"，而商贸服务业是依附性很高的行业，没有商业的高度发达，商贸服务业是难以获得大规模发展的。④ 综观该份研究报告，将旅游博彩业排除在商贸服务业之外显然是一种错误。事实上，旅游博彩业是贸易行业中的无形贸易，这是众所周知的常识。尤其是该报告在确定澳门经济发展路向时已明确指出，澳门应该"形成以旅游博彩业为先导，发展旅游博彩、出口加工、建筑地产、金融服务、商业服务等主要支柱产业，各业协调发展的多元化产业结构"⑤。显然，该报告在确定"区域性商贸综合服务中心"这一定位时，是将旅游博彩业列为整体经济的先导行业，占有举足轻重的地位。该报告还强调指出："当前振兴经济，首

---

① 吴立胜，曾国坚．平稳与繁荣——澳门跨世纪经济发展战略研究［M］．香港：香港文汇出版社，1998：33.

② 参阅《澳门经济发展的若干策略》第 21 页。

③ 参阅《澳门经济发展的若干策略》第 21 页。

④ 吴立胜，曾国坚．平稳与繁荣——澳门跨世纪经济发展战略研究［M］．香港：香港文汇出版社，1998：34–35.

⑤ 参阅《澳门经济发展的若干策略》第 21 页。

先要振兴旅游博彩"，"要发挥旅游博彩的先导作用，带动其他产业的发展"。与前两份研究报告相比，旅游博彩业在澳门经济中的战略地位已获得前所未有的提高。这一判断实际上也反映了当时澳门经济的客观现实。

不过，无法否认，"区域性商贸综合服务中心"的定位确有其不足之处，即容易被外界误解旅游博彩业在其中的地位，而商贸服务业的含义亦相对地显得不够清晰、准确。

4. "国际性综合旅游中心"的反思

第 4 份研究报告就是以澳门新建业集团主席吴立胜为首的课题组在 1997 年 8 月发表的《平稳与繁荣——澳门跨世纪经济发展战略研究》。与前 3 份报告相比较，该研究报告将振兴澳门经济的期望，明显地寄托在旅游博彩业上。报告认为："澳门经济可以定位为：保持自由港的制度框架，加强与香港及内地的分工协作，成为国际性的、以博彩业为特色的综合旅游中心，并以综合旅游带动整个澳门经济的发展和社会的进步。"①

报告还认为："澳门选择以'国际性综合旅游中心'为其发展目标，不仅仅依据于旅游业诱人的前景，更重要的还在于它适合澳门的具体实际，可以扬澳门经济之所长，而补其经济之所短。澳门是闻名世界的三大赌城之一，事实上，旅游业特别是博彩业一直是其重要的经济支柱。舍弃这个最大的优势，另辟经济发展的新径，恐怕难以实现，或者会事倍功半。而在原有的基础上发展成为'国际性综合旅游中心'，可以利用原有的基础和声誉，又是轻车熟路，可以收事半功倍之效。"② 这些分析都是相当精辟的见解，也反映了近年旅游博彩业日益坐大、出口加工业日渐萎缩的客观现实。

然而问题是以澳门弹丸之地，能否发展成"国际性综合旅游中心"，旅游博彩业又是否具备带动整体经济走向繁荣的能力？有学者就指出："纵观澳门历史，旅游博彩业并不具备带动整体经济走向繁荣的能力，澳门开埠以来出现的几个经济发展较快的时期，都不是依靠旅游博彩业的发展带动的。相反，往往是整体经济处于淡景时，旅游博彩业的地位才显得较为突出。旅游博彩业与其他行业关联度较低，对其他行业缺乏足够的带动能力，在解决就业方面功能较有限，再加上该行业一直存在着旅客滞留时间短，客源结构较单一，本身的扩张能力也受限制等问题，使该行业作

① 吴立胜，曾国坚. 平稳与繁荣——澳门跨世纪经济发展战略研究 [M]. 香港：香港文汇出版社，1998：36.

② 吴立胜，曾国坚. 平稳与繁荣——澳门跨世纪经济发展战略研究 [M]. 香港：香港文汇出版社，1998：39.

为龙头产业的功能进一步受到制约。"①

二、新时期澳门经济的重新定位

1999 年 12 月 20 日，澳门将回归祖国，成为中华人民共和国辖下继香港之后的第二个特别行政区，按照"一国两制"的方针实行"澳人治澳""高度自治"。在新的历史条件下，澳门经济将如何重新定位，无疑成为澳门社会各界以及内地关注的焦点之一。

1. 从竞争优势确定经济定位

事实上，在对 4 份有影响的研究报告的剖析中，澳门在新时期的经济发展路向和经济发展模式已渐次显露，澳门经济的重新定位必须建立在澳门经济具国际竞争优势和具战略性潜在优势的基础上，而这些优势中最重要的就是以下两方面：

（1）澳门旅游博彩业在区域合作与分工中的竞争优势。澳门的博彩业已有逾 150 年的悠久历史，素以"东方蒙特卡洛"之称享誉全球，它与美国的拉斯维加斯、摩纳哥的蒙特卡洛并称世界三大著名赌城，其独特形象已深入人心，每年吸引了来自世界各地的数百万名游客。正因为如此，在一个相当长时期内，旅游博彩业一直是澳门经济最主要的产业支柱，其对整体经济的带动作用，对政府财税、市民就业等各方面的贡献不容低估。需要强调的是，澳门数百年岁月积累沉淀下来的丰富历史、人文方面的旅游数据尚未得到系统的、充分的开发，旅游博彩业的发展潜力仍不容低估。因此，澳门作为综合性旅游博彩城市的定位应无异议。

（2）澳门的自由港优势、区位优势及国际网络优势的结合。如前所述，澳门是中国除香港之外的另一个自由港、独立关税区，实行简单及低税率的税制，其经营成本远低于香港，基础设施亦在不断改善之中。更重要的是，它毗邻香港，与香港、广州在地理上三点联机，所形成的经济大三角是当今中国乃至亚洲经济增长最快的地区。澳门的经济腹地是珠江三角洲西部富裕地区以及西江中下游的宽广地带，因而它成为外商进入这一区域的重要桥梁和门户。澳门与欧盟、葡语国家长期以来一直保持着经济、文化诸多方面的联系。澳门的这种中介地位是它具有的最重要的战略性优势。无疑，因为种种主客观的原因，这种优势在很大程度仍是潜在的，尚未得到充分发掘。然而，澳门回归之后，站在全局的战略高度看，

---

① 郭小东. 澳门可选择的龙头产业——中介贸易 [J]. 粤港经济, 1999 (26): 53.

这种优势显得更加重要，更不容忽略。这种优势赋予澳门经济的定位，就是中介性的商贸城市的角色。

综合上述两大战略性优势，新时期澳门经济可重新定位为：在"一国两制"的基本框架下，充分发挥自由港的功能，在区域合作与分工中成为综合性旅游商贸城市，并以综合性旅游博彩业和中介性商贸服务业为主导产业，带动整体经济的持续发展和繁荣进步。

2. 亚洲的拉斯维加斯

澳门建设成综合性旅游博彩城市的目标，是要成为亚洲的拉斯维加斯。事实上，近年不少学者对澳门旅游博彩业的发展都提出了类似的概念。1997 年 11 月 29 日，香港特别行政区行政长官董建华的特别顾问、香港政策研究所主席叶国华在澳门一个专题演讲会上就指出："假如将来香港成为中国的纽约，澳门可考虑争取成为中国的拉斯维加斯，营造一个安全法治的环境，建设一个文明健康的城市，提供丰富多彩的娱乐消闲服务，再加一个带良好设施和服务的会议中心，只要能正确地与香港配合，紧密依靠珠江三角洲，相信会走出一条长久稳定的发展道路。"[1] 中山大学港澳研究所教授郑天祥、雷强也指出：澳门应发展成东方的拉斯维加斯。[2] 拉斯维加斯和澳门一样缺乏资源，但在政府政策的引导和有效监督之下，开放博彩业的内部竞争，以博彩业带动旅游娱乐业和整体经济，经过几十年的发展，今日的拉斯维加斯已经发展成为一个具有安全法治环境的世界著名旅游娱乐城市和会议展览中心，经济蓬勃发展，在沙漠上创造了一个经济神话。

近年来，澳门旅游博彩业正面临着亚太区内日趋激烈的竞争，泰国、马来西亚、越南、澳大利亚等国家都在大力发展旅游博彩业，尤其是金融危机以来，东南亚地区的货币大幅贬值，对游客的吸引力大大增强。澳门旅游娱乐有限公司总经理何鸿燊也承认，澳门博彩业正面对外界的激烈竞争，他到澳大利亚墨尔本参观的一个现代化赌场，就"有 2 500 台老虎机，300 张（赌）台，占地差不多 100 万呎"[3]。近年，澳门的博彩业甚至受到香港的影响，香港原本是禁赌的地区，但目前游弋在香港附近公海的赌船已增加到 7 艘，最大的一艘达 5 万吨级，气派豪华，博彩设施先进，各种娱乐服务一应俱全。因此，澳门的博彩业要正面面对亚太区的竞争对手，以及间歇性地承受香港甚至内地个别地区非法赌业的挑战，这是不可避免的。

---

① 叶国华. 谈香港回归的体会 [J]. 澳门经济, 1998 (5): 24.
② 郑天祥, 雷强. 从东方蒙地卡罗到东方拉斯韦加斯 [J]. 澳门信息, 1998 (4): 4.
③ 参阅澳门《华侨报》1997 年 8 月 26 日发表的《何鸿燊妙语谈治安问题》。

然而，在现行专营合约的制度下，澳门的博彩业缺乏内部竞争机制，经营方式传统、保守，设备落后，形式单一，且无力应付外界日益严峻的挑战。尤其是20世纪80年代后期以来，叠码式回佣制度泛滥，博彩业派生的外围利益丰厚，每年有数十亿港元营业额落入回佣灰色地带，甚至被黑社会从中汲取财政资源、壮大势力，并引发日趋激烈的利益冲突，进而令治安环境恶化，游客望而却步。这种情形若不能在短期内扭转，一旦外围城市的旅游博彩形象确立，澳门旅游博彩业的优势将迅速被削弱。

　　从长远的战略角度考虑，澳门要继续维持和增强旅游博彩业的国际竞争力，专营垄断局面的打破，实际上将是迟早的事。只有打破专营垄断，引入内部竞争机制，澳门博彩业才能形成良性竞争，才能引进新的、现代化的经营管理模式，改善设施，并加强多元化发展，逐渐将澳门目前的旅游博彩转变为拉斯维加斯模式的综合性旅游。

　　现制度下，澳门的博彩与旅游其实是分开的，主要为成年人提供服务，因而主要属博彩旅游。根据美国拉斯维加斯的经验，在博彩经营开放之后，竞争机制将推动投资者转变经营方式和经营观念，并将竞争扩展到综合性旅游的各个方面，综合的设施将包括赌场、酒店、配套娱乐设施、主题公园、食街、博物馆、小型影院、大商场、民族文化馆、表演场等，从而将旅游及博彩原来惠及的对象综合性地结合起来，使服务对象从原来的成年人扩展到家庭的大小成员和工商团体，从而大大增加客源。拉斯维加斯正是这样创造了沙漠上的奇迹。

　　澳门完全有条件发展成为亚洲的拉斯维加斯，尤其是考虑到澳门具有丰富的历史文化遗产，又是亚洲独具特色的欧陆小镇，发展综合性旅游具有不少潜在的优势。香港政策研究所主席叶国华就有这样的感受，他说："在我印象中，澳门最吸引人的是它的南欧风味、小镇风情、恬静港湾、林荫大道，我会为了松山灯塔、市政厅前地、主教山、大三巴、氹仔的西洋大屋，甚至十月初五街的老式店铺而久不久来澳门逗留一两天，松一松紧张的神经。"他同时指出："澳门的发展实在适宜新旧分隔，尽力修缮好老区，保留原来小巧精致的风味，作为地区内带异国情调的旅游热点。新区则可建成符合国际标准、综合性的旅游、娱乐、康体、会议中心，吸引国际访客，既适宜喜欢追求刺激的人士，又适宜合家欢乐。家长参加会议，家眷同行赴澳，观光游玩，一举两得，公私兼顾。"① 因此，新时期澳门经济的定位之一，可确定为亚洲的拉斯维加斯——综合性的旅游娱乐城市。

_____

　　① 叶国华. 谈香港回归的体会［J］. 澳门经济，1998（5）：24.

3. 中介性的国际商贸服务城市

新时期澳门经济发展的另一目标,应该是成为中介性的国际商贸服务城市。历史上,澳门就曾在一个相当长的时期内成为远东繁荣的转口贸易商埠。20 世纪 70 年代澳门出口加工业崛兴,中介性的商贸服务更成为其中一个密不可分的重要组成部分。时至今日,澳门离岸性中介商贸活动仍相当活跃,只是由于统计方法等方面的原因,该部分收益未能在澳门本地生产总值中准确反映出来。随着国际经贸交往不断深化,中介性的商贸服务亦已日益多样化,在商品实物贸易的基础上,以技术、信息、服务等为对象的商贸活动正不断发展。因此,澳门在 1999 年回归祖国后,凭借其背靠内地并与欧盟及葡语国家的悠久历史联系,其中介性商贸服务业将具有广阔的发展前景。而且澳门作为自由港,应该可以成为继香港之后联系中国和国际经济的另一个枢纽和桥梁。

其实,澳门应该成为区域内中介性或离岸性的国际商贸服务城市这一目标,在澳门商界和经济学界已取得相当程度的共识。澳门银行公会主席何厚铧在一个研讨会上就曾表示:一直以来,澳门已是中国同世界联系的重要中介者,在澳门回归后,这一中介作用更符合各地华商的需要。① 澳门经济建设协进会会长崔煜林也表示,澳门应发展成为具有联系亚欧功能的小型国际城市。② 1997 年,广东港澳经济研究会和澳门经济学会联合课题组发表的研究报告《澳门经济发展的若干策略》亦将澳门经济定位为"区域性商贸综合服务中心"。具体而言,澳门作为中介性或离岸性的国际商贸服务城市具有以下几个方面的内涵:

(1) 周边地区尤其是香港的后勤服务基地。澳门的经济制度和经济体系与香港有不少共同点,诸如都实行资本主义的自由经济制度,是历史悠久的自由港;实行简单及低税率的税制;货币与港币挂钩,银行体系稳健、信誉良好,与香港有密切的联系;基础设施日渐完善;背靠祖国内地,与国际市场有广泛的联系等。但是,在经营成本方面,澳门则比香港具有优势,澳门的生活费用只是香港的 40% 左右,地价与租金约为香港的 17%,雇员工资也只是香港的 40%。与香港相比,澳门还有一套比较灵活的劳工输入制度和良好的生活质素。因此澳门有条件成为周边地区尤其是香港的后勤服务基地。事实上,这一趋势已开始显露,突出的例子是 1997

---

① 参阅 1998 年 6 月 7 日发表在《澳门日报》的《本澳工商界人士发表讲话宣传澳门独特优势》。

② 参阅 1997 年 10 月 5 日发表在《华侨报》的《崔煜林谓发展澳门经济,首先要明确长远发展目标》。

年香港和记传讯将该公司在香港的控制中心转移到澳门。其后，佳讯传呼、香港电讯甚至部分东南亚国家的电信传呼公司也相继表示有意将工序移师澳门。①

（2）台商投资大陆的中转站。自 1995 年 12 月澳门国际机场落成并启用后，澳台两地之间的经济联系明显加强，澳门作为台商投资大陆的中转站的角色亦大大凸显。其中最大原因是澳台航线开通后，一方面机票较香港便宜，另一方面澳门对台湾旅客实行落地签证，且"一机到底"，大大方便了台湾旅客来澳或经澳转往大陆。随着来澳台商的增加，台商对澳门的了解也逐渐加深，不再仅视澳门为一个赌城。在台商眼中，澳门有两大优势：一是与欧盟关系密切，享受其优惠待遇，方便台商拓展欧洲市场；二是作为联系台湾和大陆的桥梁，方便台商拓展与大陆特别是华南地区的经贸关系。

（3）联结中国内地和欧盟及葡语国家的国际商贸城市。澳门背靠内地尤其是珠江三角洲西部地区，面向国际市场，与欧盟及葡语国家有着悠久的经济、文化等多方面的联系。因此，澳门完全有条件确立其作为联结中国和欧洲市场以至葡语国家的中介和桥梁的战略地位。目前，欧盟在澳门已设立了不少战略性机构，包括 1992 年成立的澳门欧洲信息中心、1996 年成立的澳门欧洲—中国企业家俱乐部等，欧盟还计划建立欧盟—澳门—中国信息共享系统，借助先进的信息高速公路建立起欧洲与中国相互进入之路。1998 年 4 月在澳门举行的"尤里卡计划（会合）亚洲"活动中，中葡两国部长签订协议，决定每两年在澳门举行一次"尤里卡—亚洲"国际技术合作会议。因此，澳门是中国与欧洲国家发展商贸联系不容忽视的战略据点。澳门应借此优势积极拓展相关的中介性商贸服务，发展成为连接亚欧的国际商贸城市。

诚然，澳门要确立其作为外商进入中国市场的跳板和拓展欧洲市场的中介战略地位，必须要加强与华南地区，尤其是珠江三角洲西部以至西江中下游地区的商贸联系，包括贸易、产业、旅游、科技等方面的联系。澳门如果能凭借自由港的优势，发展成珠江三角洲西部地区以至大西南对外贸易的转口港，其中介性国际商贸城市的角色将进一步凸显。澳门国际机场启用后，澳门的空运转口港角色已开始显现，尤其是 1998 年香港赤鱲角国际机场空运货站计算机系统出现故障期间，澳门实际上已发挥部分分流作用。澳门若能发展出一个深水港口，中介性国际商贸城市这一战略性地

---

① 参阅 1997 年 3 月 18 日发表在《澳门时报》的《和记移师来澳设立控制中心》。

位将会进一步得到确立。

三、澳门经济发展的若干重要策略

新时期澳门经济的重新定位可明确为亚洲的拉斯维加斯和中介性国际商贸城市,这两个目标之间不但没有冲突,反而相辅相成。从中短期看,澳门经济的定位可以亚洲的拉斯维加斯为重点,以中介性国际商贸城市相辅助。从中长期看,后者的战略地位将随条件的逐步成熟而逐渐提高,成为推动澳门经济发展的两股主要动力之一。为实现这种经济定位,现阶段的关键是制定若干相关实施策略,包括推进制度改革,改善投资营商环境;改革博彩业的专营制度;建立深水港,加强与珠江三角洲基础设施的配合;加强与内地尤其是珠江三角洲西部地区的经贸关系等。

1. 推进制度改革,改善投资营商环境

近年来,澳门的投资营商环境日趋恶化,其症结和制约因素主要是现行政制、法制严重滞后于经济的发展,导致官僚作风严重,政府行政效率低下,法治程度低,贪污受贿盛行,黑社会活动猖獗,治安环境日趋恶化,令投资者望而却步。澳门回归祖国后,要推动经济复苏和持续稳定发展,成为综合性旅游娱乐城市和中介性国际商贸城市,首要的前提是推进制度改革,彻底改善投资营商环境。

澳门政府的官僚习气、低下的行政效率,积习已久,多年来已为外界所诟病,令投资者气结。近年来虽已有所改善,但至今仍是澳门投资营商环境中的一个制约因素。关于这一点,澳门社会已有共识,就连澳葡政府建制内的高官也深有同感。澳督顾问、澳门政府策划暨合作办公室主任苗蓝图就表示,澳门政府目前机构太过庞大、臃肿,职能重叠,不仅对澳门经济不利,而且现行经济也负担不起。因此,改革澳门政府现行行政架构和公务员制度已势在必行,继续维持现状已行不通。幸而,澳门回归在即,澳葡政府的撤退和特区政府的成立,将为澳门政府行政架构和行政制度的改革提供一个极难得的历史性契机。澳门特区政府须把握这一良机,在保持政权交接平稳过渡的前提下,通过循序渐进的方式推行制度改革,以建立一个高效、精简、廉洁及公正的政府,去适应时代的转变和社会的需要,彻底解决行政效率低下等问题,以开拓一个崭新的政治、经济局面。

澳门投资营商环境中的另一个制约因素,就是澳门法律体系不完善,尤其是商法的现代化、国际化程度低,法治程度不高,公平竞争的市场环境远未形成。澳门现行的商法，包括公司法、票据法、保险法、海商法、破产法等，主要来源于 1888 年《葡萄牙商法典》和 1901 年《有限公司法》，已严重滞后，不适应当前澳门经济的客观发展。因此，澳门法律制度，尤其是商法的本地化、现代化和国际化已刻不容缓。特区政府有关机构应在保持自身特色的基础上，借鉴所处地区内其他国家和地区的有关法律，使商法符合澳门当今的经济发展情况，并有利于促进澳门与邻近地区尤其是香港的经济交往。部分法律，如《物业转移税法》等，在修订时应考虑到有利于简化立契程序，提高立契效率，以改变目前澳门立契程序繁复、缓慢的问题。为有利于吸引外商投资者，特区政府可考虑扩大对外商的优惠政策，简化外商的投资程序，有关法律规例应尽量做到中文、英文、葡文并用，以符合国际通行的惯例。当然，建立一个健全、完善的司法体制和公平、公正的法治环境，更是其中不可或缺的重要环节。

长期以来，澳门政府缺乏一套有效的监察机制，导致内部资源浪费，个别部门尤其是纪律部门的少数害群之马贪污受贿盛行，致使黑社会势力日益猖獗，治安环境恶化，已成为澳门投资营商环境中的制约因素。特区政府成立后，应致力建立有效的监察机制，可根据《中华人民共和国澳门特别行政区基本法》的有关规定，借鉴香港的成功经验，并根据澳门的历史和现实情况重组审计署、廉政公署、海关等部门，重整警队形象，厉行反贪倡廉，严厉打击黑社会犯罪活动，从根本上改善澳门的治安环境。

2. 改革博彩业的专营制度

目前，澳门旅游娱乐有限公司的博彩专营合约是到 2001 年届满。澳门特区政府成立后，面对的另一项重大经济政策，就是如何制定 2001 年后的博彩政策，究竟是结束博彩专营，引进竞争机制，还是继续维持一段时间不变？哪一种办法对澳门经济发展更加有利？

有一种意见认为，2001 年后立即取消目前的博彩专营制度可能过于急进，会对澳门经济稳定发展造成负面影响，因为特区政府刚开始运作时，其收入的四成以上仍要靠博彩税维持，且特区财政储备欠缺，原有的土地基金亦不足以保证政府的开支，过早打破专营未必能保证收入稳定增长，故此还是多等几年比较稳妥。澳门旅游娱乐有限公司总经理何鸿燊就明确表示，2001 年就结束博彩专营为时过早，"还应当再等几年"[①]。但另一种意见则认为澳门博彩业应引入竞争机制。中山大学郑天祥、雷强两位教授认为，澳门博彩专营在博彩业兴起阶段功不可没，现在却不利竞争，必须

---

① 参阅 1998 年 5 月 5 日发表在《澳门日报》的《博彩合约 2001 年将届满，何鸿燊谓未宜结束专营局面》。

迅速引入竞争机制并提高博彩收入用于澳门发展的比例，营造公平竞争的环境。①

即使引入竞争机制亦有多种方式，一是采取分割专营权制度，二是采取一般性发牌管制制度。所谓分割专营权制度，即将单一的垄断局面转变为寡头垄断局面，从发出一份专营合约变为发出两个以上专营牌照。有评论认为："用这种有限度引进竞争的方法是不是真的能够改进澳门博彩业的经营方法，仍是一个未知之数。最有机会参与的，当然是现有的专营者、为有专营者承包部分赌业的投资者和跟这些人有联系的外资。"② 当然，采取分割专营权制度亦有可能达到预期效果，例如引入美国大型博彩业财团展开竞争等。

一般性发牌管制制度即美国拉斯维加斯采取的现行制度，它设定公开的经营条件，资格限制和收费、纳税条件。符合条件者就可以申请发牌经营。在这种制度下，政府以法律对博彩业经营者进行严格、有效的监管，并向经营者收取定额牌照费、保证金和税款。理论上，一般性发牌管制制度是一种最能有效引入竞争的方式，它可使经营者对博彩业的竞争扩展到吸引游客的旅游业各个领域的竞争，并减少对博彩业的依赖。美国的拉斯维加斯亦因采取这种制度而成功发展为综合性旅游娱乐城市。

不过，亦有评论认为澳门要"实行这种制度，要面对 3 个看来无论是澳葡政府还是特区政府都不见得能够解决的问题：第一是要有效清除造成适宜集团性贪污环境的行政障碍，否则，博彩业的回佣利益会迅即污染大批跟审查发牌资格有关的行政架构。第二是清除黑社会在警队的渗透，有效监控黑社会，否则，各投资者不得不找靠山，治安问题更复杂。第三是设置适当的税务监察机制，以保障税收。毕竟澳门不像香港，拥有 4 000 亿港元的储备。这 3 个问题解决不了，就不能去学拉斯维加斯"。③ 特区政府将采取何种博彩管制制度，以及何种配套政策，直接影响到澳门能否成为亚洲的拉斯维加斯这一发展目标。

3. 加强与珠海、珠江三角洲西部的利益整合

澳门经济的发展有赖于"中国因素""香港因素""国际因素"与自身优势的结合，澳门只有充分以内地尤其是广东珠江三角洲西部地区为经济依托，才能确立其作为区域内中介性国际商贸城市的战略地位。然而，

① 参阅 1998 年 2 月 24 日发表在《澳门日报》的《澳门博彩业须引入竞争机制，急需现代化多元化改善经营》。

② 东风. 筹划四年的澳门博彩业的管制制度 [J]. 澳门信息，1998（4）：11.

③ 东风. 筹划四年的澳门博彩业的管制制度 [J]. 澳门信息，1998（4）：11.

20 世纪 80 年代中后期以来，澳门与珠江三角洲西部尤其是毗邻的珠海经济特区的经济合作有减弱的趋势，由于种种主客观的原因，澳珠双方的合作似乎渐次被竞争取代，形势的发展并不令人满意。因此，1999 年澳门回归祖国后，澳门面临的重要课题之一，就是如何加强与珠海，以及珠江三角洲西部地区的利益整合，使双方的合作得到加强，从而实现优势互补、共同繁荣。

加强澳珠双方的利益整合，可以选择共同开发横琴为突破口。横琴是珠海众多岛屿中最靠近澳门的海岛，它原由大、小横琴两岛组成，与澳门氹仔、路环两岛形成历史上有名的十字门水域。横琴东面与氹仔、路环一衣带水，最近处相距仅 230 米。连贯路环、横琴的莲花大桥已动工兴建，计划中的广珠铁路和京珠高速公路将跨海经过横琴并通过莲花大桥直达澳门国际机场和九澳港。横琴面积 60 多平方公里，约是澳门的 2 倍，可弥补澳门土地资源匮乏的不足。该岛旅游资源丰富，全岛海岸线 76 公里，海湾 15 个，最高的山峰海拔 427 米，山清水秀，适宜发展旅游业，尤其是度假式旅游业。

横琴的开发，早已成为粤澳两地学者的共识。1992 年横琴被广东列为 20 世纪 90 年代的重点开发区之一，可惜的是，由于种种主客观原因，有关开发的进展却并不令人满意。因此，1999 年澳门回归祖国后，澳门与珠海以及珠江三角洲西部地区的利益整合，可以开发横琴为突破口。横琴的开发，可以综合性旅游娱乐业为重点，以配合澳门新时期的经济定位，发展成与澳门的旅游博彩业互相配合的国际性度假式旅游综合开发区。

［原文摘自《澳门概论》第四篇第 16 章，三联书店（香港）有限公司，1999 年］

回归十年：澳门经济的成就与深层次矛盾

一、回归十年澳门经济发展取得的成就

回归十年来，在"一国两制"、"澳人治澳"、高度自治等方针指导下，在中央政府和祖国内地的大力支持下，澳门经济实现了跨越式发展，可以说取得了举世瞩目的辉煌成就，澳门在区域经济中的战略地位也因而大大提升。

第一，澳门博彩业取得了超常规发展，国际旅游博彩中心地位大幅提升。

博彩业是澳门经济中最古老的行业之一，也是最重要的龙头产业。1847 年，澳葡当局为维持政府的财政收入，宣布赌博合法化，并对博彩业实行专营制度。1962 年，澳门旅游娱乐有限公司取得博彩专营权，根据合约规定，每年须向政府缴付博彩税，税率经多年修订，至 2001 年为专营公司总收入的 31.8%。到 20 世纪 90 年代，政府约一半的年度税收来自澳门旅游娱乐有限公司，差不多占澳门本地生产总值的 1/3。澳门旅游娱乐有限公司在博彩专营权结束前几年，每年毛利在 130 亿至 180 亿澳门元之间，而政府的博彩税收入则在 41 亿至 58 亿澳门元之间。

历史上，澳门的博彩专营权在维护行业秩序、稳定社会以及推动城市建设方面起到了积极的作用。然而，在专营权制度下，澳门的博彩业缺乏内部竞争机制，经营传统、保守，设备落后，形式单一，无力应付外界日益严峻的挑战。尤其是 20 世纪 80 年代中期以来，叠码式回佣制度泛滥，博彩业派生的周边利益丰厚，每年有数十亿港元的博彩营业额落入回佣灰色地带，甚至被黑社会从中汲取财政资源、壮大势力，并引发日趋激烈的利益冲突，从而令治安环境恶化，游客望而却步，已严重损害澳门博彩业的竞争力。回归前，澳门内受治安恶化的困扰，外遭到周边地区纷纷开赌的影响，区域旅游博彩中心的地位受到严峻的挑战。

1999 年澳门回归后，澳门特别行政区行政长官何厚铧在严整治安、"固本培元"的同时，明确提出以"博彩旅游业为龙头，以服务业为主体，

其他行业协调发展"的发展定位，并将"加强博彩业监管机制，提高经营管理水平"作为澳门特别行政区政府的施政纲领之一。2000 年 7 月，特区政府成立博彩委员会，研究博彩业的未来发展。随后，政府草拟了《娱乐场幸运博彩经营法律制度》（即博彩法），决定开放博彩经营制度。2002 年，澳门特区政府通过公开竞投的形式，向澳门博彩股份有限公司（简称"澳博"）、银河娱乐场股份有限公司（简称"银河"）和永利度假村（澳门）股份有限公司（简称"永利度假村"）发出了 3 个博彩经营权牌照（赌牌）。其后，获得博彩经营权牌照的 3 家公司通过转批给形式，分别向威尼斯人（澳门）股份有限公司（简称"威尼斯人"，由银河娱乐场股份有限公司转批给）、美高梅金殿超濠股份有限公司（简称"美高梅超濠"，由澳门博彩股份有限公司转批给）和新濠博亚娱乐股份有限公司［简称"新濠博亚"，由永利度假村（澳门）股份有限公司转批给］3 家公司发出赌牌。

博彩专营权的开放，为博彩业经营者引入了竞争对手，为博彩市场引入了竞争机制。2004 年，美国博彩业投资者谢尔登·埃德森旗下的金沙娱乐场和星河娱乐场相继开业，结束了澳门旅游娱乐有限公司长达 40 年的垄断经营。此后，外资纷纷投资澳门的赌场和酒店，有超过 200 亿美元的外资涌入澳门博彩业。目前，澳门实际上共有 6 个赌牌，包括澳博、威尼斯人（即"金沙"）、银河、永利、新濠博亚和美高梅超濠均已开业。从市场占有率看，2004 年以前，澳门博彩市场由澳博一家独占。从 2004 年开始，随着威尼斯人、永利等外资公司的进入，澳博市场占有率逐渐降低。到 2009 年 9 月，澳博市场占有率降至 31%，而威尼斯人、新濠博亚、永利、美高梅超濠等外资博彩公司的市场占有率逐步上升，其中威尼斯人升至 20%，新濠博亚升至 17%，永利升至 14%。

随着国际博彩资本大举进入，澳门博彩业呈现爆炸式发展态势。根据博彩监察协调局提供的资料，截至 2008 年底，澳门赌场数已从回归前的 11 家增加至 31 家，赌台数和角子机数已从 2003 年的 424 张和 814 部分别增加至 2008 年的 4 017 张和 11 856 部，分别增长 8.5 倍和 13.6 倍。澳门博彩业（娱乐场）毛收入从 1999 年的 120 亿澳门元跃升至 2008 年的 1 098.26 亿澳门元，9 年间增幅达 8.2 倍。澳门已超过美国拉斯维加斯而成为全球最大的博彩城市。2008 年，澳门博彩业相关税收达 432.08 亿澳门元，约占公共财政总收入的 69.4%。与此同时，博彩及博彩中介企业增加值总额也在迅速增加，从 2002 年的 211.88 亿澳门元增加到 2008 年的 771.23 亿澳门元，占本地生产总值比重从 2002 年的 31.94% 增加到 2008

年的 47.25%，成为澳门经济中最重要的支柱产业。

第二，博彩业带动了旅游、酒店、零售、会展等相关产业的发展，拓展了澳门旅游博彩业的产业链。

威尼斯人、银河、永利等国际资本以及竞争机制的引入，不仅有利于澳门博彩业推出新产品和新服务，引入国际化管理，拓展旅游博彩市场的客源结构，巩固和提升澳门博彩业的国际声望；而且这些外来资本在澳门建设新的酒店、度假村、主题公园并向全球推广其博彩、休闲度假、商务服务和会展业务，有助于拓展和延伸澳门旅游博彩产业链，扩大旅游博彩的规模和范围经济，进而巩固、提升澳门作为区域国际旅游博彩中心的地位。

继 2007 年 8 月澳门威尼斯人度假村开业、2009 年 6 月新濠博亚旗下的新濠天地开幕，银河娱乐建设中的银河度假城项目也预计于 2010 年开幕。目前，综合性度假村模式已开始从美资赌场向其他合资和华资博彩企业扩展。6 家赌牌持有者中，澳博成为唯一一家尚未发展综合性度假村的博彩企业。

博彩业的发展，带动了旅游业的兴旺。1999 年前后，澳门的游客人数徘徊在 800 万人次左右。2001 年，澳门入境游客人数首次突破 1 000 万人次。2003 年 7 月内地城市陆续实施赴澳门"个人游"后，内地游客大幅增加，入境游客总数呈现跨越式增长。2007 年，入境游客约为 2 700 万人次。2008 年，统计中剔除外地雇员和学生入境人数后，澳门全年入境游客人数 2 290 万人次，约是当地人口的 42 倍。2008 年，澳门的游客入境数较 2002 年翻了 2.2 倍，其中 97% 以上的游客来自内地、香港、台湾以及东南亚等亚洲地区。

澳门酒店业主要依附博彩业生存发展。2002 年博彩专营权开放以来，澳门酒店业进入了迅速发展的新阶段。据统计，从 2002 年至 2007 年，澳门的酒店从 68 家增加到 82 家，可供客房数目从 8 954 间增加到 16 148 间，增幅分别为 20% 和 80%。2008 年，澳门又有 3 家大型豪华酒店落成开业，包括新葡京酒店、十六浦度假酒店及澳门四季酒店。到 2009 年 10 月底，澳门可供客房总数增加到 18 447 间，较 1999 年的 9 431 间，大幅增加 95.60%。酒店入住率也大幅上升，近 5 年均高达 7 成以上，2007 年达 77.2%。

随着旅游博彩业的发展，澳门零售业、会展业也获得了引人瞩目的发展。在零售业，一些大型超级市场、连锁店和国际著名的专卖店相继进入澳门，推动了澳门零售业的升级转型。2008 年，澳门的零售业总额高达

189.9 亿澳门元，比 2000 年的 45.2 亿澳门元大幅增长 3.20 倍。在会展业方面，2007 年威尼斯人会展中心开业前，澳门会展场馆只有约 4 万平方米，不过，随着威尼斯人会展中心的建成和投入使用，澳门的会展场馆面积已扩大到 12 万平方米，大中小型会展场馆种类齐全，最大的会议室可容纳 1.5 万人，可以接待国际组织和跨国公司等超大规模国际会议。2000 年，在澳门举办的会展活动不到 200 个，到 2007 年已上升至 450 个。2008 年，澳门成功举办了第二届"亚洲国际博彩博览会"（GIE Asia）、第十三届"澳门国际贸易投资展览会"（MIF），并且夺得一直在香港举行的国际珠宝展的会展权。

第三，整体经济实现跨越式发展，规模翻番，国际地位大幅提高。

博彩业及相关产业的发展，推动了澳门整体经济的繁荣。回归前，澳门经济经历了长达 4 年的衰退。1999 年，以当年价格计算，澳门经济的负增长仍然达 4.2%。回归后，在中央政府的大力支持下，澳门特区政府厉行整治日趋恶化的治安环境，提出"固本培元"的经济政策，使澳门经济成功走出低谷，扭转了回归前连续 4 年负增长的局面。2000 年和 2001 年，澳门经济增长率分别达 3.5% 和 1.5%。2002 年，受到博彩专营权开放、新博彩公司计划在澳门大举投资等一系列利好因素的刺激，澳门经济复苏步伐加快，当年经济增长率高达 10.3%，整体经济逐渐呈现勃勃生机。及至 2004 年，以当年价格计算，澳门 GDP 增长率更高达 29.4%，即使以 2002 年价格计算，当年 GDP 增长率亦高达 27.3%，一时间令国际瞩目。据统计，1999 年至 2008 年，澳门 GDP 由 472.87 亿澳门元增加到 1 662.65 亿澳门元，年均增长达 14.99%。若从博彩专营权开放的 2002 年起计算，至 2008 年，澳门 GDP 年均增长率达到 21.2%；而最近 5 年，世界经济平均增速仅为 3.6%。2000 年至 2008 年，澳门人均 GDP 从 11.3 万澳门元增加至 31.3 万澳门元，8 年间增长 1.77 倍，超过新加坡、文莱、日本，成为亚洲最富有地区。

随着经济的跨越式发展，澳门在国际上的声誉逐步上升。2003 年 10 月，国际著名评估机构穆迪公司（Moody's Investors Service）将澳门的评级提为 A1 级，同时也提升了澳门的货币评级，由 Aa1 升至 Aaa。2006 年英国《金融时报》所属《外国直接投资》杂志举办"2005/2006 年度亚洲最佳展望城市"评选，澳门获评为亚洲"最具经济发展潜力城市"。2009 年 1 月，美国传统基金会与《华尔街日报》联合发布的《全球经济自由指数》报告显示，澳门在首次被纳入调查的 21 个微型经济体中排名第一，在全球 179 个经济体中排名 21 位。

随着经济的发展，澳门的国际联系迅速扩大。10 年来，适用于澳门的国际公约从原来的 156 项增加至 231 项，澳门与外国有关机构签订了 30 项民用航空、司法协助、投资保护等领域的双边协议；澳门还作为中国代表团成员参加了 140 多次国际会议，以"中国澳门"名义参加了 240 多次国际会议；有 78 个国家或地区给予澳门护照免签证或落地签证待遇。澳门成功举办了东亚运动会和 9 个大型国际会议，国际影响力进一步扩大。

第四，财政收入大幅增长，外汇储备雄厚，金融体系稳健。

博彩专营权开放后，澳门整体财政运行良好，财政收入随博彩业的持续繁荣和经济迅速增长而大幅上升。2003 年，即博彩专营权开放后的第一年，澳门的博彩税收入即突破 100 亿澳门元，而到 2008 年更增加到 419 亿澳门元，博彩税收入占财政收入的比重从 2002 年的 51% 上升到 2008 年的 73%。正由于此，澳门财政收入大幅增加，并且持续盈余。2008 年澳门特区政府的财政收入达到 510.77 亿澳门元，约为 1999 年的 3 倍。同时，财政盈余也持续增长，1999 年财政盈余仅为 3.07 亿澳门元，2008 年在世界经济危机的背景下盈余仍大幅增至 251.33 亿澳门元，9 年来的财政盈余加储备基金累计超过 900 亿澳门元，比刚回归时澳葡政府移交的 28 亿澳门元增加 31 倍。2008 年初，澳门特区政府外汇储备达到 1 118 亿元，比 2000 年的 267 亿元增加了 3.19 倍。有评论认为，澳门特区政府可算得上是世界最有钱的政府之一。

回归以来，澳门金融业发展迅速。2007 年，金融业在澳门本地生产总值中所占比重为 9.4%，其中，银行业占 7.8%，保险业占 1.6%。目前，澳门共有 28 家银行，包括离岸银行 1 家，专营公务员存贷款业务的邮政储金局 1 家。其中，12 家为本地注册银行，16 家为外资银行在澳门的分行。澳门银行业虽然规模细小，经营业务传统，但银行体系资产质量良好，2009 年 2 月不良贷款比率为 0.91%；资本充裕，2008 年底资本充足比率为 15.01%；流动性充沛，2009 年 4 月三个月流动性比率为 68.50%；监管较稳健。不过，近年来，澳门银行业面对的市场环境日趋复杂，金融全球化趋势、人民币升值的预期、国际社会加大反洗钱与反恐融资合作的力度，以及国际金融危机的冲击，都对澳门金融业的经营和金融监管提出了更高的要求。

第五，居民就业充分，收入增长，社会保障水平逐步提升。

回归前夕，澳门的失业率居高不下，2000 年甚至一度大幅上升至 6.8%。但随着经济逐步复苏和好转，加上特区政府推行了促进就业的措施，失业率和就业不足率均不断下降。1999 年至 2008 年，澳门失业率由

6.3%降至3%。按照国际通常标准，澳门已基本处于充分就业状态。当然，并不排除仍然存在结构性失业。从每月工作收入中位数看，2002年，澳门居民总体的每月工作收入中位数为4 672澳门元，到2008年达到了8 000澳门元，增长了71.2%。

为了使全体居民能够分享经济增长的成果，澳门特区政府分别于2008年和2009年推出"现金分享计划"。2008年澳门特区政府向每名澳门永久性居民发放5 000澳门元，非永久性居民发放3 000澳门元；2009年向每名永久性居民发放6 000澳门元及总值500澳门元的医疗券，向非永久性居民发放3 600澳门元。2009年，澳门特区政府宣布，将于2010年拨出33亿澳门元启动中央储蓄个人账户，落实"双层社保"制度，向每个符合资格的开户居民账户注入1万澳门元的启动资金。目前，80%的澳门人拥有私人住房，但澳门特区政府仍出资修建了3万多个单位的公共住房。

在教育方面，澳门特区政府于2007至2008学年全面落实15年免费教育，使澳门成为海峡两岸和港澳地区中首个提供15年免费教育的地区。回归十年来，澳门特区政府用于免费教育的津贴开支由1999—2000学年的3.7亿澳门元增至2008—2009学年的10.2亿澳门元，增长1.75倍。平均在每名学生身上的投入由1999—2000学年的6 500澳门元增至2008—2009学年的1.6万澳门元，增长1.46倍。

在社会保障方面，回归十年来，向社保基金供款的受益人从1999年的11.5万人增长到2008年的25万人，增长1.2倍；同期，社保基金各项津贴总额由1999年的1.41亿澳门元增至2008年的4.26亿澳门元，同比增长2.0倍。2005年，澳门特区政府首次发放"敬老金"每人每年1 200澳门元给年满65岁或以上的老人。这一标准在2006年和2007年分别升至1 500澳门元和1 800澳门元，2008年，澳门特区政府发放了两次"敬老金"共3 600澳门元，2009年将"敬老金"发放标准一次性提升至5 000澳门元。根据特区社会工作局提供的资料，2000年，澳门特区政府将本地"最低维持生计指数"提升至每月1 300澳门元，2006年和2007年分别提升至1 600澳门元和2 000澳门元。到2008年，考虑到金融危机冲击，澳门特区政府将其再提升至2 640澳门元，比回归时高出1倍多。

二、当前澳门经济发展存在的深层次矛盾与问题

回归十年来，澳门经济在实现跨越式发展的同时，一些深层次的矛盾与问题也逐渐暴露出来，并且正逐渐对澳门经济的稳定、可持续发展形成

严峻的挑战。这些矛盾与问题主要有：

第一，博彩业"一业独大"，博彩业与相关产业的关联度低，对其他产业"挤出效应"态势凸显，加剧了经济的单一性。

2002年博彩专营权开放以来，澳门博彩业获得了爆炸式的增长，"一业独大"的发展态势进一步凸显。1999年，博彩业占澳门GDP的比重为23.98%，到2007年已上升至35.59%，其中2004年曾一度高达39.13%。相比之下，澳门传统的支柱产业除建筑业由于受益于博彩业的迅速扩张而实现短期上升外，其他两大产业——制造业和金融保险业的比重均随博彩业的膨胀而不断下降，尤其是制造业萎缩严重，2007年澳门的制造业比重仅剩2.79%，第二产业的比重也仅有17.69%，经济单一化的特性日趋明显（见下表）。而且，澳门博彩业的产业链短，与相关产业之间的关联度低，内部关系松散，连带效应弱，且稳定性弱，变化程度较大。博彩业的快速发展未能有效带动关联产业的发展。从下表看，同期酒店业、餐厅及酒楼业的比重不升反降，仅批发及零售业有所上升。据估计，目前澳门非澳居民（主要为外来游客）平均每年在澳门的总消费中，博彩消费占65%以上；来澳游客中不过夜的占游客总数的一半左右，过夜游客中大部分只住一晚，出现增人不增收现象。

博彩业及其相关产业产值占本地生产总值比重

（单位：%）

年份	1999	2002	2003	2004	2005	2006	2007
博彩业	23.98	31.94	36.64	39.13	34.93	33.31	35.59
酒店业	2.16	2.32	1.93	2.08	1.99	1.74	2.05
批发及零售业	4.68	5.79	5.83	6.22	5.89	5.96	6.35
餐厅及酒楼业	3.64	4.42	3.94	4.43	3.92	3.64	3.29
总计	34.46	44.47	48.34	51.86	46.73	44.65	47.28

数据来源：澳门统计暨普查局本地生产总值资料。

博彩业"一业独大"使得生产资源过度聚集，进而挤压了其他行业尤其是中小企业的生存空间；而其他产业的相对不振，更增加了政府对博彩业的依赖，使得生产资源进一步集中，形成所谓的"马太效应"和"挤出效应"，使澳门经济结构的单一化问题更加突出。以人力资源为例，2006年和2007年，劳动力由其他行业转入博彩业的速度加快，转入率分别为34.5%和40.8%，而其他行业的转入率则持续下降，制造业下降至3.8%

和3.7%，制造业和酒店及饮食业的职位空缺总数一直在11 000个以上，占空缺总数的60%以上。产业间人力资源严重失衡。

第二，经济结构单一导致整体经济的波动性风险增加，经济的可持续发展问题表面化。

长期以来，由于澳葡政府奉行不干预政策，澳门经济发展基本上处于随波逐流的状态，产业结构已呈现单一化的特点。1990年，美国麦健士公司在其研究报告《澳门未来十年发展前景》中就明确指出，"澳门的经济具有高度的极性"的特点。当时，博彩业已具有"极性"的特征，80%的游客是被博彩业吸引而来的香港居民，该地区财政收入的45%来自博彩业。2002年以后，随着博彩业的爆炸式发展，澳门经济结构的单一性更加突显。在外向型经济的前提下，经济结构的单一性必然导致经济发展的不稳定性和波动性。这种波动性无疑将大大提升宏观经济和微观经济的风险。

2002年以来，澳门GDP的增长呈现出与博彩业同步的波动趋势，长期来看不仅加大了澳门经济增长的风险，更对澳门的营商环境造成严重的负面影响，使澳门经济增长乏力。据统计，澳门经济从20世纪90年代后期已开始经历大幅波动，实质本地生产总值增长的波幅从1998年的-4.6%至2004年的29.4%，在6年期间高峰至谷底共相差34百分点。2002以来，澳门的经济虽实现飞速增长，但是增长率极为波动；而同期香港、新加坡以及作为微型经济体的卢森堡，其经济增长均较为平稳。2002至2007年期间，香港、新加坡和卢森堡的经济增长率方差分别为8.73、4.39和3.57，而澳门的经济增长率方差则为60.23，经济发展的风险迅速大增。从下图看，澳门经济增长的波动性要远远高于香港、新加坡和卢森堡。在经济大幅波动的情况下，正常的经济及商业活动运作受到干扰，亦均对经济个体的规划及经济政策的制定造成压力，经济的可持续发展受到严峻的挑战。2008年全球金融海啸及经济危机对澳门经济的冲击，深刻反映了经济单一性所潜伏的风险。

增长率（%）

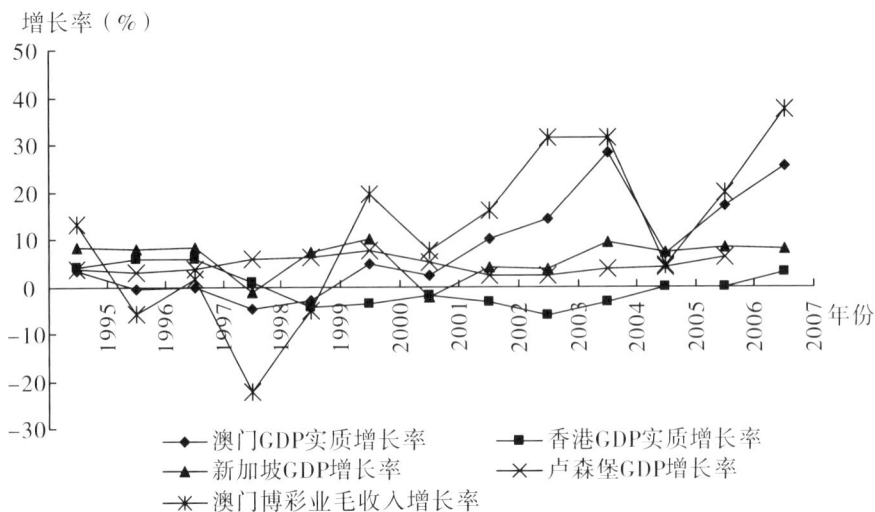

澳门及部分经济体 GDP 增长率

数据来源：澳门统计暨普查局网站 2000 年至 2008 年各季度《澳门主要统计指标》和本地生产总值资料、香港政府统计处网站本地生产总值资料、新加坡统计局网站以及中国国家统计局网站。

第三，土地、劳动力等生产要素对经济的可持续发展制约明显。

澳门土地面积狭小，仅有 32.8 平方公里，其中，私有土地约占 4%，已批租土地占 37%，澳门政府正在使用土地约占 27%，换言之，澳门目前剩余土地仅为 32%，其中包括山体、水塘等不适合发展的土地，实际可供批租土地已不足 10%。在 32.8 平方公里的土地上，居住着 54.9 万的人口，人口密度高达 1.88 万人/平方公里。近年来，澳门每年自然新增人口约 2 500 人，再加上每年获准居澳人口 7 000 多人，即每年净增居民约 10 000 人。居住人口对居住用地的庞大需求，进一步突显了澳门的人地矛盾。而且，2002 年以来，澳门特区政府为配合博彩专营权的开放，在路氹填海区批出大量土地，土地供应更加短缺。更值得注意的是，2006 年爆发的"欧文龙贪污案"凸显了澳门在土地供应制度方面的漏洞和缺失，土地供应的无序、透明度不高、缺乏公众监督机制，以及官员贪腐等问题也加剧了土地问题的严峻性。可以说，随着整体经济的快速发展，土地资源短缺已成为制约澳门经济发展的瓶颈。

2008 年，澳门就业人口有 32.3 万，其中，文娱博彩及其他服务业有 7.89 万人，占 24.4%；酒店业及饮食业有 4.13 万人，占 12.8%；批发及零售业有 3.96 万人，占 12.3%。即在博彩业及相关行业就业的就有 15.98 万人，占就业人口的 49.5%。近年来，随着博彩业的开放及经济的高速增长，澳门人力资源短缺的问题也日益凸显，各个行业均面临着人工短缺的困境，特别是博彩业及与博彩业相关的行业，包括批发及零售业、酒店业及饮食业等。输入外劳已成为弥补澳门劳动力资源不足的重要途径。目前，澳门输入外劳已达 8 万~9 万人，占就业人口的 27%~28%。然而，外劳的大量输入并未能缓解澳门劳工匮乏的压力，且越来越遭到澳门本地劳工阶层的反对。

随着经济的发展，对劳动力素质的要求也大大提高，但目前澳门劳动人口老化，素质偏低，严重制约着澳门经济的转型升级。据 2006 年中期人口统计显示，劳动人口中，从未入学和未完成小学学业的占 8.8%，小学至初中文化程度的占 48.5%，具有高等教育学历的只有 16.4%。《澳门主要统计指标》显示，至 2008 年第四季度，就业人口中高中以上学历的也仅占 21.9%。博彩业高工资、低技术、低学历、低门槛的特点，使其在吸纳大量没有工作经验的劳动力的同时，也使澳门许多青年的就业求学观发生了变化。正如有评论所指出的，"赌权开放以来澳门居民对旅游博彩业在环境和青少年价值观方面的负面效应有着强烈的感知"[1]。长此以往，"只要赌桌不要书桌"对本地人价值观的负面影响必然导致人力资源素质下降，澳门经济也将因此失去进一步增长的源泉。澳门青年的就业求学观的变化，对澳门人口素质的提升将造成深远的影响。

第四，经济快速发展的同时，通胀压力加大，贫富差距拉大，社会矛盾趋尖锐化。

在博彩业的带动下，澳门经济实现了跨越式的发展，但同时也推动了澳门的房地产价格飙升。在成本推动和需求拉动的双重作用下，澳门通胀压力不断加大。与 2002 年相比，2008 年澳门的住宅单位平均成交价升幅高达 272%，2007 年办公单位平均成交价以及中区办公单位平均成交价的升幅也达到 117% 和 149%。博彩业的扩张在成本方面推动了澳门房地产价格、人力资源成本飙升，同时，受到主要进口来源地的通货转嫁效应以及澳门元对人民币的相对贬值在成本上也推动了澳门的通货膨胀。另外，博彩业带来的大量外地游客的巨大消费需求，以及本地居民的收入上涨带动的需求增量和财政支出的增长又在需求方面拉动了澳门的通胀压力。据统计，2002 年至 2008 年，澳门的综合消费物价指数上升了 29%，其中上涨最多的是住房及燃料部分，升幅达 53%。

回归以来，澳门贫富差距不断拉大。自回归以来，仅有建筑业和文娱

---

① 欧阳军，屈杰豪，肖玲，等. 澳门旅游博彩业的多维效应——一个 5 年的历时性对比研究［J］. 旅游学刊，2009（2）：18-24.

博彩及其他服务业的每月工作收入中位数超过总体增幅均值；而制造业不仅收入增长缓慢且收入绝对数长期远低于整体均值，2007 年仅为整体的 57%。截至 2007 年，仅有 40% 的就业人口分布在建筑业和文娱博彩及其他服务业。2008 年，澳门博彩业员工平均月工资约为 14 000 澳门元，而制造业员工平均月工资仅为近 5 000 澳门元，两者相差近 3 倍。在博彩业的带动下，一方面，澳门的人均生产总值已位居亚洲前列，但另一方面，澳门仍约有 60% 的居民属于中低收入阶层，形成鲜明的反差。其中，部分居民在整体经济蓬勃发展时期，不仅未能够很好地分享经济繁荣的成果，而且由于房地产价格上涨、通胀压力加大等，生活水平甚至有所下降，导致社会矛盾趋尖锐化。近年来，多个"五一"劳动节均发生规模不小的市民上街游行，这就是一个信号。

第五，经济规模细小，比较优势较单一，难以发挥对经济腹地的辐射作用，区域合作迟迟未能取得突破性进展。

澳门作为典型的微型海岛经济体，原有的比较优势就比较单一。20 世纪 80 年代中期以来，随着内地对外开放的扩大，澳门的低成本优势被广东珠江三角洲地区取代了。20 世纪 90 年代以后，澳门更因经济规模细小，特别是缺乏深水港，无法与其背后的经济腹地，尤其是珠海、珠江三角洲西部地区以及西江中下游地区形成紧密的战略联系。其作为这一地区对外开放的桥梁和窗口的优势，亦随着内地开放程度的提高而逐步被削弱。因此，到 90 年代中期以后，澳门经济因外来资金投入大幅减少，逐渐陷入困境之中。

澳门回归后，成为中华人民共和国的一个特别行政区，实行"一国两制"方针，维持原有资本主义制度和生活方式 50 年不变。澳门与内地在经济合作发展中获得了新的制度优势。然而，由于澳门与广东的社会、经济制度不同，且分属不同的行政区划，经济运作相对独立性高，这在相当程度上降低了区域协调、整合的效率，提高了交易成本，并制约了区域经济整合的广度和深度。其中，横琴的联合开发长期议而未决就是一个明证。早在 20 世纪 80 年代中期，粤澳两地有识之士已提出联合开发横琴的建议，但是，由于两地对经济合作缺乏共识，发展思路不一致，特别是缺乏从区域经济一体化的高度对牵涉两地的空间、产业、城市功能等重大布局进行规划和协调的高瞻远瞩，横琴的开发迟迟无法取得突破。1999 年澳门回归后，澳粤两地高层会晤虽然达成了共同开发横琴的共识，但在开发的具体模式等一系列实质性问题上仍存在分歧，所谓共同开发横琴仍停留在"只打雷不下雨"的阶段。一直到 2009 年国务院批准、颁布《珠江三角洲地区改革发展规划纲要（2008—2020年）》，明确提出要开发横琴新区后，横琴的区域合作才正式起步。

在澳门的区域合作中，另一个重要议题就是如何发挥澳门的自由港优势、区位优势以及国际网络的优势，建设发展成为"中葡商贸合作服务平台"。澳门背靠珠三角西部地区，沿西江往西北上溯是西江中下游广阔的经济腹地，而它联系的国际层面，以欧盟和葡语国家为重点。长期以来它与这些地区和国家一直保持着悠久的经济、文化诸方面的联系。澳门的这个中介角色是其独特的、不容忽略的优势。然而，也正由于澳门自身种种主客观方面的因素，这一优势在很大程度上仍然是潜在的，尚未得到充分的发掘、利用。回归以来，随着中国经济实力的不断增强，背靠庞大内地市场的澳门吸引了众多葡语国家来澳门设立机构以开展与中国的经贸交流。2003年，中央政府决定将中国—葡语国家经贸合作论坛设在澳门。但是，澳门作为联系中国内地，特别是广东珠三角地区与欧盟、葡语国家的区域性商贸服务平台的功能也才开始发挥作用。区域合作的滞后发展，也严重制约了澳门经济的稳定、可持续发展。

三、强化政府的调控、监管能力，稳步推进经济适度多元化

我们认为，解决澳门诸多深层次矛盾的关键，是在推动博彩业有序、规范发展的同时，稳步推进澳门经济的适度多元化，而其核心问题则是强化政府的调控、监管能力。

第一，积极推动博彩业有序、规范发展，稳步推进经济适度多元化。

根据我们的研究，从解决澳门深层次矛盾着手，政府必须制定推动产业适度多元化的明确产业政策。澳门经济适度多元化的方向，首先必须在加强对博彩业的有效监管的同时，推动博彩业适度、有序发展，并着力优化其发展模式。要发挥博彩业的"发动机"和"助推器"作用，充分利用博彩业开放和"自由行"政策实施所带来的契机，做大做强为涌入澳门的超过2 000万游客服务的旅游休闲业，包括观光、文化旅游、度假、休闲旅游、购物旅游、甚至会议、展览等商务旅游，积极推动酒店业、餐饮业和娱乐业的转型升级和现代化、多元化发展；并重点发展批发及零售业、会议展览业，打造经济适度多元化的新增长点。

围绕澳门的"中葡商贸合作服务平台"建设，大力培养和发展现代服务业。这几年来，澳门的区域性商贸服务平台的建设虽然取得了明显的进展，但更多的是政府在引导，缺乏市场，特别是企业的有力推动，给外界

一种"虚"的感觉。究其原因,主要是澳门还缺乏围绕着平台建设的相关服务企业的支撑。因此,"中葡商贸合作服务平台"的建设,必须与相关现代服务业的扶持、培育紧密结合起来,特别是可以重点发展总部经济、商贸服务业、物流运输业、金融保险业等产业,从而为澳门经济的长远发展注入新的动力,有效推动澳门经济的适度多元化。

第二,强化政府的调控、监管能力,实行有指导性的宏观产业政策。

澳门回归以来,特别是 2002 年博彩专营权开放以来,随着国际资本的大规模进入和经济的急速发展,澳门经济、社会正面临着一个在历史上从未经历过的转型时期,整体经济发展正显示出与过去不同的许多特点。因此,必须强化政府的调控、监管能力,实行有指导性的宏观产业政策。

政府应逐步加强对澳门宏观经济的调控能力,特别是对博彩业发展的监管能力。从国际经验看,世界各国政府对博彩业都实行一套严格的监管制度。然而,2002 年开放博彩专营权以来,随着博彩业的爆炸式发展,澳门特区政府对博彩业的监管却相对滞后。根据《娱乐场幸运博彩经营法律制度》第 7 条第 2 款的规定,开放博彩专营权后,澳门特区政府对博彩经营权牌照的"批给至多为三个"。然而,在实际运作过程中,三个牌照各一分为二,变成六个。其中,永利集团以 9 亿美元的价格分拆次特许经营权给 PBL,即还没开业已收回其在澳门的几乎全部投资。这使澳门特区政府对博彩业的监管陷于被动地位。有评论指出:"在强大盈利驱使下,无形之手只会推动业者朝最短时间赚取最大利益的方向迈进,这种市场行为可能会与本澳整体经济的稳定发展相矛盾。"[1] 有部分评论更指出,目前社会不少资源正流向博彩业,带动了企业的营运成本上升,如租金、工资不断上涨,令中小企业竞争加剧。[2] 2008 年 4 月 22 日,澳门特区政府在各方面的压力下,决定限制澳门博彩业现有规模,不再增发新的牌照,不再批给土地建新赌场;严控赌桌数目。但是,博彩业"一业独大"的态势已经形成,如何使其有序、规范发展,已成为澳门特区政府监管当局面对的重大挑战。

实施倾斜性的财政税收政策,建立产业适度多元化基金。近年来,澳门特区政府因赌税源源不断增加而导致财政盈余庞大。因此,如何有效利用手中的财政盈余成为政府必须面对的重要课题。澳门必须居安思危,锐意进取,有效运用现有的庞大财政盈余和税收政策等宏观经济手段,实施倾斜性的财政税收政策,积极推进产业适度多元化,特别是旅游博彩业多

---

[1] 参阅 2006 年 3 月 12 日发表在《澳门日报》的《调教龙头,产更大效益》。
[2] 参阅 2006 年 3 月 6 日发表在《澳门日报》的《白志健:蛋勿尽放一篮》。

元化发展，培育新的强大的产业链，提升科技创新的产业模式，为澳门经济发展的强盛后劲奠定扎实的根基。对重点发展的新兴产业，可考虑从庞大的财政盈余中拨出一定数额的款项，成立产业适度多元化基金，对符合政府重点发展的新兴产业中的一些具标志性意义或具良好发展前景的项目，提供财政资助或进行风险投资，以逐步达至经济适度多元化的宏观政策目标。

改善澳门的投资营商环境。对一些配合政府产业发展政策所需要的重要领域，特别是有利于营造良好投资环境的一些非营利性的社会公益领域，包括高科技领域、基础设施领域和教育领域等，进行有针对性的投资。这些投资领域的共同特点是投资周期长、投资数额大、具有风险性和不确定性，但对经济发展、产业转型升级具有重要意义。

第三，重视并强化对土地、人力资源的规划、管理和开发，制定科学、合理的政策。

根据产业政策重新修订土地发展规划，建立、完善土地分配、土地利用及土地开发制度。针对当前澳门土地分配和土地利用失衡的问题，应加快对土地发展规划的修订，参考香港城市分区发展大纲规划的做法，对澳门城区的现有土地进行分区规划、管理，并制定相应的土地发展策略，就区内各类用地，包括工商业区、居民住宅区、公共小区等作出系统性的规划，特别是根据经济适度多元化的产业政策对新城区的发展和旧城区的重整作出有长远战略意义的规划，以提高土地的利用率。同时，借鉴和引进香港的土地批租制度，推行土地拍卖制度，以保证土地分配的公平、公正。为此，建议成立专职监察土地开发、分配和利用的土地咨询及监察委员会。土地发展规划的修订，还必须考虑到填海计划。由于填海主要围绕海港两岸展开，如何平衡填海与海港保护成为一个难题。从更长远的发展考虑，还包括如何与广东联合开发横琴的问题。

加强对人力资源的开发和引进，制定科学、合理的外劳政策。澳门特区政府有必要进一步加强对人力资源的调查研究，如完善本地主要行业的人力资源需求及薪酬调查的官方统计，建立人力资源信息库，切实了解澳门各行业短、中、长期人力资源的动态需求情况，包括劳动力和各类人才的存量、动向、流量、输出及输入的基本情况，根据这一动态发展情况制订并调整澳门人力资源的短、中、长期开发规划。澳门特区政府应根据澳门经济发展的实际需要制定输入外劳政策，使之逐步规范化、透明化，以将可能引发的社会矛盾降至最低限度。同时，要简化现时申请输入外劳的烦琐手续，缩短等候审批时间；制定外劳最低薪金保障标准、确保本地劳工与非本地劳工和谐共处；制定保障本地低学历和中壮年人士有被聘用的优先权的规定，降低澳门失业率；政府的有关执行部门应加强对输入外劳政策的监督、落实，使输入外劳政策透明化、公开化，并加强对"黑工"的打击，以保障本地劳工的合法权益。

第四，积极推进横琴的联合开发与区域合作。

澳门要实现经济适度多元化，必须参与和推动粤港澳大珠三角区域合作，特别是要积极推进与广东方面对横琴的开发合作，以突破澳门空间狭小和资源短缺的制约。横琴的最大优势就是毗邻澳门，面积约是澳门的 2 倍。澳门经济适度多元化发展所面临的最大制约在于土地、人力资源的短缺。而一水之隔的横琴是一块未开发的处女地，可供开发的面积为 53 平方公里。因此，横琴开发最重要的战略价值，就是要弥补澳门经济发展面临的土地、人力资源短缺等问题，使澳门优势产业得到延伸、扩充，相关产业得到发展。

2009 年，国家有关部门提出将澳门大学迁址横琴作为横琴开发的第一个标志性项目；国务院常务会议也原则上通过了《横琴总体发展规划》，多年来一直停滞不前的横琴开发，已提到国家经济发展的战略层面并将正式启动。《横琴总体发展规划》提出要充分发挥横琴地处粤港澳结合部的优势，推进与港澳紧密合作，把横琴建设成为带动珠三角，服务港澳，率先发展的粤港澳紧密合作示范区。这一定位不仅符合国务院颁布的《珠江三角洲地区改革发展规划纲要（2008—2020 年）》中对横琴开发的要求，而且也密切配合当前粤港澳紧密合作、日趋融合的客观需要，特别是对澳门经济的适度多元化发展，具有重要意义和深远影响。

以横琴开发为载体，通过加强澳门与珠海合作，可以大力吸纳国外和港澳的优质发展资源，打造区域产业高地，促进珠江口西岸地区的产业转型升级。因此，横琴开发将成为打造珠澳都会圈的重要契机，以横琴为结合部，包括澳门、珠海在内的都会圈将发展成为珠江西岸一个高能量级的增长极，即珠澳都会圈。

（原文发表于澳门《澳门研究》杂志，2010 年第 2 期）

当前澳门经济存在的主要问题与对策

一、当前澳门经济存在的三大问题

第一，关于澳门博彩业"一业独大"和经济适度多元化问题。

1999 年澳门回归以来，尤其是 2002 年博彩专营权开放和 2003 年中央对内地居民开放港澳地区"自由行"以来，澳门的博彩业获得高速发展，并推动连续多年衰退的整体经济恢复强劲增长。不过，与此同时，博彩业发展出现了"一业独大"的趋势，产业结构呈现越来越明显的单一性特征。据统计，2002 年至 2011 年，澳门经营博彩的公司从 1 家增加至 6 家，赌场从 11 家增加至 34 家，赌桌和角子机分别从 339 张和 808 部急增至 5 302 张和 16 056 部，9 年间分别增长 14.64 倍和 18.87 倍。博彩毛收入从 2002 年的 234.96 亿澳门元增加至 2010 年的 1 985.88 亿澳门元，8 年间增长了 7.45 倍，年均增长超过 28%。博彩业在澳门本地生产总值中所占比重也从 1999 年的 23.98% 上升至 2009 年的 32.3%，其中 2004 年更高达 39.13%。这种单一性的产业结构，给澳门经济带来越来越大的风险，并对其可持续发展构成了挑战。有鉴于此，国家在"十一五"规划、"十二五"规划中都明确提出了要"促进澳门经济适度多元发展"，澳门特区政府亦多次强调要推动澳门经济的适度多元化。

在本次调查研究中，博彩业"一业独大"和经济适度多元化问题成为受访者关注的一个主要经济问题。来自教育界的刘校长认为，随着博彩业的快速发展，澳门经济将会越来越单一，其中隐含着相当大的风险。她说："如果国内取消出入境'自由行'，不给这么多人过来，我们就没了！你看我们的经济支出现在多么浪费，我们怎么去支撑？"来自企业界的黄先生认为，澳门是微型经济体，博彩业一业独大，很难发展多元经济。

根据我们召开的两场中小企业人士座谈会，受访者反映最多的就是博彩业"一业独大"所导致的人力资源短缺和经营成本上升两大问题。澳门饮食业商会副理事长冯先生表示，澳门开放博彩专营权后，饮食业的劳工短缺已显现出某种程度的惨况，如今可以从劳动力市场招聘本地劳工的比率已经由以前的50%下降到当前的5%左右。来自手信业的凌先生表示："政府希望我们手信业能打造出澳门制造品牌，我们作为企业当然很愿意，但是需要政府能有相应的人力资源政策配合。我现在有四家门店，只要给我人力，开个十间八间分店是没有问题的。"来自旅游业的胡先生指出，2011年，澳门社会出现了一个在世界上都极为少有的现象，司机这个工种的工资在一个月内上升了50%，而且工资上涨后企业还是招聘不到足够的司机。受访者普遍反映，博彩业"一业独大"使得人力资源过度聚集，挤压了其他行业尤其是中小企业的生存空间，使澳门经济结构的单一化问题更加突出。

在接受调查的中小企业主中，在被问到"为了改善中小企业的营商环境，你对特区政府主要的诉求是什么？"时，占前三位的分别是"积极推动澳门经济适度多元化""进一步完善政府的人力资源政策"和"提高政府的行政效率，加强对澳门企业的服务功能"。其中，将"积极推动澳门经济适度多元化"作为第一诉求的占29.8%，作为第二诉求的占6.4%，作为第三诉求的占8.5%；将"进一步完善政府的人力资源政策"作为第一诉求的占23.4%，作为第二诉求的占19.1%，作为第三诉求的占14.9%；将"提高政府的行政效率，加强对澳门企业的服务功能"作为第一诉求的占12.8%，作为第二诉求的占14.9%，作为第三诉求的占14.9%（见表1）。

表1　受访中小企业主就改善营商环境对特区政府的主要诉求

诉求	第一	第二	第三
积极推动澳门经济适度多元化	29.8%	6.4%	8.5%
在税收、金融等方面加强对中小企业政策扶持力度	8.5%	25.5%	10.6%
进一步完善政府的人力资源政策	23.4%	19.1%	14.9%
加强区域合作，引导企业参与横琴开发	6.4%	2.1%	4.3%
加强城市交通等基础设施的建设	2.1%	8.5%	12.8%
提高政府的行政效率，加强对澳门企业的服务功能	12.8%	14.9%	14.9%
其他	2.1%	0	4.3%
不清楚	10.6%	10.6%	12.8%
不回答	4.3%	12.8%	17.0%

近年来，澳门特区政府积极推动澳门企业参与区域合作特别是珠海横

琴新区的联合开发，以作为澳门推进经济适度多元化的一个路径。在本次调查中，受访的中小企业主在被问到"您认为横琴开发是否会为您的业务发展提供机遇？"时，认为"提供很大机遇"和"有一定机遇"的合占34.0%，"机遇不大"的占23.4%，"没有机遇"的则占31.9%，其余为"不清楚"和"不回答"。不过，耐人寻味的是，在本次调查中，受访的中小企业主在被问及"您认为澳门社会在以下哪些方面最需要改善？"时，"推进粤澳区域合作（包括横琴开发）"被排在倒数末位，最期待改善占0.1%，第二期待改善占0.4%，第三期待改善占1.0%；而"增加经济适度多元化"亦排在相当后的位置，最期待改善占1.3%，第二期待改善占2.0%，第三期待改善占1.9%（见表2）。这在一定程度上反映出在澳门市民关于社会经济事务的优先次序上，"推进粤澳区域合作（包括横琴开发）"及"增加经济适度多元化"仍然被排在较为不重要的位置上，显示出特区政策的导向与整体社会发展需求形成强烈反差。

表2　受访中小企业主认为澳门社会最需要改善的方面

方面	第一	第二	第三
控制物价上涨	26.8%	21.2%	11.8%
控制房价上涨	18.0%	27.0%	11.4%
提高政府廉洁程度	10.9%	7.3%	4.3%
提高政府施政水平	10.2%	2.7%	4.0%
消除贫富悬殊现象	8.0%	6.3%	10.6%
提高政府施政透明度	5.5%	6.0%	6.4%
增加个人经济收入	4.0%	3.8%	5.1%
改善交通状况	2.7%	4.6%	10.7%
增加就业机会	2.6%	5.5%	6.5%
完善社会医疗保障	2.5%	2.8%	5.9%
提高教育水平	2.0%	2.9%	8.2%
推进民主建设	1.6%	2.3%	2.0%
增加经济适度多元化	1.3%	2.0%	1.9%
改善社会治安	0.9%	0.9%	3.0%
生态与环境保护	0.8%	1.1%	2.0%
推进粤澳区域合作（包括横琴开发）	0.1%	0.4%	1.0%

（续上表）

方面	第一	第二	第三
其他	0.7%	0.4%	0.4%
不清楚	0.9%	0.9%	1.4%
不回答	0.6%	1.8%	3.3%

第二，关于改善澳门中小企业投资营商环境问题。

根据徐雅民等人的研究，从澳门微型经济的特点出发，按企业人数这一最常用的指标，澳门企业可划分为微型企业（10 人以下）、小型企业（10～99 人）、中型企业（100～499 人）和大型企业（500 人以上）四种类型，前三种类型则统称为中小企业。[①] 据统计，中小企业占澳门企业总数的 99% 以上。在澳门经济适度多元化的进程中，中小企业将扮演重要角色，因而，中小企业的投资营商环境成为本次调查的关注焦点之一。

澳门回归以来，随着博彩业开放及整体经济的快速增长，澳门中小企业的投资营商环境得到一定程度的改善，中小企业主的个人收入也有了相当的改善。在本次调查中，接受调查的中小企业主被问及"与 5 年前相比，您个人的收入水平是提高了还是下降了？"时，认为"有很大提高"和"有所提高"的合占 78.3%，认为"没有变化"的占 13.0%，认为"有所下降"和"下降幅度很大"的合占 6.5%。在被问到"与 5 年前相比，您认为澳门中小企业的营商环境是改善了还是恶化了？"时，认为"有很大改善"和"有所改善"的合占 55.4%，认为"没变化"的占 6.4%，认为"有所恶化"和"严重恶化"的合占 36.2%。在被问到"在现有投资营商环境下，您对扩大经营规模、开拓新经营领域的兴趣和动力有多大？"时，认为"很大"和"较大"的合占 19.1%，认为"一般"的占 38.3%，认为"不大"和"没有"的合占 36.1%。反映了尽管中小企业投资营商环境有所改善，但仍存在不少问题，致使企业扩大规模、拓展业务的动力有限。

在被问到"如果您认为澳门中小企业营商环境得以改善，最重要的三个原因是什么？"时，占前三位的分别是"回归以来澳门经济快速增长""澳门博彩业开放带动相关行业发展"和"内地'自由行'政策的实施"。其中，认为"回归以来澳门经济快速增长"是最重要原因的占 29.4%，是第二重要原因的占 12.1%，是第三重要原因的占 6.1%；认为"澳门博彩

---

① 徐雅民，等. 提升澳门中小企业竞争力研究［M］. 澳门：澳门理工学院，2004：39.

业开放带动相关行业发展"是最重要原因的占 26.5%，是第二、三重要原因的分别占 27.3% 和 6.1%；而认为"内地'自由行'政策的实施"是最重要原因的则占 14.7%，是第二、三重要原因的分别占 12.1% 和 15.2%（见表 3）。这从一个侧面反映了博彩业开放和内地"自由行"政策实施推动了澳门经济的快速增长，给中小企业发展带来了好处。另外，值得重视的是，"粤澳区域合作顺利推进"及"CEPA 框架下内地对澳门开放服务业"这两大因素在改善澳门中小企业营商环境中的排名处于倒数末两位，在一定程度上反映出相关政策的实施给企业特别是中小企业实际带来的效益有限。

表 3 受访中小企业主认为澳门中小企业营商环境改善最重要的原因

原因	第一	第二	第三
回归以来澳门经济快速增长	29.4%	12.1%	6.1%
澳门博彩业开放带动相关行业发展	26.5%	27.3%	6.1%
内地"自由行"政策的实施	14.7%	12.1%	15.2%
特区政府财政收入增加，加大了中小企业的扶持政策力度	2.9%	15.2%	21.2%
政府的行政效率提高	2.9%	0	6.1%
粤澳区域合作顺利推进	2.9%	0	3.0%
CEPA 框架下内地对澳门开放服务业	0	0	3.0%
其他	0	3.0%	3.0%
不清楚	5.9%	6.1%	9.1%
不回答	14.7%	24.2%	27.3%

对于认为澳门中小企业营商环境恶化的中小企业主，在被问到"如果您认为澳门中小企业营商环境恶化，主要原因是什么？"时，占前三位的分别是"企业人力资源短缺""租金上升、房价过高"和"澳门博彩业'一业独大'，挤压中小企业发展空间"。其中，认为"企业人力资源短缺"是最重要原因的占 31.7%，是第二重要原因的占 19.0%，是第三重要原因的占 9.5%；认为"租金上升、房价过高"是最重要原因的占 19.5%，是第二、三重要原因的分别占 11.9% 和 9.5%；而认为"澳门博彩业'一业独大'，挤压中小企业发展空间"是最重要原因的则占 12.2%，是第二、三重要原因的分别占 4.8% 和 4.8%（见表 4）。表面上看，在导

致澳门中小企业营商环境恶化的主要原因中，"澳门博彩业'一业独大'，挤压中小企业发展空间"仅排第三位，但深入分析，它却是造成澳门"企业人力资源短缺"和"租金上升、房价过高"两大原因背后的重要因素。

表 4　受访中小企业主认为澳门中小企业营商环境恶化的主要原因

原因	第一	第二	第三
企业人力资源短缺	31.7%	19.0%	9.5%
租金上升、房价过高	19.5%	11.9%	9.5%
澳门博彩业"一业独大"，挤压中小企业发展空间	12.2%	4.8%	4.8%
外劳输入政策	9.8%	9.5%	2.4%
政府的中小企业扶持政策力度不够	7.3%	7.1%	23.8%
通胀恶化、经营成本上升	4.9%	16.7%	11.9%
交通拥挤、城市发展规划滞后	0	4.8%	2.4%
政府的行政效率不高	0	2.4%	11.9%
其他	0	2.4%	0
不清楚	4.9%	4.8%	4.8%
不回答	9.8%	16.7%	19.0%

其中，对中小企业营商环境影响最大的是人力资源的短缺。在本次调查中，中小企业主在被问到"您所在的企业人力资源的充裕或短缺的情况"时，认为"充裕"的占 13.0%，认为"刚刚好"的占 17.4%，认为"短缺"和"严重短缺"的合占 60.9%。在被问到"您所在企业的职位空缺对业务发展的影响"时，认为"没有影响"的占 21.3%，认为"有一定影响"的占 42.6%，认为"影响较大"和"影响严重"的合占 34.0%。

在我们召开的澳门中小企业主座谈会上，反映最强烈的是企业人力资源短缺的问题。来自企业界的胡先生表示，当前澳门中小企业的投资营商环境与前几年相比，应该是差了，或者更确切地说是难了。同样来自企业界的冯先生认为，2003 年之前是营商不妙但是营商畅顺，因为职员是不会离职的，且工资低；现在生意好了，但是人手不足。来自运输界的李先生说，目前职员的工资太高，以前他们找个跟车运输工只要 7 000 澳门元，现在没有 10 000 澳门元都很难找到人；要不就是骑驴找马，做两个月就跑掉；请新的员工要重新培训非常耗费精力。受访的中小企业主认为，企业的人力资源短缺与政府的劳工政策及申请外劳的繁复程序密切相关。冯先生表示，这很困扰澳门的微企，因为它们本来就很缺乏人手，现在还要走这么多政府程序，真是分身乏术，倒不如出去打工。

第三，影响民生的突出问题：高房价、高物价、高通胀。

本次调查中，受到澳门社会普遍关注的另一个经济问题就是高房价、高物价、高通胀对民生的影响。接受调查访问的市民在被问到"与1999年回归前相比，您生活的哪些方面变坏了？"时，占前三位的分别是"物价稳定""房价稳定"和"交通状况"，分别占89.7%、86.5%和45.6%（见表5）。接受调查访问的市民在被问到"您生活中最感无力解决的问题是什么？"时，高居前两位的分别是"房价过高"和"通货膨胀"。其中，认为"房价过高"是最无力解决问题的占36.3%，认为是第二、第三最无力解决问题的分别占17.3%和7.2%；认为"通货膨胀"是最无力解决问题的占29.0%，认为是第二、第三最无力解决问题的分别占35.3%和10.1%（见表6）。

表5　受访市民认为与1999年回归前相比个人生活变好或变坏情况

	变好	差不多	变差	不清楚	不回答
经济收入	57.3%	28.3%	11.9%	2.3%	0.1%
就业机会	53.9%	29.0%	12.2%	4.5%	0.3%
社会保障	56.1%	32.9%	7.4%	3.5%	0.1%
交通状况	25.0%	27.2%	45.6%	2.1%	0.2%
社会治安	47.8%	34.6%	15.1%	2.3%	0.2%
房价稳定	2.4%	7.9%	86.5%	2.9%	0.3%
物价稳定	2.3%	6.2%	89.7%	1.7%	0.2%

表6　受访市民认为生活中最感无力解决的问题

问题	第一	第二	第三
保障个人权益	2.9%	2.8%	4.7%
身份歧视	1.5%	1.3%	2.3%
机会不公	5.0%	3.6%	7.2%
人际关系	2.7%	2.9%	2.8%
房价过高	36.3%	17.3%	7.2%

（续上表）

问题	第一	第二	第三
通货膨胀	29.0%	35.3%	10.1%
社会治安	2.4%	4.1%	6.4%
就业困难	3.6%	4.7%	6.3%
工作不稳	2.0%	2.7%	4.5%
薪酬偏低	3.3%	4.8%	9.4%
社会保障（如就医）	1.9%	6.1%	11.9%
子女就学	2.3%	2.3%	6.8%
其他	0.8%	0.2%	0.8%
不清楚	3.5%	4.8%	6.5%
不回答	3.0%	7.1%	13.1%

当前，澳门的民生问题中，最突出的要数高房价问题，特别是中低收入人群的住房问题。回归前，政府曾提供公共房屋给中低收入人群，包括社会房屋与经济房屋①两个部分。1999年回归以后，澳门特区政府针对疲弱不景气的地产市场，停建了公营房屋。除居住在公营房屋的家庭外，大多数的家庭要透过私营房屋解决他们的居住与投资需求。2002年澳门博彩专营权开放后，大量外来投资及外来劳工涌入澳门，加上经济快速增长，极大地拉动了房地产市场的需求，短短数年间房价急升，市民收入远远赶不上房价的升幅，低下阶层市民、没有自置物业的居民包括年青一代及年长者的住房压力大增。据统计，2002年至2009年期间，澳门就业人口收入中位数由4 764澳门元，增加至8 500澳门元，平均年增长率为8.9%，就业人口收入中位数实质增长约5.5%；同期，私人物业平均售价由2002年每平方米6 259澳门元，增加至2009年前三季每平方米19 008澳门元，平均年增长率为17.2%，实质平均年增长率为13.8%，远高于就业人口收入中位数的增幅。② 由于在新的经济大环境下，政府的公共房屋政策并没

---

① 社会房屋，是指政府兴建或由政府提供土地批予发展商投资兴建，完工后将单位回报给政府，政府以低廉的租金租予低收入或有特殊困难的家庭租住。经济房屋，是指由政府与本地建筑企业签订土地批给合同，建筑企业利用批给的土地兴建价格较低的房屋。建成的房屋，部分单位拨归政府作为批地补偿，其余单位由承批企业按合同所定条件及价格，透过房屋局审核后出售。比较起来看，经济房屋是提供给收入较少，无法承担私人楼宇价格而又想自置居所的人士；社会房屋是通过租住形式让低收入人群或有特殊困难的家庭居住。

② 参阅王于渐、郭国全、蔡小慧和黎宁的《澳门公共房屋政策研究》。

能及时调整，没能为中低下阶层市民提供足够的公共房屋，导致社会怨声四起，高房价实际上已成为社会不稳定的重要因素之一。

澳门民生问题中，另一个突出问题是高物价、高通胀。这也是我们在本次调查中市民反映最强烈的民生问题之一。来自基层的李先生说："我记得我 13 岁出来学师，开始的月收入是 150 元，但每个月我都有钱剩。我现在一个月 1 万多块钱却未必有钱剩，当然也可能是因为我和家庭开支。"来自青年界的骆女士表示，当前通货膨胀非常厉害，回归之前可能十几元就可以吃顿饭，但是现在要三四十元，这个涨幅太大，给年轻人的压力很大。年轻人刚刚毕业出来上班，什么都没有，没有什么东西可以让他们安定下来。通货膨胀太厉害的话，会影响年轻人的发展，成为一个障碍。当前，高物价、高通胀正成为侵蚀澳门广大市民分享经济增长成果的"元凶"，成为社会矛盾渐趋尖锐的因素之一。

在本次调查中，接受访问的市民在被问到"您认为澳门社会在哪些方面最需要改善?"时，占前三位的分别是"控制物价上涨""控制房价上涨"和"提高政府廉洁程度"。其中，认为"控制物价上涨"是最期待改善的占 26.8%，第二、第三期待改善的分别占 21.2% 和 11.8%；认为"控制房价上涨"是最期待改善的占 18.0%，第二、第三期待改善的分别占 27.0% 和 11.4%。这在相当程度上反映出澳门普罗大众对澳门特区政府改善施政的期待。值得注意的是，在接受访问的市民中，有两类人群在被问到这一问题时，所占比例更高。其中，25~34 岁和 35~44 岁受访市民，认为"控制物价上涨"是最期待改善的分别占 30.0% 和 30.3%；而工人、农民、渔民、个体户、保安、非专业外劳，退休人员，家政人员、学生这类受访市民，认为"控制物价上涨"是最期待改善的分别占 28.0%、39.4% 及 25.8%（见表 7）。这几类人群对澳门特区政府"控制物价上涨"和"控制房价上涨"的期待比例更高，需求更加迫切。

表7　受访澳门市民中各类人士认为澳门社会最需要改善的方面

（单位:%）

各类人士	方面	第一	第二	第三
25~34 岁受访市民	控制物价上涨	30.0	15.5	18.2
	控制房价上涨	13.8	33.5	12.6
35~44 岁受访市民	控制物价上涨	30.3	18.8	9.9
	控制房价上涨	18.3	33.2	10.8

（续上表）

各类人士	方面	第一	第二	第三
工人、农民、渔民、个体户、保安、非专业外劳	控制物价上涨	28.0	24.2	18.9
	控制房价上涨	11.4	25.0	14.2
退休人员	控制物价上涨	39.4	23.3	14.9
	控制房价上涨	11.9	33.3	10.1
家政人员、学生	控制物价上涨	25.8	22.6	11.5
	控制房价上涨	22.0	28.0	10.4
市民（总体）	控制物价上涨	26.8	21.2	11.8
	控制房价上涨	18.0	27.0	11.4

二、相关政策建议

第一，积极、有效推动澳门经济适度多元化。

从本次调查的情况看，要降低整体经济的风险、拓宽中小企业发展空间，澳门需要从产业发展战略和相关政策配套上，有效推动经济适度多元化。其中的亮点包括：

（1）制定倾斜性的产业配套扶持政策。国际经验证明，推动产业转型升级必须要有政府强有力的指导和政策指引。如微型经济体卢森堡，就为重点扶持行业提供强有力的政策和法律支持。澳门特区政府应该借鉴国际上的成功经验，制定明确的短、中、长期的产业发展政策，对重点扶持、培育的产业，制定倾斜性支持政策，从税收、财政、金融、土地、人力资源等多方面给予扶持；对一些配合政府产业发展政策所需的重要领域，特别是有利于营造良好投资环境的一些非营利性的社会公益领域，包括基础设施领域、高科技领域和教育领域等，进行有针对性的投资。要创造条件，通过政策引导，培育、扶持一批具国际竞争力的现代服务企业。

（2）建立产业适度多元化基金，加大资助中小企业拓展业务的力度。近年来，澳门特区政府因赌税源源不断增加而导致财政盈余庞大。如何有效利用手中的财政盈余成为政府必须面对的重要课题。澳门必须要居安思危、锐意进取，有效运用现有的庞大财政盈余和税收政策等宏观经济手段，实施倾斜性的财政税收政策。对重点发展的新兴产业，特别是旅游业、批发及零售业、会议展览业和文化产业等，实施倾斜性的财政税收政策，给予适当的政策扶持；甚至可以考虑从庞大的财政盈余中拨出一定数额的款项，成立产业适度多元化基金，对符合政府重点发展的新兴产业中的一些具标志性意义或具良好发展前景的项目，提供财政资助或进行风险投资，以逐步达至经济适度多元化的宏观政策目标。

（3）研究和发展小区经济。受访者在座谈中认为，随着澳门经济繁荣、人口增加、生活水平提升，特别是每年有超过 2 000 万游客来到澳门，澳门应该积极研究和发展小区经济。在这方面，香港有成功的例子。近年来，香港旺角的朗豪坊，运用新的消费模式发展小区经济，吸引了大量年轻人，带动了整个小区的经济发展。澳门过去也有成功的例子。20 世纪 60 年代，澳门人口仅有 10 多万，第一个经济起飞的经验是，当时受东南亚排华影响的华人，携带大量资金暂居澳门，补充了澳门当时紧缺的人力资源以及资金，并聚居在三盏灯地区，使得该区产生集聚效应，展现良好的经济状况。这是一个很好的小区经济经验。但是，目前澳门的经济资源向旅游博彩区倾斜，旧区经济毫无生气。澳门现在的小区经济，还停留在卖东西的阶段。在这方面，政府应该研究、制定鼓励小区经济发展的优惠政策，引进新的消费发展模式，盘活旧区经济。

（4）研究、发展具经济效益的文化创意产业。受访者在座谈中认为，近年来澳门特区政府为推动经济多元化，花了相当多的精力和资源发展文化创意产业，并且寄予厚望。但是，现实中的文化创意产业仍然做得不好。例如风堂创意园，主办方很努力，花的钱不少，但是出来的效果有限；另一个例子是"艺圩"，主办方也花了不少资源和精力，但结果冷冷清清。在这方面，澳门应该借鉴欧洲的经验。欧洲的休闲旅游中心一般要有文化产业的配套设施，其中比较成功是伦敦的嘉伦花园。嘉伦花园举世闻名，其空间结构是三个圆的布局。最核心部分是顶尖的文化创意产业，包括介于手工艺园和工厂文化创意之间的产品，有十几个摊位，艺术学生在那里定期表演戏剧、哑剧或小提琴名曲，气氛非常好；外围则与相关旅游休闲业紧密结合起来，形成一个具很高效益的"艺圩"。澳门特区政府应该配合旅游休闲产业的发展，规划一两个类似嘉伦花园的"艺圩"，从而发展具经济效益的文化创意产业。

第二，大力改善澳门中小企业投资营商环境，特别是企业的人力资源状况。

积极、有效地推动澳门经济适度多元化的另一条重要路径，就是大力改善澳门中小企业投资营商环境，特别是企业的人力资源状况。

切实改善中小企业的人力资源状况。根据我们的调查，当前影响澳门中小企业投资营商环境最重要的因素，就是人力资源。正如有来自企业界的座谈者所指出的，目前，面对经济快速增长、人力资源严重短缺的情况，政府相关部门仍然是因循守旧，缺乏前瞻性。博彩业开始腾飞时，没有估计到会带来人力资源需求的膨胀，这是情有可原的，但是随着威尼斯人等各大赌场相继落成，这些餐饮、住房、人员的需求量都是有数可算的，很多专家在赌场落成前就已经掌握了相关资料，而且明显需求是扩大了很多的；但是澳门政府的人力资源政策仍然一成不变，而且外劳申请周期耗时过长，一般要等 6~9 个月，这对中小微企业来说是个致命打击。政府的当务之急，是要重新评估澳门人力资源的需求，特别是来自非博彩行业的中小企业的人力资源需求，制定切实可行的外劳输入政策，在不影响本地工人就业的前提下，满足中小企业的招聘需求，并且大幅精简企业申请外劳的程序。

从中长期看，根据经济发展需要制订人力资源开发的发展规划。澳门特区政府有必要进一步加强对人力资源的调查研究，切实了解澳门各行业短、中、长期人力资源的动态需求情况，制订澳门人力资源的短、中、长期开发规划。从短期来看，澳门有必要实施适当的劳工输入计划，以缓解澳门总体人才资源短缺的问题。从中期来看，澳门应加强对各类短缺的专业人才的引进和培训，特别是博彩业、旅游业、会展业、物流业、高附加值及高技术制造业人才的引进和培训。从长期来看，澳门特区政府应大力发展教育事业，提高本地高等教育机构的教学和科研能力，积极推动澳门人力资源向高素质、优化结构方向发展，以适应澳门社会向知识经济转型。

积极协助中小企业参与横琴新区联合开发。澳门特区政府应深刻检讨中小企业对参与横琴新区开发缺乏兴趣和动力的原因，通过政策引导企业参与横琴开发，为企业发展提供更广阔的空间和资源。为推动澳门中小企业参与大型项目的配套服务，政府应制定相应的倾斜政策，强化和增加部门处理或协助澳门企业参与区域投资相关事务的责任和职能，包括引资推介、行政手续、税务、融资等。澳门特区政府要将收到的有关信息，以更快捷、更透明的方式传递给澳门工商界和社会各界，并加强对企业的相关引导、培训。而澳门的研究团体、工商企业和市民更要加强对横琴新区开发动态的跟进和研究，从中寻找有利的投资机会，及时进入。

修改、完善澳门经营管理制度上已经过时的旧条文和旧制度。以税制为例，澳门现在的税制跟国际不对接。比如国际通行的 183 日的税例，该条文规定了企业应该在何处交税，即企业在某地待超过 183 日就应该在当地纳税。但是澳门并不遵循这一税制，许多来澳门经营的美国企业，它们在澳门待了超过 183 日，按理已经享受了澳门很多基础设施福利，应该交税，但是它们在澳门不用交税。此外，澳门仍沿用诸如环球税、地域税等旧有税制。环球税，即公司在当地交了税，回来澳门还要交税。这并不利于推动澳门发展成为"中葡商贸合作服务平台"。

政府应设立创业基金鼓励青年创业发展。据来自教育界的大学教师反映，2011 年他们在大学生中推出一个创业计划的试点，结果非常理想。他们也了解了青年学生创业的情况，有部分学生创业很成功。现阶段澳门旅游休闲业越来越发达，节假日的时候接待不了太多的游客，这是一个很好的商机。政府若能在这方面设立创业基金对自主创业予以支持，将有利于推动经济发展。

第三，积极平抑房价、物价通胀，切实改善民生。

切实解决民生问题是维持澳门社会繁荣稳定、和谐发展的关键之一。因此，澳门特区政府必须要采取切实可行的措施，积极平抑高房价、高物价和高通胀。

进一步完善公共房屋政策，满足广大中低阶层市民的住房需求。在新的历史条件下，澳门特区政府必须要从长远经济发展、社会稳定角度来重新研究、修订公共房屋政策。现阶段，公共房屋政策应优先照顾最有迫切住屋需要的家庭，要加大社会房屋特别是经济房屋的建设力度，并提供廉租公屋，照顾有住屋困难的低收入阶层，特别是年长者及缺乏能力照顾自己者；澳门特区政府可考虑将现有的租金津贴计划扩展至新社屋轮候册内的家庭，以更好地规划未来的公共房屋建设及舒缓低收入阶层的居住困境。要研究、推出置业现金津贴计划，积极协助及鼓励低收入阶层，特别是年轻人士家庭置业；要适当放宽经济房屋申请人的入息及资产限制，简化和缩短符合资格的市民轮候公共房屋的程序和时间，加快中低阶层市民住上公共房屋的速度。此外，对于私人房地产市场，澳门特区政府应采取措施加强监管，针对短期转售住宅楼宇单位或楼花（预售商品房），征收物业转移特别印花税，防止逃漏税，以增加"炒家"的投机成本，并提高楼市买卖的透明度，以利房地产市场健康发展。

进一步强化调控通胀措施，以缓解澳门中低阶层市民之困。从 2008 年起，澳门特区政府为了减轻市民面对高通胀的压力，开始实行现金派发计划。2011 年 4 月，澳门特区行政长官崔世安宣布，澳门特区政府再次推出一次性抗通胀措施，向每名永久性居民和非永久居民分别发放 3 000 澳门元和 1 800 澳门元现金，并推出一系列措施支持弱势社群，包括在保证食品安全的前提下，拓宽货源，从保障货源入手，达至平抑物价的目标。至此，澳门特区政府已先后 5 次"派钱"，向每位澳门市民派发总值达24 000澳门元的现金。可以说，这些措施是必要的，可以在一定程度上缓解澳门市民特别是中低阶层市民之困。但是，这些措施对弱势群体来说力度仍有不足。澳门特区政府应在加强支持弱势群体的同时，切实考虑澳门中产阶层的实际需要，在税务方面进行适当减免，例如为进修、供养同住老年人或婴幼儿、慈善捐款等提供免税项目和额度等。另外，在社会贫富日益悬殊、楼价攀升、通胀不断加剧、市民怨气累积的情况下，澳门的"夹心阶层"近年实际的生活质素也大不如前，有些人更有沦为社会低下层之虞。澳门特区政府应推行覆盖阶层更广泛的"还富于民"政策和社会保障体系，检讨公共领域的服务开支水平，在基础建设、医疗、教育、社会保障等方面做更多工作，以进一步完善社会安全网。

深化财政政策的力度，调控通胀的根源。近年来，澳门通胀的主要原因之一，是过热的内部需求。可以说，澳门博彩业超高速发展和房地产市场投机风盛是造成澳门通胀急升的主要原因之一。因此，澳门特区政府应在加强监管博彩业的同时，为它们的发展创造更好的环境，对一些有利于旅游业多元化发展的项目（并不是单纯的博彩项目）予以更多的政策支持。同时，澳门特区政府要针对房地产业发展制订中长期发展规划，尽快研究和建立澳门的土地规划、土地储备、土地公开拍卖、房地产中介人等制度，增加在房地产方面的施政透明度，减少社会对房地产价格的不必要预期。另外，由于澳门是自由经济体系，澳门特区政府不可能通过干预国际油价或内地的食品价格来抵制输入型通胀。但澳门特区政府可以加强监管澳门经营石油或相关制品的公司，防止它们的联合垄断。同时，澳门特区政府应当适时检讨现时供澳食品的制度和管道，积极与内地商讨扩大供澳食品货源的可行性，尽量减少澳门部分食品供应垄断经营的负面影响。

（原文摘自澳门科技大学研究课题"澳门社会各阶层分析专题研究"子课题，2012 年）

港珠澳大桥建设与澳门战略地位的提升

港珠澳大桥是一座连接香港、澳门和珠海的大桥，该桥主体建造工程于 2009 年 12 月 15 日正式动工兴建，计划于 2015 年至 2016 年完成，总投资超过 700 亿人民币。该桥建成通车后，开车从香港到澳门、珠海的时间将由目前的 3 个多小时缩减为半个多小时。这标志着香港、澳门与广东三地将进入一个新的融合发展阶段。港珠澳大桥的兴建将使人们更加注重香港、澳门与珠三角西部地区的产业资源的对接，加上中央政府批准粤澳两地合作开发珠海横琴，让人们憧憬粤澳产业资源的进一步整合。可以预期，港珠澳大桥建成后，澳门将会进一步增强与香港、广东的经济联系，摆脱独处一隅的尴尬局面，其战略地位将得到进一步的提升。

一、港珠澳大桥的发展历程

港珠澳大桥的建设最早可追溯到 20 世纪 80 年代初期。1983 年，香港商人胡应湘先生率先提出了建设连通香港与珠海的跨海大桥的设想，旨在促进香港与广东珠三角西部地区的经济联系。胡应湘的设想成了港珠澳大桥建设蓝图的雏形。1989 年，作为对胡应湘设想的响应，珠海方面提出了伶仃洋跨海大桥计划；1993 年，珠海市委书记梁广大公布了兴建伶仃洋跨海大桥的具体方案，梁广大希望借此改善珠海偏居一隅的交通状况。在梁广大的推动下，1997 年 12 月 30 日，伶仃洋跨海大桥项目获国务院批准立项。1997 年亚洲金融危机后，香港特区政府为振兴香港经济，寻找新的经济增长点，认为有必要尽快建设连接香港、澳门和珠海的跨海陆路通道，以充分发挥香港、澳门的优势，于是在 2002 年向中央政府提出了修建港珠澳大桥的建议。2003 年 4 月，国家发展与改革委员会会同香港特区政府共同委托研究机构完成了"香港与珠江西岸交通联系研究"，正式确定兴建港珠澳大桥。2003 年 8 月和 2007 年 1 月，由国家发展与改革委员会牵头，相继成立了"港珠澳大桥前期工作协调小组"及"港珠澳大桥专责小组"。2008 年 2 月 28 日，港珠澳大桥融资正式方案敲定。2009 年 10 月 28 日，国务院常务会议批准港珠澳大桥工程可行性研究报告，确定了大桥两端的登陆点、跨珠江的主要线位和技术方案、口岸设立模式和大桥融资方案等重大问题，保障了项目前期工作的顺利开展。

2009 年 12 月 15 日，港珠澳大桥正式动工，珠澳口岸人工岛填海工程开工仪式在珠海情侣南路东延长线一段举行，中共中央政治局常委、国务院副总理李克强出席仪式并宣布工程开工。港珠澳大桥建设计划于 2015 年至 2016 年完成，总投资超过 700 亿人民币。根据设计规划，港珠澳大桥以公路桥的形式连接香港、珠海和澳门，整个大桥将按 6 车道高速公路标准建设，设计行车时速每小时 100 公里。根据相关数据，大桥将使珠江西岸与香港港口之间的距离平均缩短 41%，物流运输成本和时间平均分别减少 39% 和 34%。港珠澳大桥的建成，将改善香港同珠三角西部地区的陆路联系，使得从珠海、中山、江门到香港的时间距离缩短到 1 个小时左右，与东部地区的深圳、东莞、惠州到香港的时间距离大致相当，从而便于接受香港作为金融服务业和物流中心的辐射作用（见下表）。

香港距珠三角主要城市的时空距离

	终点				
	西岸			东岸	
	地区	现状	港珠澳大桥建成	地区	现状及港珠澳大桥建成
空间距离（公里）	珠海	211	66	深圳	32
	中山	171	116	东莞	82
	江门	217	157	惠州	96
	西岸			东岸	
	地区	现状	港珠澳大桥建成	地区	现状及港珠澳大桥建成
时间距离（小时）	珠海	2.8	1	深圳	0.4
	中山	2.2	1.7	东莞	1.1
	江门	2.8	2.2	惠州	1.3

注：皆从香港葵涌码头出发。

数据来源：港珠澳大桥工程可行性报告及有关专题（专家初审会议）资料。

港珠澳大桥工程包括海中桥隧工程、港珠澳三地口岸、港珠澳三地连接线三项主要内容。桥隧工程自香港大屿山，穿越珠江口航道，止于珠澳口岸人工岛。全长35.6公里，双向6车道，设计寿命为120年，可抗8级地震。根据内地有关研究机构的估算，港珠澳大桥主体预算为大约300亿人民币，其中需由三方面政府补贴的约为120亿人民币。不过，香港有财务和工程专家表示，由于通胀和利率等动态因素影响，加上大桥建设难度很大，还难以准确估算成本，但主桥预算很可能超过400亿人民币。从动工之日算起，港珠澳大桥工期大约需6年。收费收入按跨界交通车辆配额政策及最高收费方案下的交通流量计算，收费期限为50年。而按照国家相关法规，港珠澳大桥项目所需资金比例约35%，其余可通过银行贷款等其他方式解决。据有关方面预计，大桥建成后20年内，每日车流量达5万～6万辆，过境人流达23万～25万人次，会为三地带来400亿人民币效益。[1] 大桥无疑为澳门经济发展提供了历史契机，且注入了一针强心剂。这也是与港珠澳大桥的建设初衷相吻合的。

港珠澳大桥是在"一国两制"条件下由粤港澳三地首次合作共建的超大型基础设施项目，大桥东接香港，西接广东省珠海和澳门，是国家高速公路网规划中珠三角地区环线的重要组成部分和跨越伶仃洋海域、连接珠江东西岸的关键性工程，对粤港澳三地经济的可持续发展和更紧密的融合具有重大和深远的意义。

二、港珠澳大桥建设将提升澳门的战略地位

（一）港珠澳大桥对澳门确立"世界旅游休闲中心"战略地位的影响

澳门作为"世界旅游休闲中心"的战略定位，首先由国务院颁布的《珠江三角洲地区改革发展规划纲要（2008—2020年）》提出。国家"十二五"规划纲要也明确提出："支持澳门建设世界旅游休闲中心。"《粤澳合作框架协议》进一步提出："以澳门世界旅游休闲中心为龙头、珠海国际商务休闲度假区为节点、广东旅游资源为依托，发挥两地丰富历史文化旅游资源优势，丰富澳门旅游业内涵，发展主题多样、特色多元的综合性旅游服务"，共同"建设世界著名旅游休闲目的地"。然而，作为微型经济体的澳门，地域狭小，自然资源贫乏，博彩业"一业独大"，这些都成为澳门发展"世界旅游休闲中心"的掣肘。港珠澳大桥的建设，无疑将有利

---

[1] 杨兴洲，谢薇，罗春艳，等．一桥飞架粤港澳　两翼三地变通途：全球最长跨海大桥港珠澳大桥开工 [J]．珠江水运，2010（1）：28－31．

于提升澳门作为"世界旅游休闲中心"的战略地位。主要表现在：

第一，港珠澳大桥的建成将为澳门增添一项无与伦比的旅游项目。

众所周知，旅游作为一种特殊的商品，具有极大的外联性或者说联袂效应。① 游客在选取某一地区作为旅游目的地时，通常会将其周边环境考虑在内。澳门作为"世界旅游休闲中心"，其中一项重大缺陷是缺乏标志性的大型旅游景点和设施，而港珠澳大桥的兴建，将弥补这一缺陷。港珠澳大桥的设计特色可以归纳为"三最四亮点"。"三最"即内地最长寿，有120年使用寿命；世界最长，跨海逾35公里；世界最难，6公里海底隧道。"四亮点"分别是：既是"中转站"也是"艺术品"；斜拉桥索塔造型像钻石；人工岛设平台观赏海景；设立中华白海豚观赏区。据大桥工程可行性研究报告，港珠澳大桥工程计划单列5 000万人民币作为景观工程费。港珠澳大桥建成后，将在海湾出现三座大型桥塔（Y字分岔处及两端），类似于三座相互呼应的海上观光塔，并与情侣路和澳门海岸风光相辉映，从而成为造型独特、具有强烈视觉魅力和审美价值的珠澳双城地标景观，为珠江口增添一道令世人叹为观止的亮丽风景线。这座世界上最长、横跨粤港澳三地的桥梁，将成为世界上最宏伟的大桥工程，其知名度将可超过美国西岸旧金山著名的金门大桥。

第二，港珠澳大桥建成后，将形成粤港澳三地的"单Y"旅游走廊，从而推动澳门旅游休闲产业的快速发展。

无可否认，博彩业发展给澳门经济发展注入了强大的动力。然而，博彩业"一业独大"，触发了产业规模集聚与产业多元化的经济矛盾，导致经济发展的不稳定。澳门学者陈守信曾对澳门经济波动程度进行量化衡量，澳门的本地生产总值实质增长标准偏差要远高于其他8个与澳门作比较的经济体，这其中既包括冰岛、卢森堡等与澳门相类似的微型经济体，也包括美国、新加坡等发达国家经济体。

解决澳门博彩业"一业独大"的问题，要推动澳门经济的适度多元化。首先是推动澳门经济从目前以博彩业为核心的经济结构，转变成以综合性旅游业为主导的经济体系，做大做强旅游休闲产业，以及与旅游休闲业密切相关的行业，如批发及零售业、会议展览业、文化创意产业等，从文化旅游、购物旅游、会展旅游发展起新的行业、新的经济增长点。在推动综合旅游业发展的同时，为经济的长远发展注入新的元素和活力，推动经济适度多元化，以降低澳门的经济风险和政治风险，提升澳门对区域经

---

① 王一鸣. 强化粤港澳旅游大三角概念联袂效应推区域旅游合作［R］. 澳门社会经济论集，2004.

济合作的贡献程度和国际竞争力。

港珠澳大桥建成后，珠江口东西两岸的旅游资源将以"大珠三角半小时交通圈"为中心进行整合，形成"大珠三角半小时旅游圈"：一方面，大桥成了联结珠三角东西两岸旅游资源的"桥头堡"和"中转站"。澳门—横琴休闲旅游走廊、澳门—香港休闲购物走廊以及澳门明珠岛—珠海情侣路滨海走廊的形成，使得粤港澳一站式的旅游通道更加顺畅。港珠澳大桥的建成有利于将珠三角地区丰富的旅游资源补充到澳门"世界旅游休闲中心"的建设中来，既可以让游客饱览珠三角东西两岸秀丽风光，领略独具岭南特色的民族风情，又可以让游客感受澳门"华洋共处、中西合璧"的城市建筑与城市文化，体验世界级的赌城风貌。另一方面，旅游博彩业可以说是澳门在"大珠三角半小时旅游圈"中的拳头产品，是澳门吸引内地、香港甚至是世界各地游客的独有产品。港珠澳大桥的落成，更为各地游客提供了除空运、水运外的又一条更加便利的交通通道，提高了海峡两岸和香港居民与世界各地游客来澳门消费和旅游的频率。

（二）港珠澳大桥对澳门发展"中葡商贸合作服务平台"战略地位的影响

澳门的另一个战略定位是"中葡商贸合作服务平台"。澳门的开埠要比香港早近300年，澳门是欧洲人来到中国的第一块落脚地，是东西商贸往来的第一个口岸，也是西方了解东方的第一个窗口。在悠久的历史长河中，澳门是东西方经济与文化交流的桥梁与纽带。由于历史原因，澳门长期以来与欧盟，特别是葡语国家和地区一直保持着紧密的经济、社会等多方面联系。因此，澳门有优势发展成为联系欧盟、葡语国家与内地特别是广东珠三角地区的区域性商贸服务平台。围绕着平台建设，澳门可以培育出相关的现代服务业，包括会议展览业、商贸服务业、物流运输业、金融保险业等，有效推动澳门经济适度多元化。正是基于此，国家"十二五"规划纲要明确指出：支持澳门发展为"中葡商贸合作服务平台"。

但是，必须要认识到的是，相比于香港，澳门经济活动总量细小，缺乏海运、空运的优良基础与条件，现代服务业发展相对滞后。因此，作为微型经济体的澳门需要借助周边力量，接受香港辐射以及与珠三角地区开展合作与交流，这成为澳门经济发展的重要选择。然而，由于珠江的阻隔，澳门成为大珠三角地区的交通边缘地带，与区域的交通枢纽中心隔江相望；珠三角运输网络被珠江分割开来，是"喇叭口"状的交通结构，成不了环状。从香港到达珠海、澳门最快的陆路通道是经深圳绕道虎门大桥再南行到珠海、澳门，行程 200 多公里，耗时 4 个多小时。港珠澳大桥的建设，有效地打通了澳门这一交通瓶颈，将香港与珠三角西部地区的距离缩短到 30 公里。香港的资金、技术、人才可以通过最快捷的交通介质辐射到包括澳门在内的珠三角西部地区，推动澳门会议展览业、商贸服务业、物流运输业等现代服务业的发展，从而有效发挥澳门作为"中葡商贸合作服务平台"的作用，并且更好发挥珠三角东部地区利用澳门的国际平台走向世界的作用。

（三）港珠澳大桥建设对澳门城市空间结构及珠江西岸城市圈的影响

第一，港珠澳大桥的建设将有力地促进澳门城市圈层空间的优化。

目前，港珠澳大桥已成为影响澳门城市圈层规划建设发展的最重大因素之一。为配合大桥的整体景观，大桥沿岸海岸线区域将得到合理利用。尤其是滨水地区的城市生态空间将得到提升，海岸旅游空间将得到优化。这不仅是与澳门特区政府提出的"尊重历史、立足现实、放眼未来"的城市总体规划设计理念以及"特色化发展、整体化引导、绿色化生态"三大原则相呼应，也有利于澳门整体城市空间利用的集成体系的形成。尤其是大桥滨水区域城市规划的成功经验对半岛、氹仔、路环以及新填海区四大区域的生态整治、公共绿化空间与出行空间的差异化建设都有很好的借鉴作用。澳门新城、旧区以及历史核心区由外而内的环状结构逐步形成。新城的现代、快捷、准时、区域对接功能，旧区的生活便利和移动需要功能以及历史核心区的休闲、慢行、展现历史情怀的功能交相辉映。三个圈层的核心功能进一步得到明确。

第二，大桥的建设有利于加强澳门与珠三角东西部地区特别是与珠海的城市空间联系。

对于澳门而言，港珠澳大桥的建设，使港澳之间出现了第一条陆路快速通道，这比以往的两地陆路交通减少了 2/3 的交通成本，意味着澳门进入整个港珠澳的一小时经济圈。一方面，大桥建成后将推动珠海市的拱北—湾仔—横琴一体化发展和城市功能梯度转移。大桥在拱北落地后下隧道，以昌盛大桥东为隧道出口和分流枢纽，将带动城市功能重心向昌盛大桥两端转移积聚。显然，只有河西南湾地区才有足够空间作为承载城市功能转移的平台。另一方面，港珠澳大桥的建成将使澳门完成步入以高速运输网络为基架的现代化城市发展阶段。目前，澳门与珠海之间的四个通关口岸中就有三个集中在澳门的西部地区，港珠澳大桥的建成将有力地促进澳门的东北部地区与珠海邻近区域在地理空间上的衔接，连同西部的莲花大桥以及广珠城市轻轨在横琴的延长段、湾仔口岸、西北部的青洲跨境工业园区、北部的拱北口岸，形成东、北、西包围圈。同时也实现了澳门与香港乃至整个大珠三角地区通过立体化交通网络的快速对接，促成澳门成为珠三角城市群多核心发展模式中的区域中心之一。

第三，大桥的建成将促成澳门"大桥经济"的形成，在区域经济合作中争取更大的主动。

以港珠澳大桥为契机和纽带而生成、强化的区域合作经济可以称为"大桥经济"。香港、澳门、珠海以及中山、江门等珠三角西部城市因而形成一个"大桥经济体"，其外围成员还可包括受大桥影响的粤西沿海各市。澳门、珠海作为承东启西的"桥头堡"，完全可以发挥更大的作用，将珠三角西部和粤西其他城市之间的合作需求更好地串联起来，也随之提升澳门、珠海在大珠三角地区的战略地位，使澳门"区域性中心城市"名副其实。而提及澳门参与区域合作，不能不提澳珠的合作开发与共建。港珠澳大桥的联合开发建设，连同澳珠共建的横琴、青洲跨境工业园区都迈出了珠澳跨境合作"先行先试"的重大步伐。澳门、珠海作为珠三角地区承东启西的"桥头堡""排头兵"，可以澳珠共建的模式参与到更大范围内的区域合作中去。

改革开放 30 年以来，广东珠江东西岸地区经济发展水平形成了较大的落差，其中的重要原因，就是香港增长极带动作用远超过澳门。《珠江三角洲地区改革发展规划纲要（2008—2020 年）》指出："以珠海市为核心，以佛山、江门、中山、肇庆为节点的珠江口西岸地区，要提高产业和人口集聚能力，增强要素集聚和生产服务功能，优化城镇体系和产业布局。"澳门作为"世界旅游休闲中心"和"中葡商贸合作服务平台"，在珠江西岸都市圈的形成过程中将发挥重要作用，澳门与珠海、中山、江门等城市，以港珠澳大桥和横琴开发为纽带，形成珠江西岸地区具国际竞争力的都市圈，形成一个高能量级的增长极，即珠澳都会圈，发挥缩小珠江东西岸经济发展落差的重要战略功能。

三、利用"大桥因素"提升澳门战略地位的政策建议

港珠澳大桥的建设，意味着珠三角东西部将逐步迈入大桥经济时代。澳门作为东部地区通向西部地区的"桥头堡"，应以大桥建设为契机，努力放大预期效应，不断推进澳门的产业结构以及城市空间布局的优化，以

更加积极的姿态参加到区域经济合作的浪潮中。

（一）科学规划，将港珠澳大桥打造成世界著名旅游景观品牌

综观全球旅游经济，很多世界性旅游胜地都是充分利用了"大桥因素"。很多大桥由于与周边地貌、景观非常协调，形成了复合景观，并成为当地地标性建筑和世界著名景观。例如，澳大利亚的悉尼大桥与悉尼歌剧院伴生成为世界著名的旅游景点；湖北的武汉长江大桥与大桥两端的龟山、蛇山伴生成为我国著名的旅游景观。因此，应该借鉴国内外经验，科学规划，将港珠澳大桥打造成世界著名旅游景观品牌。

第一，打造"世界桥梁艺术博览园"，构建澳门旅游观光的世界性景点。

根据大桥规划，港珠澳大桥沿途不仅有桥梁，还有人工岛和海底隧道。这种桥、岛、隧道三位一体的跨海大桥是世界首创，成为桥梁史上的一个新亮点。因此，设计者在人工岛之间筑桥建景，将形成"世界桥梁艺术博览园"。特别是港珠澳大桥珠澳人工岛一段的桥梁景观，必须体现澳门的特色，与澳门的景观相协调，同时要具有现代化、世界性的时代感，成为具有强烈视觉魅力和审美价值的珠澳双城地标景观。

第二，围绕"大桥经济"，做好大桥延伸区域的旅游产业规划和功能定位。

港珠澳大桥的建设，其自身就是澳门城市旅游一个独具特色的景点，同时也是澳门多元旅游的助推器。大桥延伸区域将成为澳门未来经济发展的新增长点。因此，在进行旅游产业布局时，要保证资源的合理利用和有效配置，以获得良好的经济效益。利用"大桥旅游"，大力发展包括观光旅游、文化旅游、购物旅游、休闲旅游和会展旅游在内的多元化旅游。与大珠三角，特别是与珠江西岸的旅游资源协调合作，在更广大的空间上壮大澳门旅游业，使澳门成为"一生最想去的地方"之一。

（二）积极推进港珠澳大桥及其配套设施建设，加强对生态环境的保护

兴建港珠澳大桥，有利于整合粤港澳三地的经济资源，打破条块分割和地方诸侯经济，强化和提升珠三角区域合作和经济发展，进而沟通西江流域及中国西部开发，极具经济战略意义。积极推进港珠澳大桥及其配套设施建设，当前有几个需要关注和重视的问题：

第一，澳门和珠海两地要加强对大桥配套设施规划的研究、跟进。

大桥一经建成，落脚点的相关的配套设施应逐步完善。大型交通基础设施的使用，都必须辅以完善的交通配套设施，以吸引更多的客流和货流，才能有效地提高设施的使用效率。澳门需考虑在大桥落脚点附近兴建综合的交通中心，让客人、货物抵达澳门后，可以马上接驳到目的地，减少交通成本；同时，过境的车辆可以迅速接放客人和装卸货物后离开澳门，加速澳门的客货流量。此外，国外有案例显示，繁荣的桥头经济有助于增强人流，因此可在大桥附近辟地发展商业区，提升经济活力，聚集人流，反过来也可以增加大桥的人流量、物流量。因此，当前珠澳政府应积极考虑在大桥落脚点附近选址兴建相关的交通配套设施和商业设施。

第二，在大桥建设过程中要加强对生态环境的保护。

大型交通基础设施建设都不可避免地对生态环境产生一定的影响，大桥的建设需要时刻关注对珠江口生态环境的保护。首先是对该区生物物种的保护。例如，珠江口是我国目前最大的中华白海豚栖息地，港珠澳大桥途经中华白海豚自然保护区，在大桥施工与营运期间，要尽量避免使用水下爆破和撞击式打桩作业。其次是对该区域水质环境的保护。例如，禁止将施工过程中产生的废渣、废水直接排入海域，所有泥沙和废渣要投入运泥船运往指定地点；大桥管理中心及服务区等沿线附属要配套生活污水处理系统；加强对危险品运输车辆管理，建立危化品事故的防污染应急系统，制定环境风险应急预案等。

（三）加强区域经贸合作，积极融入区域一体化

大桥的兴建，克服了伶仃洋的海路阻隔，为澳门与周边地区，尤其是与香港、珠海的合作提供了便利。进一步加强区域合作与共建，对澳门来说刻不容缓。

第一，深化澳门与珠海横琴、珠三角地区的旅游业合作。

港珠澳大桥的建设，将珠三角东西部地区旅游资源以半小时交通圈及其辐射区的形式连接起来，为共建大珠三角一站式旅游服务区提供了契机。澳门与珠海要加强对横琴的联合开发，大力发展与澳门旅游博彩业对接及错位发展的休闲旅游业，以利于将澳门、珠海两地各具特色的旅游资源进行整合，再与香港及广东的旅游资源相配合，把粤港澳特色旅游资源串联成"一程多站"的旅游路线，开辟旅游共同市场，增强澳门旅游业对珠江西岸地区的辐射力，从而形成一个具有竞争力的、关联度高的旅游休闲产业链和产业集群，共同打造"世界旅游休闲中心"。

第二，深化澳门与珠海横琴新区商贸服务业的合作，共同建设"中葡

商贸合作服务平台"。

从近年的发展实践看，澳门要真正成为"中葡商贸合作服务平台"，还需珠海方面的配合，而横琴则提供了合作的平台。未来进一步发展的问题是，澳门与珠海两地如何协调发展和错位发展商务会展业。从澳门的角度看，澳门的优势在于博彩业和与葡语国家的联系，澳门可以博彩业为"卖点"，精心打造两三个具比较优势又配合澳门旅游博彩业发展的会展知名品牌，特别是与葡语国家相关的会展品牌，从而真正发展成为中国与葡语国家经贸、文化交流的平台。澳门可以会议为主、展览为辅。珠海方面则可发展澳门不具备比较优势的会展业，如航空展览、重工业展览、游艇展览、印刷机展览等；或者在珠海举办展览，而相关的会议则可安排在澳门。通过两地的协调发展和错位发展，共同做大做强商务会展业的"蛋糕"，共同打造"中葡商贸合作服务平台"。

（原文载于《澳门经济社会发展报告（2012—2013）》，作者为冯邦彦、彭薇，2013 年）

香港与澳门产业结构比较研究

一、香港与澳门产业结构演变的相同点

特殊的历史发展背景和经济体制，使得香港与澳门在产业结构演变过程中形成许多相似之处。总体而言，主要有：

第一，从历史发展的长河来看，香港和澳门都经历了以传统的转口贸易为主体的经济发展时期。

根据配第—克拉克定理和美国著名经济学家库兹涅茨的研究，世界各国产业结构演变的一般规律是：随着人均国民收入的提高，劳动力首先由第一产业向第二产业转移，然后向第三产业转移，相应的社会经济变革次序是由农业社会转向工业社会，再由工业社会转向后工业社会或服务经济社会。然而，香港和澳门现代经济的发端则是从转口贸易起步的。香港和澳门在开埠前都曾是不显眼的渔村，基本上属海岛型渔农社会。但它们在开埠后，凭借其优越的地理位置和特殊的政治、历史背景，都迅速成为亚太及远东地区著名的转口贸易港。澳门在16世纪中叶到鸦片战争前夕，堪称远东地区最重要的国际贸易口岸之一；香港在开埠后的100年，发展成为亚太地区最重要的转口贸易港之一，其他行业基本上是围绕转口贸易发展起来的。可以说，转口贸易在它们的经济发展历程中扮演了重要的角色。因此，香港和澳门在走上工业化道路时，都不是从渔农社会而是从转口贸易港起步的。

第二，"二战"后，香港和澳门都经历了工业化快速发展阶段，成为远东地区重要的出口加工区域之一。

"二战"后，随着科学技术的进步和先进工业国劳动成本的不断提高，在世界范围内出现了一次大规模的产业结构调整。在这次产业结构调整中，发达国家在实现产业结构升级的同时，将一些劳动密集型产业向发展中国家或地区转移，自己则致力于发展资本、技术密集型产业。以香港为代表的一些发展中国家或地区，及时把握这一良机，它们利用自身的有利条件，适时采取"出口导向"的发展战略，实现了工业化。据世界银行的

数据，1950 年，制造业占香港本地生产总值的比重仅为 9.0%，到 1970 年已上升到 31.0%。此时，制造业已经成为香港最大的经济行业。反映在产业结构上，服务业从 1950 年的 63.8% 下降到 1965 年的 46.8%，此时，服务业占本地生产总值的比重已经低于工业的比重。[①] 从 20 世纪 60 年代起，在欧美给予纺织品配额的影响下，再加上香港的投资、组织和内地廉价劳动力的多重作用，澳门的出口加工业迅速发展，成衣、纺织品、鞋类、电子、玩具等制造业后来居上，在 80 年代中期一跃成为第一大产业。据估计，在 1984 年，出口加工业在澳门本地生产总值中所占比重已达 35.9%，超过旅游博彩业的 23.6%，进而成为澳门经济的最大产业支柱。[②]

第三，20 世纪 80 年代中期以后，在外部因素的推动下，香港和澳门都相继进入了后工业化或服务经济阶段。

城市产业结构的演变规律虽然也遵循配第—克拉克定理，但也有自己的特点：当第一产业占国民收入的比重大于 10% 时，表明该城市尚处于工业化的初始阶段；当第一产业所占比重小于 10%，且第二产业所占比重高于第三产业所占比重时，表明城市处于工业的加速阶段；当第一产业所占比重小于 5%，且第二产业所占比重与第三产业大致相当时，表明该城市处于工业化的成熟阶段；当第一产业所占比重进一步下降，而第三产业所占比重超过第二产业并达到 70% 以上时，表明该城市已进入后工业化阶段。

香港和澳门作为城市经济，其第三产业在整体经济中一直占有重要地位。即使在高速增长的工业化时期，出口导向型制造业成为经济发展的主导产业，第三产业在国民经济中仍占相当大的比重。以香港为例，1980 年香港完成工业化时，第三产业在本地生产总值中所占比重仍高达 67.5%。20 世纪 80 年代以后，随着内部劳工短缺、生产成本上升，外部国际贸易保护主义抬头，来自中国台湾和韩国、新加坡等新兴工业国家或地区的竞争压力，特别是中国的改革开放，使得香港的制造业大规模向北转移，香港经济迅速走向后工业化及服务经济阶段。1997 年，第三产业占香港本地生产总值的比重为 85.2%，到 2008 年上升至 91.97%，其中，批发及零售业、进出口贸易业、饮食及酒店业占 26.9%，金融业、保险业、地产业及商用服务业占 29.0%。这一时期，澳门产业结构也发生了相当大的变化，1984 年澳门第三产业的比重为 51.3%，至 2008 年上升至 88.3%。

第四，在产业结构的演变过程中，香港与澳门的制造业本身都未经历明显的转型升级。

① 冯邦彦. 香港产业结构研究 [M]. 北京：经济管理出版社，2002：12 – 14.
② 杨允中. 澳门与现代经济增长 [M]. 澳门：澳门经济学会，1992：71.

现代产业结构理论表明，产业结构变动引起的转型有三个特征：首先，是新科技革命引起的工业或制造业的转型升级，使其从劳动密集型产业转向资本、技术密集型产业；其次，是在结构协调化的基础上通过产业关联效应实现产业素质的提升；再次，是工业或制造业的转型升级引起劳动生产力的提高，从而刺激服务业的需求和供应，推动服务业的发展和升级。因此，产业升级的前提条件是制造业本身的升级。

20世纪70年代末80年代初以来，随着世界产业结构的调整，以及西方发达国家制造业逐渐从重化工业向以信息产业为核心的新兴工业转变，新兴工业化国家或地区紧跟西方发达国家的调整，加快向工业化过渡。韩国、中国台湾、新加坡均能跟上这一调整，推动自身产业尤其是制造业从劳动密集型转向资本、技术密集型。以新加坡为例，20世纪80年代期间，新加坡通过引进外资，从而引进外国的先进技术，成功地建立起以电子电器、石油提炼、机械制造（主要是造船）为主体的制造业，实现了产业结构的升级和优化，建立起门类相对齐全，结构相对合理的资本、技术密集的重化工业产业结构。20世纪80年代，香港也力图跟上这一调整，然而，香港最终因种种主客观条件的制约，始终未能完成制造业本身的转型升级。80年代中期以后，在香港的制造业尚未完成转型升级，基础性工业和资本、技术密集型工业还未确立优势的时候，其劳动密集型产业已大规模北移至广东珠三角地区。进入90年代，香港本土的制造业仍未能显著改变内部的结构。因此，香港产业结构的演变有明显的先天不足，其中一个重要的表现是它与技术进步的脱节。

澳门制造业的发展路径与香港大致相当。澳门的制造业是以轻纺工业为主，以劳动密集型为特征，主要包括制衣、针织、玩具等。随着内外经济环境的变化，澳门劳动密集型工业优势日渐衰退，使不少厂家把劳动密集型工序及有关的生产规模扩充转移到广东珠三角地区。工序外移，进而工厂外迁，使澳门工业日渐萎缩。因此，可以说，澳门的制造业也是在自身尚未成熟，尚未完成向知识、技术和资本密集型升级的时候就匆匆地转移出去，这一方面导致了工业萎缩，另一方面也导致了澳门产业结构的单一化趋势越来越严重，潜在风险增加。

第五，在产业结构转型的过程中，香港与澳门都呈现出产业空心化的趋势。

B. 布鲁斯和B. 哈里逊在合著的《美国的非工业化》一书中把产业空心化定义为"在一国的基础生产力方面出现了广泛的资本撤退"。香港和澳门作为相对独立的地区，在发展工业化的过程中也都不同程度地出现了产业空心化的现象。20 世纪 80 年代中期以后，香港在大规模将劳动密集型产业转移到广东珠三角地区以后，本土经济的产业空心化危机即开始显露，制造业在香港经济中的地位迅速下降，甚至萎缩。1984 年，制造业在香港本地生产总值中的比重仍维持在 24.3%，但到 1997 年已下降至6.3%，到 2008 年更下降至 2.5%，包括建造业在内的第二产业所占比重下降至 5.5%。澳门的产业结构在演变过程中亦出现同样问题，20 世纪 90年代以后，澳门制造业受国际形势影响，再加上中国的改革开放，其所占比重逐年下降，到 2008 年亦下降至 2.0%，产业空心化趋势日益明显。

二、港澳两地产业结构演变的差异

香港与澳门在经济发展过程中虽然存在不少相同点，但是，由于两地具体条件不同，其产业结构的演进实际上存在许多差异之处，主要表现在：

第一，产业结构演变中形成的主导产业不同。

香港与澳门在工业化快速发展时期，制造业一度成为经济中最大的产业部门，不过，20 世纪 80 年代中期以后，制造业的主导产业地位迅速被服务业的产业部门所替代。其中，香港进入后工业化阶段后，并未出现某一产业或行业长期独领风骚的局面。根据香港的产业分类，从 20 世纪 80年代中期开始，包括批发及零售业、进口与出口贸易业、饮食及酒店业的广义贸易业已取代制造业，成为香港经济中最大的产业部门。1985 年，广义贸易业占香港本地生产总值的比重达到 22.8%，首次超过制造业的22.1%。90 年代中期以后，包括金融、保险、地产及商业服务的广义金融业又开始超过广义贸易业，成为香港经济中最大的产业部门。1994 年，广义金融业占香港本地生产总值的比重达到 26.8%，超过了广义贸易业的26.2%。2008 年，广义金融业占本地生产总值的比重为 26.7%，金融业与地产业相结合，在香港经济中发挥了主导作用。

与香港不同，长期以来，博彩业一直在澳门经济中占有主导地位。在工业化的历史进程中，出口加工业曾经在一个较短的时期内占有过主导地位（20 世纪七八十年代）。不过，博彩业很快就重夺其主导地位。2002 年澳门开放博彩专营权后，博彩业在澳门经济中"一业独大"的趋势日趋突出，博彩业在澳门本地生产总值中的比重不断增加，自 2001 年起超过30%，其中 2004 年最高达到了 39.13%。

第二，在产业结构演变中，澳门产业结构单一化特征明显，而香港产业结构则相对多元化。

20 世纪 80 年代中期以后，香港与澳门的经济均向服务经济发展，但相对而言，香港经济结构仍呈现多元化趋势，金融业、物流业、专业服务业、地产业、旅游业以及信息业等均较发达；而澳门经济结构则较单一，1990 年美国麦健士公司的研究报告就曾明确指出，澳门经济结构呈现出"极性"的特点。① 长期以来，由于澳葡政府奉行不干预政策，澳门经济发展基本上处于随波逐流的状态，产业结构呈现单一化的特点。澳门回归后，特别是 2002 年博彩专营权开放以后，澳门产业结构单一化或极性的特征更加明显，主要表现为：

（1）澳门经济日益呈现旅游博彩业"一业独大"的发展态势。澳门回归后，澳门特区政府果断开放本地博彩产业，且得到了中央政府开放内地居民港澳"自由行"政策的支持，澳门旅游博彩业获得了迅速发展，由此使得整体经济从回归前的持续多年的衰退中全面恢复，旅游博彩业的龙头地位进一步突出，"一业独大"局面愈发显著，澳门经济的单一性或极性更加凸显。

（2）澳门的旅游博彩业内部也呈现明显的单一化特点，主要表现在整个旅游博彩业对博彩业的依赖过大。

（3）澳门的博彩业内部同样是极性特征明显，主要表现在博彩业中幸运博彩占了 90% 以上的比重。

香港的产业结构相比澳门则相对多元化。香港特区政府虽然也长期采取"积极不干预"政策，但是在市场失效的情况下，不排除必要的、合理的干预。同时，香港经济能根据国内外环境变化和形势需要及时调整方向，从而实现结构转型。如对外贸易业、制造业和金融地产业都在不同的历史时期一度成为经济中的主导产业。虽然，其产业结构与新加坡、中国台湾和韩国相比仍显不足，但是比澳门完善许多。

下表表明，香港和澳门回归后制造业总体萎缩较快，但是在服务业中，香港占比最大的部门（金融、保险、地产及商用服务业）与占比最小的部门（运输、仓储及通信业）之比在 1997 年为 2.84 倍，2008 年为 3.47 倍，其他部门占比平均都超过 10%，总体上结构比较多元化。澳门的服务业中结构分异明显，表现在公共行政、文娱博彩及其他服务业比重过大，而运输、仓储及通信业萎缩，同时金融保险、不动产、租赁及工商服务业也出现萎缩趋向。在 GDP 中占比最大的部门（公共行政、文娱博彩及其他服务业）与占比最小的部门（运输、仓储及通信业）之比在 1999 年为

---

① 美国麦健士公司. 澳门未来十年发展前景 [N]. 周筠，译. 澳门日报，1990 – 12 – 10.

5.88 倍，2008 年为 16.13 倍，结构分异比较严重。同时，澳门最大的产业部门占 GDP 的比重为 1/2，而香港最大的产业部门占 GDP 的比重不到 1/3。

香港与澳门制造业与第三产业占 GDP 比重

（单位：%）

			1997 年	2002 年	2004 年	2006 年	2007 年	2008 年
香港		制造业	6.0	4.2	3.6	3.2	2.5	2.5
	第三产业	总数	85.8	88.3	89.9	91.1	92.3	92.0
		批发、零售、进口与出口贸易、饮食及酒店业	24.1	25.4	27.7	27.9	27.0	28.2
		运输、仓储及通信业	8.6	10.0	10.2	9.6	8.9	7.7
		金融、保险、地产及商用服务业	24.4	20.2	21.4	25.0	29.3	26.7
		小区、社会及个人服务业	17.0	21.2	20.7	18.0	17.0	17.9
		楼宇业权	11.7	11.5	9.9	10.6	10.1	11.5
澳门		制造业	9.8	7.2	5.1	3.9	2.8	2.0
	第三产业	总数	89.0	92.7	91.5	85.1	85.9	88.2
		批发、零售、酒店及饮食业	10.5	12.5	12.7	11.3	11.7	12.1
		运输、仓储及通信业	7.6	6.8	5.0	4.2	3.7	3.1
		金融保险、不动产、租赁及工商服务业	26.2	21.7	18.8	23.1	22.7	23.0
		公共行政、文娱博彩及其他服务业	44.7	51.7	55.0	46.5	47.8	50.0
		减调整项	5.8	5.3	3.1	3.8	3.7	4.0

注：2008 年数据以后可能会有所调整。

数据来源：香港特区政府统计处，澳门统计暨普查局。

第三，相比较而言，澳门经济结构中存在明显的多重二元结构。

长期以来，在澳葡政府的管制下，澳门经济发展缺乏长远规划指导，缺乏产业发展政策引导，至今仍处于传统经济向现代经济转换的过程中，社会各方面都呈现出较为明显的二元结构特征，如现代工业与传统手工业并存，大型企业与小型、超小型企业并存，传统经营模式与现代经营模式并存等。二元结构的制度安排更造成了产业结构演变长期悖于规律，制度创新迟滞制约了技术创新和结构优化。

从产权制度安排和竞争机制角度看，澳门表现出独特的二元结构：秉承自由放任和竞争精神的制造业和高度垄断、特许专营的服务业（主要是博彩业）并存。对于制造业的发展，澳葡政府对产业结构的优化和产业技术的创新几乎没有任何策略安排和政策引导；而对旅游博彩业、公用事业（电信、电力、自来水、污水处理、垃圾焚化）和交通运输（港澳客运、公共交通、机场和航空公司）则实行高度垄断的专营制度。固然，这样的结构为澳门创造了有活力的中小企业群和较高的专营财政收入，但正如诺斯所言"用产权换取收入是一种有效的短期解决办法，但会产生长期的破坏结果"，造成了澳门产业结构演变长期悖于规律，制度创新迟滞，制约了技术创新和结构优化。因此，当新加坡、韩国发展重化工业以优化产业结构、巩固产业基础，中国台湾执行产业政策和新型工业道路以发展信息技术和产业时，中国澳门由于制度路径"锁定"而丧失了经济结构优化的机会。

三、港澳产业结构演变中的"中国因素"

香港与澳门同属自由港，奉行自由经济政策，其产业结构的演变虽受国际经济形势影响较大，受国际市场需求调节，但是实际上"中国因素"也起到了极为重要的作用。正如美国学者米高·恩莱特等人所说："内地对香港经济所起的影响，尽管并非决定性，但也往往非常重要。香港从一个转口港变成一个制造业中心，再变成一个服务和制造业活动精练的后援部队，就是中国经济的对外封闭和对外开放所促成的。"[①] 具体而言，主要表现为以下几个因素：

第一，回归前受改革开放政策的决定性影响。

改革开放后，珠三角利用香港和澳门的资金、技术、外向经济的经验

---

① 米高·恩莱特，等. 香港优势 [M]. 曾宪冠，译. 北京：商务印书馆，1999：68.

和先进的管理方法，香港和澳门利用珠三角廉价的土地、劳动力，轻工业品短缺的广阔市场，三方合作创造了"珠三角奇迹"。以20世纪90年代中后期香港完成的经济服务化转型为例，理论上根据罗斯托的经济成长阶段论，当一个社会的经济进入成熟阶段以后，其经济结构必然相应地发生变化，经济主导部门将转移到耐用消费品或服务业方面。更为重要的现实背景是，中国内地的改革开放，为香港的劳动密集型产业的北移（往珠三角地区移动）提供了极为有利的廉价劳动力和土地资源条件，使其劳动密集型产业得以利用内地的廉价资源，以保持香港产品在国际市场上的竞争力。内地经济的蓬勃兴旺，也大大扩大了对香港贸易、金融及交通运输等的需求，极大地推动了香港服务业的发展。

根据香港贸易发展局1991年对2 895家香港公司进行调查后发表的一份研究报告，制造业大规模北移后，留在香港的公司主要从事贸易融资档案处理、业务洽谈、运输、产品设计、商品买卖、研究与开发、市场推广、市场研究、售后服务等，并作为集团的总部，而其他的加工工序大部分北移至珠三角地区。香港与内地形成了所谓的"前店后厂"模式，香港成为内地，主要是以广东珠三角地区为核心的华南地区的工业支持中心，而广东珠三角成为香港庞大的生产基地。很明显，香港产业结构转型的直接动因是内地改革开放促成香港制造业的大规模北移，并由此对香港的服务业提供了更庞大的需求。

澳门的制造业虽未经历明显的转型升级，但是在中国改革开放以后，尤其是1992年邓小平南方讲话以后，澳门的制造业遂大规模向广东珠三角地区转移。与此同时，澳门的旅游博彩业在一系列有利的条件下迅速发展起来，并带动了其他低端或低附加值的服务业也迅速发展，形成了所谓的产业"过早成熟"。

第二，回归后受中国加入WTO和CEPA的实施的双重影响。

香港和澳门回归前后，由于深受亚洲金融危机的影响，两地经济都不同程度地出现衰退和调整。这暴露出香港和澳门产业结构中的深层次问题，产业结构亟待转型与升级。中国加入WTO和CEPA的实施，为两地的产业结构转型和升级提供了契机。背靠祖国内地，一直以来是香港经济发展的一大优势。在"二战"后，香港经济在几次转型中遇到险象之时，内地因素每次都发挥了很大的作用。在香港经济转型的关键时刻，如何加强与祖国内地的经济联系和合作，无疑是要优先考虑的问题。中国加入WTO无论是对香港还是对澳门，既是重要的机遇，也是重大的挑战。近期看，中国加入WTO，国内市场将会逐渐全面开放，其经济结构、制度和运作模式均需逐渐与国际接轨，这为占有地理和经验优势的香港带来无限商机。如在内地投资设厂的港商的经营成本将下降，而进入内地市场和海外市场也将取得更大的保障。这将进一步推动香港制造业的北移，推动香港产业结构的调整。除此外，对香港转口贸易、服务业都可带来新一轮的发展商机。香港贸易发展局在 2000 年 5 月曾进行一项有关"港商对内地投资环境的看法"的调查研究，发现 60.5% 的受访港商认为在未来两三年会维持目前在内地的投资计划；25% 的港商将增加投资，以期把握中国入世的机遇。当然，中国加入 WTO 对香港和澳门也会带来挑战，如香港、澳门的产品在内地市场将会面对其他进口产品的激烈竞争，香港、澳门作为内地贸易枢纽和窗口的角色将会经历根本性的变化等。正如香港贸易发展局的研究报告所指出的："面对这些挑战，港商应重新……检讨其公司策略。……它们应考虑采取其他业务策略，例如致力创造价值而并非尽量压低成本"①，从而推动制造业转型升级，化挑战为机遇。

　　港澳回归后，中央和港澳政府严格执行"一国两制"政策，得到国际社会的信任。如何消除经济制度障碍，加强内地与港澳经贸关系成为三方的内在要求。CEPA 的出台，为落实香港特区政府制定的"背靠内地、面向世界"发展战略，尽快实现经济转型提供了更好的外部条件，同时，也推动了澳门产业的适度多元化。CEPA 的实施与以后修订的原则就是：遵循"一国两制"的方针；符合世界贸易组织的规则；顺应双方产业结构调整和升级的需要，促进稳定和可持续发展；实现互惠互利、优势互补、共同繁荣；先易后难，逐步推进。

　　目前，香港已启动第三次产业转型，香港能否凭借自己的优势和内地的利好因素以及 CEPA 实施的契机，成功地进行第三次产业结构转型，我们拭目以待。CEPA 实施后，澳门与内地经济的合作也进入了一个新的阶段：CEPA 配合了澳门特区政府关于将澳门建设成"三个商贸平台"的经济定位，有助于提升澳门服务业的素质和发展水平，推动澳门经济的多元化发展。

（原文发表于澳门《澳门经济》杂志，2011 年第 30 期）

---

　① 　参阅香港贸易发展局研究部的《中国加入世贸及其对香港的影响》第 13 页。

回归以来香港与澳门经济发展比较

长期以来，香港、澳门都是中国领土中被外国管治的地区，它们同属海岛型经济体，地理位置优越。在回归祖国之前，它们都是殖民管制下经济发展比较快的地区；回归后，都实行"一国两制"的方针政策。当然，两地之间的经济发展也存在相当大的差异。值得注意的是，回归前，就经济走势而言，是香港强澳门弱，香港处于繁荣的高峰期，澳门则陷入数年之久的经济衰退的低谷。不过，回归后不久，两地的经济形势就发生了逆转，呈现香港弱澳门强的态势。

一、港澳经济呈现不同的增长态势

回归前，香港经济呈现出空前繁荣景象：香港经济在地产、股市两个环节出现严重的过热泡沫，1997 年前三个季度整体经济的实质增长率分别为 5.9%、6.8% 和 6.0%。不过，回归后不久，香港即受到席卷亚洲的金融危机的严重冲击。受此影响，银行利率高企、港元资产大幅贬值，形成严重的"负财富效应"。香港经济更从 1998 年第一季度起连续 5 个季度陷入"二战"以来最严重的衰退。1999 年第二季度以后，经济开始复苏，但其后又受到 2001 年美国"9·11"事件及 2003 年"非典"事件的影响，整体经济维持在低增长状态，并经历了长达 6 年的通货紧缩。

2003 年，内地与香港签署 CEPA 协议，大量内地居民赴港"自由行"，刺激了需求，香港经济才开始走出困境。若以当时市价计算，在亚洲金融危机的冲击下，香港 GDP 直到 2005 年才超越 1997 年的水平；人均 GDP 直到 2006 年才超越 1997 年的水平。2008 年，香港无论是 GDP 还是人均 GDP 都创历史新高，然而受到 2008 年全球金融海啸的冲击，整体经济于 2009 年再次陷入衰退，2010 年才重新恢复增长。总体而言，回归以来香港经济增长基本上是走过了一个"W"形的发展轨迹（见表 1）。据统计，过去 20 年间，香港经济年均增速为 3.95%，而同期新加坡经济年均增速为 6.6%，这导致 2011 年新加坡经济总量超过香港。

表1　回归以来香港经济增长概况

年份	GDP（当年价格，亿港元）	GDP（以2010年环比物量计算，亿港元）	人均GDP（当年价格，美元）
1997	13 730.83（11.2）	11 474.18（5.1）	27 127（10.2）
1998	13 080.74（-4.7）	10 799.19（-5.9）	25 628（-5.5）
1999	12 859.46（-1.7）	11 069.89（2.5）	24 955（-2.6）
2000	13 375.01（4.0）	11 918.21（7.7）	25 728（3.1）
2001	13 211.42（-1.2）	11 985.06（0.6）	25 226（-1.9）
2002	12 973.41（-1.8）	12 183.61（1.7）	24 662（-2.2）
2003	12 566.69（-3.1）	12 555.97（3.1）	23 936（-2.9）
2004	13 169.46（4.8）	13 648.35（8.7）	24 890（4.0）
2005	14 121.25（7.2）	15 767.62（7.4）	26 572（6.8）
2006	15 033.51（6.5）	16 876.50（7.0）	28 108（5.8）
2007	16 507.56（9.8）	17 967.53（6.5）	30 599（8.9）
2008	17 074.87（3.4）	18 349.86（2.1）	31 462（2.8）
2009	16 592.45（-2.8）	17 898.61（-2.5）	30 508（-3.0）
2010	17 763.32（7.1）	19 109.93（6.8）	32 430（6.3）
2011	19 344.30（8.9）	20 030.02（4.8）	35 100（8.2）
2012	20 370.59（5.3）	20 370.59（1.7）	36 557（4.1）
2013	21 318.04（4.7）	20 960.63（2.9）	38 025（4.2）
2014	22 457.47（5.3）	21 446.45（2.3）	39 758（4.6）

注：括号内的数为年增长率。

数据来源：香港特区政府统计处本地生产总值资料。

与香港相比，这一时期澳门经济却表现出截然不同的发展态势，呈现出"V"形走势。回归前，澳门经济经历了长达4年的衰退，营商环境恶化。回归后特别是2002年开放博彩专营权和2003年内地开放"自由行"后，整体经济逐渐呈现勃勃生机。2004年，澳门经济增长高达29.4%，成为全球经济增长率最高的经济体之一。2008年受到全球金融海啸的严峻冲击，澳门经济增长率一度从2006年的23.4%下降到2009年的2.3%，但其凭借着博彩业的强劲增长，2010年取得了33.4%的高速增长。据统计，1999年至2014年，以当年价格计算，澳门GDP由472.87亿澳门元增加到4 432.98亿澳门元，15年间增长了8.37倍，年均增长率超过16%。澳门人均 GDP 从 2001 年的 15 005 美元增加至 2014 年的 88 812 美元，13 年间增长了 4.92 倍，居亚洲首位（见表 2）。而同期，香港人均 GDP 从 25 226 美元增加至 39 758 美元，仅增长 57.61%。

表 2　回归以来澳门经济增长概况

年份	GDP（当年价格，亿澳门元）	GDP（以 2012 年环比物量计算，亿澳门元）	人均 GDP（当年价格，美元）
1999	472.87（−4.6）		
2000	489.72（3.6）		
2001	523.32（6.9）	875.77（2.9）	15 005（0.5）
2002	562.99（7.6）	953.75（8.9）	15 986（6.5）
2003	635.79（12.9）	1 073.78（12.6）	17 781（11.2）
2004	822.94（29.4）	1 362.44（26.9）	22 418（26.1）
2005	944.71（14.8）	1 479.04（8.6）	24 696（10.2）
2006	1 165.70（23.4）	1 692.35（14.4）	29 142（18.0）
2007	1 450.85（24.5）	1 934.85（14.3）	34 670（19.0）
2008	1 662.65（14.6）	2 000.46（3.4）	38 327（10.5）
2009	1 701.71（2.3）	2 034.71（1.7）	39 529（3.1）
2010	2 269.41（33.4）	2 594.24（27.5）	52 609（33.1）
2011	2 937.45（29.4）	3 146.58（21.3）	66 559（26.5）
2012	3 434.16（16.9）	3 434.16（9.1）	75 136（12.9）
2013	4 134.71（20.4）	3 842.42（11.9）	86 081（14.6）
2014	4 432.98（8.1）	3 787.66（−0.4）	88 812（3.2）

注：括号内数字为年增长率。

数据来源：澳门统计暨普查局本地生产总值（按支出法估计）资料。

二、港澳经济结构演变呈现不同特点

回归后，香港经济结构的深层次问题逐渐暴露：制造业大规模北移导致的产业空心化、转口贸易转向离岸贸易、高通胀及高房价下的高成本压力等，经济增长的动力疲弱。经济转型已成为香港特区政府和整个社会面对的迫切任务。然而，从回归后的实践看，香港经济转型并没有取得突破性的进展。这一时期,制造业进一步式微;四大产业中金融业、旅游博彩业在 GDP 中的比重呈上升趋势,而贸易及物流业、专业服务业则基本持平甚至有所下降;"六项优势产业"① 有所发展,但仍然未能成为香港服务业增长的引擎。整体经济仍然缺乏新的增长动力。

不过,值得重视的是,回归以来,香港金融业尽管先后遭遇1997年亚洲金融危机及2008年全球金融海啸的冲击,然而在"中国因素"的支持下,仍然取得了令人瞩目的发展,金融业增加值从1998年的1263亿港元增加到2012年的3139亿港元,14年间增加了1.49倍;所占GDP比重从10.5%上升到15.9%,其中2007年全球金融海啸前夕还一度上升到20.1%。根据伦敦金融城公司与ZyenZ/Yen公司合作发表的"全球金融中心指数",自2007年3月以来,除GFCI4、GFCI5及GFCI15三期(2008年9月、2009年3月及2014年9月)外,香港的金融中心指数一直排在第三位,仅次于伦敦和纽约,居于新加坡之前。

与香港相对较多元的经济结构相比,澳门经济结构在回归后则呈现出单一化的趋势。回归后,特别是2002年澳门特区政府开放博彩专营权,刺激外资大规模进入,形成澳博、银河、永利、威尼斯人、美高梅超濠和新濠博亚6家博彩公司竞争的局面。及至2003年中央开放内地居民赴港澳"自由行",更有力地促进了博彩业的快速发展。据统计,2003年,澳门博彩业(娱乐场)毛收入为303.15亿澳门元,到2013年增加到3618.66亿澳门元,10年间增幅达10.9倍。1999年,博彩业在澳门GDP的比重为23.98%,到2012年已上升至45.90%,成为澳门经济的"半壁江山"。2006年,澳门博彩业毛收入首次超过美国拉斯维加斯;到2013年,澳门博彩业毛收入已相当于拉斯维加斯的7倍。澳门成为全球最具规模的旅游博彩中心。

不过,博彩业的"一业独大"也给快速发展中的澳门带来了一系列隐忧。博彩业的快速发展,对其他行业尤其是中小企业形成"挤出效应",并导致了经济单一化,进而潜伏引发经济发展不稳定性和波动性的风险。为此,2006年以来,无论是中央还是澳门特区政府都提出经济适度多元化的要求,澳门特区政府还提出要重点扶持会议展览、文化创意等产业,积极推进与广东的区域合作,以拓展发展空间。但从实践来看,成效并不大。无论是澳门特区政府财政收入、社会就业还是整体经济都对博彩业的依赖日趋严重。2014年以来,在中央严厉反腐背景下,澳门博彩业收益连

---

① 六项优势产业,包括文化及创意产业、检测和认证产业、环保产业、创新科技产业,以及教育产业、医疗产业,由曾荫权任特首时的香港特区政府在2009年提出。

续 9 个月下跌，震动社会各界，就是一个明证。

三、港澳均面临经济结构转型的迫切需要

因此，无论是香港还是澳门都面临经济转型的迫切需要。目前，香港经济最大的优势和战略价值是其金融业。2008 年 1 月，美国《时代周刊》（亚洲版）发表一篇由该杂志副主编迈克尔·埃利奥特（Michael Elliott）所写的题为"三城记"（A Tale of Three Cities）的署名文章。该文章创造了一个新概念——"纽伦港"（Nylonkong），认为在金融全球化时代，香港金融业的重要性正迅速提升，香港有可能成为金融全球化总体格局中的重要一极。然而，香港要成为与伦敦、纽约并驾齐驱的全球性国际金融中心，仍然受到经济规模细小、经济腹地有限等因素的制约。香港要跻身全球性国际金融中心行列，必须突破制度上的制约，有效拓展其经济腹地，真正发展成为中国企业首要的境外上市和投融资中心、亚太地区首要的国际资产管理中心，以及全球主要的人民币离岸业务中心、亚洲人民币债券市场，并且与珠三角地区特别是深圳和广州合作，共同构建大珠三角金融中心圈。①

除了金融业，香港在贸易及物流、旅游及相关产业、科技创新等方面也存在现实或潜在的比较优势。根据我的研究，香港经济转型的理想方向是迈向全球性国际金融中心，同时巩固和提升其作为国际贸易及物流中心、国际旅游中心和国际创新中心的战略地位，构建"1 + 3"的产业体系。② 当然，成功的前提是：香港要成功维持政治、经济、社会的繁荣稳定，进一步改善投资营商环境；香港特区政府和社会要转变"积极不干预"的思维方式，制定和实施"适度有为"的产业政策；深化与内地特别是广东珠三角地区的经济融合，重建香港在国际经济中的战略优势。

而澳门可借鉴美国拉斯维加斯的经验，利用其博彩业及每年超过 3 000 万游客的优势，大力发展旅游休闲产业，迈向"世界旅游休闲中心"。实际上，近年来澳门的博彩企业兴建了一批大型度假村式的高档酒店，并开始注重非博彩项目的发展，已为澳门旅游休闲产业发展注入了新元素。澳门一方面应以这批大型度假村和主题酒店为载体，推动发展具创意的非旅游博彩休闲产业；另一方面，以整个具欧陆小镇风采的城市为载体，发展

① 冯邦彦. 香港：打造全球性金融中心——兼论构建大珠三角金融中心圈 [M]. 香港：三联书店（香港）有限公司，2012.
② 冯邦彦. 香港产业结构转型 [M]. 香港：三联书店（香港）有限公司，2014.

"精致都市旅游休闲"。同时，由于澳门与葡语国家长期形成的经济、文化联系，再加上中央政府的战略需求，澳门还可积极推进会展商务、电子物流等产业的发展，成为"中葡商贸合作服务平台"。当然，澳门作为微型经济体，无论是迈向"世界旅游休闲中心"还是"中葡商贸合作服务平台"，都需要得到广东的配合，特别是得到珠海横琴的配合与合作。

（原文发表于香港《信报财经月刊》第 457 期，2015 年 4 月）

第一编 整体经济发展

第二编　产业发展与适度多元化

澳门博彩业开放的经济效应分析及存在问题思考

一、澳门博彩业开放的经济背景

长期以来，旅游博彩业在澳门经济中一直占有举足轻重的地位，除 20 世纪 80 年代中期的一段时间外，它一直是澳门经济中最大的产业支柱，到 20 世纪 90 年代更占据了澳门经济的"半壁江山"。在澳门公共财政收入中，博彩专营权批给和博彩税所得收入已经超出了澳门政府公共财政收入的一半。数据显示，澳门居民中有三成以上的就业与博彩业直接相关，如果加上为博彩业服务及由博彩业带动的旅游、餐饮、交通、酒店、建筑与装饰、金融和公共服务等，这个比例甚至会达到 50% 以上。另外，由于博彩专营权批给的附带条件，博彩经营还负有为澳门建设公共基础设施、协办公共事务、资助慈善事业及学术研究机构的义务。毫不夸张地说，博彩业是澳门经济社会发展的"发动机"，正是依靠博彩业这张城市和产业名片的国际吸引和辐射能力，澳门才得以在亚太地区乃至全球逐步确立自身极具特色的国际地位。

2002 年以前，澳门博彩业实行的是由一家公司垄断经营的博彩专营合约制度，政府授予签约公司一定时期内在澳门垄断经营博彩业的权利，签约公司则按照合约规定向政府缴纳相应的税费及承担公共义务。历史上，作为政府最大的供给资源，博彩专营权在维护行业秩序、稳定社会以及促进城市建设方面起到了积极的作用。然而，长时期完全垄断的市场格局使得专营权制度的弊端也逐步显现，例如不思进取的保守经营思路、过分传统的经营氛围、陈旧的娱乐设施等，相比国际上的竞争对手，澳门博彩业发展已经落伍，即使是面对来自周边地区相继开赌的威胁，澳门博彩业也感受到了相当大的冲击。

在专营权制度下，澳门的博彩业缺乏内部竞争机制，经营传统、保守，设备落后，形式单一，无力应付外界日益严峻的挑战。尤其是 20 世纪 80 年代中期以来，叠码式回佣制度泛滥，博彩业派生的外围利益丰厚，每年有数十亿港元的博彩营业额落入回佣灰色地带，甚至被黑社会从中汲取财政资源、壮大势力，并引发日趋激烈的利益冲突，进而令治安环境恶化，游客望而却步，已严重损害了澳门博彩业的竞争力。因此，为从根本上消除澳门博彩业制度的弊病和发展惰性，改革专营权制度、引进竞争机制显得极为必要。

二、澳门博彩业开放的经济社会效应分析

2001 年旧赌牌即将到期时，澳门特区政府对新赌牌的发放实施了"引入竞争机制"的制度变革，通过招标将博彩专营权"一分为三"，分授给澳博、银河（其后赌牌分拆，由银河和威尼斯人共同持有）以及永利度假村三家公司。至此，澳门博彩业市场完全垄断的局面彻底结束。

2002 年澳门新赌牌以及 2003 年内地游客港澳"自由行"政策的推广实施，使得澳门游客数量已经超过千万。目前，澳门已有金沙和银河华都两家非澳博所属赌场开业，并且开业后游客的追捧使得投资者信心倍增，同时第三张赌牌持有者永利也列出了 2006 年正式营业的时间表。而澳博除了继续改善硬件设施、强化软件管理、巩固现有实力，还抛出一系列投资新计划，向博彩、会展、酒店和度假村全面发展。澳门博彩业群雄逐鹿的市场竞争大幕正式开启，以此为基础，澳门博彩业显示出了良好的发展势头。

博彩专营权开放之目的并不在于简单地改变市场结构，而是意图将博彩业乃至整个澳门经济"蛋糕"做大、做强、做活。具体来说，其经济效应体现为以下几个方面：

第一，从博彩业产业结构来说，专营权有限开放能够形成行业竞争格局，盘活博彩业市场。博彩专营权开放的直接结果是为博彩市场的在位者引入了竞争对手，这些博彩产品供给的新主体为消费者提供了经济学意义上的选择价值，实现了竞争中的替代性和互补性。所谓替代性是指消费者能够在不同赌场享受到相同的娱乐服务，如角子机和各种赌桌博彩项目。消费者选择赌场的基础在于赌场的位置、服务环境、业务风格及配套设施等。互补性则体现为博彩经营者各具差异性的产品和服务为不同嗜好的消费者提供了各具特色的产品和服务，例如葡京的特色在于具有中国传统赌博氛围的赌厅，而金沙的优势则在于适合大众游玩的中场博彩游戏。

替代和互补直接导致行业竞争机制与学习机制的形成，彻底改变了完全垄断的行业沉闷保守气氛，盘活了整个博彩业。一方面，竞争导致的压力使得经营者在赌场设备、博彩技术、游客营销、员工培训和内部管理上

丝毫不敢懈怠，进而间接地提升了行业整体素质和市场活力。这种竞争压力表现十分直接，在赌权已经确定而新投资者尚未开始经营时就已经显现出来，例如，澳博在处理新赌牌下劳资新合同关系时就一次性解决了赌场员工向顾客强索"茶钱"的问题，并实施了提升员工素质的培训计划和规范管理、加强营销的计划。澳博管理层也一再表示新竞争条件下要致力于改善旗下赌场的硬件设施和软件管理方面的问题，使澳博的服务能够达到国际水平以应对新竞争者的挑战。另一方面，具有不同地域和行业优势背景的投资者在博彩及相关服务上可以形成相互学习和优势互补。澳博的优势在于其对中国包括台湾、香港的赌客的吸引力，在赌厅的分包管理上也有其先进的地方，其他投资人则分别在跨国赌业投资、酒店管理、综合旅游推介以及会展业发展上有丰富经验，并且以金沙为代表的拉斯维加斯资本对东南亚以外游客具有更大吸引力，因而相互之间学习及互补的可能空间很大。

第二，引入具有丰富旅游博彩经验的国际资本，调整旅游博彩业结构。威尼斯人和永利等新赌牌持有人都是具有相当丰富行业经验和国际地位的博彩经营者，他们加盟澳门博彩业显然对调整澳门博彩业结构具有特殊意义：一是可以通过国际资本的介入推出新型产品和服务，引入国际化管理吸引欧美地区游客，调整和拓广澳门旅游博彩市场的客源结构和博彩业务结构，树立和巩固澳门在博彩业中的国际声望。二是这些外来资本在澳门建设新的酒店、度假村、主题公园并向全球推广其博彩、休闲度假、商务服务和会展业务，有助于拓展和延伸澳门旅游博彩产业链，实现旅游博彩的规模和范围经济，进而提升澳门国际旅游中心的竞争力。

第三，博彩业开放的示范和带动效应可以引导其他行业外资进入，改变澳门本地的资本结构，并由此催生二元结构破冰的可能性。由于历史和结构上的原因，澳门投资结构中以本土资金、港资和华资为主，外资所占比例很小，这在一定程度上降低了澳门经济的活力。澳门引入外资加强博彩业市场的投资与竞争的一个示范和带动效应便是其他行业外资的增长，原因主要是博彩业规模扩大造成本地旅游和服务市场的兴旺。事实证明，由博彩业开放所带动的投资效应极为显著，2002年上半年澳门的外资比上年同期增加两成多，主要是投资不动产、工商业项目等。综合性项目也有一定的增长，其中以非金融的离岸公司增长幅度最大，共增加89家，较上年同期有成倍增长，发展势头相当强劲。

外资规模化地进入澳门，更深远的影响在于推动澳门经济制度成熟化的可能性。长期以来，澳门的经济制度表现为典型的专营垄断和自由竞争大量二元并存的特征，一方面在博彩和交通、电信等公用事业中专营垄断色彩浓厚，一两家公司独享市场利润；另一方面在制造业、商业中大量企业激烈竞争。这种二元经济结构表现出澳门的资本主义经济制度并不成熟，并有保守封闭的心态和踟蹰不前的发展惰性。事实上，澳门有些垄断行业就是由博彩业垄断延伸而成，例如港澳海上客运和直升机客运就是在博彩专营合约中规定由澳博的母公司澳门旅游娱乐有限公司建设和垄断经营。博彩业和其他行业的外资规模化进入澳门市场必然要求政府将受管制的市场逐步开放，二元经济势必被更为自由、开放和成熟的经济体制所代替。

第四，博彩专营权开放的意义还在于吸纳博彩业大型资本，对周边竞相计划开赌的地区形成威慑。合法赌权一直是澳门经济最大的制度资源，也是澳门在区域竞争中的最大比较优势，但博彩业兴旺带来的丰厚利润使得澳门周边地区对在本地开赌跃跃欲试。香港已经将赌球开禁，赌船也游弋在公海上，马来西亚有富丽辉煌的云顶赌场，越南、缅甸等东南亚国家早已在临近中国边境的地区设立赌场，中国北部的蒙古、朝鲜和俄罗斯边境也都设立了专门针对中国游客的赌场，近日新加坡政府也开始正式研究开赌事宜。它们都对澳门博彩客源中最大的内地、香港和台湾市场产生巨大的吸引力。在此情况下，澳门博彩专营权开放能够吸纳国际博彩业资本，减少竞争对手的资本供给，并且通过多家投资商的巨额投资抬高博彩业的进入门槛，提升自身的国际竞争优势，对竞争对手形成有效威慑。

第五，博彩业大发展推动澳门形成更为积极开放的社会心态，有助于"一国两制"方针的实施。有学者研究指出，专营合约制度下澳门经济活力不强，长期以来造成了社会对自由经济制度的理解不够深刻，普遍形成封闭、保守和排外的意识和心态。博彩业引入竞争机制带动其他行业兴旺发展，不仅能够促进澳门本地居民就业和财富的增加，而且市场竞争的活力有助于推动澳门本地居民尤其是青年形成更为积极向上、崇尚竞争的价值观，进而带动整体社会更为开放和有序地发展。澳门特区政府能够利用大幅增长的博彩税收进行社会基础建设，如更大的教育投入、更多的公共设施、更为完善的社会保障和社会福利等。同时，政府也能利用更多的财力扶持本地中小企业发展，促进科技进步。这些因素都将对"一国两制"下澳门的持续、稳定发展产生积极影响。

尽管当前博彩业与澳门经济表现了种种利好，但是也出现了一些问题，如博彩业客户分流、利润摊薄等，同时如何有效形成博彩业与其他行业及澳门整体经济社会良性互动的关系机制也值得深思。本文认为，在博彩专营权开放巨大的短期经济效益背后，我们需要未雨绸缪，先思考未来澳门经济社会发展三个方面的问题：

首先，由博彩专营权开放所带来的竞争效应是否会在未来出现竞争失控的情况；从目前市场投资情况来看，主要是竞争过度的情况是否可能发生；政府应当如何发挥监管者和协调者的作用，来预防和控制此类风险。

其次，需要进一步解读旅游博彩业的内涵，思考博彩业与旅游业的对立统一关系，关于如何建立博彩与旅游对接乃至共生发展、相互促进的关系机制是需要谋划的重点。

最后，博彩业在澳门"一业独大"会产生什么负面效应，澳门产业结构转型是否可能再次走向畸形化，社会意识形态和居民素质是否会发生不良转变。

三、澳门博彩业开放后的风险因素分析

总体而言，引入竞争机制后的澳门博彩业是否能够按照当初设计的那样进入完全良性的竞争发展轨道，博彩业蛋糕是在竞争中迅速做大还是与竞争对手抢食同一份市场空间，博彩业会不会从完全垄断的市场一极走向恶性竞争的另一种局面，其负面因素不可忽视。

首先，博彩专营权开放后澳门博彩业投资增长极其迅速，可能会出现投资过热、供给过度的泡沫现象。目前，澳博、银河、威尼斯人的初期投资基本到位，逐渐有三足鼎立之势，永利的首期投资项目也正在进行中，2006年永利开业后将会成为第四股大势力。根据德意志银行的分析，日后四大赌团为抢占市场，必将大增旗下赌台数量，德意志银行估计澳门在未来四年内赌台将增加2 500张，总数增长近9倍，供应过度会令每张赌台的平均净收入在五年内急降72%，由2003年平均日收26 900美元急跌至2008年的7 400美元。他们认为，投资过热所导致的赌场供应急增会促使博彩业泡沫的产生，这将成为澳门当地博彩业回报的风险因素。

其次，稳定增长的客源与投资速度形成矛盾，供需增长反差可能会引发各大赌团为抢占市场份额而展开竞争，甚至可能转化为恶性竞争。博彩专营权开放初期恰好赶上了全球经济转好和内地游客赴港澳"自由行"的天时，游客数量的迅速增长直接支持了澳门博彩业迅速扩大的规模，但未来几年内地游客数量估计会趋向稳定增长，博彩蛋糕的增大速度会慢于投资速度，因而供需之间的矛盾因素将逐步浮出水面。尽管当前金沙主攻中场，澳博和银河优势在贵宾厅，永利尚未加入竞争且有意在博彩借贷上拓

展优势，四大赌场能够形成一定差异，相互之间还能相安无事，但随着今后各自规模的扩大，直接交手不可避免。事实上，这种相互抢客的竞争已经出现，据报道，金沙开业期间澳博客流就减少一成多，而根据德意志银行的推算，银河已经抢占了澳博将近一半的贵宾市场份额。一些游客表示，如今在个别小型的赌场里赌客已经寥寥无几，往日热闹的人群早已被几个新赌场抢去。按照此类情况分析，澳门博彩业必将重新洗牌，其间相互争夺市场的行动很可能升级为恶性竞争行为。

最后，由于各大赌场竞争升级必然引起博彩外围利益争夺扩大，可能会给博彩业乃至澳门整体经济社会带来某些不安定因素。

综合上述，尽管澳门本地博彩业的重新洗牌不可避免，一部分没有竞争力的投资被淘汰也是理所当然的，但如何尽量减少未来相互之间可能发生的内耗，塑造具有更大比较优势的互补性应当成为博彩业界和政府考虑的重点。从澳博、金沙、银河、永利以及可能通过合资合作方式加入澳门博彩业的投资人角度来看，对市场进行进一步细分，保持并巩固各自的差异化优势，同时在营销和管理上学他人所长，使得澳门博彩蛋糕能够实现由内力带动的可持续增长，这对企业和行业来说都是好事。从经济整体利益的维护者、规则制定者和监管者的角度来看，政府应当将重点放在两个方面：一是加强城市经营和营销，巩固澳门的国际化旅游形象，提升澳门旅游特色与容纳能力；二是要加速博彩业相关法规和协调机制的建设，对博彩投资行为、竞争行为和外围利益实施有效监管，维护良性的市场秩序。

四、解读博彩—旅游关系机制：塑造澳门"亚洲拉斯维加斯"形象

在博彩专营权制度下，澳门的博彩与旅游其实是分割的，其市场对象局限为成年人尤其是单身男性。2004 年我曾经在珠海拱北海关主要针对进入澳门的内地游客做过一项非正式调查，发现在所有去澳门短期旅游的游客中单身男性占了绝对比例，女性游客及以家庭形式出游的游客比例甚少，男性游客中表示要参与博彩娱乐的游客比例也远远高于女性游客，带着未成年人一起游玩的许多家长则明确表示不会前往赌场。故而，澳门旅游博彩业要将市场蛋糕真正扩大，最重要的不是如何增加赌台、招徕赌客，而是应当思考如何设立更多的旅游设施和项目，将旅游博彩产业链完善起来，吸引更多、更广泛的游客在澳门延长停留时间，使得游客不但在

赌场休闲，而且能够通过整个旅游博彩产业链享受服务，增加消费。

完善澳门旅游博彩业产业链首先需要对旅游与博彩的关系进行解读，进而才能建立起旅游博彩实现良性推动、共生发展的机制。在博彩与旅游的关系中，博彩应当作为澳门最为重要的特色，成为向游客推介的重点，但其未来产业发展应转向综合旅游方向。故而，博彩应当是龙头，旅游才是题中之义。博彩是胜负相抵的零和游戏，旅游才是真正创造社会财富、提升城市内涵的重头戏。

旅游博彩共生发展关系机制建设之初的关键在于博彩与旅游的对接埠的设立。要让游客不仅在澳门享受到输赢的刺激，还要能让其感受到澳门城市的魅力，愿意带着家人、带着员工前来享受生活、商业等各方面的轻松。总之，这个产业对接埠的目的是使不愿赌的游客也能被吸引到澳门、赌客也愿意走出赌场，本质上说就是将澳门博彩与旅游的市场基本面扩大。

根据美国拉斯维加斯的经验，在博彩专营权开放之后，竞争机制将推动投资者转变经营方式和经营观念，并将竞争扩展到综合性旅游的各个方面，综合的设施将包括赌场、酒店、配套娱乐设施、主题公园、食街、博物馆、小型影院、大商场、民族文化馆、表演场等，从而将旅游及博彩原来惠及的对象，综合性地结合起来，使服务对象从原来的男性成年人扩展到家庭的大小成员和工商团体，从而大大增加客源。拉斯维加斯正是这样创造了沙漠上的奇迹。澳门要成为区域内的综合性旅游博彩城市，即"亚洲的拉斯维加斯"，就要在继续发展博彩业的同时，大力发展非旅游博彩业，将澳门目前以博彩业为核心的旅游博彩业拓展为旅游博彩、家庭式度假旅游、观光旅游、文化旅游、商务旅游、保健旅游、会议旅游、展览旅游互相融合及互相带动的综合性旅游服务业。

事实上，澳门得天独厚的区域位置以及在区域合作中所扮演的角色是旅游业发展值得大力开发和利用的资源。澳门背靠经济发展迅速的内地，毗邻香港，联系台湾，面向太平洋，与欧美、日本均保持着深厚的经济联系，尤其在历史文化中有着浓厚的欧陆色彩，这些都赋予了澳门不可多得的区域合作资源。澳门特区政府已经提出要将澳门发展成为"粤西、世界华商、葡语国家三个商业服务平台"的定位，近年来，澳门与内地更紧密经贸关系（CEPA）、中国与东盟自由贸易区（CAFTA）、泛珠三角经济协作体系（PPRD）以及中葡论坛等区域合作制度安排进一步推动了澳门在区域合作中平台地位的形成。可以预想到，澳门旅游博彩业将成为澳门平台地位中重要的产业支撑，区域更紧密的经贸关系也将推动澳门旅游博彩产业链的完善和发展。

澳门经济最大的制约因素是土地资源短缺、发展空间狭小。当前，澳门在区域合作中实现自身经济定位的重要机遇和策略是在泛珠三角框架内与珠海联合开发横琴，以扩大旅游博彩业的发展空间。横琴全部开发后的总面积达 106 平方公里，是澳门土地面积的数倍，它将在很大程度上突破澳门产业和城市发展面临的瓶颈，成为澳门经济发展空间的延伸和补充。因此，如何充分利用横琴来解决澳门发展空间的不足、延伸产业功能，成为澳门经济发展的关键之一。横琴的开发，关键是澳门与珠海联合开发模式的确定。目前主要有三种可行的模式，包括：股份制模式，"租赁制"模式（"关闸"模式），租借给澳门管辖模式。三种模式中，第一种模式比较容易实行，但在实际操作中可能会遇到相当多的矛盾和摩擦，运作成本较高。第二种模式已有成功先例，相对比较容易实行。不过，实施这一模式需要进一步解放思想，大胆创新，充分发挥"一国两制"的政策优势。第三种模式对澳门最有利，它的实施将可有力彰显国家对推行"一国两制"的诚意和决心，亦是改革开放中的一种重大制度创新。无论采用哪种开发模式，可以预见的是，更大空间和平台的形成将进一步推动旅游博彩业在澳门发挥经济龙头作用。

五、博彩业"一业独大"所产生的经济社会结构性问题

博彩专营权开放后，旅游博彩业的壮大已是不争的事实，但澳门必然要面对的问题是博彩业"一业独大"会不会成为澳门发展中新的路径依赖，导致产业结构畸形；新的经济和社会结构问题会不会发生，这些问题会不会成为未来经济和社会危机的潜在因素。

事实上，受市场狭小、经济资源贫乏、人口素质相对偏低等因素制约，澳门的微型经济模式一直具有较为严重的外向依赖性。无论是在香港开埠前澳门作为转运中心时期、20 世纪 80 年代配额制度下澳门出口加工业鼎盛时期，还是上百年来号称世界三大赌城之一的博彩专营时期，澳门经济始终存在着产业结构平衡性差和内生可持续发展性不足的缺陷。

与某些观点不同，我认为在有形经济资源绝对缺乏的条件下，澳门只能依靠如博彩业、离岸服务业等特殊的制度资源来获取外部市场，在这个常住人口只有 50 万、面积不大的经济体内，"一业独大"的现象在逻辑上是具有一定合理性和必然性的。经济学上也认为，产业资本在一定空间的大量聚集是具有配置效率的。博彩业"一业独大"并不可怕，值得担忧的

是独大却无法独强,在面对其他地区同业竞争时缺乏比较优势才是澳门博彩业乃至整体经济未来真正的危机因素。因而,回到前面已经讨论过的问题,澳门未来的发展只有将博彩业与旅游业有效结合,促使产业链扩张延伸,同时配合教育和科技手段使旅游博彩人才和技术升级,才能使旅游博彩业足以在全球产业链内树立优势,进而能够在产业内部分散和抵御风险。

其实,如果经过仔细考虑,博彩专营权开放后澳门未来的产业结构由博彩业完全"统领江山"的可能性不是很大。旅游博彩业是一个综合性服务的行业,其内容广泛,涉及博彩、娱乐、旅游、餐饮、酒店、金融、商业、交通、建筑、会展、商务服务等行业,各行业在旅游博彩的框架内的市场替代性远远低于互补性,博彩业对其他行业的带动程度强于压制性。从澳博合资美国 MGM 及永利投资综合功能极强的旗舰酒店的计划也能看出,博彩专营权开放后各竞争对手谋划的并不只是单独的赌桌利润,而是意在培育完整的旅游和商务服务市场。因而,正如 2002 年澳门特区政府施政报告所言,博彩专营权开放后的澳门正在形成的是具有"以博彩旅游业为龙头,以服务业为主体,其他行业协调发展"特征的产业结构,像拉斯维加斯一样,旅游博彩产业链的深度发展将会使得澳门服务业成为更大的一块蛋糕。

旅游博彩业的发展将决定澳门社会结构的变化,当前,澳门社会心理结构异化的问题应当受到更多的重视。澳门特区政府坚持传统品德教育和逐步完善的社会制度使得澳门居民能够"出淤泥而不染",曾有报道就惊诧于澳门居民极低的参赌率,以及不齿于到赌场工作的良好社会品格和心理结构。但近年来经济低迷,博彩业"一业独大"的状况及青少年缺乏"远离赌博"的教育,导致澳门社会心理结构发生变化,越来越多的澳门青年接受博彩业是正行的观念,不少澳门青年开始频频涉足赌场一试运气,高中生甚至大学毕业生竞相参加博彩业的招聘考试。尽管在经济社会中这些现象并非完全是坏事,但澳门社会心理结构异化已经初露端倪,为防止博彩心理在社会泛滥,预防博彩业的负面影响渗透进社会深处,澳门特区政府需要在博彩业发展与社会心理结构变化之间设立更为紧密的法律和教育防火墙。

(原文发表于澳门《澳门博彩》杂志,2005 年第 2 期)

微型经济产业结构演变：理论研究与实证分析

一、微型经济的界定及其基本特征

对于微型经济的界定，多数文献都是从其特点入手。根据《简明不列颠百科全书》，微型经济的特点主要有：①人口不足 100 万，地域狭小，发展空间受限；②经济运行具相对独立性；③其地位受到国际社会普遍承认；④大多数属于海岛型经济；⑤相当部分与原英、法、荷、葡等国有宗主国关系；⑥经济发展普遍良好。

1992 年，澳门学者杨允中博士曾对微型经济作出界定。他认为，对微型经济的界定标准有三：①人口不超过 100 万。因为人口百万以上的国家、地区均已被主要国际经济组织列为统计对象，受到正当的关注与重视，而人口少于百万的国家、地区则往往容易被忽略。②经济运行具有相对独立性。以澳门为例，它的财政、税收自成一体，独立运行，甚至拥有自己独立的货币。③独特的地位受到国际认同。如澳门，它是两大最有代表性的国际性组织——世界贸易组织（WTO）和联合国教科文组织（UNESCO）的正式成员，它可以作为独立的一个单独成员参加地区性或全球性的国际组织、国际会议，享受同等的权利并履行同等的义务。其后，杨允中博士先后在其专著《微型经济：定位与发展》及与萧志成博士合著的 *Macau: a Model of Mini-Economy* 中，对微型经济的界定作出补充。他表示，微型经济界定标准亦可以定为 5 项：人口规模少于 100 万，经济活动的内容容量细小、企业规模以中小型为主，经济运行体制具相对独立性，产业结构具对外依赖性，经济地位受到国际认同。

目前，全球约有 190 个国家，其中人口不足 100 万的微型经济国家和地区有 50 多个，即全世界有将近 30% 的国家或地区为微型经济体。其中，人均国民生产总值达 1 000 美元以上的有 36 个，占全世界微型经济体的 2/3。

从某种程度上来说，微型经济体是世界经济的润滑剂，是大国经济的有效延伸。大多数微型经济体产业发展都存在着一些共同特征。

第一，经济规模细小、资源禀赋和比较优势单一。

产业发展的比较优势是由一国（地区）的资源禀赋结构所决定的在各个产业间所体现的成本优势。根据 Harvey W. Armstrong 与 Robert Read（1998）的研究，微型经济体系的关键特征之一是微小的国内市场规模和有限的资源基础。很多微型经济体土地资源有限，自然资源的种类稀少。突出的例外是几个石油丰富的阿拉伯海湾小国，它们是有价值的自然资源的受益者。微型经济体的这种资源约束直接影响到本地的生产要素的供给，这也就是说，经济增长的源泉更多来源于人力资本、先进技术和资本等方面的投资。当然，也有争论说，发展中的小国或微型经济体很可能受苦于资本稀少，因为本地相对缺少投资机会。发展中的小国或微型经济体不可能寄希望于靠低技术的劳动密集的出口部门与发达的西方工业国家竞争，但是以特殊技术为基础的高附加值部门则有发展前景。

因此，微型经济体由于人口少、资源有限，其劳动密集型产业、土地密集型产业等一般不具备比较优势。微型经济体有两种比较优势产业可以选择：其一是具有特殊资源比较优势的产业；其二是知识技术型产业。当然，不排除某些微型经济体在特有的机遇和框架下发展资本技术密集型产业的可能，这也是本文在探讨微型经济体产业结构演变规律时重点探讨的问题。这里要说明的是：依赖特殊资源的比较优势的微型经济体容易陷入比较优势陷阱；某些微型经济体即使好不容易发展起知识技术型比较优势产业，也同样面临着规模比较优势指数低下的困境。

第二，缺乏多样化需求和本地市场竞争，具有天然对外依赖性。

现代产业发展所需的多样化需求和本地市场竞争对微型经济体也是不小的挑战。微型经济体由于人口少、地域狭小、资源有限，本地需求有限，本地多样化需求更加有限，无法使产品细化，也就无法产生更深层次的专业化。没有多样化的需求，就无法形成多样化的本地市场竞争，这将是一个企业无法做大做强的根本缺陷所在。因而，在微型经济体内，除非有某种特殊的安排或机遇抑或依赖某种特殊的自然资源，否则，微型经济体利用自身力量一般无法建立起强大的工业产业。

研究表明，在微型经济体内，由本地提供的商品和服务是很有限的，存在不相关的生产模式与消费模式的显著不对称性。这样，进口就成了国内（本地）消费总量的一个重大组成部分。可贸易货物对微型经济体的这种致命的重要性迫使微型经济体必须去追求高度开放的贸易体制、有限范围的进口替代和有限范围的对幼小工业的保护政策。因为奉行保护主义或者自给自足的贸易政策将会给本地经济带来极为不利的价格、收入与竞争力的影响。因此，微型经济体大部分都是高度开放的经济体系。由于它们的高度开放和贸易额在 GDP 中占有的结构性优势，使得许多微型经济都与国际经济高度结合，同时也很容易受到全球化趋势的影响。换言之，微型经济一般高度暴露于国际经济的外部冲击，从而对全球贸易环境发展极度敏感。

第三，制度创新成本低，容易形成有利资本集聚环境。

一方面，微型经济体经济规模小，产业比较单一，因而只存在相对单一的利益集团，价值观走向比较单纯，社会成员之间的经济利益对立少，政府的政策大都反映仅有的单向利益集团的诉求，因而达成制度创新的交易成本比较低。另一方面，新制度的运行成本相对来讲也比较低，因为制度创新的机会成本比较容易计算。而且微型经济体大都是外向型经济体，其接受外来新生事物比大国来得容易，经济波动性强的同时也孕育了制度的易变性，因而对旧制度的路径依赖比较小。因此，微型经济体有更多的制度创新的可能。澳门的博彩制度、巴哈马的注册制度、安道尔的税收制度、巴巴多斯的离岸金融制度等制度的创新，无不是在大国制度的缺陷中寻找良机，并获得成功。

由于经济规模小，微型经济体经常被视为拥有很高程度的和谐、一致。因而，小国或微型经济体有能力对变化作出更快的反应，制定政策的时候也更具有弹性。微型经济体的社会成员追求共同的目标，促进了责任的分享，促进了形成强烈的团结一致的感情，其社会凝聚的合力被认为更加强大。这些特质的有效性和它们的促进社会团结的角色促使社会资本的积聚，从而支持了经济增长的进程。

二、微型经济产业结构演变的规律性分析

大国发展的最终目标一般是建立比较齐全的产业结构体系，因而都会经历相似的产业结构演变阶段。但对于微型经济体来说，由于它本身产业发展的内在缺陷和比较优势的差别，以及它所赖以生存的基础资源的不同和赖以建立的最终产业结构目标的不同，它的产业结构演变的规律也会因为不同类型的微型经济体而不同，而且不同类型的微型经济体之间也会相互转化。根据我们的研究，"二战"以来主要微型经济体产业结构的演变基本呈现出一些共同的规律性发展趋势：

第一，由于经济规模细小、比较优势单一，绝大部分的微型经济体都表现出产业结构的单一性或"极性"的特征。

在资源有限的情况下，微型经济体要想在经济全球化的大趋势下占据有利位置，在参与国际分工与贸易中保持自身的竞争优势，一般必须把有限的资源集中在某一两个产业上，选择具有比较优势的产业进行发展，走专业化的发展道路，从而产生规模经济效应。综观全球绝大多数的微型经济体，从其赖以生存和发展的角度可划分为：

（1）自然资源型：其经济发展主要依靠某种或某几种自然资源的有效开发，产业结构大都是围绕特有的自然资源而选择的。如阿鲁巴和卡塔尔的石油，吉布提的盐和地热资源，科摩罗联盟的香草及制品。

（2）转口贸易型：这类微型经济体主要是处在交通要道，有良好的区位条件，处于发展转口贸易的最佳位置，而且这些位置恰恰是周围政治大国之间的独立缓冲地带。这类微型经济体和转口贸易的双边国家有着高度的经济依赖性。如吉布提是乌干达等非洲内陆国家前往欧洲的中转站，是亚洲、欧洲、非洲的交通枢纽。

（3）旅游带动型：根据全球微型经济体的资料，旅游业几乎是所有微型经济体的重要产业。这和旅游业本身的发展特点以及微型经济体本身的不足是分不开的。因为微型经济体的所有产业不可能都得到全面发展，一般来讲，旅游业在它仅有的几个产业中所占的比例不会很低。如加勒比地区的安提瓜和巴布达，美国的关岛等。

（4）制度创新型：这类微型经济体在形成和发展过程中，没有比较良好的自然资源可以利用，或者原有的资源和区位条件已经丧失殆尽。只有通过制度创新来吸引投资，发展特定产业。如安道尔通过税收创新所发展起来的金融业；巴哈马通过注册创新成了离岸金融中心；荷属安的列斯把石油产业和金融创新联系起来形成以美国为目的地的离岸金融中心；百慕大群岛对金融保密法的创新开创了金融保险业的神话，其保险和再保险业务资产规模仅次于伦敦和纽约，约占世界意外险种再投保量的1/3。

微型经济体系产业结构的单一性，源于其比较优势的单一性。根据大卫·李嘉图的比较优势理论，微型经济体在开放自由贸易体系下，优先发展比较优势产业在经济上是明智选择，其实质在于在国际分工的基础上形成专业化生产，并由此产生规模经济效应。规模经济的核心是指在投入增加的同时，产出增加的比例超过投入增加的比例，单位产品的平均成本随产量的增加而降低。规模经济能够提高企业或地区的竞争力，是因为专业化导致的聚集有助于新思想、知识技能在个人或企业间进行交流，能够创造高效的、有特色的劳动力市场，利于集中培训专业技术人员，企业能够获得各种技能的劳动力供给，促进专业化供货商队伍的形成，并且共同享用公共基础设施，降低企业运营成本。微型经济体发展其具有比较优势的产业，进行专业化的生产，极大地提高了部门的生产效率，扩大了产业的发展规模，从而产生规模经济效应。因此，从经济学的角度分析，微型经济体系产业结构的相对单一性有其合理因素。

第二，由于缺乏工业基础，发展现代生产性服务业较为困难，但比较适合消费型服务业的发展。

Godfrey Baldacchino（1998）在其论文《反方向：小国制造业是服务业的延伸》中，曾对小国产业演变的特殊规律进行了详细的分析，认为小国不太可能遵守工业化的逻辑，制造业最好被视为服务业的延伸，而不是像通常一样的相反。[1] Godfrey Baldacchino 指出，由于进出小岛的高门槛与高昂的交通成本、典型的高薪人群、当地可得到的投入（原材料等）缺乏、市场的细分等，微型经济体的大规模商品出口的制造业策略——无论是本地的资本还是引进的外资——很可能失败，而进口替代工业或者是出口导向的制造业情况都是如此。因此，这些微型经济体一般缺乏工业基础。

由于缺乏强大的工业作支撑，微型经济体要发展现代生产性服务业也面临着许多困难。现代生产性服务业，包括产品研制开发、生产管理、售后服务、证券金融、不动产业、咨询业、科技开发、商务服务和教育培训等的发展，相对于工业发展要求更大的市场、更多的资金、更高的技术水准、更强的产业前后向联系、更好的质量管理和组织管理水平，因而微型经济体发展现代生产性服务业通常较为困难（不包括那些通过制度创新建立起来的生产性服务业）。与此同时，微型经济体在发展消费性服务业方面却有着相对较强的比较优势。首先，微型经济体一般实行零关税政策，因而本地产品价格和外来产品价格基本趋于一致。其次，微型经济体有某种共性的文化和价值观，这种共性的文化和价值观适应某种休闲型产业的发展，而这种文化和价值观在大国一般不允许存在。

第三，产业结构的单一性使微型经济发展具有波动性、脆弱性的风险。

研究发现，产业结构单一化给微型经济体带来很大风险。自然资源型微型经济体，高度依赖国际市场对资源的进口。如卡塔尔95%的国民收入是靠石油及其制品，安提瓜和巴布达的旅游业收入占国民收入的70%。而转口贸易型微型经济体也越来越受到其他国家的多边开放、运输方式日益多样化、国际交易网络化和生产网络本地化的严重挑战。这种高度依赖于

---

[1] GODFREY BALDACCHINO. The other way round: manufacturing as an extension of services in small island states [J]. Asia pacific viewpoint, 1998 (3).

某种产品或服务的单一经济受国际市场波动影响很大，轻微的市场波动都会对整体经济造成重大的打击。单一化的风险主要表现在：

（1）容易引起经济增长的波动性和经济绩效低下。当今时代的发展使得生产和消费出现了难以预测的变换节奏，产品生命周期缩短，市场需求的不确定性增加。面临如此形势，微型经济体选择单一的产业模式，其增长率和收益率必然会被该产业生产产品需求动向所左右，很容易由于这一产品的失误使整个产业遭受重大损失。在现代经济周期理论中，通过乘数和加速数的相互作用，较大的经济增长波动和投资波动是相互影响的。如果微型经济体产业结构单一，其经济增长波动性很大，很大部分的原因是投资波动很大（外在需求的波动同样会引起投资的波动）；而经济增长的波动同时又会导致投资的波动；投资的波动容易导致投资绩效以及整体经济效率的低下。

（2）经济应对外在环境变化的脆弱性。靠发展单一产业的微型经济体，因为基础产业薄弱，生产能力差，大部分产品消费依赖进口，将导致外债沉重。根据 Armstrong H. W. 和 R. Read 的研究，小国的许多重要经济特征都成了其脆弱性的来源，因为这些经济特征放大了小国对全球经济环境中的外部条件的敏感性，而全球的经济环境跟大国有着密切的联系。经济的脆弱性可能跟政治的、战略的、生态的、天气的脆弱性结合起来，特别是小岛国家尤其如此（Armstrong H. W. & R. Read，1998）。微型经济体单一的产业结构容易受外界单一的需求的影响，再加上由于经济规模小，在加入各种国际经济组织时，谈判议价的能力弱，基本上是国际秩序的接受者，在国际经贸合作中始终处于不利地位，越来越存在被世界经济和区域经济边缘化的风险。而且靠有限的出口优惠发展起来的产业也面临极大的风险。根据亚行的报告，由于美国对斐济服装产品给予的出口优惠于2005 年 1 月 1 日起终结，斐济的经济发展速度有较大幅度的下降，GDP 年增长率将徘徊在不到过去三年平均速度一半的水平上。① 而格林纳达与印度尼西亚的肉豆蔻卡特尔协议崩溃，使得肉豆蔻国际市场价格下跌，格林纳达收入锐减，直接导致了其经济衰退。②

（3）内部经济活力不强。一方面，建立在单一产业基础之上的微型经济体，所有的经济活动和利润是围绕这个单一产业进行的，由此会产生某种产业过分凌驾于其他产业之上的垄断风险，使得很多产业丧失了平等竞

---

① 亚行报告：斐济宏观经济评估与展望［EB/OL］. http：//fj. mofcom. gov. cn/aarticle/jmxw/200504/20050400074675. html.

② 格林纳达经济概况［EB/OL］. http：//www. 6532. net/world/economy/gd. html.

争发展的机会。这样容易造成整个小型社会产品的对外高度依赖性和人文思想的高度封闭性依存，内部竞争性不强，活力不够。由于产业结构的单一化，相对集中的地理环境使得各个企业通过根植性关系交织成网络，产业内各个环节结合非常紧密，容易使整个产业形成封闭结构，阻碍产业结构升级。另一方面，单一的产业结构没有其他产业作依托，一旦受到外界冲击需要进行产业升级时，相当于放弃成熟产业而进入一个全新的领域，一切都要从头开始，这对资源稀缺、人口较少、经济总量小的微型经济体来说是极其困难的一件事。

三、微型经济体产业结构演变的国际借鉴

研究表明，"二战"后，全球绝大部分微型经济体的产业结构都建立在较单一产业的基础上，它们赖以建立的产业基础或者是自然资源型，或者是转口贸易型；换言之，要么是以农业、矿业为主的第一产业，要么是以贸易、运输、仓储为主的第三产业。不过，它们在建立了优势产业基础之后，相当部分都致力于推动产业结构的优化或适度多元化，而它们的路径一般是循优势产业的下游延伸，即推行垂直式的产业多元化。

从自然资源型微型经济体看，这种类型的微型经济体一般依靠特殊的自然资源如石油等，建立起出口初级产品的自然资源型产业。然而，它们利用经济发展积累起来的资金，改善投资环境并发展与自然资源型产业相关的制造业，如石油冶炼工业等，再利用工业化的剩余资金专注几个产品生产，如铝、乙烯等，同时大力发展离岸金融服务业和旅游业等。典型的例子如巴林，从石油工业向炼铝业、金融业、旅游业转型，巴林铝厂现已成为世界最大的炼铝厂之一，而巴林也已成为中东地区最发达的离岸金融中心。①

从转口贸易型微型经济体看，这些地区一般拥有较优越的区位条件，因而得以发展转口贸易。这类微型经济体因为相当开放，对产业结构的优化往往非常重视，一般会围绕着转口贸易发展起与之相配套的水电、港口等基础产业，如仓储运输业以及银行业和邮电业等。随着经济的进一步发展，它们会将产业向相关行业延伸，并发展起旅游业、金融保险业、通信业和会展业等，推动产业的形态多元化和高级化。研究发现，大部分微型经济体都把旅游业作为结构调整的重要方向。因为绝大部分微型经济体不

① 巴林经济概况［EB/OL］. http：//www.6532.net/world/economy/bh.html.

可能有很多的竞争力去进行产品出口（除非有大量特殊资源），而要满足全体居民的基本需要，需要有大量进口，因而国际贸易一般处于逆差。微型经济体为了弥补逆差，积累外汇收入，就会以发展旅游业作为产业政策的一个重要选择。如巴哈马就是从高度依赖美国的转口贸易发展起船舶工业、旅游业和国际金融服务业的。

20世纪60年代以后，西方发达国家开始大规模地将其劳动密集型产业向发展中国家和地区转移。部分微型经济体抓住这个历史性机遇，大力发展出口加工业，完成了初步的资本原始积累。这些微型经济体中，部分在完成资本原始积累和基础设施建设之后，更专注于产业的分工细化和高级化，把本国（本地）的科技研发水平和发展中大国的制造水平、市场开放结合起来，形成了强大的具有国际竞争力的产业，如卢森堡的钢铁工业等。部分微观经济体由于没有让这些劳动密集型产业逐渐特色化、高级化，因而在经济全球化的激烈冲击下，劳动密集型产业逐渐衰弱，一蹶不振。如斐济的制糖业、服装业近年已急剧衰退。① 此外，也有部分微观经济体通过制度创新，发展了新兴服务业，如离岸金融服务业等，直接过渡到高级服务业阶段（见下图）。

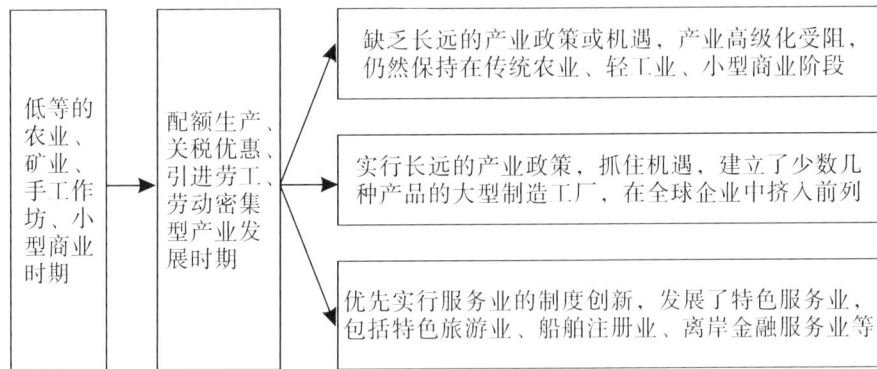

微型经济体产业结构演进的几种趋势

从以上对微型经济体产业结构演变规律的分析发现，首先，所谓微型经济体的高端产业基本集中在旅游业（包括像澳门的旅游博彩业等特色旅游业）、离岸金融业、注册业、会展业、商业服务业、信息服务业等。旅游业是所有微型经济体重点发展的产业。其次，微型经济体为了保持经济

① 斐济经济概况［EB/OL］. http://www.china-ningbo.com/nbfec/nbfec1/4world/general/economy/fj.html.

的稳定性和对外依赖的减少（实际根源是为了减少用汇需求），都通过保护手段保留部分农业和轻工业的生产，以此满足居民的基本需求。最后，作为第二产业的制造业只有专注于几种产品的生产才能获得比较大的成功，而在很多产业平均用力的微型经济体基本上在经济全球化的冲击下退回到以农业、轻工业、小型商业和旅游业为主的原始阶段。

我们在研究了近 50 个微型经济体的资料后，对澳门在整个微型经济体系中的位置也有了一个概貌性的了解：首先，微型经济体要实行产业结构适度多元化政策，必须要有一定的资金积累作支持，巴林、百慕大、卢森堡等微型经济体，莫不如此。其次，要有较高的人口素质和基础设施、法律制度，缺乏这一方面，正是许多微型经济体不能持续发展的重大缺陷所在。而综观澳门，虽然在直接的世界性交流方面还有所欠缺，但基本素质已经远远高于其他许多微型经济体，而且有中央给予的强有力的政策支持作后盾。因此，澳门现今的产业结构能够实现适度多元化，政策起到了关键性作用。

（原文载于广东省社科哲学课题"澳门产业结构优化研究"第三部分，作者为冯邦彦、谭裕华，2008 年）

微型经济体产业适度多元化理论与
实证研究: 以澳门为例

澳门作为典型的微型经济体, 地域空间狭小, 自然资源数量有限、种类缺乏, 人力资源不足, 本地市场有限, 导致经济发展空间受到严重的限制。这些客观条件决定了微型经济体不可能走全面多元化的产业发展道路, 因此, 以微型经济为特征的地区产业发展也不可能完全符合产业发展的一般规律, 没有现成的结论可以套用, 表现出了鲜明的自身特色。

一、微型经济体产业选择的理论分析

1. 微型经济体选择专业化生产的理论分析

鉴于微型经济体本身受到发展空间的限制, 以微型经济为特征的国家和地区要想在全球化的大趋势下占据有利位置, 在参与国际分工与贸易中保持自身的竞争优势, 就必须把有限的资源集中在某一点上, 要选择具有比较优势的产业进行发展, 走专业化的发展道路, 从而产生规模经济效应。

比较优势原理最早由英国经济学家大卫·李嘉图在其代表作《政治经济学及赋税原理》中提出。按照李嘉图的论述, 比较优势是用来描述不同国家生产同一种产品的机会成本的差异, 该差异的来源是各国生产产品时的劳动生产率差异。世界上劳动生产率不同的国家, 通过国际商品交换, 都能在不同程度上实现社会劳动的节约, 从而给交换的双方在经济上带来利益。之后, 瑞典经济学家赫克谢尔和俄林又进一步将比较优势理论发展为要素禀赋论, 认为一国只有发展具有比较优势的产业, 才能在最大限度上节约社会劳动, 并通过参与国际分工和交换获取更多的经济利益。根据比较优势理论, 微型经济体在开放的自由贸易体系下, 优先发展比较优势产业在经济上是明智的选择。

微型经济体发展优势产业获得更多利益的实质在于在国际分工的基础上形成专业化生产, 进一步产生规模经济效应。亚当·斯密在其1776年出版的《国富论》一书中就相当重视分工问题。从劳动者角度来说, 专业化分工使每个劳动者的工作更加简单和容易掌握，且避免了从一种工作或动作转向另一种工作或动作的时间损失；从资本设备的利用角度来说，当厂商扩大经营规模时，可以用效率更高的专门化的资本设备将连续化、系列化生产变为可能。专业化分工不仅能够提高产品数量、质量，缩短生产时间，还能够最大限度地节省资源，降低生产成本，促进同类或者相关产业的聚集，而产业的集聚又进一步使微型经济体产生规模经济效应。

规模经济的核心是指在投入增加的同时，产出增加的比例超过投入增加的比例，单位产品的平均成本随产量的增加而降低。规模经济能够提高企业或地区的竞争力，是因为专业化导致的聚集有助于新思想、知识技能在个人或企业间交流，能够创造高效的、有特色的劳动力市场，利于集中培训专业技术人员，企业能够获得各种技能的劳动力供给，促进专业化供货商队伍的形成，并且企业间共同享用公共基础设施，降低企业运营成本。微型经济体发展具有比较优势的产业，进行专业化的生产，专注于自身产品和技术的研发，极大地提高了这一生产部门的生产效率，进一步扩大了此产业的发展规模，从而产生规模经济效应。

2. 单一化、开放型经济体系产生问题的理论分析

开放型经济体系与外界的经济联系密切，经济的风险性和波动性都比较大，这是微型经济体对外部的依赖性强所致。在此情况下，如果开放型经济体系的产业结构还是单一化、专业化的，势必在这种风险的基础上增添了经济的不稳定性，经济发展将会表现出更大的波动性，主要表现在：

（1）开放型经济的风险性与波动性在单一产业结构的模式下被加倍放大。微型经济体在经济总量少、资源稀缺等客观条件下选择单一的产业发展模式，这是建立在比较优势的基础上的。当今时代的发展使得生产和消费出现了难以预测的变换节奏，产品生命周期缩短，市场变化快，市场需求的不确定性增加，尤其是周边外部经济环境的变化，将会使比较优势不复存在。面临如此形势，如果微型经济体只选择单一产业结构，其增长率和收益率必然被该产业生产产品需求动向所左右，很容易由于这一产品的失误使整个产业遭受重大损失。单一产业结构不能依靠其他产业或者行业来平衡经济风险，对于风险的应对能力很差，其最终的结果是将原有的风险放大了，从而对自身经济体系的安全构成极大威胁。

（2）多米诺骨牌效应。专业化分工导致的产业结构单一化虽然能使微型经济体以最优的规模进行经营运作，但是这种沿产业链的纵向专业化分工，使生产经营各个环节的衔接与依赖程度加深，当某一环节出现问题时，就容易产生多米诺骨牌效应，而导致整个微型经济体的衰落。

（3）增大了产业转型与升级换代的难度。微型经济体在一定时期内的比较优势可能会随着时间和外界环境的变化而丧失，直接导致这一产业对经济的推动效应的丧失，这时必然要求产业升级和转型。一方面，由于产业结构单一化，相对集中的地理环境使得各个企业通过根植性关系交织成网络，产业内各个环节的结合非常紧密，容易使整个产业形成封闭式结构，阻碍产业结构升级。另一方面，单一的产业结构没有其他产业作依托，一旦受到外界冲击需要进行产业升级时，相当于放弃成熟产业而进入一个全新的领域，一切都要从头开始，这对资源稀缺、人口较少、经济总量小的微型经济体来说是极其困难的一件事。

3. 微型经济体走适度多元化道路应对经济风险的理论依据

要想应对单一产业结构带来的高风险，我们必须通过多元化的发展结构来解决这一缺陷。但是，广泛的多元化对微型经济体来说是不可能实现的，将有限的资源进行过多的分散，会使每个产业无法产生规模经济效应，削弱竞争力，这是由微型经济体的特点所决定的，客观条件所限制的。因此，我们就要在专业化和广泛多元化之间找到一个适合微型经济体生存的黄金领域——适度多元化。适度、恰当的多元化在一定程度上可以分散风险，减轻外部环境对经济的冲击，为微型经济体的发展提供适度保障，为其应对风险提供一定程度的缓冲。

降低经营风险是微型经济体需要实施适度多元化发展战略的最主要原因，多元化意味着可以在现实条件成熟的多个领域分别投资，通过适当的产业组合，分散经营风险，避免出现大起大落的局面。这种稳步发展的模式对微型经济体来说尤为重要：

（1）多元化经营可为微型经济体提供更大的发展空间。由于微型经济体发展的局限性，我们在适度多元化的基础上进一步强调相关产业的多元化，也就是说可以利用现有优势，探索新出现的机会，进入相邻行业。一个成熟的产业，市场占有率比较稳定，想进一步发展、壮大，在本行业已难有作为，这时必须尽量合理使用传统产业带来的资源，建立一个可以利用现有优势的、可持续的、发展的组织，吸引和留住人才。

（2）适度多元产业结构可以有效应对产业周期的衰退，促进产业升级。发展多元产业结构为产业升级、调整打下了基础，拓宽了调整范围，能够使微型经济体更加主动地进行产业选择，而不仅仅是被动地承担风险。多元化产业结构可以解决单一产业需求增长停滞的问题。

（3）当单一产业的市场容量达到饱和的时候，只有通过多元化经营才能实现经济的增长，特别是对微型经济体来说，其经济受到周边地区相类似的产业的影响。这时，必须要通过多元化经营来提高微型经济体整体的需求量，以弥补以上损失，规避风险。

二、当前澳门产业结构特点及其存在的问题

1. 澳门的经济现状及产业结构特点

澳门回归以来，在"一国两制"、"澳人治澳"、高度自治的原则下，经济、社会发展方面取得了显著成效。经济不仅摆脱了回归前的负增长状态，而且以年均10%左右的增速快速前进，2004年澳门的经济增长率更是高达29.4%，GDP总量达到822.94亿澳门元。经济迅速升温的同时，澳门在特区政府的管理下社会稳定，治安状况良好，经济社会的发展已经进入了新的历史时期。随着泛珠三角区域合作的逐渐展开以及CEPA的签署和实施，澳门必将凭借优越的地理位置、良好的对外关系和特殊的优惠政策，赢得更为广阔的发展空间和有利的机遇。

澳门的产业结构比较特殊，除有限的渔业外，第一产业在澳门所占的份额微乎其微，第二产业也主要是以出口加工制造业为主。总的来说，澳门属服务型经济体，从图1我们也可看出澳门目前作为服务型经济体的发展状况，第二产业发展水平较第三产业低，且第三产业基本处于上升趋势，对GDP增长的贡献更突出。回归后，澳门特区政府确定了"以博彩旅游业为龙头，以服务业为主体，其他行业协调发展"的产业政策。

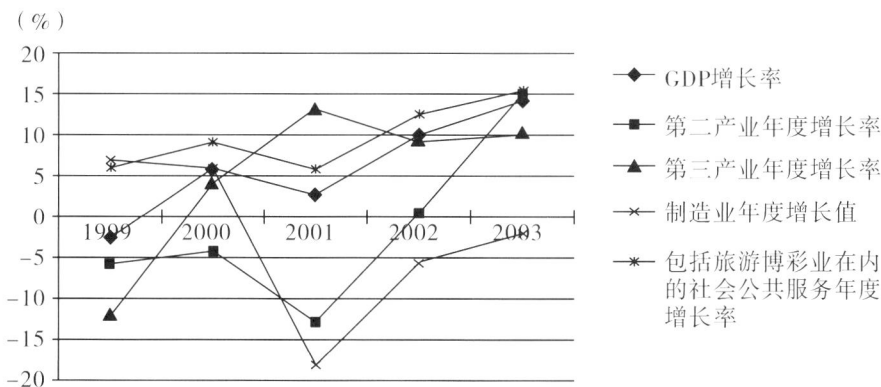

图1　澳门实质GDP增长率与各产业、行业年度增长率

数据来源：《中国财政年鉴》（2004年）。

当前，澳门定位了四大支柱产业——旅游博彩业、出口加工业、金融

业和地产建筑业，通过分析这些产业的发展状况和特点，我们不难梳理出澳门经济发展的脉络。澳门与拉斯维加斯、蒙特卡洛并称为世界三大赌城，素有"东方蒙特卡洛"之称。长期以来，博彩业作为澳门经济的支柱产业在提高政府财政收入、促进就业、推动经济增长方面作出了重大贡献。回归后，澳门特区政府开放了在澳门垄断经营历史最长的博彩业专营权，这一举措为澳门重塑了博彩业的比较优势。2004 年，澳门仅博彩税一项就达 147 亿澳门元，占当年财政收入的 75% 以上，极大地带动了旅游、建筑、房地产、零售等相关行业的发展，同时也为澳门的劳动力市场创造了大量就业岗位，为回归后澳门经济的发展提供了强劲的动力。

旅游业的快速增长是回归后澳门经济的又一热点，这和 CEPA 的签署以及内地居民"自由行"政策的推行是息息相关的。"自由行"政策为澳门带来了最为直接和明显的经济效益。近年，在"自由行"的推动下，赴澳门旅游的内地居民不断增多，2004 年赴澳门旅游的内地游客数占入境游客总数的 57%，比 2003 年增长了 66%，这对澳门经济的复苏、繁荣起到了很好的推动作用。同时，内地经济良好的发展态势也极大地带动了澳门旅游业的快速发展，博彩业和旅游业相互结合、相互促进，成为澳门经济发展的直接强劲动力。由图 1 可知，包括旅游博彩业在内的社会公共服务年度增长率与 GDP 增长率曲线拟合得非常好，足以说明这一产业的发展对经济的贡献之大。

澳门出口加工业起步于 20 世纪 60 年代，在 80 年代达到全盛时期，其发展一度超过博彩业成为澳门经济的第一大产业。澳门的出口加工业主要为制衣、玩具、纺织等出口导向的劳动密集型行业，但由于其规模小、结构单一、技术相对落后，长期过分依赖香港和内地等种种原因，在 80 年代中后期，澳门出口加工业的比较优势逐渐丧失，目前在经济总量中的比重已不足 10%。回归后，澳门的出口加工业逐渐进行产业转型，但受取消纺织品配额的影响，以及澳门劳动力成本的增加，出口加工业始终没能有更快的发展。

澳门的金融业在整个澳门经济中占据重要地位，主要集中在银行业和保险业。20 世纪 70 年代起，澳门金融业迅速发展，由于自由港的特殊角色和没有外汇管制，澳门的金融业高度开放，国际化程度高，但是由于地域、人口的限制，澳门的银行业规模较小，业务品种也比较单一，且对香港金融业的依附性较强，种种主客观条件限制了澳门金融业的快速发展。

澳门地产业在 20 世纪 90 年代初期有过一段空前的繁荣，但至 90 年代中后期，由于政府大量批地，外界大量资金的涌入，使得"炒地""炒楼"

的投机行为不断发生，最终至1996年房地产泡沫的破灭而使地产业一蹶不振。澳门回归后，澳门特区政府对地产业采取了积极稳健的发展政策，同时伴随澳门旅游博彩业的快速发展，地产业也开始复苏，并在2003年下半年呈现出较快的增长态势。

当然，澳门回归后经济的复苏和快速增长很大一部分得益于澳门很好地利用了国家给予的优惠政策。"自由行"开放地域的增多、CEPA的实施、泛珠三角区域合作的展开以及跨境工业区的建设为澳门的产业带来了更大的市场空间和机遇，澳门的投资出现大幅度增长，逐渐进入了经济发展的旺盛期。

2. 当前澳门经济运行中存在的问题

澳门的经济结构相对单一，主要建立在以旅游博彩业为主的服务业上，这样的单一经济结构是一把双刃剑。在澳门很好地发挥旅游博彩业的比较优势，借助这一产业的发展极大推动经济快速增长的同时，也为澳门经济的持续快速发展带来了种种问题和隐患，最突出的表现莫过于博彩业"一业独大"，支撑起澳门经济"半壁江山"的同时，也使澳门的经济悬于一线。单一产业的强势发展，使澳门经济在运行中出现了"挤出效应"和"马太效应"，我们用以下循环图来说明这一问题。

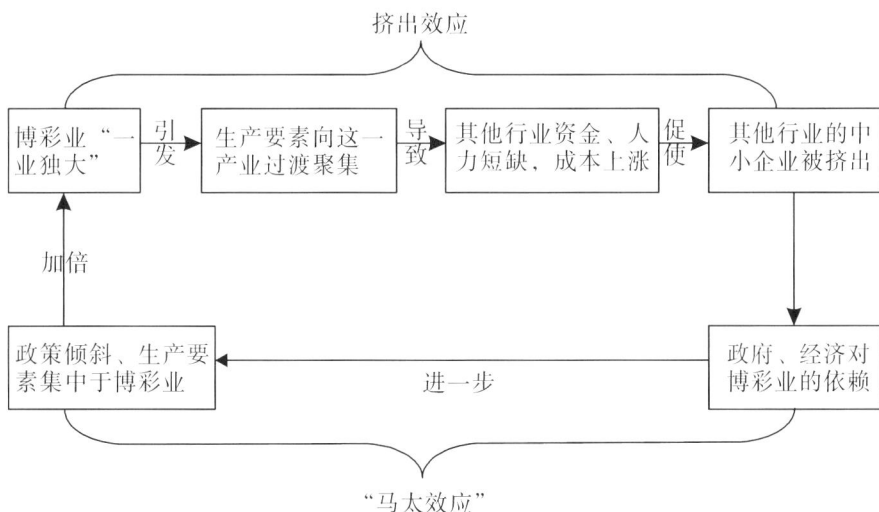

图2 "一业独大"引起的"挤出效应"和"马太效应"循环图

可以看出，博彩业"一业独大"使得生产要素过度聚集，进而挤压了其他行业尤其是中小企业的生存空间，而其他产业的相对不振，更增加了政府对博彩业的依赖，使得生产要素进一步集中，结果是博彩业发展越来越快速，规模越来越大，而其他与之无关的行业则逐渐萎缩，使澳门产业结构的单一化问题更加突出（见图2）。具体说来，这种"挤出效应"和"马太效应"对经济的影响主要有以下几个方面：

（1）经济风险不断增大。"产业结构单一，博彩业独大"，博彩业的发展状况成了澳门牵一发而动全身的大问题。从长远来看，博彩业很难发展成为可以长期依靠的产业：首先，澳门博彩业的发展极易受周边环境的影响。得益于周边国家和地区的禁赌政策，而繁荣发展的博彩业随着目前公海赌船的不断增多，澳门的这一比较优势正在慢慢被弱化，周边国家的发展、政策都会影响到澳门博彩业的长远发展。其次，博彩业作为一种风险投机行业，本身的发展就表现出大起大落的不稳定性，并不属于稳定发展的高成长行业。再次，博彩业产业链延伸较短，不能够有效带动工业、高技术产业的发展，带动力和拓展力不够，它的发展不能有效调整产业结构的缺陷，当单一产业受经济波动的影响而使经济下滑时，在多米诺骨牌效应下，与之连带的产业均会受到打击，没有其他产业能够挑起经济发展的大梁。

（2）其他行业发展空间不断萎缩。博彩业的发展带动了相关行业的快速发展，也引起了人力、资本等生产要素向这些行业的聚集。就人力资源分配来说，从1999年至2004年，澳门文娱博彩服务业就业人口增长了87.6%，同时从事房地产和建筑业的就业人口大幅增长，占总就业人口的14%左右。而与此同时，从事制造业的人口从1999年的42 700人下降至2005年的36 400人，下降幅度达14.8%，博彩业为澳门创造了大量就业岗位，使澳门的失业率显著下降，同时伴随了大量人力资本向博彩业的聚集。博彩业的发展使得其他产业人员流失严重，工资上涨、地价上涨使得成本增加、竞争力下降，这一切使得澳门其他行业的众多中小企业面对国际竞争而陷入困境，发展空间进一步萎缩。据统计，澳门2003年第三产业的比重比2002年减少了1.4百分点，其中博彩业、零售业及保险业比重虽然有所上升，但无法掩盖其他行业比重下降的趋势。到2004年，博彩业的比重已接近60%，充分暴露了澳门单一产业结构的缺陷。

（3）社会问题更加突出。首先，表现在教育问题，博彩业高工资、低技术、低学历、低门槛的特点恰是其具有强大吸引力之所在，因此，博彩业吸纳了大量没有工作经验的青年，也使许多澳门青年的就业求学观发生了变化，很多青年放弃升学而选择进入博彩业，这使得澳门在居民受教育程度偏低的现实情况下又埋下了日后低学历人群失业的伏笔。其次，澳门的贫富差距进一步拉大。在博彩业的带动下，2004年澳门的人均生产总值与香港接近，位于亚洲前列，但是，澳门约有60%的居民仍属于中低收入阶层，而2003/2004年度澳门的基尼系数为0.46，接近警戒线。再次，博彩业在发展前期与黑社会联系紧密，致使澳门在20世纪90年代中期治安环境严重恶化，暴力事件频频发生，极大地影响了澳门的社会稳定。回归后，澳门特区政府通过一系列措施使这一状况有明显好转，但是由于博彩业的特殊性质，行业内部错综复杂的关系和彼此的利益纠葛使得发展这一行业始终存在着影响社会治安的隐患。

（4）产业转型升级有困难。微型经济体的特性，使得微型经济体可能发展的产业就很有限，虽然博彩业"一业独大"，但产业链较短，对其他产业，尤其是高新技术产业的带动作用有限，而其他产业长期处于投入不足的状态，基础薄弱，给产业转型升级带来难度。另外，从长远看，高素质人才的欠缺必将进一步限制产业转型升级。

三、澳门构建适度多元化产业发展模式的分析

1. 澳门构建适度多元化产业发展模式的有利条件

（1）区位优势。澳门地处经济发达的珠三角，背靠内地，与内地关系非常密切，面向香港，和东南亚各国地缘关系紧密，既有利于接受周边地区的经济辐射，又得珠三角腹地之利，地理优势为澳门产业结构多元化创造了良好的外部条件。

（2）人文文化优势。由于历史原因，澳门早在两百多年前就已经成为东西文明和中华文化的交汇点和桥梁，宗教、语言、种族、社会习俗等各方面中西合璧、多元并存。长久的历史积淀和浓厚的文化底蕴使澳门形成了独树一帜的文化特征，也是因为这样的文化特征，澳门与葡语国家的联系成为中国和欧洲之间的一座桥梁。

（3）政策优势。澳门是自由港，拥有众多优惠政策，独立关税区、自由贸易等条件是其他地区很难拥有的。澳门回归后，国家对澳门经济发展给予了众多的政策支持。CEPA的签订、"自由行"政策的推行、泛珠三角区域合作的展开以及跨境工业区的建立，无一不给澳门经济的发展注入了强大的推力。

2. 多元化产业发展模式下的新经济定位

（1）构建亚洲休闲度假中心。旅游业的发展是目前澳门进行产业多元化发展的最佳切入点，事实上，澳门特区政府在成立之初就要"将澳门发

展成为区域旅游休闲中心"。考虑到澳门丰富的历史文化遗产，其博物馆式的都市风貌和亚洲独具特色的欧陆风情小镇为发展综合性旅游业打下了良好的基础。原有的旅游博彩业事实上更加偏重于博彩业，而想要打造亚洲休闲度假中心，澳门更应注重旅游业的综合、多层次发展，与之相关的会展业、酒店业、城市观光、游乐园、主题公园、剧场、大型商场、特色表演等均应进行品牌开发，并同时改善服务品质，开发适合不同层次人群的旅游项目，将旅游业的各个环节紧密结合起来，形成综合性强、服务层次高、特色鲜明的旅游服务平台。"自由行"政策为澳门的旅游业带来了生机，澳门应当紧紧抓住这一契机，向人口众多的内地大力推广其旅游业，同时可以抓住与泛珠三角合作的机遇，与内地多个城市联手打造旅游精品线路，吸引更多的游客来澳门，在不断的整合中将旅游业推向新的发展高潮。

（2）构建中介性国际商贸服务城市。澳门的这一定位是在充分考虑澳门的人文环境和区位优势的基础上作出的明智选择。在整个澳门的发展史中，其中介性的商贸服务作用已经形成，并起到过重要作用。澳门回归后，澳门特区政府指出澳门要在其他行业协调发展的基础上，努力打造内地特别是泛珠三角地区的商贸服务平台、中国与葡语国家经贸联系与合作的平台、全球华商联络与合作的服务平台。实质上，这些平台是澳门原有的沟通内地与海外特别是欧盟国家的桥梁作用的扩展和延伸，这恰恰突出了澳门在经济合作中的地位，而平台作用是澳门比较优势的最好体现。在平台作用的带动下，澳门的金融业、专业服务业会取得进一步的发展。

澳门微型经济体的特性使其在产业结构的选择上不能面面俱到，其产业发展的态势以及存在问题恰恰印证了前面谈到的一般性理论。澳门进行产业结构的适度多元化改革还有很长的路要走，并且在此过程中政府以及各部门要付诸很大的努力，包括完善产业发展规划，引导产业良性发展；完善立法，加强执法；有序引进各类专业人才，加快发展本地教育，提高人口素质；善用国家政策，完善基础设施建设等，努力将澳门建设成一个经济结构完善、社会发展和谐的现代都市。

（原文发表于澳门《澳门理工学报（人文社科版）》杂志，2006年第3期，作者为冯邦彦、赵雪梅）

澳门经济适度多元化的路向与政策研究

一、澳门经济的单一性及其潜在风险

澳门回归以来，尤其是 2002 年博彩专营权开放和 2003 年中央对内地居民开放港澳地区"自由行"以来，随着博彩业的高速发展，澳门的经济总量大幅攀升，到 2008 年达到 1 662.65 亿澳门元，比 1999 年的 472.87 亿澳门元大幅增长了 2.52 倍，年均实质经济增长率高达 14.99%。澳门人均 GDP 从 1999 年的 13 844 美元增长到 2008 年的 39 036 美元，增长 1.82 倍，超过中国香港、中国台湾、文莱和新加坡，而一跃成为亚洲第三。[1] 不过，与此同时，澳门经济结构的一些深层次问题也逐渐凸显，对澳门经济的长期繁荣稳定发展和可持续发展，构成了隐患和风险。主要表现在：

第一，博彩业"一业独大"的态势凸显，整体经济单一化的特性日趋明显。

2002 年博彩专营权开放以来，澳门经营博彩的公司从 1 家增加至 6 家，赌场从 11 家增加至 31 家，赌台和角子机分别从 2003 年的 424 张和 814 部急增至 2008 年的 4 017 张和 11 856 部，分别增长 8.5 倍和 13.6 倍。博彩毛收入从 2001 年的 195.41 亿澳门元增加至 2008 年的 1 098.26 亿澳门元，增长了 4.62 倍，年均增长高达 28.7%。澳门已超过美国的拉斯维加斯成为世界第一大赌城。博彩业在澳门本地生产总值中所占比重持续上升：1999 年，博彩业在澳门本地生产总值中的比重为 23.98%，到 2007 年已上升至 35.59%，其中 2004 年更一度高达 39.13%。相比之下，澳门传统的支柱产业除建筑业由于受益于博彩业的迅速扩张而实现短期上升外，其他两大产业——制造业和金融保险业的比重均随博彩业的膨胀而不断下降，尤其是制造业萎缩严重，2007 年澳门的制造业比重仅剩 2.79%，第二产业的比重也仅有 17.69%，经济单一化的特性日趋明显。

第二，旅游博彩业内部也呈现单一化特点，博彩业开放未能有效带动

---

[1] 人均 GDP 亚洲排名第一为卡塔尔（全球排名第三），亚洲排名第二为阿联酋（全球排名第十六）。

非旅游博彩业发展。

长期以来，澳门的旅游业是在博彩业的带动下发展起来的，博彩业在旅游博彩业中一直处于核心地位，80%以上来澳旅客是为了赌博，博彩消费在澳门旅客消费总和中所占的比重超过七成。相比之下，旅游业的开发明显不足，现有历史和人文景观缺乏深度开发，旅游景点和旅游设施数量不足，致使游客居留时间过短。2002年博彩业开放以后，博彩业并未有效带动非旅游博彩业的发展，酒店业、餐厅及酒楼业的比重不升反降，仅批发及零售业有所上升（见下表）。此外，澳门游客结构也较为单一，2008年，澳门游客高达2 290.7万人，其中内地游客为1 159.5万人，占51%。

旅游博彩业及其相关产业产值占 GDP 比重

（单位：%）

年份	1999	2000	2001	2002	2003	2004	2005	2006	2007
博彩业	23.98	27.86	30.2	31.94	36.64	39.13	34.93	33.31	35.59
酒店业	2.16	2.24	2.4	2.32	1.93	2.08	1.99	1.74	2.05
批发及零售业	4.68	5.23	5.19	5.79	5.83	6.22	5.98	5.96	6.35
餐厅及酒楼业	3.64	3.71	4.24	4.42	3.94	4.43	3.92	3.64	3.29
总计	34.46	39.04	42.03	44.47	48.34	51.86	46.82	44.65	47.28

数据来源：澳门统计暨普查局按生产法估算的本地生产总值资料。

第三，博彩业对其他产业和中小企业的"挤出效应"凸显，社会资源日趋向博彩业集中。

近年来，博彩业"一业独大"使得生产资源过度聚集，进而挤压了其他行业尤其是中小企业的生存空间；而其他产业的相对不振，更增加了政府对博彩业的依赖，使得生产资源进一步集中，形成所谓的"马太效应"和"挤出效应"，导致澳门经济结构的单一化问题更加突出。以人力资源为例，2006年和2007年，劳动力由其他行业转入博彩业的速度加快，转入率分别为34.5%和40.8%，而其他行业的转入率则持续下降，制造业下降至3.8%和3.7%，制造业和餐厅及酒楼业的职位空缺总数一直在11 000个以上，占空缺总数的60%以上。产业间人力资源严重失衡。

值得重视的是，澳门经济结构的日趋单一化，导致经济、社会的潜在风险增加。主要表现在：

（1）经济风险：结构单一可能造成经济的波动性和低效性。

经济结构的单一性必然导致经济的高度集中，在外向型经济的前提下必然导致经济发展的不稳定性和波动性。这种波动性无疑将大大提升宏观经济和微观经济的风险。在经济大幅波动的情况下，正常的经济及商业活动运作将受到干扰，亦对经济个体的规划及经济政策的制定造成压力。据统计，澳门经济从 20 世纪 90 年代后期已开始经历大幅波动，实质本地生产总值增长的波幅从 1998 年的 −4.6% 至 2004 年的 29.4%，在 6 年间高峰与谷底共相差 34 百分点。2002 年以来，澳门的经济虽实现飞速增长，但是增长率极为波动；而中国香港、新加坡以及作为微型经济体的卢森堡，其经济增长均较为平稳。2002 年至 2007 年期间，中国香港、新加坡和卢森堡的经济增长率方差分别为 8.73、4.39 和 3.57，而澳门的经济增长率方差则为 60.23，经济发展的风险迅速大增。澳门经济增长的波动性远远要高于中国香港、新加坡和卢森堡。

（2）社会风险：种种衍生问题可能影响社会稳定。

首先，是教育问题。博彩业高工资、低技术、低学历、低门槛的特点，使其在吸纳大量没有工作经验的劳动力的同时，也导致澳门许多青年的就业求学观发生了变化，对澳门人口素质的提升造成深远的影响。其次，贫富差距将进一步拉大。在博彩业的带动下，澳门的人均生产总值已位居亚洲前列，但是，澳门约有 60% 的居民仍属于中低收入阶层。再次，回归前博彩业与黑社会的联系，曾导致澳门治安环境的严重恶化，极大地影响了澳门的社会稳定。回归后，澳门特区政府通过一系列措施使这一状况有明显好转，但是由于博彩业的特殊性质，行业内部错综复杂的关系和彼此的利益纠葛使得发展这一行业始终存在影响社会治安的隐患。

二、澳门经济适度多元化的战略地位

根据国际经验，澳门要推动经济适度多元化，必须从其在国际经济中的比较优势出发，确定其在全球或区域经济中的战略定位。[①] 因此，澳门经济适度多元化的发展目标及战略定位，可以确定为以下三点：

（1）"世界旅游休闲中心"。

长期以来，澳门素以"东方蒙特卡洛"之称享誉全球，其博彩业不但历史悠久，而且规模宏大、设备齐全、丰富多彩，与美国的拉斯维加斯、

---

① 澳门经济学会课题组. 澳门博彩旅游业垂直多元化研究［M］. 澳门：澳门经济学会，2009：10 – 12.

摩纳哥的蒙特卡洛并称为世界三大赌城。其独特形象深入人心，每年吸引了来自世界各地的 2 000 万名游客。值得指出的是，历史上，澳门长期以来是中西文化、宗教交汇的城市，具有博物馆式的都市风貌和丰富的历史文化遗产。这些独特的旅游资源若能得到挖掘，并与博彩业结合起来，其发展潜力不容低估。

2002 年以来，随着澳门特区政府开放博彩专营权，澳门博彩业获得超常规的快速发展。2008 年，澳门博彩公司增加到 6 家，赌场增加至 31 家，赌台和角子机分别从 2003 年的 424 张和 814 部急增至 2008 年的 4 017 张和 11 856 部，分别增长 8.5 倍和 13.6 倍。博彩毛收入从 2001 年的 195.41 亿澳门元增加至 2008 年的 1 098.26 亿澳门元，增长了 4.62 倍，年均增长高达 28.7%。澳门已超过美国的拉斯维加斯成为世界第一大赌城。值得注意的是，随着博彩业的发展，与博彩业相关的一些旅游休闲产业也获得了相应的发展，并开始展示出旅游休闲业的巨大发展前景。

正是基于此，2009 年初，国务院颁布的《珠江三角洲地区改革发展规划纲要（2008—2020 年）》（以下简称《规划纲要》）明确提出，将澳门发展为"世界旅游休闲中心"。根据我们的理解，将澳门的战略定位确定为"世界旅游休闲中心"而不是"世界旅游博彩中心"，至少包含两层战略意义：其一，澳门经济应该从目前以博彩业为核心的经济结构，转变成以旅游休闲业为主导的经济体系，从旅游博彩逐步转向休闲旅游，并积极发展与旅游休闲业密切相关的行业，如批发及零售业、会议展览业、文化创意产业等，为经济的长远发展注入新的元素和活力，推动经济适度多元化，以降低澳门的经济风险和政治风险，提升澳门对区域经济合作的贡献程度和国际竞争力。其二，长期以来，澳门的战略定位，一般是在区域的层面上，如"东方蒙特卡洛"等。《规划纲要》将澳门长远经济发展，定位为"世界旅游休闲中心"，大大提升了澳门在全球经济发展中的战略位置。但是，澳门要成为"世界旅游休闲中心"，仅靠本身的实力难以做到，澳门必须加快与广东、香港的合作，包括加快对横琴开发的步伐，通过区域合作打造以澳门、珠海为核心的珠江西岸旅游休闲都市圈和"世界旅游休闲中心"。

（2）联系欧盟、葡语国家与内地特别是广东珠三角地区的区域性商贸服务平台。

澳门经济的另一个重要的比较优势，就是它的自由港优势、区位优势及国际网络优势的结合。历史上，澳门就曾作为国际著名的自由港而成为东西方经贸交流的平台。澳门是中国南大门与香港互成犄角的另一个自由港、独立关税区，是继香港之后的第二个特别行政区，在"一国两制"方针下实行原有的资本主义制度和生活方式50年不变。与香港相比，它的经营成本较低，基础设施也在不断改善之中，而且，澳门的经济腹地和所联系的国际市场都与香港有所区别。澳门背靠的是珠三角西部，沿西江往西北上溯是西江中下游广阔的经济腹地，而它联系的国际层面，则以欧盟和葡语国家为重点。

由于历史的原因，长期以来，澳门与欧盟，特别是葡语国家和地区一直保持着紧密的经济、社会、文化等多方面的联系。回归祖国以来，随着中国内地经济实力的不断增强，背靠庞大内地市场的澳门吸引了众多葡语国家设立机构以开展与中国的经贸交流。2003年，中央政府决定将中国—葡语国家经贸合作论坛设在澳门。因此，澳门有优势、有条件发展成为"中葡商贸合作服务平台"——联系欧盟、葡语国家与内地特别是广东珠三角地区，甚至包括香港、台湾地区的区域性商贸服务平台。围绕着"中葡商贸合作服务平台"的建设，澳门可以培育出相关的现代服务业，包括总部经济、商贸服务业、物流运输业、金融保险业等，从而有效地推动澳门经济的适度多元化。

（3）以横琴开发为纽带，澳门与珠海、中山等城市形成珠江西岸地区具国际竞争力的都市圈。

改革开放30年以来，广东珠江东西岸地区经济发展水平形成了较大的落差，其中的重要原因就是香港增长极带动作用远超出澳门。《规划纲要》指出："以珠海市为核心，以佛山、江门、中山、肇庆为节点的珠江口西岸地区，要提高产业和人口集聚能力，增强要素集聚和生产服务功能，优化城镇体系和产业布局。"然而，珠海要成为珠江西岸地区的核心城市，除了要加强与中山、江门的联系外，最重要的就是要加强与澳门的合作、融合。因此，澳门作为"世界旅游休闲中心"和"中葡商贸合作服务平台"的角色，在珠江西岸都市圈形成中将发挥重要作用，并在与珠海联合开发横琴的过程中，共同形成一个高能量级的增长极，即珠澳都会圈，承担起缩小珠江东西岸经济发展落差的重要战略功能。

三、澳门经济适度多元化的发展路向

从澳门经济的长远战略定位出发，澳门经济适度多元化的发展路向，可以循以下三个方向推进：

第一，主导产业的垂直多元化：推动旅游博彩业向旅游休闲业发展。

根据国际经验，微型经济的适度多元化首先应该从其最具比较优势的主导产业出发，推动主导产业的垂直多元化。因此，从中短期来看，澳门经济适度多元化的方向，首先必须是旅游博彩业的垂直多元化。具体而言：

以主导产业①博彩业为产业垂直多元化的"发动机"和"助推器"，在加强对博彩业的有效监管的同时，推动博彩业适度、有序发展，并着力优化其发展模式。现阶段博彩业作为澳门经济的主导产业，必须强调、突出、发挥其对关联产业及整体经济的带动作用。② 当然，要有效发挥博彩业的"发动机"和"助推器"的作用，就需要加强对博彩业发展的有效监管，推动其适度、有序发展，长远而言还要着力优化其发展模式。可以说，这是成功推动旅游博彩业垂直多元化的关键所在和核心问题。

（1）大力发展旅游业，包括观光、文化旅游、度假、休闲旅游、购物旅游和会议、展览等，积极推动酒店业、餐饮业和娱乐业的转型升级和多元化发展。澳门应充分利用博彩业开放和"自由行"政策实施所带来的契机，做大做强为涌入澳门的超过2 000万游客服务的旅游休闲业，包括观光、文化旅游、度假、休闲旅游、购物旅游，甚至是会议、展览等商务旅游，积极推动酒店业、餐饮业和娱乐业的转型升级和现代化、多元化发展。

（2）重点发展批发及零售业、会议展览业，打造经济适度多元化的新增长点。澳门博彩业垂直多元化的重点是发展批发及零售业和会议展览业，以此打造旅游博彩业的新增长点，拉长主导产业的产业链。会议展览业是一个国家或地区第三产业发展日趋成熟和完善后出现的一种综合性更大、关联性更强、带动性更大、收益率更高的产业，在国际上享有"城市面包"的美誉。其越来越呈现出专业化、规模化、品牌化、国际化的特点，整个产业的发展也日趋完善。可以说，发展批发及零售业和会议展览业是澳门主导产业垂直多元化最重要的内容。

（3）有序发展文化产业，提升澳门城市的文化品位和对外形象。根据国际经验，文化产业与旅游博彩业具有相辅相成的促进作用。澳门应在推动旅游产业垂直多元化的同时，有序发展文化产业。文化产业发达，才能

---

① 根据美国经济学家罗斯托的定义，主导产业（leading industry, dominant industry or trigger industry）是"在这些部门中，革新创造的可能，或利用新的有利可图或至今尚未开发的资源的可能，将造成很高的增长率并带动这一经济中其他方面的扩充力量"。罗斯托把经济的各部门分为三类：主导增长部门、辅助增长部门、派生增长部门。他强调主导增长部门对辅助增长部门、派生增长部门乃至整体经济的带动作用，以及革新的力量。

② 参阅澳门发展策略研究中心《澳门博彩专营权开放后社会经济发展状况评估与展望》第70－71页。

在全世界打响知名度，提升城市的文化品位和对外形象，带动人气，让那些即使不赌的人群，也愿意到澳门休闲度假。

第二，围绕"中葡商贸合作服务平台"建设，大力培养和发展现代服务业，推动经济横向多元化发展。

澳门经济适度多元化还可以循着另一条新路径发展，即围绕着构建"中葡商贸合作服务平台"，推动澳门经济向横向多元化发展。[①] 这几年来，澳门的区域性商贸服务平台的建设虽然取得了明显的进展，但深入研究，更多的是政府在引导，缺乏市场，特别是企业的有力推动，给外界一种"虚"的感觉。究其原因，主要是澳门还缺乏围绕着平台建设的相关服务企业的支撑。因此，"中葡商贸合作服务平台"的建设，必须与相关现代服务业的扶持、培育紧密结合起来，特别是可以重点发展总部经济和商贸服务业、物流运输业、金融业等产业，从而为澳门经济的长远发展注入新的动力，有效推动澳门经济的适度多元化。

（1）总部经济。澳门通信、交通发达，资金进出自由，对外联系方便，是优越的自由港和独立关税地区，具备建设区域性总部基地的有利条件。因此，澳门要通过改善投融资环境，制定优惠政策等，吸引一些上市公司、跨国公司或世界连锁商业集团来澳门设立区域总部，或者是区域性的采购、物流配送、研发设计、资金财务服务中心等，以带动金融、保险、会计、咨询顾问、市场营销、物流、贸易、信息等多元的商贸服务业的发展。

（2）商贸服务业。商贸服务业包括律师、会计师、核数师、企业顾问、咨询服务、翻译、信息提供等商贸支持服务行业，是构建"中葡商贸合作服务平台"的重要元素。澳门位于东亚、东盟、中国内地和中国台湾的中心位置，区域经济表现活跃，潜力巨大。澳门的法律属于葡式准则法，本地律师、会计熟悉国际商贸业务相关法律和惯例；同时金融业也是澳门的支柱产业之一。因此，澳门拥有发展商贸服务业的基础资源。

（3）物流运输业。要配合总部经济、会议展览业、商贸服务业及旅游业的发展，物流运输业更是不可或缺的重要行业。该行业是目前在 CEPA 框架下进入内地最积极的行业。目前，广东珠三角地区与澳门相关的跨境基础设施建设顺利，各种交通工具均逐步网络化，对物流业发展十分有利。澳门作为自由港和独立关税区，可提供简化的报关制度和 24 小时货验服务，货物清关成本低，还拥有向国内机场发送航班的自由航权。澳门可

---

① 所谓"平台"，实际上就是区域经贸网络的枢纽。平台的建设固然需要"政府引导"，但更重要的是靠"市场推动"。

依托这些有利条件，逐步建立起区域性物流配送网络，吸引部分内地、香港和国外知名物流企业，来澳门设立物流总部，发展第三方物流。

（4）金融业。澳门金融业以银行业为主体，保险业辅之。与澳门外向型经济体制相适应，澳门银行业的国际化程度较高。由于没有独立的资本市场，澳门经济活动中的金融服务功能主要由银行体系承担。作为一个快速发展的旅游博彩中心，澳门银行体系的现金流通量庞大，银行资金缺乏出路，存贷款比率低，市场竞争十分激烈。澳门银行在外币处理方面有着丰富的经验。"中葡商贸合作服务平台"的建设，离不开金融业的支持，也为金融业发展提供了广阔的空间。

第三，积极参与横琴开发，实现横琴与澳门产业的对接和错位发展，形成区域经济适度多元化。

2009年1月，国家副主席习近平在澳门会见各界人士时表示，中央决定开发横琴，相信会对澳门经济适度多元化发展提供新的空间。最近，国家有关部门提出将澳门大学迁址横琴作为横琴开发的第一个标志性项目；国务院常务会议也原则通过《横琴总体发展规划》，多年来一直停滞不前的横琴开发，已提到国家经济发展的战略层面并将正式启动。

横琴的最大优势就是毗邻澳门，面积约是澳门的2倍。澳门经济适度多元化发展所面临的最大制约在于土地、人力资源的短缺。而一水之隔的横琴是一块未开发的处女地，可供开发的面积为53平方公里。因此，横琴开发最重要的战略价值，就是要弥补澳门经济发展面临的土地、人力资源短缺等问题，使澳门优势产业得到延伸、扩充，相关产业得到发展。因此，横琴开发的首要功能应该是成为推动澳门经济适度多元化及持续繁荣的紧密合作区。以横琴开发为载体，通过加强澳门与珠海合作，可以大力吸纳国内外的优质发展资源，打造区域产业高地，促进珠江西岸地区的产业转型升级。因此，横琴开发将成为打造澳珠一体化或同城化的珠澳都会圈的重要契机，以横琴为结合部，包括澳门、珠海在内的都会圈将发展成为珠江西岸一个高能量级的增长极，即珠澳都会圈。

根据我们的研究，澳门经济的适度多元化，还应该在区域合作的层面展开：首先，澳门致力推动旅游休闲产业链的延长，重点发展本身具竞争优势的产业，包括博彩业以及与博彩业相关联的旅游业、批发及零售业、会展业、文化产业等；其次，透过推动横琴开发，实现横琴与澳门产业的对接和错位发展，形成区域内经济的适度多元化。澳门在发展自身具国际竞争力优势产业——博彩业及其相关旅游休闲业的同时，通过横琴的旅游休闲业、商务服务业的错位发展，共同做大做强区域旅游休闲产业，打造

"世界旅游休闲中心"。

四、推动经济适度多元化的政策建议

根据国际经验，为了推动澳门经济适度多元化，澳门特区政府必须制定相应的产业政策。特别是：

第一，制定倾斜性的产业扶持政策，积极培育新兴产业和现代服务业。

国际经验证明，推动产业转型升级必须要有政府强有力的指导和政策指引。如微型经济体卢森堡，就为重点扶持行业提供强有力的政策和法律支持，卢森堡是欧洲第一个就电子商务和网络银行进行立法的国家，第一个允许在本国发行以其他国家货币为单位的基金和证券，并免收各种费用，极大地刺激了金融业的发展。

近年来，澳门特区政府因赌税源源不断增加而导致财政盈余庞大。如何有效利用手中的财政盈余成为政府必须面对的重要课题。澳门必须居安思危，锐意进取，有效运用现有的庞大财政盈余和税收政策等宏观经济手段，实施倾斜性的财政税收政策。对重点发展的新兴产业，特别是旅游业、批发及零售业、会议展览业和文化产业等，实施倾斜性的财政税收政策，给予适当的政策扶持。甚至可以考虑从庞大的财政盈余中拨出一定数额的款项，成立产业适度多元化基金，对符合政府重点发展的新兴产业中的一些具标志性意义或具良好发展前景的项目，提供财政资助或进行风险投资，以逐步达至经济适度多元化的宏观政策目标。

同时，政府应积极改善澳门的投资营商环境，对一些政府产业发展政策所需要的重要领域，特别是有利于营造良好投资环境的一些非营利性的社会公益领域，包括高科技领域、基础设施领域和教育领域等，进行有针对性的投资。政府应逐步加强对澳门宏观经济的调控能力，以营造一个良好的宏观经济发展环境，包括建造起具有适度的通胀环境、汇率稳定环境和较少劳资纠纷的劳动市场。

第二，充分利用 CEPA 先行先试的制度安排，推动澳门现代服务业的发展。

澳门应在提升、强化自身服务业素质和竞争力的同时，向中央争取按照澳门的实际情况在 CEPA 框架下进一步开放服务业，特别是要充分利用 CEPA 在广东先行先试的制度安排，加快服务业进入内地的步伐，为澳门现代服务的发展拓展更大的空间。

争取在 CEPA 先行先试的制度安排下，根据澳门的实际情况，特别是对澳门经济中具有发展潜力和需要重点扶持的服务业，在广东进一步开放，降低准入门槛。如对澳门旅行社进一步降低准入条件，甚至可考虑对一些广东已经具备国际竞争力的服务行业，如会展业等全面开放，实行"国民待遇"，让澳门服务业在国内激烈的市场竞争中成长、发展。

在 CEPA 先行先试的制度安排下，对一些仍然不适宜在广东全面开放的行业，可考虑在珠江西岸城市进一步开放，如物流运输业、金融保险业等。可以考虑在珠江西岸地区，将澳门银行业准入门槛从总资产规模 60 亿美元降低至 30 亿美元，使澳门部分银行可以进入经营，为其庞大的资金增加多一条出路，也可以进一步做大规模，为珠江西岸经济发展提供金融支持。

第三，修订土地发展规划和城市发展规划，加强对人力资源的开发和引进。

在新的经济发展背景下，澳门的城市规划和城市发展明显滞后，人才制约的瓶颈更加突出。因此，政府有必要根据经济发展的新形势、新需求，重新修订澳门的土地发展规划和城市发展规划，加强对人力资源的开发和引进。

修订澳门城市发展的定位和城市的发展规划。在新修订的城市发展规划中应突出其中西文化交汇的特色。同时，要积极推动旧区重整工作，并加强与新城规划间的衔接协调。在修订澳门城市发展规划的过程中，政府应结合各区的特色与区情，分别酌情处理，发掘旧区的文化底蕴。

根据经济发展需要制订人力资源开发的发展规划。澳门特区政府有必要进一步加强对人力资源的调查研究，切实了解澳门各行业短、中、长期人力资源的动态需求情况，制订澳门人力资源的短、中、长期的开发规划。从短期来看，澳门有必要实施适当的劳工输入计划，以缓解澳门总体人力资源短缺的问题。从中期来看，澳门应加强对各类短缺的专业人才的引进和培训，特别是博彩业、旅游业、会展业、物流业、高附加值及高技术制造业人才的引进和培训。从长期来看，澳门特区政府应大力发展教育事业，提高本地高等教育机构的教学和科研能力，积极推动澳门人力资源向高素质、优化结构方向发展，以适应澳门社会向知识经济转型。

（原文发表于广州《广东社会科学》杂志，2010 年第 4 期）

借鉴淡马锡控股经验，设立主权财富基金

——澳门经济适度多元化的新选择

近年来，随着澳门博彩业的快速发展和经济单一化的形式，对澳门经济适度多元化的研究日趋深入。一般认为，澳门经济适度多元化主要有两条发展路径，即旅游博彩业的垂直多元化和以"中葡商贸合作服务平台"为中心的横向多元化。不过，根据我们对新加坡淡马锡控股的研究，澳门经济适度多元化还可以有新的选择，即通过设立类似新加坡淡马锡控股这样的主权财富基金，以该公司为投资平台，通过向澳门周边地区特别是像横琴新区这种与澳门经济密切相关的地区投资，来推动澳门经济适度多元化发展。

一、新加坡经验：经济适度多元化新选择

作为亚洲地区的小国，新加坡十分重视经济适度多元化的问题。其中，值得重视的经验之一就是通过设立主权财富基金——淡马锡控股，实施多元化的产业与区域投资策略，以配合国家的宏观经济发展。

20世纪60年代以来，成立不久的新加坡采取了以政府为主导的经济发展方针，兴办了一批国有企业，简称"国联企业"。到70年代中期，新加坡的国联企业越来越多，如何加强对这些企业的管理与监管，成为摆在政府面前一个迫切课题。在这种背景下，1974年6月，新加坡政府决定由财政部（投资司）负责组建由新加坡政府全资持有的控股型公司——"新加坡淡马锡控股（私人）有限公司"（简称"淡马锡控股"）。根据当时政府的委托，新加坡开发银行等36家国联企业的股权（总额达3.45亿新元，合7 000多万美元），被授权由淡马锡控股负责经营。当时，政府赋予它的宗旨是："通过有效的监督和商业性战略投资来培育世界级公司，从而为新加坡的经济发展作出贡献。"

2002年以前，淡马锡控股可以说是新加坡国家经济的操盘手，其任务在于主导国家经济发展。它直接推动了国家的能源、运输等产业的发展，并且参与社会公共事业的投资和建设。这一时期，淡马锡控股资产组合绝

大部分是国内资产。2002 年以后，新加坡发起一场"国家重建"运动，把整个国家当成亚太地区的"对冲基金"，把自身命运与亚洲其他地区相结合。① 这种战略也反映在淡马锡控股的投资计划安排中。2002 年，淡马锡控股执行董事兼 CEO 何晶对淡马锡控股进行了一系列变革，特别是为该公司争取到在新加坡境外购买资产的授权，这是新加坡以境外投资推动经济适度多元化的开端。

何晶的思路很明确：新加坡经济的高速成长已成历史，而包括中国和印度在内的发展中国家，才是亚太经济的新火车头。如果新加坡经济仍固守本土，势必失去最佳扩张时机。这一时期，淡马锡控股经过多年积累，总资产达到 900 亿美元，其可以凭借资金优势，进入紧缺资金的国家和地区，分享那里的经济增长成果。2002 年以后，淡马锡控股对其投资组合进行了显著调整，不再将主要投资放在新加坡，仅留 1/3 在新加坡，1/3 在亚洲，另外 1/3 在亚洲之外。当时，淡马锡控股的四大投资主题是：日益崛起的亚洲经济体，不断壮大的中产阶层，日益深化的竞争优势，不断兴起的冠军企业。

地缘上的关系和多年的经验积累，使得淡马锡控股对亚洲市场并不陌生，甚至可以说淡马锡控股非常熟悉亚洲各国的经济脉络，其投资方向显得格外清晰和明朗。按照淡马锡控股主席丹那巴南的说法，淡马锡控股重点投资中国、印度、马来西亚以及印度尼西亚四个中产阶层迅速崛起的国家。淡马锡控股先后投资 50 亿美元购入中国民生银行、中国建设银行和中国银行的股权，超过汇丰银行而成为投资中国金融业规模最大的机构。淡马锡控股在中国的投资重点，还包括具有战略意义的能源产业。2004 年，淡马锡控股以 2.28 亿港元收购了中电国际 3% 的股权。淡马锡控股在中国的投资，很快获得了历史性的机遇和巨大的回报。其中最受外界瞩目的就是饕餮了中国银行业三大盛宴。从 2004 年至 2007 年，淡马锡控股在新加坡的投资从 49% 降低至 33%，在 OECD 地区的投资从 30% 减至 26%，而在新加坡以外的亚洲地区的投资（不含日本）则从 19% 上升至 41%。

投资焦点转向亚洲之后，淡马锡控股在 2002 年到 2007 年的 5 年间所创造的复合平均回报率为每年 38%，是上一个五年的平均回报率 17% 的两倍多。2002—2008 年 6 年间，淡马锡控股在亚洲投资组合的年复合回报率达 32%，其他投资组合年复合回报率为 16%。目前，淡马锡控股已成为世界上第五大主权财富基金，管理着 1 850 亿新元（1 340 亿美元）的资产。

---

① 张锐. 淡马锡：资本的国际化竞走 [J]. 当代经理人，2015 (11)：70.

众多跨国、跨行业的投资，给淡马锡控股带来了丰厚回报，也让淡马锡控股成为新加坡政府在亚太地区经济竞争中的最佳代言人。淡马锡控股实践了新加坡全新的经济定位，即实现了本国产业优化升级，在吸引外资的同时，也将国有企业国际化。2004 年，淡马锡控股主席丹那巴南骄傲地宣称："淡马锡控股为新加坡 GDP 带来 10% 的贡献。"

二、澳门适度多元化新选择：设立主权财富基金

根据新加坡淡马锡控股的经验，澳门经济适度多元化除了垂直多元化、横向多元化，还可以有新的选择，即通过设立类似新加坡淡马锡控股这样的主权财富基金，以该公司为投资平台，通过向澳门周边地区特别是像横琴新区这种与澳门经济密切相关的地区投资，从而推动澳门经济适度多元化发展。

当前，全球经济危机中的一个重要趋势，就是政府都加强了对经济的干预程度。在这种发展趋势下，澳门特区政府应转变过去传统的资助企业的政策思路，从过去偏重对企业的资金资助，转为资助与投资并重的政策。其中，一个政策考虑的重点就是借鉴新加坡淡马锡控股的经验，设立主权财富基金。以该基金为投资平台，通过向澳门周边地区特别是像横琴新区这种与澳门经济密切相关的地区投资，从而推动澳门经济适度多元化发展。

从目前情况看，澳门经济经过回归后的快速发展，特别是政府外汇储备的大幅增加，已经具备通过设立主权财富基金推动经济适度多元化的条件。根据澳门金融管理局的统计数据，截至 2010 年 5 月底，澳门的外汇储备资产总额达到 1 583 亿澳门元，约合 197.2 亿美元，外汇储备资产总额相当于澳门流通货币额的 30 倍。换言之，通过博彩业的快速发展，目前澳门已积累了雄厚的外汇储备，已具备经济实力成立推动澳门经济适度多元化的主权财富基金。为此，建议：

第一，筹组澳门主权财富基金——"澳门投资控股有限公司"，以商业化模式展开运营。

以特定法律的形成成立澳门的主权财富基金，为了降低投资风险，该基金的规模可限制为澳门特区政府外汇储备的 1/4，即大约 50 亿美元。基金以控股有限公司的形成运作，初步考虑可定名为"澳门投资控股有限公司"。根据新加坡淡马锡控股的经验，"澳门投资控股有限公司"应依法保持与澳门特区政府的独立。从淡马锡控股与政府的关系来看，拥有 100%

股份的新加坡财政部并不直接干预淡马锡控股的日常经营。淡马锡控股不会和政府讨论其投资与撤销投资的行为。根据《新加坡宪法》的规定，淡马锡控股作为国家重要的国有公司之一，接受新加坡总统的特别监督。这就为公司董事会和管理层提供了另外一层保障，让其免受一些政府部门的不适当干预。

"淡马锡模式"的核心思想，一方面是以政府全资持股的控股公司为平台，以财政财力向企业投资，体现政府作为企业最大利益相关者的权利。通过控股公司在各企业董事会中的影响力，完成政府对市场中经济体的间接控制。另一方面，政府不直接介入企业的公司化运营，也不直接干预市场，而是通过价格机制，让企业在市场中获得盈利。届时，又通过控股公司的管道分取收益，形成良性循环。政府通过"抓班子"（监管淡马锡控股的领导班子），"立指标"（制定考核经济指标），"定范围"（审批子公司的经营方向）和"看效益"（分析和调查子公司的财务状况）等手段和措施，实现国有资产的保值和增值，并有效推动经济适度多元化发展。

设想中的"澳门投资控股有限公司"可借鉴淡马锡控股的经验，最理想的方法是按照香港法定机构的模式运作，即政府透过立法，通过颁布《澳门投资控股有限公司条例》，以法律形式规定该公司的宗旨、职权、组织架构、运作机制与治理等。而该公司则在法律的框架下以完全的商业化模式展开运营。

第二，重视建立具国际水平的"澳门投资控股有限公司"的公司管治架构。

新加坡淡马锡控股的实践经验证明，建立高水平的公司治理架构，是国家主权财富基金得以成功运作的不可或缺的要素。在优良的公司管治中，董事会对公司的有效监察是重要的元素之一。2001年6月，香港机场管理局主席冯国经博士在香港董事学会的演讲中指出："谈到公司管治，不能不谈监察企业的董事会功能。……众所周知，董事会主要任务有两项：①监察公司的长远发展策略及商业计划（不包括公司日常运作）；②负责甄选和评核高层管理人员及调整他们的报酬。表面看来，这些职责似乎很基本。然而，董事会如何有效及理想地发挥这些功能，则属相当复杂的议题。"而董事会能否有效发挥其监察功能，在相当程度上依赖董事会的组织结构和运作。

从淡马锡控股的治理结构看，独立于政府之外的董事会是淡马锡控股治理的核心。无论是新加坡政府对淡马锡控股，还是淡马锡控股对其所属公司，都把建立良好的董事会作为第一要务，董事会也把自己的受托责任即以股东的利益为出发点的责任作为己任，从而在淡马锡控股以及淡马锡控股所属公司体系内形成了良好的公司治理结构。淡马锡控股的董事会成员和总裁，要由政府（财政部）提出人选名单，淡马锡控股对关联公司的管理也主要是放在董事会成员和CEO的选择上。淡马锡控股并不直接任命所投资的公司的管理者，而是由属下公司自己寻求合适的经理人。淡马锡控股和关联公司董事会运作规范，权责明晰到位，保证了各公司健康高效运转。

因此，在"澳门投资控股有限公司"筹建之初，澳门特区政府就必须高度重视建立具国际水平的公司管治架构。这里有两个关键问题：其一，就是组建高水平的公司董事局。该董事局主席可由澳门特区政府高级主管官员出任，必须聘请具全球声望的政商界领袖及国际著名专家，最好能包括新加坡的行家。当然，也应包括国内著名的商界领袖与著名专家。其二，对于投资公司的CEO，建议通过全球招聘，由其筹组高水平的管理层，依照法律和董事局的指示，独立展开商业运作。此外，还应重视制定一套完整的管理制度和机制，制定严格的监管制度，包括理财的监察、公帑的投放等都必须受到严格的、有效的监管。

第三，以横琴新区的中医药科技产业园区作为"澳门投资控股有限公司"启动运作的契机。

随着《横琴总体发展规划》的颁布，目前开发横琴新区正成为澳门推动经济适度多元化的重要途径之一，也成为国际投资者及澳门投资者的投资新热点。现阶段，澳门已有不少企业有兴趣参与横琴新区开发，但是，澳门企业以中小企业为主体，如果由这些中小企业零散出击，难免分散实力、散乱无序，不利投资。因此，可以考虑的一种选择，就是以澳门特区政府计划筹组的"澳门投资控股有限公司"为平台和投资主体，在其辖下成立新的营运公司，该公司由"澳门投资控股有限公司"占控制性股权，并在澳门社会广泛募集资金，集中力量，重拳出击，寻找有利的项目发展，包括研究如何以"项目带土地"的开发形式参与横琴新区开发。

这些项目可以是大规模的旅游休闲产业的项目，也可以是发展创意文化产业或中医药产业的园区。从目前情况看，较为成熟的投资项目是粤澳双方磋商中的横琴粤澳中医药科技产业园区。根据双方的初步协商，将由广东方面出土地，澳门方面出资金，在横琴西面高新科技区内划出半平方公里地段作为产业园区，由澳门特区政府投放6亿澳门元兴建。产业园区将建成以健康精品开发为导向，集中医药医疗、养生保健、科技转化、会展物流于一体，功能相对完善的国际中医药科技产业基地，并将中医药产品推向世界。为此，澳门特区政府正向国家科技部申请成为国家的中医药重点实验室，争取进一步落实澳门中医药的质量评价及国际商业认证。

据了解，近年来，澳门的中医药研究已有一定的发展。2000 年，澳门科技大学与南京中医药大学合作，成立澳门科大中医药学院；2002 年，澳门大学创建中华医药研究院，成立澳门大学第一个研究型学科。澳门大学还将可能与澳门科技大学结盟，与北京大学国家中医药重点实验室结为伙伴实验室。而广东在中医药产业发展上已有长足发展。粤澳在中医药产业方面的合作具有相当的潜力。计划中成立的"澳门投资控股有限公司"，可以此项目的启动为契机，在经过科学论证和详尽的可行性研究的基础上，成立建设中医药科技产业园区营运公司，带动澳门的大学、科技机构和中小企业参与横琴新区开发。

三、高度重视对投资公司的风险管理

毋庸置疑，主权财富基金作为金融活动的参与者，实际上也成为金融风险的承担者。金融风险主要包括市场风险、操作风险、法律风险、政策风险和国家风险。市场风险是指由于社会经济环境的不确定性而使得主权财富基金面临损失的可能性，包括利率风险、汇率风险、通货膨胀风险和价格风险。操作风险是指由于内部控制不健全、失效或操作失误等原因导致的风险，包括政策执行不当、操作不当甚至违规操作造成损失等。目前，全球大部分主权财富基金的透明度都还不高，缺乏足够的对外披露机制，外界的监管无法到位，这也为主权财富基金的操作埋下了隐患。

因此，必须强调的是，澳门特区政府在调用大笔财政盈余和外汇储备设立澳门的主权财富基金的同时，无疑也将承担着相当的经济风险和政治风险。对此，应该有充分的认识和准备。因此，有必要深入研究、借鉴淡马锡控股的经验，高度重视对投资公司的风险管理。特别是严格遵守风险管理的一些基本原则，主要包括：

第一，严格遵循商业原则，以股东价值最大化为导向。

这是淡马锡控股在实践中得出的重要经验之一。根据 2009 年修改的《淡马锡章程》，淡马锡控股是一家投资公司，依据商业准则经营，为利益相关者创造和输送可持续的长期价值。[①] 淡马锡控股主席丹那巴南强调：

① 王迎辉. 淡马锡修改章程淡化与新加坡政府关系 [N]. 经济参考报, 2009 - 08 - 27.

"淡马锡控股在 2002 年制定的方针表明它代表新加坡政府持有并管理投资，然而在 2009 年制定的方针中，淡马锡控股已经定位成为一家'按商业原则管理的投资公司'。"在 2009 年更新的方针中，淡马锡控股突出了自己对投资回报的诉求。

淡马锡控股摒弃了以往国有公司通常采用的多重考核目标体系，构建以股东价值最大化为导向的绩效评价体系，定期对下属企业进行考核。淡马锡控股明确表示，"作为成功企业的积极投资者与股东，我们致力于股东长期价值的不断增长"。注重"价值管理"的淡马锡控股成为全世界同类公司——即国家全资拥有的政府投资公司中的最优者，其他国家的政府投资公司，如马来西亚的 Khazanah Nasional 公司，尽管规模庞大，控制了占当地股市 1/3 市值的公司，但下属企业大部分处于亏损状态。究其原因，重要的一点就是没有严格遵循商业原则运作，没有以股东价值最大化为导向。

第二，严格规范公司内部的管理流程和财务体系。

淡马锡控股的另一个重要的风险管理经验，就是建立规范的内部管理流程和财务体系。淡马锡控股认为财务规范中的公开制度非常重要，公司自愿邀请外部机构对公司的运营和投资进行经常性审查。2004 年以来，淡马锡控股每年都将由全球会计公司审计的财务业绩数据公开发表在《淡马锡述评年刊》上。其报告包括公司管理流程概述、组合投资中地域和行业分布、会计年度中发生的重大投资和转投资、主要发展情况汇总和公司未来发展方向指导。自 2005 年起，淡马锡控股就被标准普尔与穆迪投资评为信誉的最高等级，即 AAA 和 Aaa。[①] 正如 2008 年 3 月淡马锡控股执行董事西蒙·以色列在向美国众议院陈述时所指出的："自愿公开财务信息是公司建立健全财务规范的一个组成部分。这些措施确立了淡马锡控股可靠的信誉，使其成为一家拥有优良管理、财务规范的透明化公司。"[②] 因此，计划成立的"澳门投资控股有限公司"，从建立之初就必须制定严格的公司内部管理流程和财务体系，从制度上将可能发生的风险降至最低。

第三，高度重视公司的风险管理。

从淡马锡控股的实践看，公司经营一直存在着各种各样的风险。1997 年爆发的亚洲金融危机，将整个新加坡带入转型阵痛期，当时专注在新加坡本国市场发展的淡马锡控股，旗下的本地关联公司大都表现欠佳，淡马

---

① 淡马锡控股. Temasek review［EB/OL］. http：//www.temasekholdings.com.sg/TemasekReview/2008.

② 西蒙·以色列. 淡马锡的哲学［J］. 中国企业家，2008（6）：48.

锡控股的投资回报率从以往的 18% 直降到 3% 左右。及至 2008 年全球金融海啸，淡马锡控股更在 8 个月中亏损 400 亿美元，被迫先后抛售所持的美国银行的全部股权以及巴克莱的部分股权，亏损分别达 46 亿美元及 8.5 亿美元。

正因为在国际市场上面对不确定的种种风险，淡马锡控股极重视公司的风险管理。淡马锡控股将各种风险分为三类：战略风险、财务风险和经营风险。针对战略风险，淡马锡控股调整投资组合，进行跨地域、跨行业和跨时段的投资平衡组合；针对财务风险，公司内部风险控制部门每月评估集团投资风险，每日评估下属基金公司的投资风险；针对经营风险，内审部门每 18 个月轮流审计公司各个部门，法律部门负责监督各部门的合规情况。① 可以说，在风险管理方面，淡马锡控股无论在分析工具、评估机制还是在后期追踪上，都和一流的西方投资公司没有什么两样。因此，"澳门投资控股有限公司"从第一项投资开始，就必须重视建立高水平的风险管理团队和风险管理流程。如果做到这一点，就可将公司的财务损失降至最低。根据我们的分析，从政治角度看，风险管理将是"澳门投资控股有限公司"成败的关键。

我们研究的结论是：在新的历史环境下，借鉴新加坡淡马锡控股的经验，设立澳门的主权财富基金——"澳门投资控股有限公司"，通过区域合作和区域开发，特别是通过积极参与横琴新区的开发，正成为澳门特区政府推动经济适度多元化的新选择。当然，其中成功的关键，是要建立高水平的公司管治架构和制度化的风险管理机制。

（未公开发表文稿，完成于 2010 年 8 月）

---

① 何小锋，毕成，窦尔翔．国家主权财富基金的风险分析及对策［J］．长白学刊，2009（1）：110.

澳门建设 "世界旅游休闲中心" 的战略内涵与发展策略

一、澳门建设"世界旅游休闲中心"的内涵

长期以来，澳门素以"东方蒙特卡洛"之称享誉全球，其博彩业不但历史悠久，而且规模宏大、设备齐全、丰富多彩，与美国的拉斯维加斯、摩纳哥的蒙特卡洛并称为世界三大赌城。其独特形象深入人心，每年吸引了来自世界各地的成千上万名游客。2006年以来，澳门的博彩业收益总额超过美国的拉斯维加斯，一举成为全球最大的旅游博彩中心。值得指出的是，长期以来澳门一直是中西文化、宗教交汇的城市，区域性旅游胜地，具有博物馆式的都市风貌和丰富的历史文化遗产。这些独特的旅游资源若能得到挖掘，并与博彩业结合起来，其发展潜力不容低估。

正是基于此，2009年初国务院颁布的《珠江三角洲地区改革发展规划纲要（2008—2020年)》（以下简称《规划纲要》）明确提出要"巩固香港作为国际金融、贸易、物流、高增值服务中心和澳门作为世界旅游休闲中心的地位"。国家"十二五"规划进一步明确提出："支持澳门建设世界旅游休闲中心。"《粤澳合作框架协议》进一步提出："以澳门世界旅游休闲中心为龙头、珠海国际商务休闲度假区为节点、广东旅游资源为依托，发挥两地丰富历史文化旅游资源优势，丰富澳门旅游业内涵，发展主题多样、特色多元的综合性旅游服务"，共同"建设世界著名旅游休闲目的地"。

我们认为，确定澳门作为"世界旅游休闲中心"的内涵和出发点，必须充分考虑到澳门与内地及香港的关系，与东南亚国家的区位优势，与葡语国家的历史文化渊源关系，从经济适度多元化的战略出发，深入研究博彩业与旅游休闲业之间的关系，促进特色饮食业、精品零售业、会展业、文化产业的发展。同时，还要从澳门地域狭小、资源有限的实际情况出发，加强区域合作，推动澳门与珠海横琴合作。根据学者的研究，"世界旅游休闲中心"可定义为对于全球旅游发展具有影响力和带动力，集游览观光、休闲度假、娱乐体验、会议展览、文化创意等多功能于一身的综合

性旅游城市。"世界旅游休闲中心"至少应具备四个条件，即享誉国际的知名度、驰名中外的旅游休闲产业、领先国际的服务水平和通达国际的交通条件。

根据以上的考虑，澳门建设"世界旅游休闲中心"的战略内涵，应该包括以下两个方面：

第一，将澳门定位为"旅游休闲中心"而不是"旅游博彩中心"，反映了国家的战略意图，即澳门必须积极推动产业适度多元化，将澳门经济从以博彩业为核心的经济结构，转变成包括博彩旅游、观光旅游、休闲度假旅游，乃至购物旅游、会展旅游等多元化的综合性旅游为主导的经济体系。做大做强旅游休闲产业，以及与旅游休闲产业密切相关的行业，如批发及零售业、会议展览业、文化创意产业等。通过文化旅游、购物旅游、会展旅游发展起新的行业、新的经济增长点，在推动综合旅游业发展的同时，为经济的长远发展注入新的元素和活力，推动经济适度多元化，以降低澳门的经济风险和政治风险，提升澳门对区域经济合作的贡献程度和国际竞争力。

第二，将澳门的"旅游休闲中心"从区域的层面提升到世界的范畴，反映了国家对澳门的期待正大幅提升，也反映了澳门的经济实力已今非昔比。长期以来，澳门在全球经济中的战略定位，一般是在区域的层面上，如"东方蒙特卡洛""亚洲拉斯维加斯"等。《规划纲要》将澳门的战略定位为"世界"级的"旅游休闲中心"，可以说大大提升了澳门的战略位置。这也从一个侧面反映了在回归祖国的十多年间，特别是2002年澳门特区政府开放博彩专营权以来，澳门的经济规模和经济影响已大幅扩大的客观事实。但是，澳门要成为"世界旅游休闲中心"，仅靠自身的实力难以做到，澳门必须加快与广东、香港的合作，包括加快横琴开发的步伐，通过区域合作打造以澳门、珠海为核心的珠江西岸旅游休闲都市圈和"世界旅游休闲中心"。

二、澳门建设"世界旅游休闲中心"的基本策略

据专家的研究，"世界旅游休闲中心"一般具有以下几大特征：①具有世界性吸引力的旅游资源或者旅游景点；②具有独创性的旅游品牌；③形成卓有成效的旅游营销体系；④建立完善、优越的服务体系；⑤具备术有专攻、协调得当的旅游人才队伍。

根据澳门作为"世界旅游休闲中心"的第一层战略内涵，澳门建设

"世界旅游休闲中心"的发展策略，应包括以下几方面：

第一，加强对博彩业的有效监管，推动博彩业适度、有序、规范发展，优化其发展模式。

从国家的战略意图来看，将澳门定位为"世界旅游休闲中心"，首先要求澳门推进经济适度多元化，解决博彩业"一业独大"、无序发展的问题。近年来，尽管澳门特区政府已采取了一些措施控制博彩业的过快发展，但博彩业在澳门GDP中所占比重仍不断提高，一般估计未来几年博彩业所占比重仍会徘徊在45%左右的高位。如果任由博彩业一味盲目扩张，将会进一步挤压其他产业发展的空间。

因此，必须进一步强化对博彩业的有效监管，推动博彩业适度、有序、规范发展。我们认为，从建设"世界旅游休闲中心"的中长期战略出发，澳门特区政府必须将博彩业在GDP的比重稳定在40%～45%，并致力优化博彩业的发展模式。当务之急，澳门特区政府应借助博彩业优势和庞大收益反哺其他行业，如带动休闲旅游业，增加更多的非博彩旅游元素，推动澳门经济从目前以博彩业为核心的经济结构转变为以综合性旅游业为龙头、产业适度多元化的经济体系，以降低澳门的经济风险和社会风险，提升澳门经济的国际竞争力。这是打造"世界旅游休闲中心"的首要一环。

第二，大力发展主题多样、特色多元的综合性旅游休闲业。

当然，规范发展博彩业并不意味着降低其在整体经济中的重要作用。相反，博彩业作为澳门经济的主导产业，必须强化、突出、发挥其作为澳门发展综合性旅游服务业的"发动机"和"助推器"的带动作用，充分利用博彩业在区域和全球经济中的竞争优势，包括每年吸引来自世界各地的约3 000万人的游客资源，以及每年逾千亿澳门元的博彩业收益，积极推动旅游休闲业的发展。在规范博彩业发展的基础上，以旅游休闲业为中心，大力发展美食、购物、商业、会展、体育、文化、动漫、金融、创意等多元化产业，推进旅游产业与多元产业的有效融合，顺势发展旅游休闲的上下游产业。

澳门可以博彩业为基础和纽带，充分发掘澳门的历史文化旅游资源，深入研究如何增加澳门的休闲元素，精心包装澳门历史城区的旅游线路，大力发展文化历史、休闲度假、民俗旅游、宗教旅游、疗养健身、文化娱乐、商务会展、体育旅游等精品旅游项目，形成全国性、世界性的节庆活动，构建不同主题、特色、档次的多元旅游产品体系，将澳门建设成集娱乐、度假、观光、购物、美食、文化体验于一体的，具欧陆风情的亚洲旅游度假胜地、大型娱乐体育活动中心。按照"城市即景区"的理念,实施全城全局旅游化,把旅游休闲发展融入城市整体发展之中,做到无处不景观,无处不休闲,无处不赏心悦目,形成无处不旅游的氛围。同时,积极推动酒店业、餐饮业和娱乐业的转型升级和现代化、多元化发展,包括推广中西特色餐饮,将澳门打造成"世界美食天堂"。此外,还要提高旅游产品与服务素质,推行"优质诚信澳门游"计划。

在博彩业的带动下,澳门的批发及零售业和会议展览业都有了不同程度的发展。从购物环境看,这几年澳门的购物条件有赶超香港之势,既有销售物美价廉的商品的中低档商场,也有世界顶级奢侈品牌聚集的名店街。澳门政府应因势利导,积极引进中高档次的、不同类型的专门店、零售商,利用其自由港、低税制的优势,打造大中华地区的"购物天堂"。

有序发展文化产业、动漫产业,重视文化和教育,提升澳门城市的文化品位和对外形象。根据国际经验,文化产业与旅游博彩业具有相辅相成的促进作用。文化产业发达,才能在全世界打响知名度,提升城市的文化品位和对外形象,带动人气,让那些不赌的人群,也愿意到澳门休闲度假。

第三,加强城市发展规划和城市建设,打造具国际高知名度的城市品牌。

随着全球化和城市化的进程,城市形象的问题日益受到重视。城市形象是城市内部经济、政治、社会诸要素长期综合后在国际社会的一种反映和评价,它具有独特性、综合性和历史文化性。澳门应加强城市规划发展,投入更多资源加快城市建设,推动优质旅游城市建设。在城市规划和城市建设中,要重视文化遗产的保护;积极推动旧区重整工作,结合各区的特色与区情,发掘旧区的文化底蕴;高标准设计和建设"氹澳"两岸海边的城市景观;进一步整合"大三巴—中区喷水池—西湾"一线的世界文化遗产的城市风貌。

在发展历史城区过程中,要重视如何重现过去的迷人气氛及人居环境,说明历史建筑的价值,凸显历史建筑背后的历史内涵,进一步突显澳门作为中西文化融汇的"历史博物馆"、亚洲地区的"欧陆小镇"的精品城市的特色。要加强旧区与新城规划之间的衔接协调,重视人与自然环境的协调,保护生态环境。重视营造一个社会和谐、安全卫生、怡人休闲的环境,改善空气质量,打造绿色空间,使澳门这一"欧陆小镇"更能散发其独特的固有魅力。

第四,加快澳门交通基础设施建设,构建一个通达国际的、高效快捷的区域交通运输体系。

通达性对一个"世界旅游休闲中心"来说十分重要，即使是世界上最好的地方，如果交通不方便，其吸引力就会大幅下降。澳门特区政府必须据此检讨、修改、制订澳门的短、中、长期的交通规划，尽快落实轻轨建设，加快城市道路网络建设，以解决城市的交通拥挤问题，并通过实施24小时通关等便利化措施，为游客提供丰富的综合休闲体验，延长他们的逗留时间。

在重大跨境基础设施建设方面，要深入研究如何推进重大基础设施协调规划和对接，包括港珠澳大桥、广珠城际轻轨等项目，澳门与广东珠海、香港在城市规划、城际轨道交通网络、信息网络等方面的协调规划和对接，构建高效、快捷的区域交通运输体系，开拓多元国际客源。另外，考虑到国际机场是"世界旅游休闲中心"不可或缺的设施，从长远来看，澳门要发展成为一个世界性旅游目的地，需要建设或者与邻近地区合作建设更具规模和有航线网络的国际机场。

第五，提升澳门的人力资源素质，打造领先国际的服务水平。

打造"世界旅游休闲中心"，除了需要一流的硬件设施，更需要高素质的软件配套——领先国际的服务水平，这就需要大幅提升澳门的人力资源素质。根据澳门经济学会、澳门社科学会近年来所作的多项关于澳门人力资源的调查报告，澳门的人力资源处于短缺与失衡状态，无论是在数量上还是在素质上都不能配合博彩业和旅游休闲产业的可持续发展。特别是博彩、酒店管理、会议展览、文化创意、旅游接待等产业的发展，都需要大量高学历、高素质的人才。

因此，澳门必须加强对人力资源的开发与引进，对旅游休闲业未来的发展规模和速度作出策略性和前瞻性的规划和政策，包括对人力资源数量和素质作出合乎现实的规划并制定相应的政策。一方面，要加强大学教育，特别是加大职业教育和职业培训力度，加强对本地人力资源的充分挖掘和有效利用；另一方面，要根据经济发展的实际需要，制订合理的人才输入计划，引进澳门急需的人才资源。从短期来看，输入高素质的人才是最快捷、直接的办法；但从长期来看，加大培训力度才是提高人力资源素质的根本办法。只有拥有高素质的人力资源，才能使澳门的经营管理和服务水平与国际通行的旅游服务标准全面接轨，发展高素质的旅游休闲产业，为世界各地游客提供一流的服务，打造领先国际的服务水平。

三、粤澳合作建设"世界旅游休闲目的地"

根据澳门作为"世界旅游休闲中心"的第二层战略内涵，澳门建设"世界旅游休闲中心"的发展策略，是要加强粤澳合作，共同建设"世界旅游休闲目的地"。

从旅游资源和旅游景点来看，粤港澳三地均具有丰富的旅游资源。香港作为亚太区的国际大都会，汇集了中西文化精粹，充满现代化城市的活力，素以"东方之珠""魅力之都""动感之都"称誉世界。澳门则兼容中国传统文化及葡萄牙文化，弥漫着独特的欧陆风情，是世界三大赌城之一，被誉为"东方蒙特卡洛"。2002 年开放博彩专营权以来，澳门的博彩业发展超过美国的拉斯维加斯，澳门的长远战略目标是要发展成为"世界旅游休闲中心"。历史文化悠久的广东省，是中国近代史的发源地，也是中国现代经济发展最迅速的地区。广东省地域辽阔，自然和人文资源丰富，兼具海洋、森林、江湖、农田等各类资源，如横琴岛、丹霞山、罗浮山、西樵山、鼎湖山、乳源大峡谷等，广东省还以"近代史迹胜地""南粤风情""改革开放之窗"等而闻名海内外。目前，广东省共有 7 个国家级历史名城、3 个国家级风景区、34 个省级风景区、29 个高尔夫球场和约 2 000 个旅游景点。这些景点促进了整片旅游区的发展，形成了规模效应和品牌效应。三地在旅游业的合作，将可组成一个世界级的旅游休闲目的地。正是基于此，国家旅游局在"十二五"旅游规划中，明确提出打造"粤港澳旅游金三角"的战略目标，以支持澳门建设"世界旅游休闲中心"，推动粤港澳旅游业的合作发展。

澳门要真正建设成为"世界旅游休闲中心"，另一个重要策略就是要加强与广东方面的旅游合作，共同建设"世界旅游休闲目的地"。根据《粤澳合作框架协议》的相关规定，进一步推进粤港澳旅游业协同发展，需要重视以下几方面：

第一，积极推动澳门与珠海横琴旅游休闲业的协调和错位发展。

澳门作为一个微型经济体，要真正成为"世界旅游休闲中心"，需要有一个发展过程，而且仅靠本身的实力也难以做到，必须加快与广东"合作开发横琴"的步伐，深入研究澳门在旅游休闲业方面，与珠海的协调配合及错位发展。要通过区域合作，尤其是加强与珠海的合作，共同开发横琴，突破土地及人力资源的条件制约，把价值链的相关行业有效延伸至横琴，解决澳门作为微型经济体资源禀赋相对匮乏的发展制约问题。

横琴开发最重要的战略价值，就是弥补澳门经济发展面临的土地、人力资源短缺等问题，使澳门优势产业得到延伸、扩充。从比较优势理论出发，澳门将发挥"一国两制"的制度优势和博彩业发展的竞争优势，重点发展本身具竞争优势的综合性旅游业，包括博彩业、高档酒店娱乐业、精品零售业、特色会展业、多元文化产业等；而横琴则利用香港、澳门对国际高端游客的吸引力，结合海岛型生态景观的资源优势，发展高质量休闲度假项目，包括高档酒店、疗养中心、游艇俱乐部、海滨游乐、湿地公园等海岛旅游精品项目，成为与澳门配套和错位发展的国际知名休闲旅游胜地，共同做大做强区域旅游休闲产业。在会展业，两地也可协调和错位发展，澳门可以会议为主、展览为辅，澳门的展览可以消费品展览为主，而一些澳门做不了的展览，如航空展览、重工业展览、游艇展览、印刷机展览等，可在横琴发展，相关的会议则可安排在澳门。另外，横琴可发展为配合澳门会议展览业发展的会展后勤基地和仓储中心，以降低澳门的办展成本。

第二，联合打造、推广"一程多站"区域旅游线路，共同打造国际知名的旅游精品。

联合推出"澳门历史城区—开平碉楼—韶关丹霞山"世界遗产旅游专线，打造精品旅游线路。

联合打造"西江旅游走廊"国际品牌。西江广东段具有丰富的文化旅游资源，其中，肇庆以七星岩、鼎湖山闻名天下，云浮是六祖慧能禅师的诞生地，佛山的祖庙数百年来香火不断，江门素称"天下第一侨乡"，中山则是孙中山的故乡，珠海更是著名的海滨旅游城市。打造"西江旅游走廊"国际品牌，要精心策划具有规模效应及品牌效应的旅游路线，如包括澳门教堂、佛山祖庙、肇庆庆云寺、云浮六祖慧能诞生地的"宗教之旅"；包括澳门路环、肇庆鼎湖山、阳江海陵岛大角湾海水浴场、茂名第一滩旅游度假区、湛江湖光岩的"自然之旅"。将西江这些宝贵的旅游资源和中西文化汇聚的澳门结合起来。因此，联合打造"西江旅游走廊"国际品牌，对提升澳门"世界旅游休闲中心"地位，共建"世界旅游休闲目的地"具有重要意义。

开发文化历史、休闲度假、会议展览、医疗保健、邮轮游艇等精品旅游项目，构建不同主题、特色、档次的多元旅游产品体系。其中，可重点打造"香港—澳门—横琴—南沙"邮轮游艇等精品旅游项目。

第三，共同编制旅游合作规划，形成区域旅游合作长远发展战略。

在区域合作规划方面，要加快推进编制粤港澳旅游合作规划。同时，推进旅游合作从市场合作向培训、行业标准制订等全面合作转化，加强产品开发、质量监管、联合推广、信息交流、协会沟通、过境便利等合作，开拓区域旅游市场，形成区域旅游品牌。

进一步研究泛珠三角地区旅游发展战略规划。2004年6月3日，11个省区共同签署《泛珠三角区域合作框架协议》，其中确定了合作各方全面推进区域旅游合作，共同研究制定区域旅游发展战略和市场开发策略。以此为开端，"9＋2"联手打造"泛珠三角国际级旅游圈"的合作努力正式拉开帷幕。泛珠三角旅游合作可形成"一个核心，两大板块"的旅游产业发展格局。"一个核心"指由粤港澳构成的"大珠三角"旅游圈，区域内已经具备良好的旅游基础设施、较为成熟的市场化运作机制和特色鲜明的旅游产品供给能力，具有强大的外引内联能力。"两大板块"是指东部旅游片区和中西部旅游片区，东部旅游片区包括区内东部沿海城市，在旅游资源开发中以都市旅游业、会展旅游业、商务旅游业为主；中西部旅游片区着重生态旅游资源、民俗旅游资源和历史文化旅游资源的开发。各片区相互补充，共享旅游资源和市场，共同开发和推介旅游产品，进而丰富并延伸旅游产业链。

第四，推动粤港澳旅游通关便利化，建设无障碍旅游合作区域。

要研究互为双方居民提供旅游通关、交通等便利措施；逐步开发珠海海岛旅游，研究澳门居民到珠海进行海岛旅游的便利模式。研究互为双方居民提供旅游支付等便利措施，推动广东国民旅游休闲卡在澳门发行使用，发挥银行卡支付旅游服务功能，进一步增强银行卡的旅游服务功能，大力推进旅游信用卡、旅行支票和旅游理财等金融服务；支持旅游的业态创新和融合发展，发展以旅游电子商务、虚拟旅游、旅游策划咨询为主体的旅游信息服务产业；加强旅游金融创新力度，包括推进金融机构丰富旅游消费信贷服务产品，发展出境游分期付款、担保及托管。为提升旅游服务质量和保障旅客权益，建立旅游市场监管和投诉处理协调机制，共享旅游市场监管信息，推行旅游预警机制，发展诚信旅游，引导企业和从业人员规范服务，提升旅游服务质量，保障旅客权益。

第五，完善、强化粤港澳三地旅游发展协调机制。

早在1993年，粤港澳三地政府旅游机构就合组了"珠江三角洲旅游推广机构"，宣传粤港澳区域旅游的国际品牌。2007年，三地旅游局达成共识，同意设立轮值主席制度，以进一步加强彼此间的沟通交流。通过这些有效方法，多年来粤港澳三地旅游管理部门在联合促销、品牌共推、资源共享、信息共通等方面密切沟通、务实合作，粤港澳国际旅游区品牌知名度和影响力不断提升。2009 年，三地又分别在中国香港、日本、中国广州及中国澳门举行了旅游展和在旅博会设置了粤港澳联合展台，推介"一程多站"行程。三地计划把以往多在东亚和东南亚举办的联合推广工作，延伸至其他潜在市场和远程市场，即进一步向外推介粤港澳国际旅游区品牌。

不过，总体而言，粤港澳三方现有的旅游协作机制仍然层次较低，无法从战略高度对整个旅游协作区进行规划并制定发展策略。因此，有必要建立全方位、多层次的协调机制，该机制应包括三个层次：一是粤澳、粤港高层联席会议，负责制定旅游合作方面的重大决策；二是定期召开粤港澳旅游部门联席会议，由广东省旅游局、香港旅游局及澳门旅游局三地政府有关部门组成，负责落实及实施旅游合作决策；三是提升、充实"珠江三角洲旅游推广机构"，将其发展为三地旅游合作的具体执行、推广机构。

（原文为"粤澳合作论坛"学术会议提交论文，2014 年 9 月）

第二编　产业发展与适度多元化

澳门经济适度多元化的评估与策略

回归以来，澳门经济在取得快速发展的同时，一些深层次问题也逐渐凸显。突出表现在博彩业"一业独大"的态势日趋明显，从而导致经济结构的单一性。鉴于此，国家"十一五""十二五"规划纲要都提出要"促进澳门经济适度多元发展"。过去十年来，对于澳门经济适度多元化的成效可谓众说纷纭，主要原因是缺乏评估的适当指标和权威评论。不过，最近国际货币基金组织（IMF）发布的《澳门特区第四条款磋商代表团人员报告》（简称《代表团人员报告》）以及澳门统计暨普查局发布的《2015年澳门经济适度多元化发展统计指标体系分析报告》，可以说为这一评估提供了权威评价和分析指标。本文试图据此对当前澳门经济适度多元化的发展概况作一粗略分析，并提出相应的发展策略。

一、IMF 对澳门博彩业和整体经济发展的评估

2016 年 11 月 3 日至 14 日，IMF 代表团到访澳门，与澳门特区政府进行基金组织 2016 年第四条款磋商讨论，并撰写了《代表团人员报告》。2017 年 2 月 13 日，IMF 执行董事会审议并通过《代表团人员报告》。根据该报告，IMF 对澳门博彩业发展现状主要有以下两点评估：

第一，澳门博彩业和整体经济已见底回升，展望前景可审慎乐观。

报告认为，2002 年博彩业专营权开放导致外部投资和来自内地的消费急增，推动了博彩业的快速发展，进而使澳门一跃成为全球最大的博彩中心。目前，澳门的博彩年收入是美国拉斯维加斯的 4 倍，占澳门总产出的48% 和政府财政收入的 77%。博彩业的快速增长，使得澳门经济在回归后的 15 年间年均增长率高达 10.6%，失业率低于 2%。由于大量的外劳输入，澳门成为世界上人口最密集的地区。不过，博彩业这一长达十年的繁荣于 2014 年戛然而止。相对于 2014 年初的高峰值，目前博彩业收益下跌了 50%，整体经济收缩了 1/3。期间，来澳游客尽管总体数量保持不变，但人均支出消费大幅下滑。这主要是由于内地持续的反腐败运动，贵宾厅

博彩收入从 2013 年的 300 亿美元下降到 2015 年的 160 亿美元。同时，奢侈品消费量也急剧下降。受此冲击，房地产价格从 2014 年的高位下降了21%，民间固定资产投资的增长也从 2014 年的 43.7% 下降到 2015 年的 3.3%。

报告认为，尽管澳门受到严峻的冲击，但由于澳门拥有持续增强的财政及对外支付能力、具公信力的联系汇率制度、强健的金融体系，以及超卓的宏观经济抵御能力，限制了因经济收缩带来的种种不利影响。其中，失业率为 1.9%，仅比 2014 年的历史最低点高出 0.2%；平均实际工资仍企稳并比 2014 年水平上涨了 7%。在金融部门，尽管信贷增长从 2014 年第二季度的 36% 下滑到 2015 年第三季度的 5.7%，但不良贷款比率大致维持在 0.1%。旅游业对劳动力需求的表现尤其显著，助力支撑本地消费活动及银行的资产素质。展望未来，报告认为，尽管 2016 年仍是澳门第三个负增长的年份，但整体经济已经触底复苏。博彩业自 2016 年 8 月起已连续录得增长，整体经济在 2016 年第三季度扣除季节性因素后录得 8% 的增长。因此，IMF 预测澳门 2017 年的经济增长从早前的 0.2% 调升至 2.8%。报告认为，澳门具备优厚条件，整体经济的中期增长将维持较稳定的低至中单位的数字增长水平，并且正从一个强势地位艰难地转向一个新的经济发展模式。

第二，澳门博彩业和整体经济正处于转型时期：从高端贵宾厅博彩迈向中场博彩、从博彩旅游迈向非博彩旅游、从旅游迈向金融服务。

报告认同澳门特区政府雄心勃勃的中期多元化发展规划，该多元化发展规划包括三个目标方向：①从高端贵宾厅博彩迈向中场博彩；②从博彩旅游迈向非博彩旅游；③从旅游迈向金融服务。报告认为，从澳门近年经济调整和结构性收缩来看，虽然仍然有许多微观经济问题需要探讨，但总体而言这些目标是合理的。

报告认为，在"从高端贵宾厅博彩迈向中场博彩"这个方向，澳门已取得实质性进展。贵宾厅的博彩收入所占份额已从大约 70% 下降到 50% 左右。展望未来，考虑到低渗透率的内地市场，中场博彩市场仍然有很大的发展空间。不过，如何有效管理洗钱的风险成为推动博彩业持续增长的关键问题。

在"从博彩旅游迈向非博彩旅游"这个方向，澳门的非博彩旅游消费只占总额的 26%，远低于拉斯维加斯的 64% 的水平。据评估，澳门要达到拉斯维加斯的这个水平大概需要 30 年时间。不过，报告认为，这一评估仍然是不成熟的。因为澳门的博彩公司直到最近才展开投资，包括建设充足的酒店客房、大型和更多样化的娱乐设施去吸引家庭、老人等非博彩类游客。

对于"从旅游迈向金融服务"这个方向，报告认为鉴于澳门较高的平均工资水平、有限的土地供应以及狭小的本地市场，发展金融服务出口是一个合乎逻辑的探索领域。澳门特区政府的五年计划亦突出了金融服务，尤其是对外贸易人民币结算、金融租赁及全球财富管理等非旅游部门的发展。不过，报告认为，考虑到比较优势和成本效益，发展金融租赁和财富管理可能更为直接、有效。这就需要大幅削减已经相对较低的税收去吸引投资者和专业人士，同时，澳门特区政府要确保建立一个符合国际标准的高透明度的法人和信托法律体系。

二、澳门经济适度多元化的现状分析

《代表团人员报告》为澳门经济适度多元化发展现状的分析，奠定了一个良好的分析框架。根据我们的研究，以及澳门统计暨普查局发布的《2015 年澳门经济适度多元化发展统计指标体系分析报告》所提供的数据，当前澳门经济适度多元化发展，主要有以下几个基本特点：

第一，随着博彩业断崖式下滑，博彩业"一业独大"的状态有所改善，博彩企业的业务多元化取得实质性进展。

在国内外新环境下，澳门博彩业自 2014 年 6 月以来连续 26 个月出现下滑和调整，并进入了新常态的发展新阶段。报告认为，博彩收入的急剧下降主要源于贵宾厅业务的下降。不过，从目前情形看，博彩业经过两年多的调整，已基本见底。据澳门博彩监察协调局公布的数据，2016 年全年澳门博彩毛收入为 2 232 亿澳门元，跌幅按年已收窄至 3.3%，而 2015 年的跌幅则为 34.3%。受此影响，2016 年澳门经济全年增长为 -2.1%，跌幅较前一年（-21.5%）明显收窄。其中，上半年经济倒退 9.7%，下半年则止跌回升，增幅为 5.7%。经过两年多的调整，博彩业"一业独大"的状态已有所改善。据统计，以当年生产者价格按生产法计算，博彩及博彩中介业的增加值在本地生产总值中所占比重已从 2013 年的 63.10% 下降到 2015 年的 48.03%，两年间下降了 15.07 百分点（见表 1）。

表 1　以当年生产者价格按生产法计算的各主要行业增加值及比重

行业	2012 年		2013 年		2014 年		2015 年	
	增加值（百万澳门元）	比重（%）	增加值（百万澳门元）	比重（%）	增加值（百万澳门元）	比重（%）	增加值（百万澳门元）	比重（%）
博彩及博彩中介业	216 329	62.94	258 966	63.10	254 051	58.45	171 094	48.03
批发及零售业	18 302	5.32	21 686	5.28	22 500	5.18	19 903	5.59
酒店业	10 700	3.11	12 749	3.11	15 124	3.48	13 650	5.59
饮食业	5 700	1.67	6 563	1.60	6 945	1.60	6 283	1.76
金融业	12 426	3.61	16 201	3.94	19 886	4.57	22 302	6.26
地产业	22 596	6.57	29 251	7.13	36 666	8.44	35 556	9.98
建筑业	10 512	3.06	11 731	2.86	18 047	4.15	23 269	6.53
其他	47 164	13.72	53 262	12.98	61 297	14.13	64 156	16.26
合计	343 729	100.00	410 409	100.00	434 516	100.00	356 213	100.00

数据来源：澳门统计暨普查局《2015 年澳门经济适度多元化发展统计指标体系分析报告》。

与此同时，博彩业业务多元化也取得了实质性的进展，主要表现在三个方面：首先，幸运博彩收入中，贵宾厅博彩所占比重有所下降，而中场博彩所占比重有所上升。据统计，2012 年，贵宾厅博彩收入为 2 111.65 亿澳门元，到 2015 年下降到 1 282.71 亿澳门元，三年间跌幅达 39.26%；贵宾厅博彩毛收入所占比重从 69.43% 下降到 55.57%，下降了 13.86 百分点。同期，中场赌台和角子机博彩毛收入则从 929.74 亿澳门元轻微增加到 1 025.69 亿澳门元，增加了 10.32% ，所占比重从 30.57% 增加到 44.43% （见表 2）。

表 2　类别统计的幸运博彩毛收入比重

（单位：%）

	2012 年	2013 年	2014 年	2015 年
贵宾厅	69.43	66.18	60.56	55.57
中场赌台	26.22	29.83	35.33	39.34
角子机	4.35	3.99	4.11	5.09
总计	100.00	100.00	100.00	100.00

数据来源：澳门统计暨普查局《2015 年澳门经济适度多元化发展统计指标体系分析报告》。

其次，博彩企业的业务趋向多元化发展，非博彩业务收入比重有所增加。2014 年 12 月 21 日，刚上任的澳门经济财政司司长梁维特在媒体上发布关于博彩业发展的最新表态：赌牌中期检讨，重在非博彩元素。在市场力量的推动和澳门特区政府的政策引导下，博彩公司将博彩业的重心从贵宾厅转向中场赌台的同时，也开始将更多的资源（财力、物力、人力）投入非博彩的旅游休闲业务中，针对家庭主导的赴澳人群增加了具创意的、非博彩的旅游、娱乐、演艺、休闲等元素，致力提高博彩公司非博彩业务收入的比重。过去两年间建成、开业的博彩业新项目，包括新濠影汇、永利皇宫、澳门巴黎人等，以及正在动工或即将动工的博彩业项目，都将非博彩旅游娱乐业务放在一个相当重要的位置。据统计，2013 年至 2015 年，澳门 6 家博彩企业所经营的非博彩业务收入从 141.31 亿澳门元增加到 152.47 亿澳门元，所占比重从 3.77% 上升到 6.20% ，两年间上升了 2.43 百分点。如果把幸运博彩企业免费或以优惠折扣向客户提供的服务考虑在内，它们经营的非博彩业务收入则分别为 227.30 亿澳门元和 239.07 亿澳门元，所占比重从 5.93% 上升到 9.39% 。[①]

再次，从游客市场来看，来自大中华以外的国际游客绝对数呈增长态势。尽管受到国际经济增长乏力、国内经济增长放缓等外围经济环境的不

---

① 参阅澳门统计暨普查局《2015 年澳门经济适度多元化发展统计指标体系分析报告》，第 15 页。

利影响，但访澳游客的人数仍能维持在每年 3 000 万左右的水平。2016 年上半年，访澳游客达到 1 476.43 万人次，比 2015 年上半年同期微升 0.1%。值得重视的是，在访澳游客总体人数维持基本不变的情况下，游客的结构发生了喜人变化：尽管内地、香港等地区游客人数轻微下跌，但日本、韩国、东盟等亚洲地区，以及北美、欧洲、大洋洲等地区的入境游客人数呈现全面回升的态势。其中，大洋洲游客同比大幅增长 14.1%，中国台湾游客增长 11.7%，日本、韩国游客分别增长 7.9% 和 6.5%，欧洲游客增长 6.3%，东盟国家亦有可观的增长。

第二，旅游、酒店娱乐、餐饮、零售等非博彩旅游休闲业都呈现出新的发展态势。

据统计，以当年生产者价格计算，包括酒店业、饮食业、批发及零售业在内的非博彩旅游休闲业，其增加值在 2012 年为 347.02 亿澳门元，在澳门本地生产总值中所占比重为 10.10%。但到 2015 年则增加到 398.36 亿澳门元，三年间增长了 14.79%，所占比重则上升到 12.94%，上升了 2.84 百分点（见表 1）。

从酒店业来看，自 2003 年以来，在博彩业专营权开放和大量游客进入澳门的背景下，澳门酒店业进入一个大规模扩张时期。据统计，截至 2015 年底，澳门酒店总数和五星级酒店数分别增加到 74 家和 32 家。2016 年更有多家大型五星级酒店落成开业。估计未来两三年间将有约 1.3 万间酒店客房相继进入市场，包括新濠影汇的 1 600 间，永利皇宫的 1 700 间，澳门巴黎人的 3 000 间，美高梅新濠的 2 000 间。目前，澳门刚落成开业或正在兴建的酒店的主题性越来越高，有些主打精品奢华类，有些主打家庭、商务类，发展越来越多元化，可以适应各种游客的不同需求。由于竞争激烈，酒店客房价格趋下调，澳门的酒店娱乐业正逐步在亚洲区内确定其质优价廉的形象和比较优势，越来越多的国际大企业将办会的地点选择在澳门。

从饮食业来看，过去两年来，澳门的餐饮业也获得了快速的发展。近年来，随着一批博彩项目建成开业，特别是近两年新落成开业的博彩新项目在场内设置了更多的餐饮场所，吸引了来自国内外的一大批特色餐饮和高端品牌餐饮到澳门发展，大大提高了澳门餐饮业的档次和质量。以前，若想在澳门找一家世界级的餐厅颇为困难，现在则可以找到一些相对较高档甚至与世界水平相当的饮食场所。随着大批较具规模的高级餐厅、国际知名的特许经营连锁店、特色的小型主题餐厅的进入，澳门的餐饮业正发生"革命性"的变化。澳门正形成高端国际餐饮与本土特色餐饮并存的多元格局。澳门作为"世界美食之都"的声誉日隆，吸引了越来越多的国际游客前来"品食"。

从零售业来看，过去十多年来，赴澳游客的大幅增加引发了对澳门零售业的庞大需求，推动了澳门零售业的快速发展。过去两年来，由于受到外围经济环境和博彩业大幅调整的影响，零售业遭遇"寒冬"，零售销售额经历了连续 8 个季度的减幅。不过，若扣除钟表珠宝、汽车等贵价商品，则 2016 年上半年澳门零售业销售额的跌幅已收窄至 3.2%，其中，成人服装还有超过一成的增幅。值得一提的是手信零售业，在澳门零售业中最富特色的是手信业，过去两三年已在国际特别是内地市场逐步建立起自己的独特地位。据我们的调查，部分澳门手信企业已将销售网络扩展到内地，有的企业在内地市场的销售额已占公司总销售额的 2/3，个别大型手信企业甚至在内地建立起超过 9 000 个零售网点。

第三，金融业成为澳门经济中仅次于旅游博彩业、地产建筑业、出口加工业的第四大支柱产业，特色金融正成为经济适度多元化的重要动力。

近年来，在博彩业和整体经济快速增长的背景下，澳门金融业获得了长足的发展。据统计，以当年生产者价格计算，2012 年，包括银行业、保险及退休基金在内的金融业增加值为 124.26 亿澳门元，到 2015 年增加到 223.02 亿澳门元，三年间大幅增长了 74.47%；同期，金融业占本地生产总值比重亦从 3.61% 上升到 6.26%，上升了 2.65 百分点。金融业成为澳门经济中仅次于旅游博彩业、地产建筑业、出口加工业的第四大支柱产业，居于酒店业、饮食业、批发及零售业等行业之前。由于在澳门本地生产总值贡献较大的行业中，除博彩业外，其他的包括批发及零售业、地产业等均与博彩业具有高度关联性，其持续发展不仅受到土地、人力资源短缺的制约，而且容易受到外部经济环境的影响。而澳门金融业经过多年的发展，已经具备进一步扩展壮大的基础和潜力。金融业是资金、技术、人才、知识密集型行业，其发展可以避开澳门土地、人力资源及市场空间有限的制约。因此，在澳门现有资源禀赋和产业发展中，金融业最有条件成为推进经济适度多元化的支柱产业。

目前，澳门特区政府正计划把握国家"一带一路"倡议的机遇，积极发展特色金融，包括金融租赁、财富管理等。对此，国家给予澳门的 23 条优惠政策中亦明确表示："支持澳门建设成为葡语国家人民币清算中心"，"支持澳门发展金融租赁，鼓励澳门设立金融租赁企业或分支机构，中央在外汇管理等方面予以支持"。IMF 报告对澳门发展特色金融也给予了充分的肯定。目前，澳门特色金融，特别是金融租赁已起步发展。2013 年 10

月，澳门成立了第一家融资租赁公司——莱茵大丰（澳门）国际融资租赁公司，该公司由 LAND‒G 澳门集团和澳门大丰银行合资创办。2016 年 12 月，中国华融集团落户澳门，联合澳门本地企业成立"中国华融（澳门）国际股份有限公司"。该公司业务涵盖融资租赁和资产管理等，并与南光集团、南粤集团、亚投金融有限公司、太平保险澳门等 6 家企业签订战略合作协议。此外，中国银行澳门分行计划投资 80 亿澳门元发展融资租赁业务。

第四，会展、电子商务、文化创意、中医药等新兴产业起步发展，并开始受到社会各界的重视。

近年来，在澳门特区政府的积极推动下，会展业以"会议为先"的策略初见成效。据统计，2015 年，澳门共举办 1 185 次会议活动，同比增加了 23.1%，与会人数约 12.3 万人次，同比下降 3.1%。其中，以小型会议（与会人数 10~49 人）数量最多，占全部会议的 49.2%；大型会议（与会人数 200 人及以上）共 157 个，占 13.2%。同期，举办的展览活动有 78 个，同比下跌 10.3%。根据国际会议协会（ICCA）公布的《2015 年国际协会会议市场年度报告》，澳门获 ICCA 认可的国际会议已达到 28 个，在全球城市中排名第 93 位，比 2014 年的第 101 位跃升了 8 位。目前，在澳门举办的多个大型会展，包括澳门贸易促进局一年一度的"澳门国际贸易投资展览会""澳门国际环保合作发展论坛及展览"等本地品牌展会，以及"国际基础设施投资与建设高峰论坛"等国际会展品牌，已越来越受到国际社会的重视，影响正逐步扩大。

在电子商务方面，过去两年来电子商务特别是跨境电商发展蓬勃。业界反映，目前澳门已出现三类跨境电商：第一类是类似京东、天猫的小型电商平台，如澳门通公司旗下的"西洋街"，目前这类电商平台为数不超过 5 家。第二类是专责销售公司旗下产业的电商，包括多家涉及零售、服务、保险等业务的电子商贸平台，例如澳联保险服务有限公司（Bohim.com）就是澳门首个网上保险产品平台，把一般保险产品（非人寿保险产品）电子化及平台化，简化烦琐的投保程序，使市民能够通过电子平台直接网上投保及支付费用。又如"澳之城"，主要销售本公司的产品，其目标顾客不仅仅是澳门本地居民，而是更多地想开拓内地市场。这类电商有 40~50 家。第三类就是一些个人的电商（代购）。根据我们的调查，目前，澳门已有电商企业开始发展海外仓，代理葡语国家甚至是欧美国家的食品，这些食品在澳门经过浅加工后发展自己的品牌，通过跨境电商销售到内地市场；或者代理内地产品通过澳门跨境电商平台销售到马来西亚等东南亚国家。

在文化产业方面，根据澳门特区政府的统计，主要包括创意设计、文化展演、艺术收藏和数码媒体四个领域。据统计，2015 年，澳门从事文化产业的企业共有 1 780 家，员工 10 192 人，分别比 2014 年大幅增加了 64.5% 和 41.7%；文化产业收益为 62.44 亿澳门元，所创造的增加值为 20.55 亿澳门元，分别比 2014 年增长了 63.4% 和 76.8%。其中，增长最快的是数码媒体，2015 年创造的收益和增加值分别为 29.89 亿澳门元和 11.68 亿澳门元，分别占文化产业的 47.9% 和 56.8%；其次是创意设计，2015 年创造的收益和增加值分别为 18.21 亿澳门元和 6.23 亿澳门元，分别占文化产业的 29.2% 和 30.3%。

在中医药产业方面，2015 年，澳门共有 6 家制造中药的厂家，117 家中药零售店。这些场所的年收益为 5.45 亿澳门元，所创造的增加值为 1.13 亿澳门元。另外，澳门共有 304 间提供中医服务的私人诊所，公私营中医服务场所共有中医生和中医师 595 人。2015 年，澳门的中药进出口总额为 3.8 亿澳门元，其中，出口 2 113.2 万澳门元，进口 3.6 亿澳门元，占整体货物进出口总额的 0.4%。总体而言，中医药产业仍处于刚起步阶段，产业基础薄弱。不过，正在建设中的横琴粤澳中医药科技产业园区则为该产业的发展注入了新的动力。

三、澳门经济适度多元化的发展优势与瓶颈

（一）发展优势

根据我们的研究以及《代表团人员报告》的分析，澳门经济适度多元化的发展优势主要有以下几个方面：

第一，中央政府及各省区对澳门经济适度多元化的政策支持。

国家在"十一五""十二五"规划中都提出"促进澳门经济适度多元化发展"，"十二五"规划还提出支持澳门"世界旅游休闲中心"和"中葡商贸合作服务平台"建设。2009 年，为了配合澳门经济适度多元化，国务院颁布《横琴总体发展规划》，以"分线管理，模式创新"等一系列制度创新，启动横琴的开发。2013 年，时任国务院副总理汪洋在中国—葡语国家经贸合作论坛发表主旨演讲，明确表示，中央政府支持澳门建设葡语国家中小企业商贸服务中心、商品集散中心和中葡经贸合作会展中心（简称"三个中心"）。2016 年，国务院总理李克强访问澳门，宣布了 19 项惠

澳措施，后来进一步扩展为23项支持澳门经济发展的措施。

中央表示，支持澳门特区政府在实施五年发展规划的过程中，对接国家"十三五"规划，找准国家所需、澳门所长的定位，统筹经济适度多元化发展和促进民生改善。在区域合作、产业政策、财税政策、城市规划、交通规划、人力资源政策、完善新兴产业统计指标体系等方面加强交流，给予必要的支持。同时，在制定重大政策和实施"一带一路"倡议、对内对外交流活动时，积极吸纳澳门参与。中央促进澳门建设成"世界旅游休闲中心""中葡商贸合作服务平台"，在澳门会展业、特色金融、文化创意、中医药、跨境电子商贸等方面给予多项优惠支持政策。中央及各省区的政策支持，无疑成为澳门推进经济适度多元化最重要的政策动力和资源支持。

第二，澳门拥有持续增强的财政实力及对外支付能力，有助于推动经济适度多元化的发展。

回归以来，随着博彩业和整体经济的快速发展，澳门特区政府的财政收入大幅增加。据统计，2000年，澳门特区政府的公共财政收入为153.39亿澳门元，到2013年增加到1 759.49亿澳门元，13年间增长了10.5倍，年均增长19.2%。随着博彩业及整体经济的快速增长，澳门特区政府的历年财政滚存迅速扩大。2013年，澳门特区政府结余达1 245.61亿澳门元，比2000年的65.22亿澳门元增长了18倍。2012年，澳门正式设立财政储备制度。当时，澳门特区政府会将历年滚存的1 529亿澳门元分为三份，其中745亿澳门元拨作基本储备，242亿澳门元为超额储备，并一次性拨款542亿澳门元作为外汇储备。到2015年底，澳门特区政府的财政储备增加到3 450.5亿澳门元（其中基本储备为1 318.8亿澳门元，超额储备为2 131.7亿澳门元），外汇储备则增加到1 508亿澳门元。有评论认为，澳门特区政府可算得上是世界最有钱的政府之一。

对于澳门拥有的持续增强的财政实力及对外支付能力，《代表团人员报告》给予充分的肯定。报告认为，由于澳门特区政府实行的审慎财政政策，在公共财政方面拥有丰厚的财政储备并且没有公共债务，在对外支付方面是净对外债权人。报告估算，截至2015年底，澳门的财政储备几乎占本地生产总值的100%，对外资产净值则相当于本地生产总值的280%。因此，澳门特区政府的财政状况及其对外支付能力有助于支持澳门向新的及更多元的经济模式转型。不过，报告也同时指出，在政策不变的前提下，澳门的财政平衡仍面临两个问题：第一是占澳门特区政府财政总收入3/4的博彩税，将因为博彩业收入不会回到前期的高位而长期降低。第二，尽管多元化发展有助于减少产出的波动性，但需要更低的税率给予支持。这两方面都会影响到澳门今后的财政状况。

第三，澳门拥有资产丰裕而稳健的金融体系，以及超卓的宏观经济抵御能力。

回归以后，特别是 2002 年澳门特区政府开放博彩专营权以后，随着博彩业、房地产业的快速发展，以及整体经济的迅速扩张，澳门银行业获得了良好的发展，在产品多样化、经营多元化、操作电子化等方面都取得了令人满意的进展。盈利持续稳步增长，主要来自信贷及中间业务，其中房屋按揭贷款占较大份额，银行代客理财、信用卡等中间业务非利息收入也有较大增长，收入呈现多元化趋势。过去十年来，大型酒店和高档商住楼宇不断开工建设，银行的大型房地产项目融资正向银团贷款方向发展。随着业务的快速增长，银行业的资金流量和资产日趋庞大。据统计，截至2015 年底，澳门银行体系的总资产已达 13 408 亿澳门元，比 2001 年的1 423 亿澳门元大幅增长了 8.42 倍，比 2013 年也大幅增长了 35.39%；客户存款、贷款余额分别为 8 600 亿澳门元和 7 607 亿澳门元，分别比 2001年增长了 6.78 倍和 14.40 倍，比 2013 年也分别增长了 26.38% 和42.27%；银行营运利润为 127.98 亿澳门元，比 2001 年的 5.85 亿澳门元大幅增长了 20.88 倍，比 2013 年也增长了 51.13%（见表3）。澳门银行业的竞争力明显增强，正处于历史上最好的发展时期。

表 3 澳门银行业经营概况

（单位：亿澳门元）

年份	总资产	客户贷款	客户存款	银行同业资产	银行同业负债	营运利润
2001	1 423	494	1 105	489	112	5.85
2008	3 595	1 506	2 750	1 367	516	33.37
2009	4 268	1 866	3 068	1 672	860	36.15
2010	5 398	2 457	3 400	2 239	1 570	38.84
2011	6 582	3 224	4 140	2 401	1 934	50.53
2012	7 962	4 068	5 406	2 719	1 821	62.88
2013	9 903	5 347	6 805	3 268	2 217	84.68
2014	11 744	6 897	7 911	3 474	2 685	108.75
2015	13 408	7 607	8 600	3 889	3 415	127.98

数据来源：澳门金融管理局历年年报。

回归以后，为了加强对金融业的监管，以符合国际金融业监管的一般惯例，澳门特区政府于2000年2月15日成立了澳门金融管理局（AM-CM）。金融管理局的职责是根据规范货币、金融、外汇及保险活动市场的法律、法规，指导、统筹及检察金融市场，以确保其正常运作，并持续对金融市场的经营者进行监管，确保金融体系的稳定。同年3月31日，金融管理局又受澳门特区政府委托，负责管理土地基金资产。① 2002年博彩专营权开放以后，澳门的外汇储备大幅增加。至2015年底，外汇基金资产总额为1 391亿澳门元，相当于4月底澳门流通货币的12倍，及广义货币②供应中属于澳门元的105.2%。总体而言，澳门银行体系资产质量良好、资本充沛、资金流动性高、监管稳健。IMF对澳门银行体系的稳健性亦给予了充分肯定。报告认为，澳门银行体系的监管制度审慎稳健，与资产质素、盈利及流动性相关的金融稳健指标均十分健康。其中，银行的存贷款比率为118%，不良贷款比率大致维持在0.1%。这种稳健的金融体系成为澳门卓越宏观经济抵御能力的重要组成部分。

　　第四，澳门实施具公信力的联系汇率制度，并具备维持联系汇率制度的一系列必要支持政策。

　　澳门与香港一样，都是实行货币发行局制度的地区之一。目前，澳门的货币发行局制度的基本特点是：①澳门金融管理局授权两家商业银行——大西洋银行和中国银行代理发行澳门元钞票。两家发钞银行须按照官定的联系汇率将等值的外汇（主要是港元）存入澳门金融管理局，以换取无息负债证明书。作为发钞的法定储备，发钞银行凭负债证明书发行澳门钞票。②澳门货币发行必须有100%的外汇储备，以保证澳门元的信用和可兑换性。③澳门元以港元为本位货币，联系汇率定为100港元兑103澳门元。④各银行均在澳门金融管理局持有一个以本地货币结算的流动资金账户，以便与澳门金融管理局进行以本地货币兑换联系汇率中另一货币（港币）的交易，同时也作为以本地货币进行同业市场拆借之用。在货币发行局制度下，澳门货币政策的目标是明确的，即维护货币和外汇的稳定。实现这一目标的政策工具有两个，即法定储备和金融票据。

　　《代表团人员报告》确认支持澳门元与港元挂钩的联系汇率制度的立场，以及这一货币制度对澳门的重要性。报告认为，港元与美元挂钩的联

---

　　① 参阅澳门金融管理局《二十周年特刊》，第14页。

　　② 广义货币（Broad Money）是一个经济学概念，和狭义货币相对应，是货币供给的一种形式或口径，以M2来表示。其计算方法是交易货币（M1，即社会流通货币总量加上活期存款）以及定期存款与储蓄存款。

系汇率制度为澳门的货币制度提供了可靠的名义锚。货币发行局制度的成功主要建基于一系列必要性的支持政策，包括充裕的外汇储备、具流动性及充足资本的银行体系、审慎的公共财政支持，以及灵活的劳动力市场，而澳门具备了这些成功的要素。目前，澳门的外汇储备约有189亿美元，略低于澳门广义货币的100%。在联系汇率制度下，汇率基本维持稳定，旅游部门物价的向下调整弹性确保了澳门的对外竞争力。因此，具公信力的联系汇率制度亦成为澳门经济模式转型的重要保证，成为卓越宏观经济抵御能力的重要组成部分。

（二）主要挑战与瓶颈

澳门在推进经济适度多元化的进程中，仍然存在不少挑战和发展瓶颈。主要表现在以下三个方面：

第一，作为微型经济体，澳门经济适度多元化首先受到土地和人力资源匮乏的明显制约。

在博彩业"一业独大"的情况下，整体社会经济的发展，包括博彩业之外的其他产业的发展，受到土地和人力资源等生产要素匮乏的明显制约。2009年11月，国家批准澳门填海造地360公顷（3.6平方公里），使澳门土地面积增加到32.8平方公里（另有85平方公里的海域）。即便如此，由于澳门人口已增加到64.68万（2016年数据），使得人口密度高达1.96万人/平方公里，是香港人口密度的3倍左右。《代表团人员报告》就明确表示：当前澳门已被认为是世界上人口最密集的地区。在经济快速增长的背景下，土地短缺将进一步推高澳门的地价和房价，进一步拉高企业的经营成本，成为推进澳门经济适度多元化的一个明显瓶颈。

与此同时，人力资源短缺的问题也日益凸显，各个行业均面临着人工短缺的情形。据我们的调研，澳门人力资源的短缺在职业司机行业表现得尤为突出。目前，该行业内出现一批60岁左右的老司机，未来几年内这批人将逐步退出该行业，届时人工短缺的情形将更趋严重。目前职业司机的短缺不仅大幅拉高企业的经营成本，而且已经严重影响各个行业乃至整体经济的运作。由于澳门已经达至全民充分就业，人力资源的不足只能通过输入外劳解决。目前，澳门输入外劳已接近16万人，约占就业总人口的41%。在博彩业及相关行业大量输入外劳的背景下，其他行业聘请外劳已不容易。外劳的大量输入并未能打开澳门劳工匮乏的瓶颈，且越来越遭到澳门本地劳工阶层的反对。人力资源短缺已成为制约澳门经济进一步发展的重要障碍。此外，随着经济发展，对劳动力素质的要求也大大提高，但目前澳门劳动人口素质仍然明显偏低，严重制约着澳门经济的转型升级。

第二，在博彩业"一业独大"的背景下，澳门整体产业基础薄弱，企业规模细小、竞争力偏弱。

目前，博彩业"一业独大"的态势虽有所改善，但整体产业基础薄弱。根据澳门的最新统计，2015 年澳门的前十大产业，分别为博彩及博彩中介业、地产业、建筑业、金融业、批发及零售业、租赁及向企业提供的服务、酒店业、运输仓储及通信业、其他团体社会及个人服务以及饮食业，它们分别占澳门本地生产总值的 48.03%、9.98%、6.53%、6.26%、5.59%、4.10%、5.59%、2.75%、2.62%、1.76%，十大产业总共占GDP 的 93.21%。其中，地产业、建筑业、批发及零售业、酒店业等均主要依靠博彩业带动。至于澳门特区政府长期积极倡导的会议展览业、文化创意产业等在 GDP 中仍然微不足道。

从企业规模来看，除了博彩公司，澳门企业总体规模偏小、竞争力偏弱。根据澳门中小企业协进会发表的《澳门中小微企白皮书（2013 年度)》，澳门 57 188 家企业中，大型企业（雇员在 200 人以上的企业）有134 家，占企业总数的 0.23%；中型企业（雇员在 100 人以上 200 人以下的企业）有 194 家，占 0.34%；小微型企业（雇员在 100 人以下的企业）有 56 860 家，占 99.43%。其中，大型企业多为外资企业，如美资，以及港资和中资企业，中小微企业主要是本地企业。[1] 这些中小微企业受到本地市场环境的挤压，经营成本上升，融资困难，雇工不易，竞争力偏弱，因而难以参与区域合作从而开拓发展空间。

第三，城市建设和城市基础设施发展相对滞后，对澳门"一个中心、一个平台"的建设构成明显的瓶颈。

回归以来，澳门经济的繁荣以及人口的快速增长，直接促进了澳门城市建设的发展。不过，从总体来看，经济的蓬勃发展已对澳门城市的交通网络、商业服务、环境建设等都提出了新的要求，澳门的城市建设和城市基础设施的发展已明显滞后，突出表现在城市空间日趋拥挤，交通运输严重堵塞，新旧城区发展明显不协调，居民生活环境日渐恶化。其中，最严重的就是交通运输系统的严重滞后及不堪重负。目前，澳门的城市轨道系统正在建设中，期间澳门将继续忍受交通严重堵塞的困扰。此外，澳门作为国际旅游城市，在对外交通联系方面也受到明显的制约。澳门缺乏具规模的国际机场，缺乏深水港，对外海空两路联系都要依靠香港或者内地。

---

[1] 参阅澳门中小企业协进会《澳门中小微企白皮书（2013 年度)》。

在城市建设和城市基础设施发展的过程中，另一个突出问题是新旧城区发展不协调，特别是旧城区改造明显滞后。随着经济社会的发展，澳门部分旧城区因原来的人口结构、商业活动以及小区功能等出现转变而呈现老化，部分旧城区建筑老旧、街道狭小、人口密度大，城市基础设施建设严重滞后，小区经济发展不景气。这不仅严重影响澳门居民的生活质量，也不利于澳门作为"世界旅游休闲中心"的发展。根据我们的调查，在旧城区，由于缺乏土地兴建变电站，中小企业缺乏足够的电力发展经营，严重影响了小区经济和当地企业的发展。部分旧城区破落不堪，也严重影响了澳门的城市形象。由于旧城区重整牵涉到公众安全、环境卫生、社会治安、土地资源运用、交通布局、电力等方方面面，有关法律滞后必然影响整个旧城区的改造，并对澳门"一个中心、一个平台"的建设构成明显的瓶颈。

四、推进澳门经济适度多元化的策略思考

澳门要有效推进经济适度多元化发展，必须有针对性地实施一些政策策略，以发挥澳门现有的比较优势，并切实解决当前经济面对的挑战和瓶颈。这些策略主要包括：

第一，澳门特区政府应实行"适度有为"的经济政策，制定明确的产业发展政策，设立特区投资发展基金，把握推进经济适度多元化的主导权。

所谓"适度有为"，是指以尊重市场机制为前提，适度发挥政府作为市场推动者和引导者的作用，促进经济发展。"有为"是指政府要通过制定扶持政策、打造服务体系等办法来弥补市场的不足，成为经济发展的"助推器"。"适度"是指要掌握好政策的火候，因应时势和市场环境而调整策略。要实行"适度有为"的经济政策，就要加强对澳门经济发展的深层次研究，对澳门的比较优势、资源禀赋、发展机遇和面临的挑战有一个科学的、全面的深入认识。为此，要加强澳门特区政府对宏观经济政策的研究，加强与澳门主要社团、研究机构的联系和沟通，听取它们对澳门经济发展的建议和意见。这是澳门特区政府科学施政、有效推进经济适度多元化的重要依据。

要完善顶层设计，建立跨部门的强有力的统筹和协调机制，制定明确的产业发展政策。可以考虑建立由行政长官亲自领导，由经济财政司协调，由跨部门首长组成的统筹和协调机制，负责统筹和协调相关产业（包

括分布在不同施政领域的产业）的发展，制定一个明确的短、中、长期的产业发展政策。对重点扶持、培育的产业，特别是旅游休闲业、会议展览业、文化创意产业、电子商贸服务业等实施倾斜性的财政税收政策，给予适当的政策扶持。逐步整合现时分别支持各产业/行业发展的基金，建立施政硬指标，量化政府每年的相关工作目标及成果，稳步推进产业适度多元化发展。为此，要建立产业适度多元化基金和特区投资发展基金，对符合政府重点发展的新兴产业中的一些具标志性意义或具良好发展前景的项目提供财政资助或进行风险投资，以逐步达至经济适度多元化的宏观政策目标。

经济适度多元的进度必须科学量度。因此，有必要重新梳理及建立一套评价指标体系，包括完善产业/行业的分类和统合、建立新兴产业统计体系，综合、客观地衡量不同产业对本地经济的贡献。此外，启动对国民生产总值（GNI）的统计，了解澳门居民在外地的投资情况，为澳门区域合作的进一步深化建立科学的测评指标，以科学量度澳门经济多元化发展的情况。

第二，用足用好中央给予的优惠政策，积极发展旅游休闲、会议展览、特色金融、文化创意、中医药、海洋等新兴产业。

目前，中央总共给予了澳门 23 项支持澳门经济发展的优惠政策，对此，澳门特区政府要加强研究，用足用好这些政策，以加强对推进经济适度多元化的重点产业的支持和政策扶持。

1. 旅游休闲业

2016 年 9 月，澳门特区政府公布了首份五年发展规划，提出要以"优质旅游""精品旅游"为建设目标，合理优化旅游承载力，以形成旅游休闲大业态，建设宜游宜乐城市。为此，规划提出要在 2017 年完成"澳门旅游业发展总体规划"，以统筹旅游业短、中、长期发展，从而实现澳门作为"世界旅游休闲中心"的战略定位。澳门应以五年发展规划为指导，抓紧制订符合澳门实际的、科学的"澳门旅游业发展总体规划"，特别是以现有的旅游产业，包括大型度假村、主题酒店和旅游景点为基础，以港珠澳大桥的建成、启用为契机，加强政策扶持，做大做强旅游休闲业。"十三五"规划时期，对于澳门旅游休闲业发展最重要的事件，就是 2017 年港珠澳大桥的建成、启用。澳门作为"世界旅游休闲中心"的发展，其中一项重大缺失是缺乏具有标志性的大型旅游景点和设施，而港珠澳大桥的建成将为澳门增添一项无与伦比的旅游项目，弥补这方面缺陷。澳门要把握这一机遇，以港珠澳大桥为核心，进一步开发澳门的历史、人文等旅游资源，将澳门建设成为亚洲历史文化名城。要在中央的指导下，举办好世界旅游经济论坛，优化"一程多站"旅游线路，开发海上丝绸之路及葡语国家主题旅游项目，深化与珠海横琴的旅游合作。

2. 会议展览业

会议展览业要发展成为澳门整体经济的重要支撑行业，关键是要精心打造会议展览业知名品牌。近年来，澳门开始致力于会议展览品牌的打造，已有部分专业展览及活动获得业界支持及认同，包括每年一度的澳门国际贸易投资展览会（MIF）、澳门国际环保合作发展论坛及展览（MIECF）等。澳门应在此基础上，承办更多国际性的旅游、文化创意、中医药、中国与葡语国家经贸合作等领域的展会，积极推动内地和国外有关专业会议或展览落户澳门。要加快"三个中心"的建设，积极筹办和打造与中国和葡语国家经贸合作紧密相关的会议展览品牌，使其达到与美国拉斯维加斯的全球性三大会展品牌一样的地位。建议在国家有关部门指导下，研究、选择最可能成功的中葡商贸合作会展品牌来建设。根据中国与葡语国家经贸合作主要以食品、农产品、矿产资源为主的客观现实，可以考虑试验筹办中国与葡语国家关于专业食品、农产品、矿产资源合作的会议展览，也可考虑在澳门筹办中国与巴西、中国与安哥拉/莫桑比克等国家之间的经贸合作会议展览，在实践上逐步打造出两个世界著名的会议展览品牌，使澳门真正成为中国与葡语国家经贸合作的会展中心。

3. 特色金融业

当前，澳门金融业发展正面临前所未有的新机遇：随着澳门加快推进"中葡商贸合作服务平台"建设，加快"三个中心"建设，澳门与葡语国家、西语国家的官方民间交流及经贸往来将日趋密切，再加上国家实施"一带一路"倡议，澳门将日益成为内地企业及资金"走出去"和境外资金投资内地的"桥头堡"。这就为澳门金融业的发展，特别是融资租赁、资产管理、债券发行等金融服务业的发展提供了庞大的商机。澳门应把握机遇，将融资租赁业等特色金融业作为推动金融业发展、构建澳门区域性商贸合作的金融服务平台的重要内容来抓，大力发展区域性商贸合作的融资租赁产业，搭建区域性融资租赁平台。为此，澳门特区政府应积极推动国内外，特别是内地大型融资租赁公司到澳门发展，推动澳门中资银行与国内外相关机构在澳门合作开设融资租赁公司；同时，借鉴国际经验，研究、出台专门规范融资租赁业务开展的法律《融资租赁法》，以及修订与之配套的其他法律，包括《合同法》《物权法》《公司法》等，以破除本地现行政策的限制，便利融资租赁公司进入澳门发展。与此同时，要加快葡语国家人民币清算中心的建设，积极考虑在中国—葡语国家经贸合作论坛框架下增加金融合作议题，举办跨境人民币结算、清算金融服务推介会，开展多边投融资平台建设。

4. 文化创意产业

澳门文化产业的发展，首先应从历史文化遗产保护开始。从历史的角度看，澳门拥有400余年中西文化交汇的丰厚历史遗产，这是澳门文化创意产业发展的基本依据。澳门文化遗产保护规划应该从加强对澳门历史城区内的文物点及景观的修缮和整治开始，并由此拓展至澳门的全部历史文化遗产的保护，以确保这些文化遗产得到良好的展示。此外，对澳门的非物质文化遗产，也应加强研究，有选择性地发扬光大。与此同时，随着博彩业的发展和"自由行"的实施，每年有约3 000万的游客来澳旅游。为吸引这批数量庞大的消费者，博彩、旅游、批发及零售、会议展览等产业对广告、动漫、影视、表演、音乐、舞蹈等行业的需求大幅增长，有力地推动了文化创意产业的发展。因此，澳门发展文化创意产业的关键和重心在于做好文化与旅游的结合，切实形成文化创意产业与旅游休闲产业的融合发展。以旅游博彩业带动文化创意产业的发展，是澳门发展文化创意产业的一个较为可行的策略。澳门特区政府应配合经济发展需要，重点发展视觉艺术、设计、电影录像、流行音乐、表演艺术、动漫、图书发行等文化创意产业，充分发挥中西文化融合优势。

5. 中医药产业

目前，澳门中医药产业基础薄弱，但发展潜力大。澳门特区政府要进一步加强中医药产业的发展基础，包括：①制定产业扶持政策，建立获国际认可的中医药质量认证和标准化体系，与国际机构合作进行中医药质量国际标准的检验。②加强与国内外著名药业和研究机构合作，配合业界研发健康保健产品，发展健康医疗、养生保健产业。③加强与内地合作，建设好传统医药中心和中医药科技产业园，积极促进澳门的中药质量研究国家重点实验室与中医药科技产业园的密切结合，发挥协同效应。④充分利用澳门与葡语及欧盟国家的脉络及沟通管道，促进优质药品通过澳门走向葡语国家及"一带一路"沿线国家市场。⑤在澳门建立中医药原材料交易平台。

6. 海洋产业

从总体来看，中央授予澳门85平方公里的法定管理海域，解决了土地匮乏这一长期困扰澳门发展的难题，为澳门建设"一个中心、一个平台"注入了新动力，对澳门加快推进经济适度多元化发展，可以说是作出了重大的、有力的、及时的支持。为此，澳门特区政府要加强对海域保护、利用的研究，科学制定管理海洋的法律法规，做好发展海洋经济的总体规划。深入研究如何充分利用85平方公里海域，开发海洋旅游、航海运动、港口交通等相关新兴产业，实现经济适度多元化，包括研究推进"游艇自由行"先行项目，建设南欧风情滨海度假区，研究扩大填海区域建设深水码头，发展邮轮航线经停站和地区性货运枢纽。要加强澳门海岸水域的整治，加强对湿地的保护，种植红树林使之成为鸟类的栖息地，从而提升澳门滨海城市的品位。

第三，重塑澳门城市空间，加快城市内部和跨境交通基础设施的建设，提升城市形象。

澳门要根据国家对澳门的发展定位，结合澳门、区域乃至国家最新的发展态势，加快制订和完善澳门城市发展规划，确定澳门的城市发展定位，重塑澳门城市空间，解决城市混乱、拥挤、环境恶化等问题，将澳门建设成为以中西文化交融为城市特色、以精致宜人为发展导向、以持续繁荣为发展目标、以开放包容为城市性格的旅游宜居之地、持续发展之都、世界活力之城。在新修订的城市发展规划中，要作出符合澳门城市历史发展脉络的规划选择。作为东方很有吸引力的旅游地，澳门半岛旧区在城市发展定位上，应该强化其城市形象，重视文化遗产的保护，结合各区的特色与区情，分别酌情处理，活化旧区，推动旧区重整，发掘旧区的文化底蕴；重视新城规划与旧城规划的衔接与协调，考虑"氹澳"两岸海边的景观设计。作为澳门城市未来发展主要空间的路氹城的发展规划，可以博彩业为龙头，充分发展旅游及会展业，把氹仔、路环建成亚洲的中央娱乐区。

同时，要加快城市内部和跨境交通基础设施的建设，构建一个高效快捷的区域交通运输体系。通达性包括内部和外部的通达性，对一个"世界旅游休闲中心"来说十分重要。澳门特区政府必须根据经济和市民生活的需要，修改、制订澳门的短、中、长期交通规划。要加快轻轨系统的规划、建设，加快城市道路网络建设，以从根本上解决城市交通拥挤问题。加快轻轨系统的建设，不只配合了居民对公共交通运输服务的需求，减轻对道路及私人交通的依赖，还将有助于提升澳门的旅游接待能力，促进与珠三角地区的融合，推动城市可持续发展。同时，澳门要积极配合珠三角地区的交通发展，加强统筹重大跨境交通基础设施的协调和对接，特别是港珠澳大桥、珠三角城际交通轨道与澳门轻轨的对接等。要加强澳门与珠海、香港在城市规划、交通网络、信息网络等方面的协调规划和对接，构建高效、快捷的区域性海陆空综合交通运输体系。

要推动通关便利化。澳门特区政府和珠海方面都要加快通关设施的扩容和配套发展，包括扩建现有口岸及建设新口岸，完善公共交通系统的接驳，加强口岸综合配套服务功能；推进口岸电子化，通过高科技应用调整过境车辆的管理，提高通关的便捷性；增加边检、卫检等部门的人员编制。同时，两地海关应持续不断扩大跨境快速通关试点规模和范围，要研究延长拱北、横琴口岸的通关时间，积极考虑实施"一地两检"，进一步落实、优化"144小时便利免签证"机制等，以推动粤澳两地人员往来便利化。在货物通关方面，要考虑实行两地表格、号码统一，计算机联网，以深化口岸通关业务改革，探索监管结果互认共享机制。

此外，要重视优化城市生态环境，改善和提高城市品位和城市形象。城市品位和城市形象是一座城市内在底蕴与外在表现的综合体现，是城市总体的特征和风格。要改善和提高城市品位和城市形象，首先要优化城市生态环境。澳门城市生态环境面临的最主要的问题是没有发展腹地，因此，生态环境的整理和保持需要从非生态元素着手，要控制城市建设的强度和人口规模，明确功能的空间划分，有效管理公共环境；改进基础设施，控制和治理城市污染，包括空气污染和水体污染；充分利用建筑和山体等塑造垂直方向的绿化；对滨海环境进行定期检测，并制定有效的清理措施。此外，还要考虑从扩展的新空间中适当安排生态绿化用地。

第四，配合国家创新发展战略，积极扶持和推动中小微企业发展。

国家"十三五"规划的重要内容就是要坚持创新发展，让创新贯穿国家的一切工作，让创新在全社会蔚然成风。澳门特区政府应把握国家发展的这一创新驱动战略的发展机遇，根据国家创新战略精神，切实确立以"创新发展"为核心的施政理念，并带头创新，鼓励优化工作流程，提升行政效率。同时，积极推动"大众创业、万众创新"策略，包括制定和出台支持市民创业和企业创新的相关法律法规和政策，致力营造有利于创业、创新的投资营商环境，进一步完善电信、能源、交通等基础设施，积极推动技术进步，大力实施"互联网＋"行动计划，大力发展电子商贸，积极引进创新型人才，从而形成"大众创业、万众创新"的社会氛围，以进一步激发澳门经济发展和企业发展的活力和动力。

在创新驱动战略下，澳门特区政府要进一步强化和完善对中小微企业的扶持政策。重点包括：①对中小微企业反映较为集中的用工难、经营成本高企等问题，继续推进相关政策的落实。针对租金压力增大的情况，可以考虑在未来兴建的公共房屋群中，把相关的铺位以相对低廉且稳定的租金，租给经公平审核的中小微企业。②积极研究政府财政资源的投放和统筹运用问题，进一步提高政府扶持政策的实际效果。③鼓励和引导本地中小微企业与国外大型跨国公司和品牌企业合作，研究完善发展特许经营、会展服务、政府采购等方面的配套政策。④将中小微企业的发展与路氹新城区建设、旧区重整等工作结合起来，参考国内外经验，发展特色小区经济。澳门特区政府应与行业协会、小区组织深度合作，认真发掘小区经济的潜力。⑤指导、推动中小微企业参与横琴、南沙等珠三角地区的区域合作，以拓展经营空间，在区域合作中壮大发展。

为了加强对中小微企业的扶持，可研究考虑推动澳门贸易投资促进局、澳门生产力暨科技转移中心等官方、半官方机构及民间相关机构的转型发展。考虑在澳门贸易投资促进局的组织架构下，筹建一个功能强大的"葡语国家中小企业商贸服务中心"。同时，积极推动澳门生产力暨科技转移中心的组织重组，增强其推进澳门中小微企业服务的功能。可借鉴国内外支持中小微企业发展的策略，加强向中小微企业提供辅助服务，包括管理、咨询、培训等方面的服务，如协助中小微企业改善和提升经营管理水平，包括推动实施《国际管理标准认证资助计划》，建立健全会计系统，实行系统化管理，推广应用信息科技和风险管理工具等；组织或协助中小微企业前往内地或海外市场进行考察和商务交流等，以便建立对外发展的网络和沟通管道，为中小微企业开展有关活动提供场地和支持服务，发掘海内外商机等，从而使中小微企业有一个良好的生存与发展空间，为企业的发展和转型升级创造良好的基础。

第五，积极助力和配合国家"一带一路"倡议的实施，积极参与粤港澳大湾区城市群建设，拓展澳门产业和企业的发展空间。

澳门特区政府和社会各界人士应充分利用国家实施"十三五"规划的机遇，准确把握"国家所需、澳门所长"的契合点，不断开创澳门经济社会发展的新局面。因此，在当前和未来一段时期内，如何进一步深化与内地的经济社会合作，参与国家发展战略，实现澳门自身持续健康发展，正成为澳门的当务之急，也是澳门特区政府需要抓紧研究和努力落实的重点工作。其中一个关键是积极参与和助力国家"一带一路"倡议的实施，把"世界旅游休闲中心"建设融入"一带一路"倡议中，加强开发"一带一路"旅游产品，加强开拓"一带一路"国家客源。同时，要进一步发挥"中葡商贸合作服务平台"作用，加快落实"走出去"战略，积极协助内地企业拓展拉美、非洲等市场，加强与东盟国家的交流与往来；推动澳门建设成为内地与欧盟国家经贸及技术进出口服务的平台之一；配合"一带一路"倡议提升金融服务,发挥中国与葡语国家人民币结算平台角色,充分发挥与葡语国家的联系优势,促进"一个平台、三个中心"与国家"一带一路"倡议的有机结合。

积极参与粤港澳大湾区城市群建设,要围绕"世界旅游休闲中心"和"中葡商贸合作服务平台"的发展,充分发挥澳门自身的比较优势,突出澳门在湾区中的角色和功能:包括充分发挥澳门对内联系粤港澳大湾区城市群和泛珠三角地区,对外联系葡语、拉丁语国家及"一带一路"沿线国家这两个层面之间的"精准联系人"角色;致力发展成为与葡语、拉丁语国家及"一带一路"沿线国家的金融服务平台;配合粤港澳大湾区城市群打造全球创新高地战略,积极发展中医药产业和环保产业,使澳门成为湾区创新体系的重要一环;充分发挥澳门作为"世界旅游休闲中心"的功能,加强粤港澳三地旅游业的合作;加强与粤港澳大湾区城市群基础设施的互联互通,推进通关便利化,构建一个高效快捷的区域交通运输体系。

要积极参与广东自贸区横琴片区的建设,特别是推进与横琴的全面、深度融合。2014 年 7 月,澳门特区政府与中山市政府签署了《关于合作建设中山翠亨新区的框架协议》,决定在中山翠亨新区合作建设"粤澳全面合作示范区",首期规划面积为 5 平方公里。另外,广州自贸区南沙片区、江门大广海湾新区亦有意向与澳门合作共建"粤澳合作产业园区"。因此,未来几年,澳门参与区域合作的一个重点,应该是实质性展开与中山翠亨新区的合作,共建"粤澳合作产业园区",借此推动澳门的中小微企业和青年到产业园区创业、发展,以拓展澳门企业发展的空间。

此外,要积极参与泛珠三角的区域合作,积极参与广东自贸区南沙片区的建设,加强国际航运、商贸物流、会展商务等产业的合作发展,共同建设一个支撑"中葡商贸合作服务平台"发展的国际物流航运枢纽;积极推进澳门与珠海横琴、广州南沙、中山的"游艇自由行"合作项目,共同打造"一程多站"的世界邮轮、游艇旅游航线;进一步推进澳门与江门大广海湾新区的合作。

(未公开发表论文,2017 年 3 月)

第三编 资本财团、财政与金融

回归前澳门资本结构的基本特点

　　资本结构是指一个国家或地区的经济中，各种资本的组成比例以及所处的地位。澳门的资本结构，因其经济的透明度低而颇难分析。1990 年，美国麦健士公司在《澳门未来十年发展前景》研究报告中曾经指出："（澳门）由于外来投资几乎单独来自香港和内地，那么外来投资也有极性。……值得指出的是，来自经济合作与发展组织（OECD）国家的投资很不重要，而在其他东南亚国家，它们都在全部外资中占了很大的比例。"[1]

　　与香港资本结构的多元化和国际化形成鲜明对比的是，回归前澳门的资本结构显得颇为单一，国际化程度亦不高。据考察，澳门的资本结构主要由港资、中资、本地华资和葡资组成。其中，港资在澳门经济中长期处于主导地位，估计以直接投资额计占 25% ~ 30%；中资是澳门经济中最大的资本势力，约占 45%；本地华资约占 20%。港资、中资和本地华资构成澳门资本的主体。葡资则主要集中在金融业和公用事业，所占比重估计不足 5%，而来自 OECD 国家的资本所占比重颇低，估计仅为 2% ~ 3%。

一、港资在澳门经济中长期处于主导地位

　　港资在澳门的发展已有悠久历史，早在 20 世纪 30 年代，香港富商高可宁与傅老榕联手合组泰兴娱乐总公司，投得博彩专营权。这显示了港资在澳门的活跃程度。

　　不过，港资大规模进入澳门则始于 20 世纪 60 年代初期。1961 年，香港富商何鸿燊、霍英东联同叶汉、叶得利合组财团，夺得澳门博彩专营合约，并成立澳门旅游娱乐有限公司，这是港资大规模进入澳门的先声。60 年代大规模进入澳门的港资，还有来自制造业的大批厂商，他们利用澳门所享有的纺织品配额和普惠制，在澳门大举投资设厂，建立起澳门现代出口加工业的基础。七八十年代，港资还先后进入澳门的地产建筑、银行保险、海运仓储、酒店、商业零售等行业。这一时期，港资已成为澳门最大

---

　　① 美国麦健士公司. 澳门未来十年发展前景 [N]. 周筠，译. 澳门日报，1990 - 12 - 10.

的外来资本，并在澳门经济中占据了主导地位。港资在澳门经济中的主导地位，突出表现在两个方面：

（1）作为港资的澳门旅游娱乐有限公司，是澳门经济中实力最强、影响力最大的企业集团。经过逾30年的发展，该公司的业务遍及博彩、酒店、旅游、地产、建筑、金融、大型公共建设及至澳门经济的各个领域，它旗下的9个赌场以及附属公司控制了整个澳门的博彩业，包括幸运博彩、跑狗、跑马，以及各种彩票。它的关系企业，在香港上市的信德集团经营着港澳间海路客运七成以上的业务；它及其大股东持有股权的酒店，包括葡京酒店、东方文华酒店、凯悦酒店、新丽华酒店、假日酒店、爱都酒店等，是澳门首屈一指的酒店集团。澳门旅游娱乐有限公司还是澳门最大的地产发展商之一，是规模浩大的南湾湖工程的主要股东之一。澳门旅游娱乐有限公司还全面参与澳门各项大型基建工程，包括新澳凼大桥、新港澳码头、九澳货柜港、澳门国际机场等。早在20世纪90年代初，澳葡政府经济事务司纳博就曾表示，过去28年来，澳门旅游娱乐有限公司变得不只是经营赌场的公司，已成为澳门的"第二势力"。[①] 根据澳门旅游娱乐有限公司的统计数据，1997年该公司资产净值高达234.5亿澳门元。该公司在澳门经济中影响力之大，其他澳门企业无出其右。

（2）港资在澳门经济中的四大产业支柱中几乎都占有优势。在旅游博彩业，港资控制了其中最核心的行业——博彩业，并且还是酒店业的主要投资者；在出口加工业，澳门的工厂企业估计有七成以上来自香港，大型企业亦多数是由港商独资或合资开设的；在地产建筑业，直至20世纪90年代初，港资一直是该行业的主要推动力之一，到了90年代以后，随着内地资本的崛起、地产市道的不景，港资在地产建筑业的地位才逐渐下降；在金融业，港资亦占有一定比重，几乎所有主要银行和保险公司都是透过它们在香港的地区总部或关系机构来开展业务的。此外，港资在澳门的仓储码头业、商业零售业、电信业等亦占有一定的比重。

不过，自80年代以后，随着香港与内地经济合作的日益加强，港资的投资重心逐渐转到内地，对澳门的投资明显减少，其主导地位亦已有所削弱，它作为最大外来投资者的地位，亦让位于迅速崛起的内地资本。

二、内地资本是澳门经济中最大的资本势力

内地资本在澳门的发展已有数十年的历史，1949年8月，南光集团的

---

① 参阅《同花大顺——何鸿燊的澳门发展大计》，第10页。

前身——南光贸易公司宣告成立，翻开了内地资本在澳门发展的第一页。1950 年，中国银行澳门分行的前身——澳门南通银行开始营业，初期支持澳门商人经营国货，到 60 年代中期支持新兴的出口加工业。60 年代初，澳门中国旅行社成立，成为澳门最早的旅行社之一。不过，直到 1980 年，澳门内地资本企业仅有 18 家，发展缓慢。这是内地资本在澳门的起步创业期。

内地资本在澳门的迅速发展，始于 80 年代初中国内地的改革开放。当时，毗邻港澳的广东、福建两省得地域、人缘、政策的优势，先后在澳门兴办南粤贸易公司、中福技术服务（澳门）有限公司等各类企业。内地一些部门也先后在澳门设立公司，诸如中国建筑工程（澳门）有限公司、振华海湾工程有限公司、京澳有限公司等。内地资本的崛起给澳门经济注入了一股强大的活力。这一时期，澳门内地资本企业以贸易起家，逐渐拓展至澳门经济的各个领域。1992 年邓小平南方讲话，是中国进入全方位对外开放的新时期，大量内地资本涌入澳门，掀起了内地资本在澳门大规模投资的高潮。

经过近 20 年的发展，目前内地资本已超过港资而成为澳门经济中最大的资本力量，内地资本企业的资产总值估计超过 450 亿澳门元，内地资本企业数量超过 200 家，所经营的业务遍及贸易、工业、金融、旅游、饮食、酒店、地产、建筑、交通运输以及大型公共建设等各个领域。内地资本在澳门各主要行业已有相当大的比重，其中，银行业占 60%，保险业占 50%，贸易占 30%，旅游业（不包括博彩业）占 50%，地产建筑业（包含非正常管道来澳资金）占 70%～80%。①

内地资本企业以"立足澳门，依靠内地，走向世界"为经营方针，经近 20 年的发展，已逐渐形成一批业务多元化的大型企业集团，这些集团主要有中国银行澳门分行、南光集团、澳门中旅集团、南粤集团、珠光集团、澳门中福等，它们在澳门经济中发挥举足轻重的积极作用。目前，内地资本在澳门经济中的地位和作用主要表现在：

（1）成为澳门金融业的重要支柱。目前，澳门的内地资本银行有 4 家，分别是中国银行澳门分行、大丰银行、澳门国际银行、广东发展银行。其中，中国银行澳门分行不但是澳门最大的商业银行，而且是澳门两家发钞银行之一，和指定的港币清算银行，对澳门的金融业具有举足轻重的影响。大丰银行则是澳门本地注册的最大银行。据统计，1997 年底，内

---

① 张旭明. 谈谈内地资本贸易企业在澳经营发展的一些想法 [J]. 澳门中国企业会刊，1997：19.

地资本银行的资产总值达 655.47 亿澳门元，占澳门银行资产总值的 41%；同年，内地资本银行的存款、贷款总额分别为 499.99 亿澳门元和 305.75 亿澳门元，占澳门银行存款、贷款总额的比重分别高达 53% 和 56%，在吸引居民存款，支持澳门工商业、进出口贸易、旅游业、地产建筑业以及大型基建工程等方面都发挥了积极作用。

（2）推动了澳门旅游业的蓬勃发展。自 20 世纪 60 年代澳门中国旅行社创办起，经过 30 多年的发展，澳门内地资本旅行社已从早期的单一接待经澳门转内地的华侨、华裔人士业务扩大到办理港澳台同胞到内地旅游、探亲等旅游业务，以至内地居民"澳门游"等，推动了澳门旅游业的发展。其中，澳门中国旅行社在澳门、香港和广州设立了 8 间分社和办事处，不但成为澳门最大的旅行社，而且已发展成为一家多元化的企业集团，它所经营的业务，除了旅游、酒店、酒店管理、餐饮，还涉及进出口贸易、百货零售、珠宝首饰、地产建筑、洗衣等，拥有全资、合资公司达 20 多家。1991 年 6 月，澳门中国旅行社获澳督韦奇立颁发的"旅游业功绩勋章"。1994 年，澳门中国旅行社与内地资本友联发展有限公司合组澳门中旅（集团）有限公司，进一步向多元化企业集团发展。

（3）促进澳门进出口贸易，保障澳门居民的生活需要。数十年来，澳门内地资本企业以"立足澳门，服务澳门"为宗旨，积极推动内地与澳门的进出口贸易。据估计，目前澳门八成以上的鲜活商品，四成以上的石油产品，以及粮油食品、中成药等其他中国传统产品，基本上是由内地资本企业组织供应的。在其他居民生活必需品供应方面，内地资本企业也占有重要地位。① 其中，中国外经贸部驻澳机构——南光集团，是澳门最大的综合性贸易公司之一。该集团的前身是南光贸易公司，1985 年 8 月重组为南光集团。该集团除了对澳门供应粮油食品、土特产品、石化产品、五金矿产、纺织品、轻工业品等，还与海外 70 多个国家和地区展开贸易，并在澳大利亚、新西兰、葡萄牙、美国、新加坡及中国香港等国家或地区设有企业，形成国际化经营网络。目前，南光集团拥有直属二级企业、综合职能部门 30 多个，在澳门拥有自置办公大楼、仓库、冷库、码头、车队、加油站、工厂、酒店、百货大楼等设施和物业，在内地 15 个省市投资兴建了 60 多家独资、合资企业，并参与澳门国际机场、港口管理、澳门广播电视、地产开发等项目的投资，已成为多元化经营的大型企业集团。

（4）积极参与澳门大型基础设施的建设，成为地产建筑业的一支主力

---

① 参阅《内地资本企业在澳门》，第 64－65 页。

軍。20 世纪 80 年代以后，内地资本企业开始拓展澳门的建筑业，承包建设工程，涉及的项目包括工业建筑工程、市政及水利工程、商住大厦、酒店、医院、体育馆、大型娱乐场、桥梁、道路、码头、机场、填海、隧道、大型油库等各方面。其中，仅大型填海工程就有 14 项，包括澳门黑沙湾、新港澳码头、北安二期、污水处理厂、南湾湖整治等，为澳门填海造地近 2 平方公里，占全澳门填海面积的七成。[①]

不过，近年来内地资本受到地产市场低迷、经济不景气、亚洲金融风暴等影响，正步入困难的调整期，过去存在的一些问题也开始暴露。诸如部分企业管理干部素质不高，经营管理落后；部分管理干部利用有形或无形的特权承包工程及专营项目，有的甚至在地产股市狂潮中向银行借贷或抽调国内资金进行炒卖，导致严重亏损，个别甚至已资不抵债。为此，内地资本已开始整顿重组，1998 年南光集团重组管理层，1999 年南粤集团出现债务危机，被迫债务重组。

三、葡资侧重金融业、公用事业

葡萄牙尽管在澳门经营了 400 余年，但葡资在澳门经济的活跃程度远远不如在香港的英资。目前，在葡萄牙的官方名单上，在澳门的葡资公司仅 25 家，葡资在澳门的投资侧重点为金融业和公用事业。

25 家葡资公司中，金融业占了 6 家，包括大西洋银行、葡萄牙商业银行、澳门商业银行（亚洲）有限公司、多达亚速尔银行、必利胜银行及富利银行。其中，历史最悠久的是大西洋银行，该银行于 1902 年 8 月在澳门开设分行，经营一般商业银行业务，并为澳门政府代理货币发行和财政收支，其角色相当于香港的汇丰银行。大西洋银行于 1974 年 9 月被葡国革命政府收归国有，其后更被葡国总储金局集团兼并，成为葡萄牙最大金融集团的成员。该行总部设在葡萄牙里斯本，分行遍布欧洲、非洲和亚洲，目前，大西洋银行在澳门设有 10 间分行，在珠海设有 1 间分行，并在香港设有办事处。根据 1995 年 10 月订立的协议，大西洋银行与中国银行平分澳门发钞权。[②]

葡资另一活跃的金融集团是葡萄牙商业银行，该行自收购了葡国第一银行和澳门保险公司之后，目前在澳门拥有 3 家银行和 1 家保险公司，即葡萄牙商业银行、葡国第一银行、澳门商业银行和澳门保险公司。其中，

① 参阅《内地资本企业在澳门》，第 65 页。
② 参阅《大西洋银行 1996 年报》，第 9 页。

澳门商业银行在澳门已经超过20年，是一家大型零售银行，拥有15家网络分行。

在公用事业方面，葡资主要集中在电力、电信及航空等领域。目前，电力公司是澳门最大的葡资公司，该公司由内地资本、葡资、法资股东拥有，其中，葡资股东共拥有35%的电力生产和供应的专营股份，而实际上他们可能已控制了45%的股份。该公司主席苗璟诚表示，葡国人在公司管理方面的影响力高于所占有的股份，明显可见的就是在公司的宏观架构中，EDP（葡资股东之一）30个人员掌管重要职位。① 在电信领域，目前葡萄牙电讯拥有澳门电讯有限公司28%的股权（其余股东包括英国大东电报局，占52%；香港中信集团，占20%），并拥有宇宙卫星通讯有限公司30%的股权（其余股东包括中国邮电部、航天工业总公司，占55%；企业家吴福，占15%）。在航空领域，葡萄牙机场航营公司拥有澳门机场管理有限公司51%的股权（1999年后降为49%），而葡国航空公司牵头财团则占澳门航空股份有限公司25%的股权。

此外，葡资投资的领域还有工业、建筑和公共工程，以及环保等方面。总体而言，正如葡萄牙学者指出的，澳门"这块由葡萄牙管治的弹丸之地，虽然位于全球增长最快区域的中心，却未被葡国公司纳入投资策略之中。似乎这座进占远东新市场及贸易的'桥头堡'已被葡资公司遗忘。虽然不时有各企业高层陪同总统或政府官员访问澳门，但在此地植根发展的却很少"②。

长期以来，葡资在澳门经济中所占比重尽管不高，但一直享有投资优势。有学者认为，随着澳门回归的临近，葡资在澳门的投资优势将逐步丧失，并有可能相继离开澳门返回葡萄牙。不过，澳门大西洋银行新任总经理苏钰龙表示，澳门回归后，大西洋银行将利用它的海外银行网络发展与中国澳门及内地的业务。而最近与港资公司合作开拓内地环保工程业务的葡资公司——澳门盛世集团董事长田达表则认为，澳门回归后，葡资公司中一些具实力的企业集团将留在澳门，并以澳门作为发展中国内地市场的后勤基地。③

---

① 参阅《电力公司——最大的葡资》，第31页。

② JOAO FRANCISCO PINTO. 在澳葡资形势［J］. 邱锦江，译. 澳门杂志，1998（3）：25.

③ 参阅《在澳葡资公司进军内地》。

四、来自 OECD 国家的资本微不足道

正如美国麦健士公司在《澳门未来十年发展前景》中所指出的，在澳门，"来自经济合作与发展组织（OECD）国家的投资很不重要，而在其他东南亚国家，它们都在全部外资中占了很大的比例"。以香港为例，英资、日资、美资等国际资本在其经济中都占举足轻重的地位，是除内地资本以外的最大外来资本。然而，在澳门，外来资本几乎单独来自香港和内地，来自 OECD 国家的资本在整体资本中所占比重微不足道，一般估计仅为2%～3%。这些资本主要集中在银行业、保险业和公用事业。在银行业，主要有美资的万国宝通银行、美国银行、永亨银行，英资的汇丰银行、渣打银行，法资的法国国家巴黎银行，德资的德意志银行等。在保险业，主要有美资的友邦保险、美安保险、北美洲保险，英资的汇丰保险、汇丰隆德保险、英商商联保险，澳大利亚资本的国卫保险、澳洲昆士兰保险，加拿大资本的加拿大皇冠保险，以及日资的住友海上火灾保险等。在公用事业，英资最大的投资就是英国大东电报局持有澳门电讯有限公司 52% 的股权，法资则持有澳门电力公司和澳门废物处理有限公司部分股权。此外，英资的怡和集团透过旗下公司持有澳门文华东方酒店 50% 的股权。这一情况明显反映了澳门资本结构的"极性"或单元性。

除香港和内地外，来自中国台湾的资本（以下简称"台资"）（非OECD 地区）亦曾对澳门表现出颇大的兴趣。20 世纪 80 年代末 90 年代初，台资曾积极进入澳门。其中最大的投资就是澳门赛马会，以及汤臣太平洋集团计划与澳门旅游娱乐有限公司合资兴建豪华酒店等，可惜后来台资均无功而返。1995 年澳门国际机场启用后，澳门作为台湾与大陆的中介地位再度凸显，台资亦对澳门投资表现出颇浓的兴趣。台湾中小企业银行（现改名为"台湾国际商业银行"）1996 年 5 月在澳门开设分行，可能是台资进军澳门的先声。

五、本地华资以中小企业为主

澳门资本结构中另一股重要的资本势力，就是本地华资。本地华资在澳门的发展历史悠久，源远流长。然而，受到澳门微型经济规模和欠发达资本主义制度的制约，本地华资无法孕育出像香港李嘉诚财团、包玉刚财团那样的大型企业财团。据统计，澳门雇用 500 人以上的公司不超过 200

家，绝大部分本地华资都是中小企业，遍布在澳门经济的各个领域，包括旅游、酒店、饮食、娱乐、出口加工、对外贸易、地产、建筑、银行、保险、商业零售等，与港资、内地资本一起形成澳门经济的基础。

（原文发表于刘泽生主编的《迈向新世纪："九九"澳门回归专家谈》，1999 年）

澳门博彩财团的历史演变与发展现状

一、19 世纪以来澳门博彩财团的历史演变

博彩业源于赌博，在澳门拥有悠久的历史。1837 年 6 月 14 日英国《哈珀周报》的副刊上就刊登了一幅《澳门赌场》的图画，生动地描绘了澳门赌场中"番摊"的场面。1847 年，澳葡当局宣布赌博合法化，进一步刺激了澳门赌博业的空前繁荣。据郑观应在其著作《盛世危言》的《澳门窝匪论》中记载，19 世纪 50 年代，澳门的"番摊"赌馆已有 200 多家。当时，澳门的赌博方式主要有"骰宝""番摊""山票""铺票""字花""白鸽票"等，其中以"番摊"最为盛行。

19 世纪后期，澳葡政府开始公开招商开赌，对各项赌博的开设实行逐项开标承投。投标的方法是以"暗标出投"，"投标者须先交压票银 200 银圆，存在国课银库"，申明每年出规限若干，"谁出价高并合公会意者得"，投得者由澳葡政府与其签订专营合约。这种赌博承投方式后来逐步形成制度，到 1891 年 12 月明确订定了有关章程，在澳门《宪报》上公布实行，一直沿袭了数十年。① 19 世纪末 20 世纪初，澳门最有名的赌商是卢九和卢廉若父子。卢九原名卢华绍，字焯之，因在兄弟中排行第九，故称卢九。卢九是广东新会人，生于 1837 年，出身本属贫寒，后来到广州等地经营钱庄、鸦片、赌博等业，渐成富商。19 世纪末，卢九在澳门投得经营"山票""铺票"的赌权，并经营鸦片，这两项生意在当时均为合法事业，卢九遂成澳门第一代赌王。

卢廉若是卢九长子，名鸿翔，号廉若，1878 年生于新会乡间。卢廉若继承父业，亦投得澳门"山票""铺票"的赌权，兼营鸦片，同时又是南洋烟草公司和宝亨银号的大股东，财势显赫。卢廉若成为澳门赌业巨子后，曾在澳门广置土地。1904 年起大兴土木，建造"卢园"（又称"娱

---

① 梅士敏. 澳门博彩专营权逾百年（之五）［N］. 澳门日报，1997 - 08 - 12.

园"），准备接父亲卢九安度晚年。谁知卢九晚年生意失败，欠债达 400 多万银圆，且身缠官司，竟于 1906 年在卢家大屋悬梁自尽，终年 70 岁。卢九死后，卢廉若继续兴建卢园，至 1925 年全部完成。卢园是港澳地区唯一具有苏州园林风韵的名园，亭台楼阁，池塘桥榭，修篁飞瀑，曲径回廊，尤其是奇石巉岩，峥嵘百态，颇具狮子林的规模。卢园当年占地广袤，东起荷兰园马路，南临罗利老马路，西邻贾伯乐提督马路，北接柯高马路，面积是今日卢廉若公园的一倍多，一代赌业巨子的赫赫财势尽显其中。

1927 年，卢廉若病逝，赌权旁落，卢家渐渐凋败，卢园亦分段易手，其主要业权由港澳名人何贤购得，成为今日供游客观赏的卢廉若公园。卢九、卢廉若父子先后逝世后，卢家后人无意经营赌业，赌权遂被来自广州的赌业集团夺去。1930 年，以霍芝庭为首的豪兴公司投得全部博彩游戏的专营权。豪兴公司曾先后于新马路中央酒店及域多利戏院旧址（今新马路大丰银行）经营赌场。豪兴公司对澳门博彩业及其周边配套服务作了创新的改进，例如对赌场进行堂皇华丽的装修，设置戏台，为客人提供免费水果、香烟、食品及代客购买船票等。1932 年，赛狗博彩活动首次由范洁朋等一群海外华侨及美国商人引进澳门。他们组织了"澳门赛狗会"，兴建赛狗场，即现在的逸园赛狗场前身。但这种新的博彩方式在当时并不是太受欢迎。澳门赛马活动早于 1842 年出现，但有规模的赛事则于 1927 年才由当时获得赛马专营权的澳门万国赛马体育会于新建的黑沙环赛马场举办。

1937 年，澳葡政府对赌博专营权进行重大改革，将所有赌博专营权集中，并统一承投，结果被港澳富商傅德榕、高可宁合组的泰兴娱乐总公司以 30 万澳门元的标价投得，并与澳葡政府财政厅签订专营合约，取得专营赌博业的垄断权，承包了整个澳门的赌业。根据合约，泰兴娱乐总公司每年须向澳葡政府缴纳赌税约 180 万澳门元，赌税成为澳葡政府的主要财政收入来源。[①] 傅德榕又称傅老榕，早年曾先后在广州、深圳等地开赌，后因当地政府禁赌，遂移师澳门，与广州赌业集团合作承投赌博专营权。对于傅德榕如何与高可宁合作夺得澳门赌博专营权，香港《南北极》杂志曾刊文介绍："距今 50 多年前，高可宁得到香港利氏家族的撑腰，乘澳门的赌权合约又将届满之际，过江择肥而噬。当时广州赌业集团已打算放弃，但主持赌公司的大旗手傅老榕却力主继续办下去。高可宁与傅老榕本来份属好友，利益又很一致，旧拍档退出，新拍档加入，傅老榕自无异议，两

---

① 元邦建、袁桂秀. 澳门史略［M］. 北京：中流出版社，1988：172 – 173.

人于是顺理成章'同甘共苦'（合组泰兴公司），大小赌场如雨后春笋般开设起来，奠定澳门这个赌埠的'根基'。"

傅德榕、高可宁的泰兴娱乐总公司夺取赌博专营权后，先后在中央酒店、福隆新街和十月初五街开设 3 间赌场，经营"番摊""骰宝""百家乐"等品种。票赌则设有富贵厂、荣华厂，每月开彩 6 次；"白鸽票"则设有泰兴厂，每天早午夜开彩 3 次，全澳门共设有四五十家收票店。每逢开彩时，"市民鹄立于其门前围观者，人山人海，引领高望，一若决定其一生命运于此一刻焉"。泰兴娱乐总公司的赌场，主要设于中央酒店。中央酒店建成于 20 世纪 20 年代后期，原名总统酒店，楼高 6 层。傅德榕和高可宁看中它，将其装修为一座豪华的多层赌馆，后来更把它加高到 11 层，成为整个澳门最高的建筑物、一流的酒店。当时，中央酒店内设有"濠兴仕女娱乐场"，颇具规模。酒店楼顶，装有"濠兴"两个霓虹管大字，黑夜中闪耀华彩，远近可见。

濠兴仕女娱乐场设有跳舞场、游戏场和天台茶室，标榜为"高尚的娱乐""消遣的胜地"。它在广告中声称：跳舞场"选艳丽之舞女，聘著名之乐队，有华贵之陈设，配美化之灯光，鬓影衣香，令人如入众香园"；游戏场"有幽雅的桌球室，有新颖的博彩场，随之游戏，兴味弥增，大可有乐不思蜀之慨"；而天台茶室则有"精制各式美点，炮制上汤面食，茶香酒暖可以大快朵颐"①。濠兴仕女娱乐场无疑是当时最奢华的赌场。难怪有论者认为，"真正把弹丸之地的澳门捧上东南亚赌业首都地位的人，应该从香港的巨贾高可宁算起"，当然，还有傅德榕。

二、澳门旅游娱乐有限公司的垄断经营

踏入 20 世纪 60 年代，澳门的赌博业进入了现代化的发展阶段。1961 年，葡萄牙政府根据澳葡政府的建议，颁布了第 18267 号法令，确定澳门地区（包括氹仔和路环）为旅游区，特许开设赌博娱乐，并将其作为一种"特殊的娱乐事业"在澳门经营。从此，澳门的赌博娱乐业成为正式的、完全合法的行业。1982 年，澳葡政府颁布第 6/82/M 号法律——《澳门幸运博彩新法例》，以立法的形式将赌博定义为"其结果系不可预料且纯粹靠运气的博彩"，并将其重新命名为"幸运博彩"，指定澳门是"永久性博彩区"。澳葡政府还承诺："以旅游博彩业繁荣澳门，把澳门建成旅游娱乐

---

① 参阅李鹏翥《澳门古今》，第 155－156 页。

胜地。"这样，澳门传统古老的赌博业逐渐蜕变成现代化的旅游博彩业，成为澳门经济的主要支柱。

20 世纪 60 年代初，澳门一代赌王傅德榕、高可宁先后逝世，泰兴娱乐总公司的赌博专营合约亦于 1961 年 12 月 31 日届满。澳葡政府遂筹备再次公开招商承投赌博专营权，并于 1961 年 7 月和 12 月先后颁布了《承投赌博娱乐章程》和《承投山铺票条例》。新条例将竞投的底价提高到 300 万澳门元，规定赌博专营持有人必须在 3 年内兴建一大型赌场和豪华酒店，并须提出一系列投资计划，包括联系港澳两地及澳门与离岛的定期高速客轮及直升机的交通运输计划，迁移徙置区及建造游泳池、公园的都市化发展计划，在港澳及外地推广与旅游有关的澳门文化艺术及工艺，发展酒店业务以及促使澳门成为一个旅游中心等。

当时，参加竞投赌博专营合约的有两大集团，即泰兴娱乐总公司和由港澳富商何鸿燊、叶汉、叶得利、霍英东合组的财团。最后，何鸿燊等人合组的财团因提出的条件对澳门的旅游、交通及整体经济的发展更为有利，便以 316 万澳门元的标价（仅比泰兴娱乐总公司高出 8 万澳门元），投得经营娱乐场、"铺票"、"山票"及"白鸽票"的专营权。同年 8 月，印度尼西亚华侨郑君豹向政府申请恢复赛狗活动获批，并与政府签订为期 8 年的赛狗专营合约，组成逸园赛狗公司，并于 1963 年 8 月正式开业。

1962 年 1 月 1 日，新财团开设的赌场——新花园赌场正式开业，标志着澳门的赌博娱乐业进入一个新的发展时期，而泰兴娱乐总公司属下各大小赌场即日结业，在澳门赌博业叱咤风云 24 年的傅、高两大家族从此淡出澳门赌博业。1962 年 3 月 30 日，何鸿燊代表新财团在葡国首都里斯本与澳门总督罗必信签订专营合约。该合约有 20 条款项，规定新财团必须在不迟于 1962 年 5 月 30 日组织一家股份有限公司，在公司成立 8 天之内将专营合约所列的全部权利与义务移交给新公司。

1962 年 5 月，何鸿燊等人创立澳门旅游娱乐有限公司（简称澳门娱乐公司），由叶得利任董事长，霍英东、叶汉任常务董事，何鸿燊作为股东代表和赌牌持有人任董事总经理，实际主持公司的业务。其后，霍英东取代叶得利出任董事长，而叶汉则于 1982 年将所持股份转让给香港富商郑裕彤。澳门娱乐公司创办后，除开设新花园赌场外，又相继在新马路、十月初五街的七妙斋、海源办馆等地开设赌场，并斥资购入一艘花舫，置于内港 16 号码头，以"澳门皇宫"的名义开赌。1966 年，澳门娱乐公司又斥资 600 多万港元，在香港购入一艘巨型花舫，取代原来的小型旧花舫，该花舫仍名为"澳门皇宫"，于船的二、三楼开赌，另设有酒楼和夜总会。

何鸿燊、霍英东等人又根据专营合约条款，于1962年创办信德船务公司，购入水翼喷射船经营香港与澳门之间的海上客轮服务。1973年，信德船务公司重组为信德企业在香港挂牌上市。信德企业的水翼喷射船队将港澳间的海路交通缩短至1小时，大大便利了港澳两地的往来。其时，香港经济已经起飞，市民生活水平亦大大提高，因而刺激了澳门旅游业的发展。

20世纪60年代末，澳门娱乐公司斥资6 000万港元，在澳门最优越的地点兴建气派豪华的葡京酒店，并附设两层大面积赌场。1970年，葡京酒店落成开业，角子机和五花八门的赌局24小时全天开放，很快便成为澳门最主要的赌博胜地，亦成为澳门娱乐公司"采之不尽的金矿"。与此同时，澳门娱乐公司又积极引进赌博种类以吸引游客。到80年代中期，澳门娱乐公司先后共开设了5家赌场，包括葡京娱乐场、皇宫娱乐场、东方娱乐场、回力娱乐场以及金碧娱乐场，5家赌场共设有赌台134张和角子机625台。[1]

5家赌场中，以葡京娱乐场规模最大，东方娱乐场最豪华，而金碧娱乐场规模最小。葡京娱乐场设有7间博彩厅、300台角子机及75张赌台。气派豪华的东方娱乐场则设有25台角子机，12张赌台。而规模最小的金碧娱乐场仅有10台角子机、1张番摊台、2张骰宝台。[2] 澳门娱乐公司其后陆续在各主要酒店开设赌场，到1998年中，共拥有9家赌场，包括葡京娱乐场、新皇宫娱乐场、金碧娱乐场、东方娱乐场、回力娱乐场、金域娱乐场、假日娱乐场、海岛娱乐场及新世纪娱乐场，该公司还在1999年澳门回归前在澳门置地广场开设了第10家赌场。

澳门娱乐公司各大小赌场的赌客大致可分为两大类：一类是来自中国香港、内地以及本地的小本赌客，他们占了所有赌客的95%以上。其中，以香港赌客为主，约占85%。另一类是来自中国香港、泰国、日本以及其他东南亚国家的豪赌客，近年这种豪赌客亦有少数来自中国内地。其中，大多数的豪赌客，特别是来自泰国的豪赌客，是由"招待旅游"（Junket）经办人专门组织来澳门进行赌博旅游的。豪赌客先在当地向经办人兑换一定数量的"招待旅游"的赌博筹码，即俗称的"泥码"，获得免费享受来澳门旅游的各项服务，如酒店住宿、交通旅运、食物及酒吧等，但必须下注赌博。这种"招待旅游"的赌博筹码是经办人受澳门娱乐公司的委托在外地出售的，然后按筹码金额分取佣金。据1983年至1985年的统计，"招待旅游"的赌博筹码，40%是在泰国出售的。而澳门娱乐公司赌场总收入

---

① 黄汉强. 澳门经济年鉴（1984—1986）［N］. 华侨报，1986：174.
② 黄汉强. 澳门经济年鉴（1984—1986）［N］. 华侨报，1986：174.

中，来自豪赌客的占40%。①

随着赌场数目的增加，博彩方式的引进，赌客来源的扩大，澳门娱乐公司的总收入大幅上升。据估计，1989年澳门娱乐公司属下6个赌场的投注总额为930亿港元②，相当于同年澳门本地生产总值的3.9倍，而该年澳门娱乐公司的总收入达55亿港元。1986年，澳门娱乐公司曾一度筹备在香港上市，使金融界人士获得阅读该公司账目的难得机会。据说，该公司扣除向政府缴交税项、资本开支和经常开支后，每年毛利高达35%～40%。一位公司财务分析专家表示："它是现金流量大得惊人，利润极厚的生意。"③

据粗略估计，澳门娱乐公司从1962年到1977年的总收入为127亿澳门元，从1978年到1985年为93.15亿澳门元，上述两项合计为220.15亿澳门元。1986年之后，博彩总收入继续激增，1986年为18.92亿澳门元，到1996年已增加到164.08亿澳门元，十年间平均每年增幅接近20%（见表1）。1997年，澳门娱乐公司博彩总收入达到178.20亿澳门元，当年纯收入尽管比1996年下跌19.9%，但仍高达37.1亿澳门元。同年，澳门娱乐公司的资产净值高达234.45亿澳门元，是1962年注册资金的7 815倍。博彩业为澳门娱乐公司带来滚滚财源。

表1　1978年至1997年澳门娱乐公司总收入概况

年份	博彩总收入（亿澳门元）	增长率（%）	年份	博彩总收入（亿澳门元）	增长率（%）
1978	4.14		1988	36.35	+37.4
1979	6.56	+58.5	1989	55.08	+51.5
1980	7.98	+21.6	1990	74.46	+35.2
1981	9.55	+19.7	1991	84.33	+13.4
1982	13.26	+38.8	1992	114.23	+35.5
1983	15.00	+13.1	1993	138.39	+21.2
1984	19.00	+26.7	1994	154.10	+11.4
1985	17.66	-7.1	1995	174.76	+13.4

①　黄汉强. 澳门经济年鉴（1984—1986）［N］. 华侨报，1986：174.
②　春波. 为澳门娱乐公司算算账［J］. 财富月刊，1990（10）：12.
③　参阅《同花大顺——何鸿燊的澳门发展大计》，第11页.

（续上表）

年份	博彩总收入 （单亿澳门元）	增长率 （%）	年份	博彩总收入 （亿澳门元）	增长率 （%）
1986	18.92	+7.1	1996	164.08	-6.1
1987	26.46	+39.9	1997	178.20	+8.6

数据来源：黄汉强，吴志良. 澳门总览：第 2 版［M］. 澳门：澳门基金会，1996；澳门日报社. 澳门手册（1998）［M］. 澳门：澳门日报社，1998.

到 20 世纪 90 年代中后期，澳门娱乐公司不仅垄断了整个博彩业，而且其势力甚至扩张到澳门经济的各个领域，它是澳门最大的地产集团、首屈一指的酒店集团、第三大金融势力，并全面参与澳门各项大型基建工程。当时，香港一位分析家认为："在澳门，人人都是何氏的雇员，包括总督在内。"此言虽有夸大之嫌，但澳门娱乐公司在澳门的势力由此可见一斑。澳葡政府经济事务司纳博认为："澳门娱乐公司不只是经营赌场的公司，它已成为澳门的第二势力。"

这一时期，澳门娱乐公司几乎成为政府税收的主要来源。1961 年 7 月 8 日，澳葡政府在《宪报》上公开招商承投赌博专营权时，就已明确列出承投赌博专营权的 15 项条件，其中包括专营公司每年至少要缴纳 300 万澳门元的税款，另再加上 5% 的澳门旅游基金及 1% 的公务员互助基金。[1] 澳门娱乐公司自 1962 年与澳葡政府签订博彩专营合约以来，曾先后于 1964 年、1972 年、1976 年、1982 年、1986 年及 1996 年 6 次续约，每次续约均须向澳门政府缴交签约费，从 1962 年的 316.7 万澳门元，增加到 1976 年的 3 000 万澳门元，到 1996 年更急增到 15 亿澳门元。据统计，仅前后 7 次签约、续约，签约费累积就达 36.26 亿澳门元，为澳葡政府带来可观的收益。不过，相对而言，签约费仅是一个小数目。澳门娱乐公司除了每次续约需缴纳签约费，还需每年缴纳庞大的特别博彩税和公务员互助基金。1983 年以前，特别博彩税以一固定的数额征收，1982 年 12 月 30 日澳门娱乐公司与澳葡政府续约时签署的协议规定，从 1983 年到 1986 年，特别博彩税的征收改为按博彩总收入的 25% 计算，另附征 0.43% 作为公务员互助基金。

1985 年 12 月 19 日，澳葡政府与澳门娱乐公司又签署了一项修改幸运博彩合约的协议，将专营合约伸展到文华东方酒店开设的博彩场，同时规

---

① 黄汉强. 澳门经济年鉴（1984—1986）［N］. 华侨报，1986：195.

定专营公司缴交的特别博彩税每年增收1%的比率。1991年至1996年，澳葡政府将特别博彩税的征收比率固定在30%，但1996年签订新协议时又将其调升到31.8%，并将澳门娱乐公司的专营合约延长到2001年。随着博彩业的发展以及博彩专营合约关于征税规定的调整，澳门娱乐公司向澳葡政府缴交的博彩税大幅增加。据统计，1978年博彩税款仅4 100万澳门元，1981年已突破1亿澳门元大关，1989年更跃升至14.32亿澳门元。踏入20世纪90年代，博彩税增长得更快，从1990年的19.36亿澳门元急增至1995年的52.26亿澳门元，5年间增幅约达170%。1996年，博彩税因旅游博彩业增长放缓，下跌至49.16亿澳门元，但到1997年已上升到创纪录的59.75亿澳门元（见表2）。

表2　1993—1997年博彩税在澳门公共开支及本地生产总值中的比重

年份	1993	1994	1995	1996	1997
博彩税（亿澳门元）	42.23	45.48	52.26	49.16	59.75
公共开支（亿澳门元）	104.20	112.51	154.72	146.87	142.41
博彩税占公共开支比重（%）	40.50	40.40	33.80	33.50	42.00
本地生产总值（亿澳门元）	475.95	534.29	592.81	582.56	584.72
博彩税占本地生产总值比重（%）	8.90	8.50	8.80	8.40	10.20

数据来源：澳门货币暨汇兑监理署年报资料。

三、博彩专营权开放后六大博彩财团的发展

回归前后，在博彩专营权制度下，澳门博彩业缺乏内部竞争机制，导致经营传统、保守，设备落后，形式单一，已无力应付外界日益严峻的挑战。尤其是20世纪80年代后期以来，叠码式回佣制度泛滥，博彩业派生的外围利益丰厚，每年有数十亿港元营业额落入回佣灰色地带，甚至被黑社会从中汲取财政资源、壮大势力，并引发日趋激烈的利益冲突，进而令治安环境恶化，游客望而却步，严重损害了澳门博彩业的竞争力，澳门作为区域旅游博彩中心的地位受到了严峻的挑战。

因此，在1999年澳门回归后，刚成立的澳门特区政府即着手研究博彩

专营权开放问题。2000年7月，澳门特区政府成立研究博彩业发展的专责委员会，并聘请安达信国际顾问公司展开研究。根据安达信的建议，澳门特区政府决定在澳门娱乐公司博彩专营权期满后，开放赌权，引入竞争机制，以推动博彩业的现代化与国际化。2001年8月底，澳门立法会正式通过16/2001号法律《娱乐场幸运博彩经营法律制度》，就批给制度、经营条件、竞投及承批公司的经营模式、股东与管理人员资格、博彩税等主要项目作出了原则性的规定。澳门特区政府决定等澳门娱乐公司的幸运博彩专营合约于2001年12月31日期满后，批出3份承批合约，为澳门经济发展注入新的动力及为长远持续发展打下坚实基础，贯彻澳门特区政府"以博彩旅游业为龙头、以服务业为主体，其他行业协调发展"的施政方针。

2001年10月26日，澳门行政长官何厚铧签署了第26/2001号行政法规，即《规范经营娱乐场幸运博彩的公开竞投、批给合同，以及参与竞投公司和承批公司的适当资格和财力要件》，具体地规定了整个竞投程序。同年10月30日，澳门特区行政长官何厚铧透过批示正式设立"娱乐场幸运博彩经营批给首次公开竞投委员会"，以统筹有关招标竞投程序的工作。该委员会按照第26/2001号行政法规，于11月2日正式展开招标竞投的工作。委员会于截标日期前，即2001年12月7日共收到21份标书，其中3家公司由于没有在规定期限内补交所要求的文件，因此未能进入后续的阶段。提交标书的公司资金主要来自中国澳门、香港、台湾及美国、马来西亚、澳大利亚、英国等地区和国家，其中不少是属于国际级的大型博彩经营集团。

2002年2月8日，澳门特区政府经过国际招标和评核，宣布将博彩专营权批给何鸿燊旗下的由澳门娱乐公司改组而成的澳门博彩股份有限公司（简称"澳博"）、由港商吕志和与美国威尼斯人集团合组的银河娱乐场股份有限公司（简称"银河娱乐"），以及以美国赌王史提芬永利为首的财团永利度假村（澳门）股份有限公司（简称"永利度假村"）。同年12月，澳门特区政府与银河娱乐就双方所签的合约进行了修改，主要是就银河娱乐与威尼斯人的合作关系起了变化及威尼斯人获准以银河娱乐旗下的转批给方式在澳门经营幸运博彩业进行修改。其后，2005年4月20日及2006年9月8日，澳博及永利度假村也先后与由何鸿燊女儿何超琼和美国赌博公司美高梅（MGM）合资的美高梅金殿超濠股份有限公司（简称"美高梅超濠"）及由何鸿燊儿子何犹龙与澳大利亚博彩公司PBL合组的新濠博亚博彩（澳门）股份有限公司（简称"新濠博亚"）签订了转批给合同。

当时，在澳门特区政府宣布竞投结果时，除了澳博，其余刚获得经营合约的博彩公司均需要时间筹备及兴建娱乐场及配套设施，未能实时营运。2004 年 5 月，威尼斯人旗下首间娱乐场——金沙娱乐场揭幕，这是亚洲首个由美资公司投资发展的博彩项目。同年 7 月，银河娱乐投资兴建的首个娱乐场——银河华都娱乐场亦开业。2006 年 9 月，永利度假村旗下的娱乐场酒店开幕，同时新濠博亚正式接手营运摩卡角子机娱乐场，而其首个幸运博彩娱乐场——澳门皇冠（已改名为澳门新濠锋）则于 2007 年 5 月开幕。同年 12 月，美高梅超濠旗下的娱乐场酒店亦全面投入运作。至此，澳门博彩业形成 6 家博彩公司竞争与博弈的基本格局。

澳门六大博彩财团中，以美资博彩财团的风头最劲。其中，又以威尼斯人最为突出。威尼斯人表示，公司的业务策略是在澳门发展路氹及发挥综合度假村的业务模式，打造亚洲首屈一指的博彩、休闲及会议目的地。为此，自 2004 年 5 月以来，威尼斯人除在澳门半岛开设金沙娱乐场（2004 年 5 月）外，先后在金光大道两旁开设四间大型综合度假村——澳门威尼斯人度假村（2007 年 8 月）、澳门百利宫（2008 年 8 月）、金沙城中心（2012 年 12 月）及澳门巴黎人（2016 年 9 月），总投资达 130 亿美元（约 975 亿港元）。2009 年 11 月 30 日，澳门威尼斯人以"金沙中国"在香港联交所挂牌上市，至 2017 年 10 月 27 日，总市值接近 3 000 亿港元，成为澳门最大的博彩上市公司（见表 3）。金沙中国是美国拉斯维加斯金沙集团股份有限公司（Las Vegas Sands，简称 LVS）的附属公司，金沙集团股份有限公司是全球最具规模的综合度假村及赌业集团之一。

金沙中国表示，该公司拥有的竞争优势主要包括多元化优质综合度假村，提供大量非博彩设施；现有业务现金流量可观；建立具有广泛地区及国际知名度与吸引力的品牌；管理团队经验丰富；与 LVS 保持关系将缔造重大效益；专注利润较高的中场博彩。① 为了充分发挥这些优势，该公司表示未来将落实以下业务策略，包括继续拓展公司在路氹的综合度假村，开发配套产品服务，满足不同市场板块的需要；充分发挥公司的营运规模效益，打造并保持绝对成本优势；专注利润较高的中场博彩业务，同时继续向贵宾客户及高端客户提供豪华设施与高档次服务；出售零售购物中心或出售、合作经营豪华公寓式酒店，以利用公司非核心资产套现，减少净投资额。②

美资中的永利度假村亦发展快速。2006 年 9 月，位于澳门半岛的永利澳门正式开业。2007 年至 2010 年期间，永利澳门相继完成一系列扩建工

① 参阅《金沙中国 2016 年度年报》，第 22 页。
② 参阅《金沙中国 2016 年度年报》，第 27 - 28 页。

程，增设了更多博彩场地，以及酒店住宿、餐饮零售等非博彩设施。2016年8月，位于路氹的永利皇宫亦正式开业。至此，永利澳门在澳门拥有两间综合娱乐场度假村，包括7.82万平方米的娱乐场、3间豪华酒店，合共2 714间豪华客房及套房。2009年10月，永利度假村以"永利澳门"在香港联交所挂牌上市，截至2017年底总市值超过1 000亿港元，成为澳门博彩上市公司中仅次于金沙中国、银河娱乐的第三大博彩公司。永利澳门的控股公司是美国的WM Cayman Holdings Limited，公司董事会主席为史提芬·艾伦·永利（通称为艾伦）。

此外，另一个美资博彩财团是由美国美高梅与何鸿燊女儿何超琼合资的美高梅超濠，其在澳门半岛拥有澳门美高梅度假村。该公司另一家综合度假村美狮美高梅也将于2018年初在路氹开业。2011年6月，美高梅超濠以"美高梅中国控股有限公司"在香港挂牌上市，截至2017年底总市值在650亿港元左右（见表3）。

港澳华资博彩财团中，以香港酒店业大亨吕志和旗下的银河娱乐发展最具特色。该公司的实际掌门人是吕志和的长子吕耀东，其出任公司董事会副主席兼执行董事。银河娱乐表示，公司的发展愿景是要成为亚洲首屈一指的博彩及娱乐企业。银河娱乐于2004年7月在澳门半岛开设银河华都娱乐场，于2006年10月在澳门半岛开设澳门星际酒店，于2011年5月在路氹开设具东南亚风情的澳门银河大型综合度假村，又于2015年5月在毗邻地段开设澳门银河第二期及澳门百老汇，将原来的经营面积扩展至超过110万平方米，成为拥有6家世界级酒店、超过120间餐厅食肆及酒吧、超过200家时尚品牌店的综合度假城。其中，澳门银河是由银河娱乐及其合作伙伴——悦榕庄酒店度假村和日本大仓饭店及高尔夫娱乐城度假村合作建设的，总投资149亿港元。

2005年7月，银河娱乐成为澳门博彩公司中首家在香港上市的公司，2013年6月银河娱乐被纳入为恒生指数成分股。截至2017年底，银河娱乐的总市值超过2 200亿港元，成为市值规模仅次于金沙中国的澳门博彩上市公司。银河娱乐计划进一步发展公司位于路氹的第三及第四期土地，以拓展其非博彩业务的版图，投资总额为500亿~600亿港元；同时将推进公司在珠海横琴的概念计划，公司已与珠海横琴政府就横琴一块面积达2.7平方公里的土地订立框架协议，发展一项由低层建筑物组成的低密度综合世界级度假胜地项目，投资总额约为100亿人民币，以与公司在路氹的高能量项目优势互补。①

目前，何鸿燊家族在澳门的博彩业务主要是澳博和新濠国际。何鸿燊
旗下原来在博彩专营时代占垄断地位的澳门娱乐公司变身为澳博。澳博在
获批博彩专营权后，旗下 11 间娱乐场于 2002 年 4 月 1 日同时正式营业。
2007 年 2 月，澳博旗下的新赌场——新葡京正式开幕，成为澳门的新地
标。翌年 2 月，澳博旗下的十六浦娱乐场也正式开幕。2014 年，澳博策划
的路氹项目"上葡京"举行动土典礼，计划于 2018 年完成，届时将提供
约 2 000 间酒店客房及套房，以及娱乐场、会议、购物、餐饮等博彩及非
博彩设施。从总体来看，澳博走的仍然是较传统的路线，强调公司的本土
优势。2008 年 7 月，澳博以"澳博控股"在香港挂牌上市，当时曾一度引
发何鸿燊及其胞妹十姑娘何婉琪之间关于股权的诉讼官司，受此影响公司
一度延迟上市日期。截至 2017 年底，澳博的总市值约为 380 亿港元。

由何鸿燊儿子何猷龙控制的另一家博彩公司为新濠国际发展有限公
司，其经营的项目包括位于澳门氹仔的娱乐场酒店澳门新濠锋，位于澳门
路氹的综合娱乐场度假村新濠天地（2009 年 6 月）和新濠影汇（2015 年
10 月），以及澳门最大的非娱乐场博彩机业务摩卡角子机娱乐场。其中，
新濠影汇是以电影为主题的娱乐、购物及博彩综合度假村。该公司表示：
新濠影汇"自开幕以来，这个亚洲娱乐总汇已吸引超过 1 000 万名游客慕
名到访，并凭借其丰富精彩的世界级娱乐设施及为访澳旅客打造的非凡娱
乐体验，勇夺超过 35 项本地及国际奖项。新濠影汇为澳门娱乐体验开多个
创新先河，成功引领澳门迈向娱乐新时代，并加强了本集团非博彩娱乐业
务的发展"②。公司同于菲律宾马尼拉经营集娱乐场、酒店、购物及娱乐
于一体的综合度假村新濠天地。

新濠国际发展始创于 1910 年，并于 1927 年在香港上市。2012 年 9 月
16 日，新濠国际发展宣布，何猷龙的家族信托公司 Great Respect 已就新濠
国际发展所发行 11.75 亿元可换股贷款票据，分两次以换股价 3.93 元转换
合共约 2.99 亿股公司股份，完成后何猷龙连同家族成员的持股量将由
36.02% 增至 48.49%，其后进一步增至 53.24%。截至 2017 年底，新濠国
际发展的总市值约为 315 亿港元（见表 3），该公司也已经在美国纳斯达克
市场上市（纳斯达克：MLCO）。

---

① 参阅《银河娱乐集团有限公司 2016 年报》，第 30 页。
② 参阅《创新建构，迎合未来——新濠国际发展有限公司 2016 年年报》，第 16 页。

表3 澳门6家博彩上市公司发展概况

(单位：亿港元)

博彩公司	主要股东	上市日期	2016年度营业收入	2016年度净利润	2017年10月27日市值
金沙中国	Venetian Venture Development（占70.08%）	2009年11月30日	499.00	91.80	2 946.84
银河娱乐	CWL Assets（PTC）Limited（占31.83%）；City Lion Profits Group（占22.74%）；吕志和基金有限公司（占6.90%）	1991年10月7日	530.35	62.71	2 219.49
永利澳门	WM Cayman Holdings Limited（占72.18%）	2009年10月9日	220.99	14.36	1 006.99
美高梅中国控股有限公司	MGM Resorts International Holdings Limited（占55.95%）；何超琼（占22.49%）；Grand Paradise Macau Limited（占12.19%）	2011年6月13日	149.07	30.37	648.28
澳博控股	澳门旅游娱乐股份有限公司（占54.13%）；梁安琪（占8.10%）	2008年7月16日	417.98	23.15	380.18
新濠国际发展	何猷龙（占53.24%）；Better Joy Overseas Limited（占19.08%）；Gread Respect Limited（占19.85%）	1927年	238.53	98.91	314.59

数据来源：香港联交所、各上市公司官网。

四、近年来博彩公司经营策略的转变

2002 年博彩专营权的开放在博彩业内部形成良性竞争，再加上 2003 年中央政府开放内地居民赴港澳 "自由行"，有力地促进了博彩业的快速发展。根据博彩监察协调局的资料，截至 2016 年底，澳门赌场数已从回归前的 11 家增加至 38 家。

从 2016 年度的统计数字看，目前澳门博彩市场基本形成澳博、威尼斯人、银河娱乐三强的局面，3 家博彩公司的博彩收益均在 400 亿港元以上，其中银河娱乐的博彩收益接近 500 亿港元，3 家公司至少获得澳门博彩市场六成份额；而其余 3 家则仅获得不足四成份额，其中永利度假村、新濠博亚的博彩收益只是银河娱乐的一半左右，美高梅超濠更只是银河娱乐的 1/3 左右。从经营业务多元化的角度看，表现最佳的是威尼斯人，其非博彩业务收益占总收益的比重达到 16.24%。威尼斯人的非博彩业务包括酒店、餐厅、零售、娱乐、会展、渡轮等领域，拥有 12 751 间酒店客房及套房、140 家餐厅、21 万平方米零售楼面、19 万平方米会议场地、3 家常设剧院，以及一家拥有 15 000 个座位的综艺馆。其次是银河娱乐及新濠博亚，其非博彩业务收益占总收益比重分别为 10.74% 及 8.64%。表现最差的则是澳博，非博彩业务收益占比仅为 1.26%，其次是美高梅超濠（见表 4）。

表 4　2016 年澳门 6 家博彩公司的经营概况

博彩公司	总收益 （亿港元）	博彩收益 （亿港元）	博彩业占比 （%）	赌台 （张）	角子机 （部）
威尼斯人	499.00	417.98	83.76	1 635	4 493
澳博	417.98	412.72	98.74	1 616	2 132
银河娱乐	530.35	473.39	89.26		
永利度假村	220.99	205.53	93.00	562	1 710
新濠博亚	238.53	217.93	91.36	892	2 870
美高梅超濠	149.07	146.06	97.98	427	1 060

数据来源：澳门 6 家博彩公司 2016 年年报。

2014 年 6 月以来，随着澳门内部环境的转变，澳门博彩业出现连续 26 个月的下滑和调整。2014 年 12 月 21 日，刚上任的经济财政司司长梁维特在媒体上发布关于博彩业的发展时表示：澳门特区政府将对赌牌进行中期检讨，特别是要考察博彩公司的非博彩业务发展。在市场力量的推动和澳门特区政府的政策引导下，澳门6家博彩公司开始将博彩业的业务重心从贵宾厅转向中场，也开始将更多的资源（财力、物力、人力）投入非博彩的旅游休闲业务中，针对家庭主导的赴澳人群增加具有创意的、非博彩的旅游、娱乐、演艺、休闲等元素，致力于提高博彩公司非博彩业务收入的比重。这种策略性的转变，明显反映在近年新建成开业的博彩业新项目，包括新濠影汇、永利皇宫、澳门巴黎人等，都将非博彩旅游娱乐业务放在一个相当重要的位置。

总投资达32亿美元的新濠影汇，将发展定位确定为"好莱坞电影主题"。该项目包括两栋拥有1 600间客房的酒店大楼，其中最瞩目的是耸立于两栋酒店大楼外墙、高达130米的摩天轮——"影汇之星"。此外，还有与DC漫画合作推出的首个蝙蝠侠影像专利的数码动感游戏"蝙蝠侠夜神飞驰"，由全球最著名魔术师之一的法兰兹·哈拉瑞（Franz Harary）设计、策划及主持的魔术表演"魔幻间"，以及"新濠影汇综艺馆""8号转播厅"等，为家庭式游客提供休闲娱乐、酒店住宿、餐饮、零售、生活体验等全套旅游休闲项目。

总投资40亿美元的永利皇宫，是亚洲首家豪华型综合式度假酒店，拥有1 706间优雅华贵的客房、套房和别墅，集大型华丽的花卉布置、多功能会议设施、顶级水疗及美容中心、国际知名品牌商店及尊尚星级食府于一身。永利皇宫最大的亮点是占地3.24万平方米的室外表演湖和湖上的空中缆车。表演湖装有1 195枚发射器，配合彩色灯光及完美编曲，演绎出多种变化的动感音乐喷泉表演。进入度假村的游客可乘坐空中缆车进入酒店，并饱览表演湖的壮丽景观。此外，在度假村中，数以千计的艺术珍品随处可见，当中包括一套稀世、极富中国风的清朝陶瓷花瓶。

2016年9月开业的澳门巴黎人则将法国的埃菲尔铁塔移植到路氹金光大道上，使之成为该区的主要地标。游客可登上铁塔到法国餐厅享受地道的法国晚餐，俯瞰金光大道的景色。澳门巴黎人设有汇聚最新奢华时尚礼服及生活时尚名牌的购物中心，该中心根据巴黎最著名的香榭丽舍大街的风格设计。此外，澳门巴黎人还设有专为儿童打造的"Q立方王国"和"巴黎人水世界"。前者拥有近2 000平方米的室内及室外空间，设有攀登太空舱、气垫曲棍球、滑梯、旋转木马等各种儿童游乐项目；后者设有3个独立泳池，以及各种儿童和成人的水设备。

正在动工或即将动工的博彩项目也纷纷调整策略，将业务发展重点放在非博彩旅游休闲领域。澳博的苏树辉就公开表示，公司旗下的新项目上葡京度假村，将奉行与葡京和新葡京不一样的发展思路，博彩与非博彩项目所占面积的比重将调整为 5% 和 95%，计划打造成一个文化交流、交易的平台，让中国的艺术品有一个国际化的展示空间。银河娱乐主席吕志和亦表示，位于路氹的银河项目第三、四期将于 2016 年底或 2017 年初动工，这两期中的非博彩项目占比将超过 90%。银河娱乐首席市场推广总监祁礼敦也表示，该公司未来将主打非博彩业务，目标是要成为亚洲的国际级休闲中心。

可以预料，在澳门特区政府的政策引导下，6 家博彩公司的业务转型将为澳门旅游休闲产业的发展注入一股新的动力。

（未公开发表文稿，2017 年 10 月）

回归以来澳门特区政府财政政策分析

1999 年 12 月 20 日，澳门回归，成为中华人民共和国辖下的另一个特别行政区，实施"一国两制"、"澳人治澳"、高度自治等方针政策。在此制度框架下，《中华人民共和国澳门特别行政区基本法》对澳门的财政体制作出了一系列的规定，主要包括：第一，"澳门特别行政区保持财政独立。澳门特别行政区财政收入全部由澳门特别行政区自行支配，不上缴中央人民政府。中央人民政府不在澳门特别行政区征税"（第 104 条）。第二，"澳门特别行政区的财政预算以量入为出为原则，力求收支平衡，避免赤字，并与本地生产总值的增长率相适应"（第 105 条）。第三，"澳门特别行政区实行独立的税收制度。澳门特别行政区参照原在香港实行的低税政策，自行立法规定税种、税率、税收宽免和其他税务事项。专营税由法律另作规定"（第 106 条）。第四，澳门特别行政区行政长官"签署立法会通过的财政预算案，将财政预算、决算报中央人民政府备案"（第 50 条）。从总体上看，回归以来澳门特区政府在财政收入、财政支出、财政储备及财政管理等方面，都基本遵循《中华人民共和国香港特别行政区基本法》规定的有关财政准则。

一、澳门特区政府财政收入分析

（一）澳门的财税征收结构

澳门公共财政收入包括经常收入、资本收入和自治机构收入三大类。其中，经常收入包括直接税、间接税，以及产业收益、转移收入、罚款或手续费收入等其他经常收入。经常收入是澳门特区政府财政收入的主要部分，特区政府十分重视和依赖这部分收入以维持当年的财政收入。资本收入是指澳门特区政府出让投资性资产收入、银行利息收入、参与专营公司的红利收益和股息收益、地租收入、转移收入、动用以往年度财政年度盈余滚存以及在支付中未扣除的款项拨回等，近年来所占比重较回归初期上升，占 8%～10%。自治机构收入是指不列入澳门地区总预算，由民间自治团体支付或由自治机构自行筹集的收入。按照《澳门组织章程》的规定，澳门地区的自治机构及自治组织的预算均须纳入政府的整体预算内。

（二）澳门税制及其特点

澳门的税种，从来源区分，包括按照收益、财产或财富征收及按照资产、劳务征收等税项。从性质来分，则为直接税与间接税两大类。澳门税制以直接税为主体税种。

1. 直接税

澳门的税收包括直接税和间接税两大类。直接税共有 8 种，包括专营税、营业税、所得补充税、职业税、房屋税、物业转移税、遗产及赠与税，以及车辆牌照税。

（1）专营税。专营税是澳门特区政府按个别专营合约的性质而订定不同税率的一项税务。目前，已建立专营合约的行业主要有博彩业、电信业、水电业、公共汽车业、电视广播业及泊车专营等。专营税分为博彩专营税和公用事业（包括公共工程和公共服务）专营税两种，博彩专营税包括幸运博彩、赛马博彩、跑狗博彩、幸运彩票博彩、足球比赛博彩等活动的税收；公用事业专营税包括电话电信、自来水供应、电力供应、公共汽车经营等行业的税收。专营税在澳门财政和税收中占有极重要的地位，已成为澳门特区政府的主要财政收入之一，特别是博彩专营税收入，占营利税总额的 99% 以上，占政府经常收入的 75% 左右，占政府公共收入的 2/3 左右。

（2）营业税。营业税亦称"公钞"。任何人有意在澳门经营任何商业或工业活动，都必须先登记成为"行业"，已登记的活动都将受营业税约束及管制。因此，营业税实际是一种商业登记费用。不同的工商业活动会被征收不同的税额，不同的工商业性质活动及相应全年税额记载于营业税章程附表 I 内的《活动总表》。但单是营业税的登记或缴纳，并不代表获得从事该项营利事业的许可或准照。纳税人在缴纳该项营利事业相关的营业税额后，应接着申请适当的营利事业牌照。凡拟从事任何工商业活动的自然人或法人，都必须在开业的可能日期前 30 天向财政局登记，而税款需在开业前或每年 2 月或 3 月后缴纳。营业税按不同行业所持牌照，确定不同等级的年固定税额，并附征 5% 的印花税。大部分的营业商号所需缴纳的营业税不超过 1 000 澳门元，绝大部分行业的营业税税金不超过 500 澳门元，经营商业银行的每年要缴纳 8 万澳门元的营业税，从事离岸银行业务的机构的年度营业税为 18 万澳门元，为营业税税金最高的行业。公益行政团体、教会机构、非营利社团、非营利教育机构、报馆或杂志出版社等，可以享受免征营业税的优惠。

（3）所得补充税。所得补充税即纯利税是澳门的主体税种。除向赌场征收的专营税外，其收入居于首位。征收对象主要是个人公司、合伙公司、任何性质的有限公司以及在澳门从事经营活动的分公司所赚取的收益额，其次是房屋的成交额。不论个人还是团体，在计算年度总收益时均不将房屋的收益计算在内，因为房屋收益属房屋税的范畴。所得补充税采取16级超额累进税率，税率为2%～15%，另附征5%的印花税。在征收该税款时，按规定将纳税人分为两个组别：A组为具有适当编制并经注册会计师或核数师签认核对会计账的纳税人（包括个人或团体）；B组为不具备A组纳税人的有关会计账册报表的纳税人。其中，A组多为有限公司、股份有限公司、资本不少于100万澳门元或征税利润在近3年内平均每年达到50万澳门元纯利润的公司。对个人经营工商业活动的收益，在扣除法定负担后所课征的所得补充税大于该纳税人工作收益已缴的职业税时，补征其差额税款。

（4）职业税。职业税以工作收益为课征对象，包括薪金、工资、佣金、奖金、分红、补贴、赏金等。纳税人分为两种：一种是雇员和散工，雇员一般指从事脑力劳动的人；散工即工人，俗称"蓝领"，从事技工或手工艺者也属于此类。另一种是自由职业者，包括律师、工程师、设计师、建筑师、医师、会计师等。政府对公务员、神职人员以及年满60岁的工人免征职业税。职业税的起征点为每年40 800澳门元，采取10%～15%的6级超额累进税率，另附征5%的印花税。

（5）房屋税。房屋税也称"钞销"，以房屋收益为课征对象。房屋用于出租的，以年租金收入为该房屋收益；自用的房屋按评估收益计税。为鼓励房屋更新，新楼宇的税率为10%，未扩建或改建的旧楼宇，税率为16%。政府及其任何机构，地方自治机构，公益行政团体场所，教会、宗教团体的自有房屋、庙宇，外国使馆，非营利教育场所等，可获永久豁免房屋税。

（6）物业转移税。物业转移税俗称"司沙"。凡房屋或土地发生交易时，课征物业转移税。它与房屋税不同，房屋税是年度性收取的税项，物业转移税则是一次性征收的税项。物业转移税由买方缴纳，另附征5%的印花税。在房屋税免税期交易的税率为4%，免税期过后交易的税率为6%，依据买卖双方申报的成交价和政府评估的市价，以两者较高的价值计税。

（7）遗产及赠与税。课征对象是受益人或团体在接受第三者赠与或继承遗产时，视数额多少而课征的相关税项。遗产税依照遗产总额以及继承人与被继承人之间的亲疏不同而定有高低不同的全额累进税率，属于继承税性质。

2. 间接税

澳门的间接税主要包括印花税、旅游税、出口税/消费税、地租，以及机动车辆税、社会保障基金等。

（1）印花税。印花税征收范围广泛，采取定额或定率征收。除营业税、职业税、所得补充税和物业转移税附征 5% 的印花税以外，一般商业买卖，如价格低于 100 澳门元，豁免印花税；高于 100 澳门元而低于 250 澳门元者，贴 0.5 澳门元定额印花；250 澳门元以上者征 2‰的印花税。

（2）旅游税。旅游税是按单一行业征收的一种税，其适用的行业包括酒店及酒店同类行业、健身室、桑拿浴室、按摩院、卡拉 OK 等提供旅游、消遣、娱乐的服务行业。税项虽然由酒店等服务机构负责缴纳，但实际的赋税人是接受服务的消费者。旅游税税率单一，不分类别地统一适用 5%的税率。旅游税是一种价外税，其税额并不包含在服务价格之内。澳门旅游税的做法起源于 1944 年 10 月 7 日第 859 号立法条例所指的特别税。1980 年 11 月 22 日，澳葡政府立法通过了第 15/80/M 号法律，设立专门的旅游税以代替 1944 年以来的特别税。到了 1996 年，澳葡政府又立法通过了第 19/96/M 号法律，核准旅游税规章，并废止了第 15/80/M 号法律。1997 年亚洲金融风暴后，为了刺激旅游业的发展，澳门特区政府于 2001 年豁免了多种旅游行业（酒楼、餐厅）的旅游税，此项税收已不再是澳门特区政府的一种重要收入。

（3）出口税/消费税。出口税是指生产或进口酒精类饮品、烟和汽车等少数货品时所需要课征的消费税，属关税性质。

（4）地租。在澳门拥有土地不需缴纳任何税款，但若土地是从澳门特区政府租赁的，便必须缴纳地租。应缴租金数是视土地的位置及其特点和用途而定的。

（5）机动车辆税。此税项是以新机动车辆，包括轻型汽车、重型汽车、客车、货车、客货车、牵引车及铰接式车、重型摩托车及轻型摩托车或供进口或市场代理自用的机动车辆的实际售价为课征对象。新车买卖、进口自用需纳税。税率为 30% ～55%（重型摩托车及轻型摩托车是 10% ～30%）。免征机动车辆税的包括政府、外国使馆、中央政府驻澳机构、国际机构（澳门有参与）的车辆，公共运输公司不少于 15 座位的汽车，伤残程度超过 60% 之人士而车辆排量不超过 1 600cc 的汽车，校巴，的士，学车，特别用途汽车，货车，旅游车等。曾豁免的汽车在 5 年内改变用途应补回税金。

（6）社会保障基金。雇主每月为本地雇员缴纳的社会保障基金为 30 澳门元，而非本地雇员则为 45 澳门元。

澳门属于实行"避税港"的地区之一。特点是税种少、税负轻，实施收入来源地税收管辖权原则。其具体特点是：

第一，税率偏低。澳门低税的思想渊源来自葡萄牙的"轻税富民"思想。澳门低税表现在税率低、累进幅度小、豁免和优惠的范围广等方面。所得补充税最高只是盈利的 12%，是全球低税率地区之一；只有在澳门地区内经营业务或工作所获取的收益，才包括在课税收益内；所得补充税 A 组纳税人的年度亏损，可以在续后 3 年的盈利内扣除；自置物业办厂者，无论个人商号还是有限公司组织，都可以申请豁免房屋税；不动产即使于使用的首年度已经按月摊折，第二年仍然可以将其全年摊折率增加至 20%，以示优待；离岸公司更有多项税务豁免。澳门财政收入的主要来源是博彩业向政府缴纳的高达 39% 的博彩专营税。

第二，采用属地原则征税。对于个人和团体，不论其住所或总部位于何处，澳门所得补充税以其在澳门取得的总收益为课税对象。对于个人的工作收入，不论是澳门居民与否，也不论其收入来源于何处，只要是在澳门工作并取得薪酬，均需缴纳职业税，这都是属地原则的体现。

第三，富有特色的税收稽查制度。按照相关法例，对各项课税范围的活动，都设有相应的稽查机制，由专责机构具体执行税务稽查工作。例如，房屋税的稽查工作由财税处的税务公务员和稽查员执行，财务司司长有责任亲自指导稽查处的工作，并有义务为提高稽查效率提出必要的建议和指定相关措施。澳门税务制度中有明文规定，纳税人可以就税务征收问题提出异议，或者要求复评税款；法例具体规定有关申驳或上诉的程序和期限。例如，职业税的法例规定，纳税人对税务征收有不满或异议时，可以向部门的负责人提出，有关部门要限时对相关申诉作出处理；经过申驳仍不服税务部门决定时，还可以向行政长官提出上诉。①

第四，澳门税法承袭大陆法系，法规规定细致。每部税收法律、法规在正文之前通常有关于该税的说明，阐明设立、修订或废除该税的意图，以及要达到的最终目标。税法条文前的小标题为检索和把握法律基本内容

---

① 黎小江，莫世祥. 澳门大辞典［M］. 广州：广州出版社，1999：196.

提供了有力帮助。每部税收法律、法规都有关于课税对象、纳税人、税率、豁免与优惠、纳税程序、罚则、对纳税人的保障（即申驳及上诉）等规定，尤其是程序部分规定较详细，占整部法律、法规的大半以上。尽管横向来看，税法整体之间重复较多，但这也是法律完整性的要求。

（三）回归以来澳门特区政府财政收入概况分析

回归前，澳门经济经历了长达四年的衰退。1999 年回归后，澳门特区政府提出"固本培元"的经济政策，使整体经济成功走出低谷，特别是 2002 年澳门特区政府开放博彩专营权以及 2003 年中央政府开放内地居民赴港澳"自由行"，刺激了博彩业快速发展，进而推动澳门经济高速增长，反映在澳门特区政府的财政收入方面，则表现为政府的公共收入从 2000 年的 153.39 亿澳门元，大幅增加到 2010 年的 884.89 亿澳门元，十年间增长 4.77 倍，年均增长 19.2%；其中，经常收入从 2000 年的 84.41 亿澳门元，大幅增加到 2010 年的 793.89 亿澳门元，十年间增长 8.41 倍，年均增长 25.1%（表 1）。

表 1　回归以来澳门特区政府公共收入概况

（单位：亿澳门元）

经济分类		2000	2005	2008	2009	2010
经常收入		84.41 （55.0%）	227.19 （80.6%）	575.21 （91.9%）	606.34 （86.8%）	793.89 （89.7%）
	直接税	68.95 （45.0%）	180.69 （64.1%）	429.91 （74.7%）	451.90 （64.7%）	688.49 （77.8%）
	间接税	5.33 （3.5%）	14.95 （5.3%）	18.83 （3.0%）	14.91 （2.1%）	22.02 （2.5%）
	其他经常收入	10.13 （6.5%）	31.55 （11.2%）	126.47 （14.2%）	139.53 （20.0%）	83.38 （9.4%）
资本收入		3.75 （2.4%）	0.50 （0.1%）	47.38 （8.1%）	92.37 （13.2%）	91.0 （10.3%）
自治机构收入		65.23 （42.5%）	54.32 （19.3%）			

（续上表）

经济分类	2000	2005	2008	2009	2010
总收入	153.39 （100.0%）	282.01 （100.0%）	622.59 （100.0%）	698.71 （100.0%）	884.89 （100.0%）

注：从2007年起，澳门财政局开始编制公共会计综合账，因此，按经济分类内的自治机构收入为零。

数据来源：澳门统计暨普查局资料。

从回归以来澳门特区政府税收收入的变动趋势看，澳门的税收收入波动与GDP波动的同步性极强，税收收入的波动幅度大于经济波动幅度，并且税收收入的增长大幅超过了整体经济的增长，税收收入占GDP的比重也呈现上升的趋势，反映澳门的财政收入对GDP的依赖性越来越大，一旦经济放缓，财政收入也会大幅度缩减。与香港相比，虽然澳门也实行低税率的税制，但澳门的宏观税负明显高出很多，其宏观税负从1999年的13.71%逐步上升到2009年的27.57%。

从政府公共收入的结构来看，澳门特区政府的财政收入以经常收入为主体，回归初期，经常收入一般占财政收入的55%左右，但近年来经常收入所占比重已上升至85%~90%，成为澳门特区政府财政收入的最主要来源。由于从2007年起，澳门财政局开始编制公共会计综合账，因此按经济分类内的自治机构收入为零，使得资本收入所占比重从回归初期的2%~3%增加至近年的8%~13%。经常收入中，又以直接税为主，一般占经常收入的75%~85%，占政府公共收入总额的的比重从回归初期的45%左右逐步上升至近年的65%~75%。间接税占经常收入的比重，从回归初期的6%~7%逐渐下降至近年的2%~3%。

与香港特区政府收入有明显区别的是，回归以来，特别是2002年开放博彩专营权以来，在澳门特区政府的公共收入中，博彩税收入持续大幅增长，从1999年度的47.67亿澳门元大幅增加到2010年的687.76亿澳门元，11年间大幅增长13.43倍，所占比重也从回归初的占公共收入总额比重的约50%逐步上升至2010年的77.7%，呈现"一税独大"的态势；而其他主要的财税项目，包括直接税中的职业税、所得补充税、房屋税、遗产及赠与税、物业转移税，间接税中的印花税、消费税，以及资本收入中的财产收入等，近年所占比重逐步下跌，均已下降至3%以下（见表2）。值得指出的是，澳门的博彩税收入中，又以幸运博彩的税收所占比重最高，超过97%，近年甚至达到99%以上；而其他博彩税收入合共仅占不到1%（见表3）。

表2　回归以来澳门特区政府经常收入及资本收入的主要项目

（单位：亿澳门元）

年度	1999	2004	2007	2008	2009	2010
公共总收入	98.59（100.0%）	193.45（100.0%）	537.10（100.0%）	622.59（100.0%）	698.71（100.0%）	884.89（100.0%）
博彩税收入	47.67（48.4%）	152.37（78.8%）	319.20（56.3%）	432.08（69.4%）	456.98（65.4%）	687.76（77.7%）
其他专营权批给收入	1.31（1.3%）	0.94（0.5%）	0.69（0）	0.12（0）	0.51（0）	0.72（0）
职业税	2.93（3.0%）	2.48（1.3%）	6.68（1.2%）	8.19（1.3%）	7.89（1.1%）	8.37（0.9%）
所得补充税	5.74（5.8%）	6.51（4.7%）	23.87（4.4%）	20.09（3.2%）	18.85（2.3%）	23.06（2.6%）
房屋税	2.60（2.6%）	2.67（1.4%）	3.96（0.7%）	3.15（0.5%）	3.90（0.6%）	4.45（0.5%）
遗产及赠与税、物业转移税	3.60（3.7%）					
印花税	2.39（2.4%）	7.38（3.8%）	11.11（2.1%）	9.09（1.5%）	6.23（0.9%）	8.68（1.0%）
消费税	1.59（1.6%）	2.56（1.3%）	3.19（0.6%）	2.56（0.4%）	2.16（0.3%）	2.59（0.3%）
财产收入	20.59（20.9%）	7.31（3.8%）	72.53（13.5%）	27.64（4.4%）	38.01（5.4%）	20.92（2.4%）
其他	10.17（10.3%）	11.23（5.8%）	95.87（17.8%）	119.67（19.2%）	164.18（23.5%）	128.34（14.5%）

注：从2007年起，澳门特区政府财政局开始编制公共会计综合账，因此2007年及以后年份的博彩税总收入包括澳门基金会从博彩公司收到的拨款（博彩毛收入的1.6%），而2006年及之前年份的博彩税总收入则不包括此部分。

数据来源：澳门统计暨普查局资料。

表3　回归以来澳门博彩税收入概况

（单位：百万澳门元）

年份	1999	2004	2007	2008	2009	2010
博彩税总收入	4 767.18 （100.00%）	15 236.61 （100.00%）	31 919.65 （100.00%）	43 207.51 （100.00%）	45 697.51 （100.00%）	68 776.11 （100.00%）
幸运博彩	4 670.01 （97.96%）	15 097.61 （99.09%）	31 821.20 （99.69%）	43 092.70 （99.73%）	45 585.27 （99.75%）	68 637.81 （99.80%）
中式彩票	1.27	1.07	1.51	1.98	1.78	1.95
赛马	35.75	2.00	18.80	19.87	7.51	3.04
赛狗	0.41	0.53	1.27	1.51	13.20	19.42
即发彩票（包括体育彩票）	59.74 （1.25%）	135.41 （0.90%）	76.87 （0.24%）	91.45 （0.21%）	89.75 （0.20%）	113.90 （0.17%）

数据来源：澳门统计暨普查局资料。

二、澳门特区政府财政支出分析

（一）澳门财政支出的分类和结构

按照澳门特区政府的统计，财政支出有两种分类，即按功能分类和按经济分类。① 从经济角度分析，澳门的公共财政开支分为经常开支（一般支出）、资本开支（财务支出）和自治机构开支三部分。经常开支主要指政府行政运作的日常支出（包括设备购置和人员薪金等），还有社会福利支出、对教育机构的支出和研究费用、公共卫生支出、医疗支出、环保费用支出等，占据澳门财政支出的主导部分，回归以来均达到或接近总支出的85%～90%。资本开支主要指政府在土地、居住、楼房、道路、桥梁、机械设备等方面投资、维修、配置的费用。自治机构开支（指定账目开

---

① 郭小东. 澳门财政研究［M］. 广州：广东经济出版社，2002：210－211.

支）指 35 个自治实体的开支，包括具有行政及财政自治的机关、市政厅和各种基金的开支，如邮电司、房屋司、澳门货币暨汇兑监理署、反贪公署、澳门市政厅、海岛市政厅、退休基金会、澳门基金会、澳门发展与合作基金会等。这些自治实体拥有"本身收入"或政府拨款，在开支方面拥有较大的自主权。自治机构的财政收支权并没有像经常开支和资本开支一样受经济财政司的监管，且在澳门的官方统计中，也仅列出各自治机构的总预算，并未列出开支细项。这是澳门财政支出管理与其他地区的最大不同之一。

若按照政策组别/职能分类，澳门的公共财政开支分为一般公共服务开支，公共秩序及安全开支，经济事务开支，环境保护开支，住房及小区建设开支，医疗保健开支，娱乐、文化及宗教开支，教育开支，社会保障开支等。其中，一般公共服务开支包括行政和财务管理、司法、警务等项目的支出。公共秩序及安全开支包括指挥部、警察、消防部和民防的支出。教育开支包括公立学校的运作费用及政府对私立学校的现金援助。社会保障开支包括社会援助，定期金与退伍金，社会工作局向贫穷家庭发放的现金资助，以及政府对社会保障基金的拨款。其他社会服务开支包括文化、体育及康乐、信仰、气象及地球物理、地图绘制、社会传播、劳工事务、土地整理、基建工程和居住等方面的支出。经济事务开支包括农林、畜牧业及渔业、工业、基础设施、运输通信、商业、旅游、规划及环境整治等的支出。其他职能包括公共债务活动、政府部门的内部转移和各种未列明的职能。

（二）1999 年回归以来澳门财政支出概况分析

自 1999 年回归以来，随着经济的快速增长和澳门特区政府财政收入的大幅增加，澳门的财政支出也在大幅增长。1999 年，澳门的财政支出是166.37 亿澳门元，到 2010 度增加到 383.94 亿澳门元，11 年间增长了 1.31倍，平均每年的增长率为 8.97%，其中增幅最大的一年是 2008 年，达到31.53%。不过，其间 2000 年、2002 年和 2007 年出现负增长。从总体上看，自回归以来，澳门特区政府的财政支出的增长虽然起伏较大，但大体呈快速上升的趋势（见表 4）。

表4　回归以来澳门财政支出和本地生产总值概况

年份	财政支出 （亿澳门元）	增长率 （%）	本地生产总值 （亿澳门元）	增长率 （%）	财政支出占GDP 比重（%）
1999	166.37	7.29	472.87	-4.20	35.18
2000	150.24	-9.69	489.72	3.56	30.68
2001	152.21	1.31	497.04	1.49	30.62
2002	134.87	-11.39	548.19	10.29	24.60
2003	157.13	16.50	635.66	15.96	24.72
2004	177.03	12.66	822.34	29.37	21.53
2005	211.84	19.66	921.91	12.11	22.98
2006	273.50	29.11	1 137.09	23.34	24.05
2007	231.46	-15.37	1 502.07	32.10	15.54
2008	304.44	31.53	1 662.65	14.99	18.31
2009	354.60	16.48	1 701.61	2.50	20.83
2010	383.94	8.27	2 262.18	32.94	16.97

数据来源：澳门统计暨普查局资料。

回归以来，澳门特区政府的财政支出尽管有了较快的增长，但总体仍然低于经济增长率。据统计，从1999年到2010年的11年间，澳门特区政府财政支出的年均增长率为8.97%，低于同期本地生产总值15.85%和财政收入17.24%的增长率。从中可以看到，澳门特区政府的财政支出、财政收入的变动方向和幅度在回归初期基本上一致，但从2001年开始两者开始出现差异，且财政支出的变化幅度要大些，这表明自澳门回归后出现了财政盈余，财政储备有所上升，这样有助于增强政府克服经济逆境的能力。这一时期，财政支出占澳门本地生产总值的比重从1999年的35.18%逐步下降到2010年的16.97%，下降了约18百分点。

从财政支出的结构来看，回归以来澳门特区政府的财政支出以经常开支为主体，一般占政府收入的80%~85%，非经常开支占15%~20%。经常开支中，人员支出占27%~36%，转移支出所占比重有逐年下降的趋势，从回归初期的50%~60%下降到近年的35%~45%。资本开支占8%~28%，其中以投资、财务活动为主体，占资本开支比重的75%~95%（见表5）。2011年，经常开支和资本开支之比为3.6∶1。经常开支中，转移支出和人员支出所占比重最大，由于人员支出主要是针对公务员的薪俸、奖金和福利的开支，所以过高的人员支出额度表明政府运营成本过大，会挤占财政资源在经济社会领域的支出。

表5 澳门特区政府按经济分类的财政开支概况

（单位：亿澳门元）

经济分类	1999	2004	2007	2008	2009	2010
经常开支	81.53 (49.0%)	92.67 (52.3%)	182.24 (78.1%)	252.87 (83.1%)	303.48 (85.6%)	323.86 (84.4%)
人员支出	29.27	29.59	69.31	84.16	90.56	92.22
转移支出	42.32	55.95	58.71	110.55	130.61	154.84
其他经常开支	9.94	7.13	54.22	58.16	82.19	76.80
资本开支	14.00 (8.4%)	39.17 (22.1%)	49.22 (21.9%)	51.57 (16.9%)	51.12 (14.4%)	60.08 (15.6%)
投资	11.28	33.94	37.57	32.91	41.62	53.86
财务活动	2.25	4.01	10.55	17.54	8.75	5.68
其他开支	0.47	1.22	1.10	1.12	0.75	0.54
自治机构开支	70.84 (42.5%)	45.19 (25.5%)				
总收入	166.37 (100.0)	177.03 (100.0)	231.46 (100.0)	304.44 (100.0)	354.60 (100.0)	383.94 (100.0)

注：从2007年起，澳门财政局开始编制公共会计综合账。因此，按经济分类内的自治机构收入为零。

数据来源：澳门统计暨普查局资料。

从按政策组别/职能分类的财政支出来看，占最大比重的分别是一般公共服务和公共秩序及安全，两项共占政府开支的32%~38%，其中，公共秩序及安全所占比重从回归初期的18%左右下降到2010年的12%左右。教育、医疗保健所占的比重也较高，但回归以来所占比重则呈现下降趋势，其中教育从回归初期的16%左右下降到2010年的15%左右，医疗保健从12%左右下降到8%左右。与之相反，回归以来，经济事务、社会保障、住房及小区建设等项目在财政支出中所占比重则有逐年上升的趋势。其中，经济事务所占比重从回归初期的12%左右上升到2010年的17%左右，社会保障从11%左右上升到24%左右，住房及小区建设从不足1%上升到超过3%（见表6）。这反映了回归以来澳门特区政府在经济快速增长、财政收入大幅增加的背景下，致力于推动经济发展、适度多元化和改善社会民生。

表6　澳门特区政府按政策组别/职能划分的财政支出概况

（单位：亿澳门元）

财政年度	2002	2004	2007	2008	2009	2010
一般公共服务	19.49（18.9%）	22.43（16.5%）	34.34（18.4%）	51.29（19.4%）	69.03（20.5%）	56.57（14.6%）
公共秩序及安全	19.44（18.8%）	23.44（17.2%）	31.06（16.6%）	37.06（14.0%）	39.91（11.9%）	44.94（11.6%）
经济事务	12.48（12.1%）	18.41（13.5%）	25.91（13.9%）	37.74（14.3%）	65.00（19.3%）	67.38（17.4%）
环境保护	2.24（2.2%）	3.24（2.4%）	10.80（5.8%）	6.71（2.5%）	5.71（1.7%）	6.58（1.7%）
住房及小区建设	0.70（0.7%）	1.21（0.9%）	1.73（0.9%）	7.73（2.9%）	9.10（2.7%）	12.67（3.3%）
医疗保健	12.39（12.0%）	14.21（10.5%）	19.66（10.5%）	21.75（8.2%）	28.44（8.5%）	31.19（8.1%）
娱乐、文化及宗教	7.89（7.6%）	20.17（14.8%）	12.45（6.7%）	17.18（6.5%）	17.65（5.2%）	15.50（4.0%）
教育	16.84（16.3%）	19.07（14.0%）	30.28（16.2%）	37.04 14.0%	43.72（13.0%）	57.76（14.9%）
社会保障	11.72（11.4%）	13.72（10.1%）	20.66（11.1%）	48.05（18.2%）	57.81（17.2）	94.49（24.4%）
总计	103.19（100.0%）	135.90（100.0%）	186.89（100.0%）	264.55（100.0%）	336.37（100.0%）	387.08（100.0%）

数据来源：澳门统计暨普查局资料。

三、澳门的财政收支和财政储备制度

（一）澳门财政储备制度的提出与历年财政滚存的管理

澳门历年的财政滚存很少，到回归前未设财政储备。政府每个财政年度收入全部用于当年度财政支出，即使有盈余也计入下年度财政收入，但它没有因此出现财政赤字，相反，常常出现财政盈余。原因是长期以来澳门政府在编制各年的财政预算时都依循一些共同原则和标准，包括遵守预算的年度性原则、单一性原则、整体性原则、平衡性原则、不抵销原则和分类列明原则等，在执行预算时采用共同指引标准、顾及压缩开支、减少运用历年盈余。因此，实际的财政收入总是比预算收入要多，而且其增幅比财政支出的增幅要大。这表明澳门财政收入超预算开支是以实际财政收入超预算收入为前提的，政府始终恪守量入为出的原则，表明政府在审慎财政原则指导下编制预算时总是低估财政收入，在预算执行过程中也严格控制财政支出，使财政支出增长不超过财政收入增长。[①]

其实，早在 20 世纪 80 年代，澳门因为其自由港的地位和广泛的对外联系，在中国改革开放大形势中，成为内地拓展对外贸易商务和引进外资的桥梁和窗口，经济保持高速发展。1980 年到 1990 年，本地生产总值年均增长 7%，对外贸易年均增长 19.1%，财政规模也因此迅速扩大。加上1992—1993 年政府卖地的收入大幅增长，1991—1994 年博彩税收入大幅增长，使得澳葡政府的实际财政收入大大超过预算的收入，积累了一笔数额可观的财政盈余。为此，澳葡政府设立了"财政滚存"这一账户，把它作为财政收入的一部分，列入下年的财政预算中，并在财政支出中用以开支。澳葡政府的历年财政滚存在 1994 年 5 月已有 44 亿澳门元。[②]

不过，从 20 世纪 90 年代中期开始，由于澳门原有的比较优势逐渐削弱，投资环境亦有所恶化，再加上政权交接时间日益临近，澳葡政府动用财政滚存的力度大大加强，速度也有所加快，这引起了澳门各界的关注和担忧，也引起了中方对此问题的重视。据 1994 年 10 月 9 日澳门《华侨报》报道，中葡联合联络小组中方首席代表过家鼎表示：中方的一贯立场是澳葡政府应该建立适当的财政储备。因为 1999 年的政权移交是一个特殊和复杂的过程，要实现行政运作的正常进行，需要多方面的保证，其中建立适

[①]　陈丽君. 澳门经济［M］. 北京：中国民主法制出版社，2010：40.

[②]　郭健青. 过渡期的澳门财政与博彩税［M］. 厦门：厦门大学出版社，2002：67.

189

第三编　资本财团、财政与金融

当的财政储备是重要的一部分。① 但是，面对中方要求设立财政储备的要求，澳葡政府不为所动，时任澳门总督的韦奇立在接受记者访问时表示，在澳门设立财政储备可能会对 1999 年之前澳葡政府的工作产生一定程度的束缚，葡方会一如既往地为澳门创造条件，使之获得更多的财政收入。最终，1999 年澳门财政实际执行结果，仅有 3 亿澳门元的财政盈余留给澳门特区政府，同时还有 24 亿澳门元的财政滚存也移交给澳门特区政府，其中有 17 亿澳门元是澳葡政府为澳门国际机场专营公司代为偿还的债务，留下的只是"债权"。②

澳门回归初期，澳门特区政府承接澳葡政府历年财政滚存、财政盈余约 27 亿澳门元，加上 2000 年 3 月移交约 102 亿澳门元的土地基金，共计约 129 亿澳门元。当时，澳门特区政府将持有的储备分为两个财政专户，即"澳门特别行政区储备基金"和"历年滚存"。澳门特别行政区储备基金的前身为"土地基金"，是根据 1987 年《中葡联合声明》建立的。根据行政长官第 47/2000 号批示，澳门金融管理局自 2000 年 4 月 1 日起被任命托管该笔土地基金，并在其后更名为澳门特别行政区储备基金。"历年滚存"则是来自积累的年度财政盈余。如果出现"实际的"预算赤字（例如在 1998 年和 1999 年），澳门特区政府可利用这笔历年滚存的资金填补。

随着博彩业及整体经济的快速增长，澳门特区政府的历年财政滚存迅速增加，至 2010 年底，澳门特区政府累积结余上升至 1 481 亿澳门元，财政滚存比回归初期增长约 10 倍，为澳门未来发展打下一个坚实的财政基础。如何善用、保值、增值这笔数额庞大的资金，成为澳门特区政府公共财政面临的重要问题之一。对于这笔历年财政滚存的管理，自澳门特区政府成立以来一直是委托澳门金融管理局代为管理投资的。该局遵循一套严谨的投资指引管理财政盈余，采用内部直接投资与外聘基金经理并存的运作模式，借不同时区的环球市场机会优化辖下资产组合的投放。可以说，在如此复杂的金融市场环境中，投资组合若要争取较高回报，将无可避免地推升相应的风险系数。

（二）澳门财政储备制度的建立

2007 年 11 月，随着澳门财政情况得以改善，澳门特区政府开始考虑建立财政储备制度，即将部分盈余拨作财政储备，以巩固澳门的财政稳定。2008 年，澳门特区行政长官何厚铧在施政报告中明确指出："为了未

---

① 郭健青. 过渡期的澳门财政与博彩税 [M]. 厦门：厦门大学出版社，2002：68.
② 郭健青. 过渡期的澳门财政与博彩税 [M]. 厦门：厦门大学出版社，2002：85.

来能更好应对各种变化，澳门特区政府决定建立财政储备制度。"2008 年 6 月，澳门特区政府表示，已基本完成建立财政储备制度的规划，并准备进行公众咨询。因当时出现席卷全球的金融海啸，设立财政储备制度的一些根本性问题均需从长计议，包括如何才能更切合急速转变的经济环境和未来几年财政收益是否有增长等问题，都需进行重新评估。2010 年 10 月 29 日，澳门行政会举行新闻发布会称，该会日前已完成讨论《财政储备制度》法案，该法案建议将历年财政滚存和澳门特别行政区储备基金全数拨入未来的财政储备，财政储备分为基本储备和超额储备。其中，基本储备定为地区总预算的 1.5 倍，其余金额则拨入超额储备。

基本储备是为澳门公共财政支付能力提供最后保障的财政储备，仅在超额储备完全耗尽的情况下方可使用。超额储备是保障公共财政支付的财政储备，配合政府公共财政政策施行。法案同时规定，无论是基本储备还是超额储备，仅在立法会审核并通过年度财政预算案或预算修正案后，方可使用。澳门特区政府表示，设立基本储备的主要目的是发挥警戒线或安全线的作用，从而让管理者和公众有所警惕；而订定基本储备金额主要考虑的是在公共财政收入大幅减少时，澳门特区政府仍具一定的公共财政支付能力，维持正常运作。

2010 年 11 月 10 日，澳门特区立法会一般性通过《财政储备制度》法案，计划将现时 1 100 多亿澳门元的财政滚存全数拨入未来的财政储备。澳门所有财政结余均为财政储备的资金来源，当中包括法案生效后经结算、注销的储备基金、历年财政结余，以及其后每一财政年度的结余和投资回报。截至 2009 年底，澳门特区政府历年滚存约 980 亿澳门元，澳门特别行政区储备基金约为 128 亿澳门元。在 2011 年 8 月 12 日，澳门特区立法会细则性通过《财政储备制度》法案，该法案于 2012 年 1 月 1 日起生效。澳门特区政府经济财政司司长谭伯源表示，根据澳门特区政府过去的财政盈余状况，如要预留一笔可保证澳门 18 个月开销的财政资金（即法案建议基本储备金额相当于政府当年开支拨款总额的 1.5 倍）较困难，澳门特区政府出现逾 1 000 亿的财政资产只是近两三年的事。经过数年财政盈余积累，澳门特区政府认为现在是适宜设立财政储备制度的时机，故向立法会提出法案，以增加财政运用的透明度，让居民及议会更好地监管政府财政资源管理。谭伯源表示，澳门特区政府会将历年滚存的 1 529 亿澳门元分为三份，其中 745 亿澳门元作为基本储备，242 亿澳门元作为超额储备，并一次性拨款 542 亿澳门元作为外汇储备。

（三）回归以来澳门的财政收支和历年财政滚存概况分析

本研究把过去1991—2011共21个财政年度的澳门财政实际执行结果分为1991—2000年、2001—2011年两个阶段，是因为澳门回归前后两个阶段在财政盈余的数额上、动用历年财政滚存的数额上都有很大的差距，分开列表可以更清楚地看出两个阶段的极大不同，而把2000年的财政执行结果也列入第一阶段，是因为这一年的财政虽然是由澳门特区政府执行的，但财政预算案实际上还是由澳葡政府制定，有其延续性。

据统计，1991—2000年财政盈余合共有73.24亿澳门元，实际动用财政滚存57.38亿澳门元，实际盈余15.86亿澳门元。从执行结果可以看出，1991年是动用财政滚存5.84亿澳门元后才有40万澳门元的盈余，即实际上出现收不抵支的财政赤字。1992—1994年财政收入高于实际支出，累计财政盈余达47亿澳门元，约等于1994年全年的实际财政支出的41.8%。从1995年开始，随着经济增长放缓并逐步陷入衰退，澳门出现了几年的财政赤字和动用更多的财政滚存。1995年的财政盈余是7.22亿澳门元，但扣除动用财政滚存20.82亿澳门元，实际上出现的13.60亿澳门元的赤字，占当年实际财政支出的8.79%。1998年的情况更令人触目，在大幅动用15.70亿澳门元的财政滚存后，当年的财政实际执行结果仅有约0.43亿澳门元的盈余，即约有15.27亿澳门元的赤字，占当年财政实际支出总额的9.85%，即当年财政支出有1/10是靠以前的财政盈余来支撑的（见表7）。从1995—1999年，财政实际盈余为18.62亿澳门元，但实际动用的财政滚存为44.52亿澳门元，为前期1991—1994年共9.80亿澳门元的4.54倍。

表7   1991—2000年澳门财政实际执行结果

财政年度	财政收入（千澳门元）	财政支出（千澳门元）	差额（千澳门元）	差额占财政支出比重（%）	动用财政滚存（千澳门元）
1991	7 661 737	7 661 337	400	0.005	583 516
1992	10 699 824	8 893 984	1 805 848	20.30	0
1993	12 202 360	10 419 982	1 782 378	17.11	396 736
1994	12 811 236	11 251 339	1 559 897	13.86	0
1995	16 194 783	15 472 165	722 618	4.67	2 081 640
1996	14 711 265	14 681 297	29 968	0.20	0
1997	15 000 583	14 240 687	759 896	5.34	400 000

（续上表）

财政年度	财政收入（千澳门元）	财政支出（千澳门元）	差额（千澳门元）	差额占财政支出比重（%）	动用财政滚存（千澳门元）
1998	15 548 388	15 505 724	42 664	0.28	1 570 400
1999	16 942 597	16 636 176	306 421	1.84	400 000
2000	15 338 502	15 024 270	314 232	2.09	306 421

数据来源：历年澳门统计年鉴。

据统计，回归以来，即 2001—2011 年澳门特区政府的财政盈余共计有 2 519.00 亿澳门元，实际共动用财政滚存 322.43 亿澳门元，实际盈余 2 196.57 亿澳门元。从执行结果可以看出，2001—2006 年连续 6 年澳门特区政府都没有动用历年财政滚存。除 2001 年只有 4 亿多澳门元的财政盈余外，从 2002 年开始，每年的财政盈余逐年上升，到 2006 年达到了当年实际财政支出的 35.97%。主要原因是 2002 年澳门特区政府向 3 家公司发放赌权牌照，开启了澳门旅游博彩业发展的新格局，并大幅增加了政府税收。与此同时，2003 年，内地实施港澳"自由行"政策，对回归以来澳门经济的起飞起到了重要作用。2003 年 10 月 17 日，中央政府和澳门特区政府在澳门正式签署了《关于建立更紧密经贸关系的安排》及其 6 个附件文本，提高内地与澳门之间的经贸合作水平。

2007 年，澳门的财政盈余达到 303.65 亿澳门元，财政盈余首次超过 100 亿澳门元，占当年财政支出的 130.06%。从 2007—2011 年 5 年的时间，财政盈余继续强劲增加，到 2011 年财政盈余达到 773.79 亿澳门元，占当年财政支出的 169.72%（见表 8）。由于财政盈余大幅增长，澳门特区政府从 2007 年开始动用历年财政滚存推出一系列公共工程，并强调要简化行政程序，使公共工程及私人工程尽快启动，创造就业和增加内需。与此同时，澳门特区政府推行一系列改善社会民生的政策措施，并向广大居民实施现金分享计划。据统计，政府对本地居民作出的各种经济补贴和成果分享的支出由 2009 年不到 30 亿澳门元上升至 2011 年接近 50 亿澳门元。

表 8　2001—2011 澳门财政实际执行结果

财政年度	财政收入（千澳门元）	财政支出（千澳门元）	差额（千澳门元）	差额占财政支出比重（%）	动用财政滚存（千澳门元）
2001	15 641 649	15 220 788	420 861	2.77	0
2002	15 226 922	13 486 946	1 739 976	12.90	0
2003	18 370 626	15 712 968	2 657 658	16.91	0
2004	23 863 539	17 703 006	6 160 533	34.80	0
2005	28 200 823	21 184 258	7 016 565	33.12	0
2006	37 188 518	27 349 764	9 838 754	35.97	0
2007	53 710 495	23 345 884	30 364 611	130.06	3 281 490
2008	62 259 343	30 443 427	31 815 916	104.51	4 311 706
2009	69 870 878	35 459 918	34 410 960	97.04	8 955 057
2010	88 489 054	38 393 909	50 095 145	130.48	7 478 845
2011	122 972 322	45 593 322	77 379 000	169.72	8 216 370

数据来源：历年澳门统计年鉴。

（未公开发表文稿，2012 年 6 月）

澳门的货币发行制度

澳门拥有自己的货币，最早可以追溯到 1906 年，而从澳门开埠至此之前的数百年间，澳门主要使用中国货币，包括银圆、铜圆等。19 世纪初，墨西哥银元在远东一带包括中国香港、澳门和沿海地区流通，成为主要的商业汇兑货币。当时，在民间广泛使用的还有由各银号发行的凭单（Pang Tan）。所谓凭单，即存款凭票或当地银号以广东毫银为计算单位发行的支票，其价值视发行者的信誉而定，无准备金作抵押。凭单可以转让，因而作为一种当地货币而广泛流通并可凭其向发行者兑换现金。[①] 历史上，凭单曾在澳门一纸风行，直至"二战"前，一直作为澳门一种非法定货币而被行使。

1865 年，香港上海汇丰银行在香港成立，其后发行港元钞票。在随后的半个世纪里，汇丰银行成为中国最具影响力的外资银行，港元迅速在粤港澳各地广泛流通，并取代了墨西哥银元的地位而成为主要的流通货币。这种情况在澳门一直持续至今，即使在澳门出现本地货币——澳门元之后，港元依然是在澳门广泛流通的非本埠币，比澳门元的存量还多，形成独特的通货替代（Currency Substitution）现象。

一、澳门货币的发行

澳门货币的发行和大西洋银行在澳门开设分行密切相关。大西洋银行全称"大西洋国海外汇理银行"（Banco Nacional Ultramarino S. A.，简称 BNU），于 1864 年在葡萄牙里斯本创办，享有在葡萄牙海外属地设立银行、发钞等专利权。1901 年 11 月 30 日，大西洋银行与当时的澳葡政府签订合约，在澳门设立分行并发行澳门货币。1902 年 9 月 20 日，大西洋银行正式在澳门南湾街设立分行，这是澳门迄今历史最悠久的银行。

1905 年 9 月 4 日，澳葡政府正式授权大西洋银行发行澳门货币，称为澳门元，面值分别为 1 澳门元、5 澳门元、10 澳门元、25 澳门元、50 澳门

---

① 参阅《大西洋银行钱谱》，第 269 页。

元和 100 澳门元，共 6 种，交由伦敦一家名为 Barclay & Fry Ltd. 的公司印制。首批 1 澳门元和 5 澳门元的钞票于 1906 年 1 月 19 日开始在市场流通，其余面值的钞票亦于其后两年陆续进入市场。至于澳门的硬币，则迟至 1952 年才出现，之前一直使用外国辅币，尤其是香港小面额的辅币。①

澳门货币的发行，一开始就受到葡萄牙的监管，需要得到葡萄牙海外部的批准。1954 年，葡萄牙有意要统一受其殖民统治各地的货币，但遭到澳葡政府的反对，澳门货币于是被保留下来。1974 年葡萄牙爆发 "4·25" 革命，大西洋银行被收归葡萄牙，但其发钞权一直延至 1980 年。20 世纪 70 年代后期，澳门经济进入繁荣阶段，金融业也稳步发展，澳葡政府曾设想成立一家中央银行的机构，与大西洋银行协商筹组 "澳门发行银行"，计划由澳葡政府持 51% 的股权，大西洋银行持 49% 的股权，但该设想最终因双方无法达成共识而夭折。②

1980 年，澳葡政府进行金融体制改革，单独组建澳门官方的发行机构——澳门发行机构，将发钞权收回。其后，澳门发行机构与大西洋银行达成协议，指定大西洋银行为该机构的唯一代理银行，代理发行澳门钞票，而硬币则由澳门发行机构负责发行。1982 年 1 月 11 日，大西洋银行正式代理发行新钞票，面值有 5 澳门元、10 澳门元、50 澳门元、100 澳门元及 500 澳门元 5 种，总发行量为 8.75 亿澳门元。1988 年底，大西洋银行再代理发行面值 1 000 澳门元的钞票 100 万张，总面值 10 亿澳门元，新钞票以大西洋银行的行徽代替葡萄牙的国徽。

1989 年，澳葡政府再度改革金融体制，宣布将澳门发行机构改组为 "澳门货币暨汇兑监理署"，翌年颁布第 27/90/M 号法令，将其职能确定为：①协助总督制定及施行货币、金融、外汇及保险政策；②根据规范货币、金融、外汇及保险活动的法规，指导、统筹及监督本地货币、金融、外汇和保险市场，借以提供其平稳操作及监管有关运作；③监察内部货币之稳定及其对外的偿还能力，以确保本地货币之可兑换性；④充当本地黄金、外汇及其他海外资产的储备总库；⑤维持本地金融体系的稳定。

从职能来看，澳门货币暨汇兑监理署类似香港金融管理局，是一个拥有具备 "中央银行大部分特点" 的机构，为保证该机构能有效履行政府赋予的各项职能，其在管理上直接隶属于总督，最高权力机构——管理委员会的成员由总督任命。与管理委员会并行的是稽核委员会和咨询委员会，管理委员会直接监管的部门包括银行监察处、货币暨汇兑处、保险业监察

① 冯少荣. 澳门汇率制度与货币政策 [M]. 澳门：澳门公共行政管理学会，1997：12.
② 顾广. 澳门经济与金融 [M]. 武汉：中国地质大学出版社，1989：155.

处。此外，还有7个不同层次的下辖部门。根据法例，澳门货币暨汇兑监理署与发行机构的主要区别就是没有货币发行和管理权。与此同时，澳葡政府还与大西洋银行签订了一份修订澳门货币发行的合约，由政府直接授权大西洋银行发钞，合约的有效期到1995年。

1995年，合约有效期届满，澳葡政府和大西洋银行希望将大西洋银行的发钞权延续到1999年以后，以确保该行在未来特区政府中的发钞地位。与此同时，中国政府亦考虑采取有效措施，以保证澳门货币的发行可以顺利过渡到1999年以后。中葡双方遂在1993年将中国银行澳门分行参与发钞问题提交到中葡联合联络小组讨论。最后，澳葡政府于1995年颁布第8/95/M号法令，许可中国银行澳门分行发行澳门新钞票。

根据法例，中国银行澳门分行发行面值分别为10澳门元、50澳门元、100澳门元、500澳门元、1 000澳门元的钞票5种，总发行量为24 875亿澳门元。[①] 中国银行澳门分行在正式获授权发钞之后发表声明："将依照澳门的有关法律进行发钞，中国银行将一如既往，同澳门大西洋银行一起，尽力配合澳门政府的货币政策，继续为澳门的金融稳定和经济发展作出努力。"自此，澳门货币的发行进入一个新时期。

二、澳门货币的汇率变化

目前，澳门的货币发行制度与香港相似，基本上采取货币发行局（Currency Board）制度。该制度最早可追溯到19世纪中期英国殖民地所实行的货币制度，其特点是简单易行。最典型的例子是新加坡和马来西亚，两地沿用此制的英镑本位发钞模式，即使在1965年新加坡宣布独立后，仍然采用这种制度。

澳门元的发行，最初是采取与葡萄牙货币士姑度（Escudos）挂钩的方式，以1澳门元兑换5士姑度的固定汇率为基础。不过，与此同时，澳门元和港元之间基本上一直保持着一种非官方的1:1汇价。即使在早期，这亦显示了澳门元与港元的密切关系。踏入20世纪70年代，葡萄牙因政局动荡，经济衰退，外汇储备大量流失，士姑度疲软，影响了澳门元的稳定，澳门市民纷纷抛售澳门元，购入港元，估计仅此一项已冻结港币近1 000万元。当时，澳门商人对外贸易均以港元支付，收到港元货款亦不再兑换成澳门元。1975年至1976年间，澳门元对港元的汇价最低跌至1.2:1

---

① 黄汉强，吴志良. 澳门总览：第2版［M］. 澳门：澳门基金会，1996：318.

的水平。①

1972 年 2 月，葡萄牙被迫宣布士姑度大幅贬值 15%，同年 4 月 7 日，澳葡政府决定放弃澳门元与士姑度挂钩，改为与港元建立官方联系汇价，规定每 107.5 澳门元兑换 100 港元，并允许上下浮动 1%。而澳门元与士姑度的汇率则参照里斯本、中国香港和澳门外汇市场牌价推算，当时定出的汇价是 1 澳门元兑换 7.9 士姑度，相当于澳门元升值 38%。

20 世纪 70 年代后期，澳门经济繁荣，而港元则开始在外汇市场由强转弱，1978 年 12 月 30 日，澳葡政府突然宣布将澳门元汇价调整为每 100.25 澳门元兑换 100 港元。这一决定在当时的澳门引起了极大的震动，即使是金融界也认为当局调整的步伐过急，市民纷纷将澳门元兑换成港元，掀起了一场挤兑风潮。面对巨大的压力，澳门各银行均暂停以新汇率兑换港元，谋求解决办法。澳葡政府遂被迫将汇价调整为每 104.25 澳门元兑换 100 港元，风潮才得以平息。

1983 年，中英就香港前途问题展开长达 22 轮的艰苦谈判，受此影响，港元在外汇市场上大幅贬值。1983 年 9 月 24 日，港元汇率跌至每 9.5 港元兑换 1 美元的历史低位，动摇了整个货币制度。两日后，澳葡政府通过发行机构宣布澳门元对港元升值 3%，即每 99.9 澳门元兑换 100 港元，再次引发另一场挤兑风潮，市民大规模抛售澳门元兑换港元。面对巨大压力，作为澳门发行机构唯一代理银行的大西洋银行立即停止一切兑换业务。9 月 27 日，澳门发行机构宣布恢复原来汇价，挤兑风潮才再次平息。据估计，短短两天内，银行就因汇率的调整而损失 200 万澳门元。

1983 年 10 月 17 日，香港宣布实行港元联系汇率制度，将港元与美元挂钩，汇率为每 7.8 港元兑换 1 美元。自此，澳门元亦透过港元间接与美元挂钩，汇价则维持在每 103 澳门元兑换 100 港元的水平。

三、澳门的货币发行局制度

目前，澳门的货币发行实际上采取的就是所谓的货币发行局制度，它的基本特点是：

（1）货币发行局制度实行固定汇率制度，即每 103 澳门元兑换 100 港元。

（2）由澳葡政府授权的两家发钞银行——大西洋银行和中国银行澳门

---

① 顾广. 澳门经济与金融 ［M］. 武汉：中国地质大学出版社，1989：158.

分行按官定固定汇率将等值的外币（主要是港元）存入澳门货币暨汇兑监理署，即由澳门货币暨汇兑监理署提供外币的担保和清偿，澳门货币暨汇兑监理署收取等值外币后向发钞银行发出负债证明书，发钞银行凭负债证明书以固定汇价发行澳门钞票。

（3）所有银行均在澳门货币暨汇兑监理署持有一个以本地货币结算的流动资金账户，以便与澳门货币暨汇兑监理署进行以本地货币兑换港元的交易，同时亦作为以本地货币进行同业市场拆借之用。原则上，该账户具有一定外币背景性质，随着对外支付余额的增长而将外汇吸引到银行体系，转交澳门货币暨汇兑监理署，以作为保证。换言之，银行的货币和流动资金账目均有一定的外汇资产做担保，从而保证货币的对外支付能力。

根据规定，澳门货币的发行储备必须有百分之百的有价品，包括黄金、白银、外币、货币券等作保证，而在澳门货币暨汇兑监理署的外汇储备中，至少有 90% 是一级储备，即黄金、白银、外币等，其余为次级储备，包括地区公债、信用机构债券和库存硬币等。

澳门的外汇储备，除来自发钞银行为发钞需要而缴付的等值外币之外，主要是来自当局通过向博彩公司征收博彩税而强制规定交付的港元部分，并在澳门货币暨汇兑监理署兑换成澳门元，慢慢积累成了相当部分的外汇储备。这部分外汇储备冲销了因当局发行金融票据而流失的港元储备。由于在澳门金融体系中，存款总量大大超过其信贷需求，产生了大量过剩的流动资金，其中大部分是澳门元，澳门货币暨汇兑监理署就通过发行金融票据吸纳，并向银行售出港元。因此，澳门的外汇储备实际上由金融票据和自由储备两部分组成。据统计，截至 1998 年 8 月 31 日，澳门的外汇储备是 193.50 亿澳门元，比 1990 年的 42 亿澳门元，增加了 3.6 倍（见表 1）。

表 1　1998 年 8 月 31 日澳门外汇储备结构

	数值（百万澳门元）	比重（%）
黄金及白银	5.65	0.03
银行结存	11 818.81	61.08
海外债券	5 393.40	27.87
特别投资组合	2 132.10	11.02
总值	19 349.96	100.00

数据来源：澳门货币暨汇兑监理署。

四、澳门的货币流通

澳门是一个没有外汇管制的地区，各种货币都可以自由进出，数量也没有限制。目前，在澳门市场流通的货币，除了澳门元，还有港元、日元、美元、英镑等。其中，以港元的流通量最大，甚至远远超过澳门元。这种特殊的现象可以从澳门货币流通量 M1、M2 中港元与澳门元的比重变化清晰看出。从 20 世纪 80 年代中期起，澳门元在 M1（流通货币加上活期存款）中所占比重从 1984 年的 46.6% 下跌到 1991 年的 27.6%，同期港元所占比重则从 50.9% 上升到 59.2%。不过，从 1992 年起，这种趋势开始扭转，但是，到 1997 年，澳门元在 M1 中所占比重仍仅达 43.7%，低于港元的 45.3%。在 M2 中，1997 年澳门元所占比重仍仅为 30.9%，港元所占比重仍高达 53.1%（见表 2）。

表 2 澳门货币流通量（M1、M2）按币值比例统计

年份	M1				M2			
	金额（百万澳门元）	澳门币（%）	港币（%）	外币（%）	金额（百万澳门元）	澳门币（%）	港币（%）	外币（%）
1984	2 554.8	46.6	50.9	2.5	8 355.4	27.4	59.3	13.3
1985	3 329.5	44.1	51.8	4.1	9 589.0	26.6	59.9	13.5
1986	4 022.4	44.3	50.1	5.6	11 403.4	25.7	54.2	20.1
1987	5 711.7	37.2	54.1	8.7	14 513.5	22.6	51.5	25.9
1988	6 194.9	38.8	48.6	12.6	20 029.8	19.1	56.3	24.6
1989	7 187.9	40.4	49.6	10.0	24 381.6	20.9	55.2	23.9
1990	8 979.3	35.8	47.2	17.0	30 588.9	22.7	49.0	28.3
1991	8 979.3	27.6	59.2	13.2	41 900.6	22.8	51.1	26.1
1992	20 987.9	28.8	57.3	13.9	50 375.3	23.9	50.8	25.3
1993	20 602.8	31.5	53.2	15.3	53 956.1	26.2	50.9	22.9
1994	18 809.5	35.8	53.0	11.1	60 018.8	27.1	55.5	17.4
1995	19 010.5	38.5	51.3	10.2	69 284.3	29.6	56.3	14.7
1996	20 438.4	42.5	47.5	10.0	74 744.4	30.5	54.9	14.6
1997	18 953.1	43.7	45.3	11.1	78 353.8	30.9	53.1	16.1

数据来源：澳门货币暨汇兑监理署《货币暨汇兑统计月刊》。

在澳门的大额交易和对外贸易支付中，港元的使用量均大大超过澳门元。在银行存款中，亦是港元存款占主导地位，形成澳门经济中独特的通货替代现象。

（原文发表于广州《经济前沿》杂志，1998 年 12 期）

澳门银行业的发展与特点

澳门金融业历史悠久，曾有过辉煌的一页。18 世纪 20 年代，葡萄牙人在澳门从事商船贸易，他们向当地华人及日本人大量借贷，当时澳门就曾开办过一家专门从事商船抵押的银行。1902 年，葡萄牙大西洋银行在澳门开设分行，这是澳门金融业的萌芽时期。20 世纪 40 年代抗战期间，广州、香港等地先后沦陷，富商巨贾纷纷避入澳门，澳门金融业顿成乱世中的骄子，各类金融商号一度达 300 多家，这是澳门金融业最辉煌的日子。可惜，这辉煌随着战争结束、商贾离去而结束。

澳门现代金融业以银行为主体，保险业辅之。自 20 世纪 70 年代起，澳门金融业迅速发展，到 1997 年，估计其在本地生产总值中所占比重已超过 10%，与旅游博彩业、出口加工业和地产建筑业一起，构成澳门经济的四大支柱产业，在澳门经济中发挥着越来越重要的作用。

一、澳门银行业的发展历程

澳门金融业的主体是银行业。澳门银行业的发展大致经历了三个阶段：从 1902 年大西洋银行在澳门开设分行到 1970 年是萌芽阶段，1970 年澳葡政府颁布银行法例到 1982 年是成长阶段，1982 年澳葡政府再次颁布新银行法例至今是发展阶段。

澳门银行业萌芽的标志是 1902 年大西洋银行在澳门开设分行。其实，葡萄牙在澳门开设银行的构想，早在 19 世纪中叶已经酝酿。1846 年，葡萄牙"澳门通"庇礼刺在《大西洋国》报上曾发表意见："在澳门设立一银行实乃利国裕民之举。两年后，股东定会享受到优厚的息金，在澳的贸易亦将受益无穷。较易获得资金后，它定会摆脱现在这般高息抵押借贷的情况，将贸易额翻四番。"① 1867 年，澳督柯打曾推动首创一总部设于澳门的"澳华银行"的建议，可惜议而未果。

1902 年 9 月 20 日，大西洋银行在澳门开设分行，澳门的银行业正式

---

① 参阅《大西洋银行钱谱》，第 21 页。

起步发展。当时，大西洋银行除了经营商业银行业务，还发行货币，承担澳门地区的中央银行及澳门库房储金局职能。在其后的 70 年间，大西洋银行一直是澳门唯一的银行。与大西洋银行并存的还有由本地华资经营的各式银号、钱庄，它们主要经营简单的兑换、存放款业务，在当时的经济发展中起着融资、信托、找换货币、转账过户等金融功能。

银号、钱庄最鼎盛的时期是抗日战争期间。1937 年抗日战争爆发，广州、香港相继沦陷，大量资金涌入澳门，原本在内地、香港经营的银号、钱庄、找换店等纷纷迁至澳门，或在澳门重新开设，澳门的银号、钱庄等的数量从战前的数十家激增到 300 多家。这些银号、钱庄利用战时动荡的市场差价，积极从事黄金和外币买卖，从中赚取厚利。其时，银号还组成银业公会，开设金银贸易市场，情形就如今天的黄金期货市场。1933 年创办于香港的恒生银号，当时就以"永华银号"的名称活跃于澳门市场。[①]不过好景不长，抗日战争结束后，从外地迁来的银号、钱庄纷纷迁回原籍，盛极一时的热闹景象又恢复旧观，只剩下原来的十多家由本地华资经营的银号维持营业。

澳门银行业进入成长阶段，转折点是 1970 年 8 月 26 日，澳葡政府颁布葡萄牙民国第 411/70 号法令，亦即被称为银行法例的《银行银号管制条例》。该法例明确规定"允许在澳门创立一个银行制度，俾能适当地将已在进行中的工商业重要发展作为基础"。该条例还对各类信贷机构的设立、经营范围、遵守规则、禁止事项、罚则以及受监察等作出了规定。根据条例，在澳门设立商业银行，其资本不得低于 500 万澳门元；设立银号，其资本不得低于 250 万澳门元。该法例适应了当时澳门工商业日益繁荣的需要，推动了银行业的发展。

踏入 20 世纪 70 年代，澳门的银行业起步成长，一些历史悠久的本地华资银号纷纷注册为银行。1971 年，创办于 1941 年的大丰银号率先注册为银行，注册资本为 500 万澳门元，大股东是何贤及其家族。1973 年，由区氏家族创办于 1935 年的恒生银号亦注册为恒生银行，注册资本亦为 500 万澳门元。此外，相继转为银行的还有本地华资的诚兴银行（1972 年）、永亨银行（1972 年）、国际银行（1974 年），以及中资的南通银行（1974 年）。南通银行即中国银行澳门分行的前身。

与此同时，香港的汇丰银行（1972 年）、海外信托银行（1972 年）、广东银行（1972 年），葡资的澳门商业银行（1973 年）、大东银行（1973

---

① 参阅《中国银行澳门分行发展沿革》，第 22 页。

年）、太平洋银行（1973 年）和巴西银行（1980 年）等，也纷纷到澳门开设分行。到 1982 年底，澳门商业银行已增加到 15 家，形成了多种资本并存的银行体系。

澳门银行业步入快速发展的阶段，始于 1982 年 8 月 3 日澳门政府颁布的第 35/82/M 号法令《信用制度及金融机构管制法令》，又称新银行法。新银行法对银行和信用活动的经营，尤其是对商业银行、发行机构和开发银行的制度作了新的规定，为银行业朝着多元化、现代化和国际化的方向发展奠定了基础。这一时期，一批外资银行，包括标准渣打银行、欧亚银行、国际商业信贷银行、法国东方汇理银行、法国国家巴黎银行、万国宝通银行相继在澳门开设分行，而一批葡资银行，包括百利银行、万裕银行、葡国第一银行、多达亚速尔银行等亦相继进入澳门。与此同时，不少银行纷纷宣布增资，如恒生银行宣布将资本增加到 3 000 万澳门元，诚兴银行宣布增资至 5 000 万澳门元，澳门商业银行亦将资本增加到 4 274.4 万澳门元。各银行又相继投资扩充设备，将业务计算机化，如南通银行就投资 2 000 万澳门元在总行设立计算机中心。

标志着澳门银行业进入发展阶段的，是一批金融组织相继成立，包括 1983 年成立的澳门票据交换所，1985 年成立的澳门外汇同业联合会和银行同业公会，以及 1989 年成立的澳门货币暨汇兑监理署。至此，澳门银行体系初具规模。

1993 年 7 月 5 日，澳葡政府又颁布第 32/93/M 号法令。该法令表示："鉴于国际上银行业务领域内已发生之显著革新，从而有必要重整该业务之传统范围，经营活动之纪律及监管当局之角色"，所以对 1982 年的法令进行重大修订。这是澳门银行业的第三份重要法令。新法令以澳门以往的经验为基础，并参考邻近地区的模式，其精神在于建立全球性银行的模式，以及加强银行专门化的管理。新法令取消了发展银行的类别，并重新订定银行开业的标准，以本地为总部的银行，最低资本额从原来的 3 000 万澳门元增加到 1 亿澳门元，总部设在海外的本地银行最低资本额从 3 000 万澳门元增加到 5 000 万澳门元。新法令引入巴塞尔委员会对银行监管及欧洲共同体领导层的方针，规定银行自有资金必须占其风险资产的 8% 以上。在银行的信贷管理方面，引入了风险、自有资金、主要股东等新概念。新法令的颁布，无疑有利于推动澳门的银行业迈向现代化、国际化的新阶段。

二、澳门银行业的发展现状

与香港银行体制不同，澳门银行业没有法律规定的三级制。不过，实际上亦存在不成文的三级制：处于最底层的是注册银号，目前仅存数家，如瑞昌银号、新东方银号、明利昌银号、同利银号等，主要经营货币兑换业务，方便游客和居民，并从中赚取买卖差价，业务性质与近年来雨后春笋般涌现的找换店相似；处于中间层次的是注册财务公司，如中国银行澳门分行与大西洋银行、法国国家巴黎银行合组的澳门经济发展财务有限公司，以及 IBER 财务有限公司等；处于最高层的就是商业银行，它构成澳门金融业的主体。

1997 年，澳门商业银行共有 22 家，其中本地银行有 9 家，总部设在外地的银行有 13 家，开设的分行达到 138 家，从业人员 3 943 人（见表 1）。22 家商业银行中，大致可以划分为 4 类，即中资银行、葡资银行、本地华资银行，以及其他外资银行。其中，以中资银行的实力最强，葡资银行次之。

表 1　1993—1997 年澳门银行业发展概况

年份	1993	1994	1995	1996	1997
商业银行（家）	20	20	22	23	22
本地银行（家）	6	6	9	9	9
总部设在外地的银行（家）	14	14	13	14	13
分行（家）	112	120	128	133	138
银行从业人员（人）	3 456	3 603	3 711	3 736	3 943

数据来源：澳门货币暨汇兑监理署。

中资银行共有 4 家，包括中国银行澳门分行、大丰银行、澳门国际银行和广东发展银行。其中，以中国银行澳门分行和大丰银行实力最强，在澳门商业银行中位居前列。中国银行澳门分行的前身是澳门南通银号，注册成立于 1950 年 6 月，1974 年 6 月转为正式商业银行，1987 年 1 月正名为中国银行澳门分行。该行自 20 世纪 80 年代以来发展迅速，目前已拥有23 家支行，经营业务包括存贷款、汇款、押款、资金拆放，以及代理保险、信用卡、黄金买卖，代客买卖各种股票、证券、基金等。该行除了办理银行传统业务，还积极推动多元化经营，包括 1979 年成立附属公司——南通信托投资有限公司，办理地产、信托、投资业务；1984 年与大西洋银行、法国国家巴黎银行合组澳门经济发展财务有限公司，参与中长期贷款活动；1985 年在珠海开设珠海南通银行，为内地"三资"企业办理贷款。1995 年 10 月 16 日，中国银行澳门分行还参与发钞，成为继大西洋银行之后澳门第二家发钞银行，在澳门金融业中扮演着重要角色。据统计，到 1998 年 9 月底，中国银行澳门分行的资产总值是 397.49 亿澳门元，存款余额 308.19 亿澳门元，贷款余额 183.46 亿澳门元，分别占澳门银行业资产总值的 23.5%、存款余额的 31.3% 及贷款余额的 32.7%，是澳门最大的商业银行。

大丰银行的前身是大丰银号，创办于 1941 年，大股东是何贤及其家族。1971 年 10 月，大丰银行注册为商业银行，资本额增至 500 万澳门元。1983 年 9 月，大丰银行受谣言影响被挤提，中国银行应该行大股东、著名银行家何贤邀请参股，将注册资本从原来的 8 000 万澳门元增加到 1.6 亿澳门元，中国银行占 50% 股权。自此，大丰银行加入中资银行行列，发展更加迅速。目前，大丰银行的资本额已增至 10 亿澳门元，拥有 19 家分行及广州办事处，到 1998 年 9 月，大丰银行的资产总值达 182.96 亿澳门元，存款余额 145.88 亿澳门元，贷款余额 86.32 亿澳门元。大丰银行不仅成为本地注册的最大商业银行，而且据 1997 年 7 月英国《银行家》月刊报告显示，其已名列全球 1 000 家大银行之列。① 目前，中资银行已成为澳门银行业实力最强大的银行集团。据统计，1998 年 9 月，中资银行的资产总值达 660.57 亿澳门元，占澳门银行业资产总值的 39.1%，存款、贷款余额分别是 517.21 亿澳门元及 314.32 亿澳门元，所占比重分别是 52.0% 和 56.0%。

葡资银行共有 6 家，包括大西洋银行、澳门商业银行、葡萄牙商业银行、多达亚速尔银行，以及近年进入澳门的富利银行和必利胜银行。大西洋银行在澳门的历史最为悠久，地位亦十分重要。目前，该行是葡萄牙最大的金融集团——葡国储金总局集团的成员，是澳门两家发钞银行之一，在澳门设有 11 家分行。该行在 1997 年于新马路建成总行大厦，以其现代化的豪华气派而成为葡资在澳门的主要标志之一。② 据统计，1998 年 9 月，澳门大西洋银行的资产总值是 100.98 亿澳门元，存款、贷款余额分别是 87.08 亿澳门元和 28.22 亿澳门元。葡资另一家大型商业银行是澳门商业银行，该行是葡萄牙第二大金融集团——葡萄牙商业银行集团的成员，在澳门设有 18 家分行，1998 年 9 月资产总值达 60.25 亿澳门元，存款、贷款余额分别是 46.18 亿澳门元和 29.76 亿澳门元。据统计，1998 年 9 月，葡资银行的资产总值是 690.13 亿澳门元，存款余额 169.91 亿澳门元，贷款余额 87.76 亿澳门元，所占澳门银行资产总值，存款、贷款余额比重分

---

① 参阅大丰银行《大丰银行总行新厦纪念册》，第 11 页。
② 参阅大西洋银行 Banco Nacional Utramarino , S. A. Macau Branch – Corporate Highlights.

别是 40.8%、17.3% 和 15.6%。

本地华资银行主要有汇业银行。汇业银行历史悠久，其前身是创办于 1935 年的恒生银号。1962 年，恒生银号将业务拓展至香港，在香港开设汇业有限公司，该公司初期主要经营外币兑换，其后成为香港外汇市场成员。1969 年，汇业有限公司将业务拓展至吸收存款及进出口押汇，逐渐发展成商业银行。1980 年，恒生银行与汇业有限公司合并，自此，汇业有限公司成为一家横跨港澳两地的金融集团。1993 年 12 月，汇业集团易名为汇业财经集团，旗下的恒生银行亦易名为汇业银行。目前，该集团拥有附属公司 11 家，经营的业务包括投资控股、商业银行、商人银行、证券、期货、保险以及房地产等，已成为一家多元化的金融集团。[1] 据统计，1998 年 9 月，汇业银行的资产总值为 27.17 亿澳门元，存款、贷款余额分别是 22.67 亿澳门元和 14.85 亿澳门元。

其他外资银行，包括美资的万国宝通银行、美国银行、永亨银行，英资的汇丰银行、渣打银行，法资的法国国家巴黎银行，德资的德意志银行，以及非本地的华资银行：港资的海外信托银行、诚兴银行、廖创兴银行，和最近开设的台湾国际商业银行。据统计，1998 年 9 月，其他外资银行和港资、台资银行的资产总值、存款余额、贷款余额所占比重分别为 18.4%、27.8% 和 25.7%（见表 2）。

表 2　1998 年 9 月澳门商业银行资产、存贷款概况

（单位：百万澳门元）

银行名称		资产总值	存款余额	贷款余额
中资	中国银行澳门分行	39 749.23	30 819	18 346
	大丰银行	18 295.87	14 588	8 632
	澳门国际银行	6 266.67	5 604	3 509
	广东发展银行	1 745.32	710	945
葡资	大西洋银行	10 098.08	8 708	2 822
	澳门商业银行	6 024.95	4 618	2 976
	葡萄牙商业银行	47 784.03	903	1 416
	多达亚速尔银行	2 204.25	1 472	968
	富利银行	428.14	45	169
	必利胜银行	2 473.90	1 245	425

---

[1]　参阅《汇业财经集团近貌》，第 9–10 页。

（续上表）

	银行名称	资产总值	存款余额	贷款余额
本地华资	汇业银行	2 717.16	2 267	1 485
其他外资	万国宝通银行（美）	3 319.08	3 306	2
	美国银行（美）	1 115.03	903	531
	永亨银行（美）	6 687.29	6 032	3 480
	汇丰银行（英）	4 312.76	3 858	2 595
	渣打银行（英）	1 569.63	1 504	1 253
	法国国家巴黎银行（法）	634.74	303	371
	德意志银行（德）	366.69	101	300
非本地华资	海外信托银行（中国香港）	1 203.32	1 046	507
	诚兴银行（中国香港）	11 109.82	9 984	5 053
	廖创兴银行（中国香港）	240.62	203	156
	台湾国际商业银行（中国台湾）	602.82	113	156
总额		168 949.40	98 332	56 097

数据来源：澳门政府公报刊登的各银行电子表格。

三、澳门银行业的基本特点

澳门银行业的基本特点，主要表现在以下几个方面：

第一，高度开放，国际化程度高。长期以来，澳门作为自由港，政府对经济实行"不干预政策"，没有外汇管制，资金、货物、人员进出自由。在金融业，表现为资金流动的绝对自由性，银行可自由订定不同的汇率和利率，澳门元在地区内可自由兑换，市场除流通澳门元外，还流通港元和其他一些国际货币，港元的流通量长期占澳门货币供应总量的一半以上。在大宗经贸、金融活动中，一般以港元作为计价交易单位。

银行业可以说是澳门经济中国际化程度最高的环节之一，在22家商业银行中，除9本地银行外，其余13家银行来自葡萄牙、美国、英国、法国、德国以及中国内地、香港、台湾等国家或地区，这些银行许多隶属国际著名银行，与国际金融市场保持密切的联系。

第二，对香港金融业的依赖性强。澳门整体经济对香港的依赖性很强。在金融业，港元在澳门金融体系中占有极重要的地位，澳门货币实行与港元挂钩的货币发行局制度，在澳门的外汇储备中，港元占有一个相当重要的地位。港元还是澳门流通最广泛的货币，在银行存款中占主导地位。正因为如此，澳门银行利率必须跟随香港银行利率的走势。澳门银行业与香港银行业联系密切，许多外资银行都以香港为地区总部。由于澳门本地银行同业市场不发达，银行存款在扣除必要的流动资金外，余额都必须存到香港银行体系；澳门的外汇、证券、基金、黄金、期货的买卖亦主要是由澳门银行通过它们在香港的地区总部或往来银行代理进行的。

第三，银行业务以传统的存款为主，分行网点密集。澳门银行经营的业务，包括存款、放款、结算、外汇、保险、信托、证券、租赁、投资，以及黄金、期货等。存款业务有澳门元、港元以及多种外币，部分还发行存款证。贷款业务主要有楼宇按揭、工商业贷款、贸易融资、项目贷款等。但总体而言，占主要地位的仍是传统的存款业务，以零售为主。正因为如此，澳门银行的分行网点密集，22 家银行共开设 138 家分行，平均每 3 000 人拥有一家银行，密度相当高。为方便市民存提款，22 家银行在澳门各区设有自动柜员机 174 台，个别银行还开设 24 小时银行服务中心。①

第四，金融市场结构单一，业务范围狭小。受到地域狭小和经济规模细小的制约，澳门的金融市场结构单一，业务范围狭小。从澳门整个金融业看，银行业是主体，辅之以保险业，而银行、保险业都以传统的零售业务为主，即使是黄金、证券、期货、外汇的买卖，也主要是通过香港进行。澳门至今尚未建立起相应的金融市场，即使是银行同业市场亦极不活跃，只限于澳门金融管理局和商业银行之间的买卖。这种局面，已远远落后于国际金融业一日千里的发展形势和客户的需求。

（原文发表于广州《特区与港澳经济》杂志，1999 年 2—3 月）

---

① 参阅《澳门手册（1998）》，第 147 页。

澳门金融业的战略定位：
中葡商贸合作的金融服务平台

一、金融业是澳门"中葡商贸合作服务平台"建设的重要一环

近年来，澳门社会各界特别是学术界，对澳门经济适度多元化已有相当深入的研究。最新达成的共识是：围绕着澳门"世界旅游休闲中心"的建设，积极推动澳门旅游博彩业的垂直多元化，大力发展非博彩的多元化的综合性旅游业，并且通过横琴的联合开发，形成与澳门错位发展的旅游休闲产业，并做大做强区域旅游休闲市场的"蛋糕"。不过，根据我们的研究，澳门经济适度多元化还可以循着另一条新路径发展：围绕着构建区域性商贸服务平台（特别是"中葡商贸合作服务平台"），积极扶持、培育、发展现代服务业，特别是与平台建设密切相关的总部经济、会议展览业、商贸服务业、文化创意产业、物流业和金融业六大产业。

区域性商贸服务平台的建设离不开金融业的支持，也为金融业发展提供了广阔的空间。2006 年在中国—葡语国家经贸合作论坛第二届部长级会议上，与会者签署了 2007 年至 2009 年的《经贸合作行动纲领》，提出在论坛框架下建立一个中国与葡语国家的金融合作机制的设想，目的是要促进论坛各成员国借助金融手段进一步活跃相互之间的经贸交往。为此，澳门金融管理局先后与多个葡语国家银行及保险机构达成互利互助的合作协议，与 8 个葡语国家中的 5 个国家就交流合作签订了合作备忘录，并与 5 个国家的保险监管局签署了合作备忘录。近年来，澳门特区政府提出，希望国家在支持澳门与葡语国家开展双边人民币贸易结算及融资业务的基础上，发挥其作为珠三角地区乃至国家与葡语国家合作与交流的平台作用，将澳门作为中国与葡语国家合作的跳板，积极开展金融机构互设、金融市场及业务合作和金融智力合作等各方面合作。因此，金融业的发展将是澳门区域性商贸服务平台建设的重要一环。

二、澳门金融业发展现状：以银行业为主体，保险业辅之

澳门金融业历史悠久，最早可追溯到18世纪20年代开办的专门从事商船抵押的银行。20世纪40年代抗战期间，广州、香港先后沦陷，富商巨贾纷纷避入澳门，澳门各类金融商号一度达300多家，这是澳门金融业最辉煌的日子。20世纪70年代以来，澳门金融业发展迅速，到90年代中后期已成为澳门经济的四大支柱之一，占澳门本地生产总值的比重约为10%。

澳门金融业以银行业为主体，保险业辅之。由于澳门没有独立的资本市场，经济活动中的金融服务功能主要由银行体系承担。与澳门外向型经济体制相适应，澳门银行业的国际化程度较高，技术和管理水平也比较先进，主要经营存贷款、汇兑、结算、保险、投资、理财、信用卡、保管箱等传统银行业务。2011年，澳门共有28家银行，包括离岸银行及离岸附属机构2家，专营公务员信用业务的邮政储金局1家，其中，12家为本地注册银行，16家为外资银行分行。还有一家金融公司，从事有限制的银行业务。此外，其他持牌机构还包括11家兑换店、6家兑换柜台、2家现金速递公司、2家金融中介人公司及1家其他金融机构之代表办事处（见下表）。澳门回归后，特别是2002年澳门特区政府开放博彩专营权以来，随着博彩业、房地产业的快速发展，以及整体经济的迅速扩张，澳门银行业获得了良好的发展，盈利持续稳步增长，尤其是信贷及中间业务，其中房屋按揭贷款占较大份额，银行代客理财、信用卡等中间业务非利息收入也有较大增长，收入呈多元化趋势。近年来，大型酒店建筑项目和高档商住公寓不断开工建设，银行的大型房地产项目融资正向银团贷款方向发展。澳门金融体系稳健发展，各项业务取得长足发展。据统计，截至2011年12月底，银行体系的总资产达6 566亿澳门元，比上年同期上升21.8%；全年盈利约46亿澳门元，增长30%。澳门金融管理局行政委员会主席丁连星表示，澳门银行业在2011年取得了良好的业绩，税后利润恢复到历史最高位，正处于历史最好时期。

2011 年澳门持牌金融机构概况（不包括保险公司）

（单位：家）

持牌银行机构	持牌银行数量	其他持牌机构	其他持牌机构数量
总数	28	总数	20
总部设在本地的银行	3	兑换店	11
外地银行的附属银行	9	兑换柜台	6
外资银行分行	16	金融中介人公司及其他金融机构之代表办事处	3

数据来源：澳门金融管理局。

澳门是一个以旅游博彩业为主的微型经济体，银行业的经营具有一些显著特点：

第一，澳门银行分行网点密集，平均每 3 000 人拥有 1 家银行，每 2 万人拥有 1 家保险公司，业务集中度较高，存贷款业务主要集中于中资及葡资银行。其中，以中国银行澳门分行和中国工商银行澳门分行为代表的 8 家中资银行，市场份额在六成以上，在市场居主导地位。

第二，作为一个快速发展的旅游博彩中心，澳门银行体系的现金流通量庞大，银行"水浸"现象严重，资金缺乏出路，贷存比多年来一直低于50%，而由于产品同质化明显，主要是传统的存贷款业务，创新产品少，市场竞争十分激烈。

第三，澳门银行在外币处理方面有丰富的经验。虽然澳门元是澳门唯一的法定货币，但实际上港元与澳门元同时并行，占 Mo 的比重相当。在银行流通体系中还有人民币和其他外币。澳门银行在处理双币种运行、现钞防伪等方面积累了丰富的经验，这为澳门开展人民币业务创造了重要的基础条件。

第四，澳门银行业监管审慎，银行体系资产质量良好（2009 年 2 月不良贷款比率为0.91%），资本充裕（2008 年底资本充足比率为15.01%），流动性充沛（2009 年 4 月三个月流动性比率为68.50%），监管较稳健。澳门在 2006 年 APG 和 OGBS 共同评估以及 2008 年国际货币基金组织的离岸金融中心评估中，获得了"符合国际标准与最佳实践基本一致"的高度评价。同时，穆迪公司将澳门本外币政府债信评级调升至 A3，评级前景稳定。①

保险业是澳门金融业的另一个重要组成部分。目前，澳门共有 24 家保险公司，其中，本地保险公司 8 家，跨国保险公司在澳门的分支机构有 16 家。若按业务分类，从事寿险的有 11 家，从事非寿险的有 13 家。回归以来，随着博彩业和整体经济的快速发展，澳门保险市场规模不断扩大。2007 年，保费收入达 32.2 亿澳门元，比 2006 年增长 30.1%，其中寿险收入 22.5 亿澳门元，同比增长 28.6%；财险收入 9.7 亿澳门元，同比增长 3.8%。长期以来，澳门保险市场中寿险与非寿险市场份额一直维持在约 7:3 的水平。虽然澳门保险业过去几年发展迅速，但保险市场的密度和深度仍处于较低水平。从长远来看，澳门保险市场仍然具有相当大的开发潜力。

总体而言，澳门金融业的经营业务范围较狭窄，结构单一，对香港金融市场的依赖性极强。由于澳门本地银行同业市场不发达，银行存款在扣除必要的流动资金后，余额都存到香港银行体系。澳门的外汇、证券、基金、黄金、期货的买卖，亦主要是由澳门银行通过它们在香港的地区总部或往来银行代理进行的。为改善金融清算管道狭窄、金融基础建设落后的状况，澳门金融管理局加强了与香港、内地金融监管当局的紧密合作，于 2007 年和 2008 年先后开通了与香港的跨境港元、美元支票清算系统，建立起快捷安全的跨境支付管道，促进了资金流动。澳门金融管理局还与周边地区商讨建立区域资金清算共同平台，加快澳门实时支付清算系统筹建进程，以加强与香港和内地实时清算系统的对接，提升粤港澳跨境资金清算效率，推动三地经济金融的合作与融合。②

三、澳门金融业的战略定位：中葡商贸合作的金融服务平台

澳门回归后，特别是 2002 年澳门特区政府开放博彩专营权以来，随着博彩业的快速发展、外资的大规模进入，澳门整体经济获得超常规的增长。据统计，2010 年，澳门本地生产总值达 2 269.41 亿澳门元，比 1999 年的 472.87 亿澳门元大幅增长了 3.8 倍。2010 年，澳门人均本地生产总值达 5.26 万美元，在亚洲位列第二、世界位列第五。澳门在大珠三角地区乃至全球经济中的战略地位逐步凸显。国家"十二五"规划指出："支持澳门建设世界旅游休闲中心，加快建设中国与葡语国家商贸合作服务平

---

① 田地. 回归十年澳门金融业持续稳健发展 [J]. 中国金融，2009 (24).
② 田地. 回归十年澳门金融业持续稳健发展 [J]. 中国金融，2009 (24).

台。"换言之，从中长期发展来看，澳门的发展战略被定为"世界旅游休闲中心"以及"中葡商贸合作服务平台"。

众所周知，在区域与国际分工合作中，澳门经济的重要比较优势是区位优势、自由港优势和国际网络优势。澳门是中国南大门与香港互成犄角的另一个自由港、独立关税区，回归后是继香港之后的第二个特别行政区。澳门背靠的是珠三角西部，沿西江往西北上溯是西江中下游广阔的经济腹地，而它联系的国际层面，则以欧盟和葡语国家为重点。正是基于这些独特的优势，2002 年澳门特区政府明确提出了致力将澳门建设成为区域经济发展的"三个服务平台"的目标，即作为内地，特别是广东西部地区的商贸服务平台；作为中国与葡语国家经贸联系与合作的服务平台，以及作为全球华商联络与合作的服务平台。

"三个服务平台"中，最核心的就是"中国与葡语国家经贸联系与合作的服务平台"。所谓"平台"，实际上就是区域商贸网络的枢纽。由于历史的原因，长期以来，澳门与欧盟，特别是葡语国家和地区一直保持着紧密的经济、社会、文化等多方面的联系。回归以来，随着中国经济实力的不断增强，特别是广东珠三角地区经济的蓬勃发展，澳门吸引了众多葡语国家在澳门设立机构以开展与中国的经贸交流。2003 年，中央政府决定将中国—葡语国家经贸合作论坛设在澳门，其用意也是要协助澳门打造这一平台。2010 年，中国—葡语国家经贸合作论坛第三届部长级会议在澳门举行，这进一步强化了澳门与葡语国家的广泛联系，巩固和提升澳门作为"中葡商贸合作服务平台"的战略地位。因此，澳门有优势，也有条件发展成为联系欧盟、葡语国家与中国特别是广东珠三角地区，甚至包括中国香港、台湾地区的区域性商贸服务平台。"中葡商贸合作服务平台"的建设，推动了澳门及内地与葡语国家的贸易联系。据统计，从 2002 年到 2010 年，中国与葡语国家的进出口总额从 60.52 亿美元增长到 914.23 亿美元，8 年间增长了 14.10 倍，年均增长 40%，中国与葡语国家经贸合作的快速增长势头可见一斑。澳门在这一过程中投入了大量人力、物力，推动了中葡经贸发展，平台作用进一步彰显。2009 年，澳门与葡语国家的进出口贸易总额达 3.22 亿澳门元，同比增长 20.15%。

区域性商贸服务平台的建设，离不开金融业的支持，也为金融业的发展提供了广阔的空间。在 2006 年中国—葡语国家经贸合作论坛第二届部长级会议上，与会者签署了 2007 年至 2009 年的《经贸合作行动纲领》，提出在论坛框架下建立一个中国与葡语国家的金融合作机制的设想，目的是要促进论坛各成员国借助金融手段进一步活跃相互之间的经贸交往。为此，澳门金融管理局先后与多个葡语国家银行及保险机构达成互利互助的合作协议，与 8 个葡语国家中的 5 个国家就交流合作签订了合作备忘录，并与 5 个国家的保险监管局签署了合作备忘录。在中葡经贸合作过程中，澳门金融业提供了重要的服务支持。当中国对葡语国家的贸易存在较大逆差时，为了扩大出口，中国银行澳门分行、葡萄牙投资银行、安哥拉发展银行三家银行合作提供了 1 亿美元的信贷额，帮助中国企业出口产品到安哥拉，并为在安哥拉工作的中国公民提供汇款服务。正在安哥拉等葡语国家拓展清洁能源市场的澳门贺田工业有限公司总经理贺一诚表示："有了这样的金融支持作为坚实的后盾，中国企业将会更有信心。"①

近年来，澳门特区政府提出，希望国家在支持澳门与葡语国家开展双边人民币贸易结算及融资业务的基础上，发挥其作为珠三角地区乃至国家与葡语国家合作与交流的平台作用，将澳门作为中国与葡语国家合作的跳板，积极开展金融机构互设、金融市场及业务合作和金融智力合作等各方面合作。金融业的发展将成为澳门构建"中葡商贸合作服务平台"的重要一环。诚然，澳门经济规模细小，"中葡商贸合作服务平台"难以单独完成，必须与毗邻的广东珠海，特别是珠海横琴新区合作展开。因此，澳门金融业也必须与香港、广东加强合作，特别是在横琴新区共建"粤港澳金融紧密合作区"。

四、做大做强澳门金融业：推动澳门银行布局珠江西岸地区

从总体上看，CEPA 作为中央政府与香港、澳门特区政府签署的制度安排，它对港澳的开放是全面性的，实际上是内地对香港、澳门服务业的开放。因此，CEPA 的开放门槛不可能太低，必须受到内地各地区地方政策、法规的制约。由于利用 CEPA 制度安排进入内地的港澳企业，主要是中小型企业（较大型的港澳企业基本能在 WTO 的框架下进入内地，不必通过CEPA 渠道），而中小型的港澳服务企业往往因为 CEPA 的开放门槛偏高而难以进入，这种情况在澳门尤甚。事实上，98％以上的澳门服务企业均为小型企业。因此，在现行 CEPA 框架下，它们难以进入内地发展。就以具一定竞争力的银行业为例，2003 年内地与香港、澳门分别签署了 CEPA 协议，将银行业准入门槛从资产总规模 200 亿美元降低至 60 亿美元。按照这一门槛，香港有 8 家银行在 CEPA 框架下进入内地。然而，由于澳门主要

---

① 参阅《澳门全面搭建中国与葡语国家贸易交流平台》，http：//www.gotohui.com/show.php？contentid＝31053。

注册银行的资产规模与60亿美元资产的门槛规定仍有相当距离，该项开放措施对澳门来说形同虚设。

目前，澳门主要注册银行的资产规模与 CEPA 框架下60亿美元的门槛规定尚有相当大的距离，这制约了粤澳两地金融业的合作。建议在 CEPA 先行先试的制度安排下，广东省设立澳门金融机构准入的绿色通道，将澳门银行业的准入门槛从总资产规模60亿美元降低至30亿美元（同时对银行的风险控制能力和资产负债情况提出更高的要求），使澳门部分银行可以进入内地经营①，为其庞大的资金增加一条出路，使其可以进一步做大规模。由于澳门与广东珠江西岸地区的密切经济联系，可考虑对澳门银行业开放珠江西岸的珠海、中山和江门三市。同时，允许澳门银行在广东境内设立小区银行、村镇银行等新型金融机构，使澳门银行能够拓展其经营空间，使其庞大的资金可以有一条更好的出路，这对广东珠三角地区，特别是珠江西岸地区经济发展也有积极的推动作用。2010 年 7 月 29 日在佛澳 CEPA 合作交流会上，澳门贸易投资促进局主席张祖荣就表示，在粤澳金融合作方面，已着手安排引进澳门银行到佛山设立异地支行，并推荐澳门银行在佛山开设村镇银行或小额贷款公司。②

随着澳门银行进入广东，粤澳之间金融市场的合作也将加强。目前，粤港澳三地均形成各自的同业市场，三地金融机构都推出不同类型的金融产品，这些产品无论是在交易限制、监管要求、风险披露等方面都不尽相同。因此，粤澳金融业的合作，还需在构建共同的银行同业市场、推进金融产品的跨境发行和流通等方面加强合作。此外，《珠江三角洲地区改革发展规划纲要（2008—2020 年）》指出："支持港澳地区人民币业务稳健发展，开展对港澳地区贸易项下使用人民币计价、结算试点。"澳门应积极争取开放人民币结算业务，这样既可增加澳门银行的相关业务，有效运用银行的人民币资金，也有助于促进澳门与广东珠三角地区在经济和金融方面的融合。

五、做大做强澳门金融业：加强澳门与横琴新区的金融合作

中央政府和广东省政府要积极支持澳门金融业进入横琴，推动横琴金

---

① 目前，澳门注册银行中，资产规模超过30亿美元的有3家，包括中国工商银行澳门分行（前身为诚兴银行，已被中国工商银行收购）、大丰银行和大西洋银行。超过20亿美元的还有永亨银行、澳门国际银行。也可通过并购推动其他银行达到此资产规模。

② 参阅《澳门银行将到佛山开支行，佛澳 CEPA 合作交流会签订 12 项目》2010 年 7 月 30 日。

融创新。横琴开发作为"一国两制"下粤港澳合作的新模式，珠澳合作发展金融业，使珠澳两地实现错位发展、优势互补，有利于拓宽澳门金融业资金出路，也有利于内地金融同业与澳门同业交流互补管理经验，促进两地金融业的共同进步与发展。

《横琴总体发展规划》规定，将"鼓励金融创新"，包括鼓励横琴在金融业务、金融机构准入、金融市场、金融产品等方面进行创新，拓展融资管道。具体包括：按照有关管理办法设立横琴股权（产业）投资基金，开展金融产品和服务创新试点，开办和推广知识产权、收益权、收费权和应收账款质押融资，发展租赁融资，支持符合横琴产业发展规划的行业和企业发展。在推进建立统一的法律制度和有效的监管机制背景下，允许横琴金融机构开展综合经营试点，研究开展个人本外币兑换特许业务试点。

规划还制定了产业投融资体系政策——拓宽直接融资管道，建立创业投资引导基金，培育股权投资机构，支持符合条件的横琴开发运营机构和企业在全国银行间市场发行债务融资工具，或直接发行企业债券。此外，还将创新中小企业融资模式，建立中小企业信用担保机构和区域性再担保机构；鼓励发展小额贷款公司和中小企业投资公司；探索开办和推广知识产权、收益权、收费权和应收账款质押融资，积极发展租赁融资；吸引国际企业参与横琴的投资建设。

在金融监管合作方面，将进一步加强广东与澳门金融管理部门、反洗钱监管部门和司法部门在反洗钱和反恐怖融资领域的政策协调与信息沟通。加强跨境外汇和人民币资金流动监测工作，防范洗钱和恐怖融资犯罪活动的发生，确保横琴外汇资金流动风险可控、有序监管。

近年来，随着 CEPA 的实施和逐步开放，港澳企业对在内地发展要求获得国民待遇的呼声日趋高涨。在 CEPA 先行先试的制度安排下，广东可以考虑率先在横琴新区对港澳服务企业全面开放，例如，在 CEPA 先行先试政策下，率先在珠海横琴对澳门银行业开放，将准入门槛率先降至 30 亿美元的总资产规模。同时，澳门银行在横琴新区开设分行后，可考虑将业务辐射到广东珠江西岸其他城市，如珠海、中山、江门的客户也可以到横琴新区的澳门银行存贷款。

总体而言，一个强有力的、覆盖广东珠海横琴以及珠江西岸地区的金融业环节将可成促使澳门成为中国与葡语国家商贸合作的金融服务平台。

（原文发表于澳门《澳门研究》杂志，2012 年第 3 期）

新时期澳门金融业的战略定位与
特色金融的发展

一、澳门金融业的发展演变及其在整体经济中的地位

澳门金融业历史悠久，最早可追溯到 18 世纪 20 年代开办的专门从事商船抵押的银行。1902 年，葡萄牙大西洋银行在澳门开设分行，标志着澳门银行业起步发展。1905 年 9 月 4 日，当时的澳葡政府与大西洋银行签订合约，委托大西洋银行作为发钞银行，印制和发行澳门本地流通的货币，次年澳门元正式面世。这一时期，华人资本经营的钱庄、银号也逐步发展起来。这些早期的信用机构，主要从事融资、信托、授信、找换货币、转账过户等金融活动。20 世纪 40 年代抗日战争期间，广州、香港先后沦陷，内地富商巨贾纷纷避入澳门，澳门各类金融商号一度达 300 多家，这是澳门金融业最辉煌的日子。

"二战"后，受到经济环境的制约，澳门金融业发展缓慢。20 世纪 60 年代，澳门经济发生两个重要变化，一是澳葡政府将博彩专营权授予澳门旅游娱乐有限公司，使博彩业取得快速发展，从而促进澳门经济全面复苏；二是受内地政治运动影响，大批移民和东南亚华侨来澳门定居，致使澳门人口激增。这两大变化促进了澳门出口加工业和地产建筑业的发展，经济活动日趋活跃，融资的需求亦随之增加，为金融业的发展创造了需求。1970 年澳门颁布首部银行法，促进了银行业的迅速发展，一些历史悠久的本地华商银号纷纷注册为银行，著名的有大丰银行、诚兴银行、永亨银行、恒生银行（即今汇业银行）、国际银行、南通银行（中国银行澳门分行前身）等。与此同时，外资银行和港资银行也相继进入澳门，包括香港汇丰银行、澳门商业银行、标准渣打银行、花旗银行等。1982 年 8 月，为顺应银行业发展的需要，澳葡政府颁布了《信用制度及金融机构管制法令》，即新银行法。根据新银行法的要求，许多银行宣布增资，银行业务量迅速增加，并成立了外汇同业联合会和银行同业公会等行业协会，澳门金融业展现出新的繁荣景象。到 20 世纪 90 年代中后期，金融业已成为澳

门经济的四大支柱产业之一（另外三个支柱产业为旅游博彩业、出口加工业、地产建筑业），在澳门本地生产总值中所占比重为 9.9%。

1999 年澳门回归后，受到亚洲金融危机的冲击，澳门银行业受到影响。1999 年底，银行体系不良贷款比率上升到 20.0%，贷款备用金的急剧上升导致整体银行营运利润下降至 0.9 亿澳门元，总贷款经历了多年上升趋势后转为下跌，总资产在 1999 年大幅下跌 19.1%。不过，尽管如此，银行体系一直维持充足的资本，由 1995 年开始统计的整体资本充足比率在当年仍维持在 16.4% 的高水平，远高于巴塞尔委员会订定的最低水平。[①] 面对经济放缓，澳门特区政府采取了"固本培元，稳健发展"等一系列政策，使澳门经济开始复苏。在金融当局的监管下，银行对这次危机中所暴露的问题作出全面检讨，对风险管理及内部控制进行调整，在经营上采取更审慎的政策。

2002 年澳门特区政府开放博彩专营权，以及 2003 年中央实施内地居民赴港澳"自由行"政策，吸引了外资的大规模进入，并极大地推动了博彩业和整体经济的快速发展。在此背景下，澳门的金融业获得了快速的增长。据统计，1999 年，澳门金融业创造的附加值为 40.21 亿澳门元，到 2013 年增加到 164.32 亿澳门元，14 年间增长了 3.09 倍。这一时期，由于博彩业的快速增长，博彩及博彩中介业占澳门 GDP 的比重从 2000 年的 33.3% 大幅增加到 2014 年的 58.45%，同期包括博彩及博彩中介业、酒店餐饮业、批发及零售业在内的旅游博彩业在整体经济中所占比重从 41.6% 增加到 68.6%。在博彩业"一业独大"的背景下，制造业所占比重从 8.1% 大幅下降到 0.4%，运输、仓储及通信业所占比重从 6.3% 下降到 2.0%，而金融业则从 9.1% 下降到 4.5%。不过，从广义来看，金融业在澳门经济中仍占有重要地位，它成为仅次于旅游博彩业、地产建筑业的第三大支柱产业；从狭义来看，金融业为澳门经济第五大支柱产业，位居博彩及博彩中介业、地产业、批发及零售业和酒店餐饮业之后（见表1）。不过，如果考虑到金融业对整体经济的影响力，金融业的重要性远超批发及零售业和酒店餐饮业，可以说仍然是澳门经济中仅次于旅游博彩业、地产建筑业的第三大支柱产业，在澳门经济适度多元化过程中无疑将扮演重要的角色。

---

① 参阅澳门金融管理局《二十周年特刊》，第 28 页。

表 1   澳门以当年价格按生产法计算的本地生产总值的结构

（单位:%）

年份	2000	2002	2005	2007	2010	2012	2014
博彩及博彩中介业	33.3	38.0	43.3	44.5	59.2	62.9	58.3
批发及零售业	3.5	4.5	3.8	3.6	4.9	5.3	5.2
酒店餐饮业	4.8	5.3	4.6	4.2	5.1	4.8	5.1
小计	41.6	47.8	51.7	52.3	69.2	73.0	68.6
地产业	11.8	9.6	9.4	8.8	6.3	6.6	8.3
租赁及工商服务	2.9	3.9	4.3	5.0	4.4	3.2	3.9
建筑业	1.9	2.0	6.9	11.2	3.6	3.1	4.3
小计	16.6	15.5	20.6	25.0	14.3	12.9	16.5
金融业	9.1	7.7	6.7	5.8	4.1	3.6	4.5
运输、仓储及通信业	6.3	5.4	3.7	3.0	2.4	1.9	2.0
制造业	8.1	5.6	3.3	2.2	0.6	0.5	0.4
其他	18.3	18.0	14.0	11.7	9.4	8.1	8.0
合计	100.0	100.0	100.0	100.0	100.0	100.0	100.0

注：其中工商服务不属于地产建筑业，严格来说应该剔除。

数据来源：澳门统计暨普查局历年统计年鉴。

二、回归以来澳门金融业发展的基本特点

澳门回归以来，经过十多年的发展，其金融业具有以下一些基本特点：

第一，澳门金融业仍以银行业为主体，保险业辅之，结构仍较为单一。

与香港相比，澳门金融业的结构仍较为单一，主要由银行业和保险业两个环节组成。由于澳门没有独立的资本市场，经济活动中的金融服务功能主要由银行体系担任。与香港银行体制不同，澳门银行业没有法律规定的三级制，不过，实际上也存在类似的三级制：处于最高层的是商业银行，它们构成金融业的主体。目前，澳门银行已从回归前的 23 家增加到 29 家，其中，10 家为本地注册银行，包括 3 家以澳门为总部的本地银行和 7 家外地银行的附属银行，19 家为外资银行分行。处于中间层面的是非银

行金融公司，目前共有 3 家，包括 1 家从事有限制银行业务的金融公司、1 家从事融资租赁业务的财务公司和 1 家从事发行及管理电子货币储值卡业务的信用机构。处于最基层的是兑换店、兑换柜台及现金速递公司，目前共有 11 家兑换店、6 家兑换柜台、2 家现金速递公司和 3 家金融中介公司及其他金融机构之代表办事处（见表 2）。保险业方面，共有 22 家保险公司，其中 11 家从事寿险及私人退休基金管理业务，11 家经营非寿险业务。

表 2　澳门持牌金融机构概况（不包括保险公司）

（单位：家）

持牌银行及金融公司	数量	其他持牌机构	数量
总部设在本地的银行	3	兑换店	11
外地银行的附属银行	7	兑换柜台	6
外资银行分行	19	现金速递公司	2
金融公司	3	金融中介公司及其他金融机构之代表办事处	3

数据来源：澳门金融管理局。

第二，回归以来澳门银行业取得快速的发展，业务日趋多元化，银行体系资金流量庞大，竞争力增强。

回归前，澳门银行经营的业务，以传统银行业务为主，主要包括存贷款、汇兑、结算、保险、投资、理财等。不过，回归以后，特别是 2002 年澳门特区政府开放博彩专营权以后，随着博彩业、房地产业的快速发展，以及整体经济的迅速扩张，澳门银行业获得了良好的发展，在产品多样化、经营多元化、操作电子化等方面都取得了令人满意的进展，盈利也持续稳步增长。银行在收入方面的增长主要来自信贷及中间业务，其中房屋按揭贷款占较大份额，银行代客理财、信用卡等中间业务非利息收入也有较大增长，收入呈现多元化趋势。过去十年来，大型酒店和高档商住楼宇不断开工建设，银行的大型房地产项目融资正向银团贷款方向发展。随着业务的快速增长，银行业的资金流量和资产日趋庞大。据统计，截至 2014 年底，澳门银行体系的总资产已达 11 744 亿澳门元，比博彩专营权开放前 2001 年的 1 423 亿澳门元大幅增长了 7.25 倍；客户存款、贷款余额分别为 7 911 亿澳门元和 6 897 亿澳门元，分别比 2001 年增长了 6.16 倍和 12.96 倍；营运利润为 108.75 亿澳门元，比 2001 年的 5.85 亿澳门元大幅增长了 17.59 倍（见表 3）。澳门银行业的竞争力明显增强，正处于历史上最好的发展时期。

表3   澳门银行业经营概况

（单位：亿澳门元）

年份	总资产	客户贷款余额	客户存款余额	银行同业资产	银行同业负债	营运利润
2001	1 423	494	1 105	489	112	5.85
2002	1 519	513	1 196	521	99	9.07
2003	1 558	487	1 297	582	78	9.66
2004	1 713	527	1 428	582	82	14.78
2005	2 168	652	1 851	901	109	25.06
2006	2 735	764	2 310	1 213	171	28.96
2007	3 281	1 086	2 682	1 342	294	39.01
2008	3 595	1 506	2 750	1 367	516	33.37
2009	4 268	1 866	3 068	1 672	860	36.15
2010	5 398	2 457	3 400	2 239	1 570	38.84
2011	6 582	3 224	4 140	2 401	1 934	50.53
2012	7 962	4 068	5 406	2 719	1 821	62.88
2013	9 903	5 347	6 805	3 268	2 217	84.68
2014	11 744	6 897	7 911	3 474	2 685	108.75

数据来源：澳门金融管理局历年年报。

第三，澳门银行业国际化程度高，在外币处理方面具有丰富经验，人民币离岸业务已有了一定的发展。

长期以来，澳门作为自由港，政府对经济实行不干预政策，没有外汇管制，资金、货物、人员进出自由。在金融业，表现为资金流动的绝对自由性，本币在区内可自由兑换，市场除了流通本币，还流通港币和其他一些国际货币，港币的流通量长期占澳门货币供应总量的一半以上。银行业可以说是澳门经济中国际化程度最高的环节，29家持牌银行中，除3家为本地注册银行外，其余26家均为境外银行，来自葡萄牙、美国、英国、法国、德国及中国内地、香港等国家或地区。许多银行隶属国际著名银行，与国际金融市场保持紧密的联系。回归以来，澳门银行业在国际化方面有了进一步的发展，银行业务已广泛分布于亚洲及欧洲地区，突破了澳门市场容量有限的瓶颈。不过，澳门银行业的业务集中度较高，存贷款业务主要集中于中国银行澳门分行等中资银行，以及大西洋银行等葡资银行。其中，以中国银行澳门分行和中国工商银行澳门分行为代表的 8 家中资银行占六成以上市场份额，在市场上居主导地位。

由于国际化程度高，澳门银行在处理外币方面具有丰富经验。虽然澳门元是澳门唯一的法定货币，但实际上港元与澳门元同时并行，占 M0 的比重相当。银行流通体系中还有人民币和其他外币。澳门银行在处理双币种运行、现钞防伪等方面积累了丰富的经验，这为澳门开展人民币业务创造了重要的基础条件。澳门银行的人民币业务，包括自 2004 年开始的个人人民币业务及自 2009 年开办的跨境贸易人民币结算业务，一直保持着稳步有序的发展态势。截至 2014 年 9 月底，澳门人民币存款总余额已达 1 187 亿澳门元，跨境贸易人民币结算业务累计交易为 4 650 亿澳门元，人民币信用卡（含澳门元、人民币双币卡）的发行量已超过 15 万张。

第四，作为金融业组成部分的保险业，亦具有国际化的特点，经营业务以寿险为主、非寿险为辅。

据统计，截至 2015 年 12 月底，澳门保险业共有 22 家保险公司，其中 11 家为人寿保险公司，主要从事寿险及私人退休基金管理业务，其余 11 家为非人寿保险公司，主要从事劳工保险、火险、汽车保险、海运保险及杂项保险等非寿险业务。这些公司按照其原属地区分，8 家属澳门本地保险公司，其余 14 家为非本地保险公司的分公司，来自美国、加拿大、葡萄牙、百慕大及中国内地、香港等国家和地区。澳门保险公司经营的业务，以寿险为主，非寿险为辅，两者的市场份额大约维持在 7∶3 的比例。近年来，澳门保险业获得快速发展，保费收入的增长率达到两位数字。据统计，2014 年，澳门保险业收取的保费收入为 88.57 亿澳门元，比 2010 年的 37.72 亿澳门元增长了 1.35 倍。其中，寿险收入为 69.01 亿澳门元，比 2010 年的 26.85 亿澳门元增长了 1.57 倍，占总体保费收入的 77.9%；而非寿险收入为 19.56 亿澳门元，比 2010 年的 10.87 亿澳门元增长了 79.9%，占总体保费收入的 22.1%（见表 4）。非寿险收入中，火险、杂项保险、劳工保险、汽车保险分别占 33.8%、31.0%、21.5% 和 12.9%。回归以来，澳门保险业虽然有了较快的发展，但总体而言，保险市场的密度和深度仍处于较低水平。从长远来看，澳门保险业仍然具有相当大的发展潜力。

表4　澳门保险业保费收入概况

年份	保费收入		寿险收入		非寿险收入	
	金额（亿澳门元）	增长率（％）	金额（亿澳门元）	增长率（％）	金额（亿澳门元）	增长率（％）
2001	12.88	16.7	9.29	23.0	3.59	3.2
2002	14.36	11.5	10.57	13.8	3.79	5.6
2003	15.84	10.3	11.90	12.6	3.94	4.0
2004	18.92	19.4	14.38	20.8	4.54	15.2
2005	22.09	16.8	16.31	13.4	5.78	27.3
2006	24.77	12.1	17.52	7.4	7.25	25.4
2007	32.26	30.2	22.54	28.7	9.72	34.1
2008	34.47	6.9	25.48	13.0	8.99	−7.5
2009	32.64	−5.3	23.32	−8.5	9.32	3.7
2010	37.72	15.6	26.85	15.1	10.87	16.6
2011	43.52	15.4	31.37	16.8	12.15	11.8
2012	54.39	25.0	37.37	19.1	17.02	40.1
2013	68.27	25.5	49.64	32.8	18.63	9.5
2014	88.57	29.7	69.01	39.0	19.56	5.0

数据来源：澳门金融管理局历年年报。

第五，金融业监管稳健，重视防范金融风险。

回归以后，为了加强对金融业的监管，以符合国际金融业监管的一般惯例，澳门特区政府在澳门货币暨汇兑监理署已于1989年成立的基础上，于2000年2月15日成立了澳门金融管理局。澳门金融管理局的职责是根据规范货币、金融、外汇及保险活动市场的法律、法规，指导、统筹及检察金融市场，以确保其正常运作，并持续对金融市场的经营者进行监管，确保金融体系的稳定。同年3月31日，澳门金融管理局又受澳门特区政府委托，负责管理土地基金资产。① 2002年博彩专营权开放以后，澳门的外汇储备大幅增加，至2015年5月底，外汇基金资产总额为1 391亿澳门元，相当于4月底澳门流通货币的12倍，及广义货币供应（M2）中属于澳门元的105.2％。目前，澳门银行体系资产质量良好、资本充沛、资金

———————

① 参阅澳门金融管理局《二十周年特刊》，第14页。

流动性高，监管稳健。据统计，2014 年底，澳门银行体系坏账率仅为 0.12％，资本充足比率为 14.2％，一个月资金流动性比率为 55.6％。

为了改善金融清算管道狭窄、金融基础建设相对滞后的状况，澳门金融管理局加强了与香港、内地金融监管当局的紧密合作，于 2007 年及 2008 年先后开通了与香港、内地的跨境港元、美元支票清算系统，建立起快捷、安全的跨境支付管道，促进资金流动。2011 年，国际货币基金组织在其发布的年度评估报告中，对巴塞尔银行监管委员会有效银行监管 25 个核心原则在澳门的实施情况，作出 21 个符合、4 个大体符合的结论。

三、澳门金融业的战略定位：区域性商贸合作的金融服务平台

回归以来，随着澳门经济规模的扩大、澳门金融业的迅速发展，澳门在大珠三角金融中心圈中所扮演的角色也越来越受到重视。总体而言，澳门金融业的发展定位，是由澳门资源禀赋、比较优势、整体经济及金融产业发展现状，以及当前的发展机遇等种种因素决定的。具体分析如下：

第一，金融业发展是澳门经济适度多元化的客观要求。

随着 2002 年博彩专营权开放，澳门的博彩业获得了爆炸式的增长，"一业独大"的发展态势凸显。2013 年，博彩业毛收入占 GDP 的 80％，博彩税收占政府公共财政收入的 76％，博彩业从业人员占总劳动人口的比重亦接近 25％。博彩业的"一业独大"，使得生产资源过度聚集，在土地、人力资源、资本等生产要素方面挤压了其他行业尤其是中小企业的生存空间。而经济结构的单一化更使得经济具有波动性的特点，导致整体抗风险能力不强。有鉴于此，国家"十一五"规划提出，要"促进澳门经济适度多元发展"；国家"十二五"规划更明确指出："支持澳门推动经济适度多元化，加快发展休闲旅游、会展商务、中医药、教育服务、文化创意等产业。"然而，从过去十年的实践看，澳门经济适度多元化发展虽然取得了一些进展，但总体并不理想，而博彩业"一业独大"的情况更趋严重。究其原因，澳门经济规模细小，比较优势相对较单一，在博彩业快速发展的背景下，其他行业的发展受到了土地、人力资源严重短缺的制约。

2014 年下半年，随着中国经济进入新常态及反腐败活动，支撑澳门经济特别是博彩业高速发展的外部环境发生重大变化，博彩业收入开始大幅下滑，改变了本地生产总值长期以来的上升轨迹，出现实质负增长。澳门经济由此进入调整期，负面影响从博彩业逐渐扩散到与博彩业密切相关的酒店、餐饮、零售等行业，表现为酒店房价下跌、餐饮生意转淡、零售收

入下降等。从当前博彩业急速回落的发展态势来看，澳门经济转型升级及产业适度多元化已迫在眉睫，需要积极培育经济发展的新动力、新源泉，以保障整体经济的继续平稳发展。

从目前澳门经济的总体结构来看，对澳门本地生产总值贡献较大的行业，除了博彩业，还包括批发及零售、酒店餐饮、地产等与博彩业具有高度关联性的行业，其持续发展不仅受到土地、人力资源短缺的制约，还容易受到外部经济环境的影响。澳门特区政府大力倡导发展的会展业等目前仍然基础薄弱，进一步发展不仅受到土地资源、交通基础设施配套不足的制约，还与外围地区如香港、广州、深圳等城市产生激烈竞争。而澳门金融业经过多年的发展，已经具备进一步扩展壮大的基础和潜力。金融业是资金、技术、人才、知识密集型行业，其发展可以避开澳门土地、人力资源及市场空间有限的制约。因此，在澳门现有资源禀赋和产业发展中，金融业是最有条件成为推进经济适度多元化的支柱产业。

第二，金融业的发展须有效配合"一个中心、一个平台"的建设。

澳门作为微型经济体，资源禀赋和比较优势都相对有限。回归以来，中央政府根据澳门的实际情况，提出了建设"世界旅游休闲中心"和"中葡商贸合作服务平台"的发展定位，以有效推进经济适度多元化。因此，澳门金融业的进一步发展，必须有效配合"一个中心、一个平台"的建设。

众所周知，在区域与国际分工合作中，澳门经济的重要比较优势是区位优势、自由港优势和国际网络优势。澳门是中国南大门与香港互成犄角的另一个自由港、独立关税区，回归后是继香港之后的第二个特别行政区。澳门背靠的是珠三角西部，沿西江往西北上溯是西江中下游广阔的经济腹地，而它联系的国际层面，则以欧盟和葡语国家为重点。正是基于这些独特的优势，2002年澳门特区政府明确提出了致力于将澳门建设成为区域经济发展的"三个服务平台"的目标，即作为内地，特别是广东西部地区的商贸服务平台；作为中国与葡语国家经贸联系与合作的服务平台，以及作为全球华商联络与合作的服务平台。

"中葡商贸合作服务平台"的建设离不开金融业的支持，也为金融业的发展提供了广阔的空间。在2006年中国—葡语国家经贸合作论坛第二届部长级会议上，与会者签署了2007年至2009年的《经贸合作行动纲领》，提出在论坛框架下建立一个中国与葡语国家的金融合作机制的设想，目的是要促进论坛各成员国借助金融手段进一步活跃相互之间的经贸交往。为此，澳门金融管理局先后与多个葡语国家银行及保险机构达成互利互助的合作协议，与 8 个葡语国家中的 5 个国家就交流合作签订了合作备忘录，并与 5 个国家的保险监管局签署了合作备忘录。2015 年 6 月，中国银行澳门分行与大西洋银行签订了中国及葡语国家市场业务合作协议，以建立更加深入的全面合作关系。通过两家银行的集团网络，创建信息交流平台和沟通管道，分享中国与葡语国家的市场商贸信息，实现业务互介，加强在结算、授信等方面的业务合作。近年来，澳门特区政府提出，希望国家在支持澳门与葡语国家开展双边人民币贸易结算及融资业务的基础上，发挥其作为珠三角地区乃至国家与葡语国家合作与交流的平台作用，将澳门作为中国与葡语国家合作的跳板，积极开展金融机构互设、金融市场及业务合作和金融智力合作等各方面合作。因此，金融业的发展将是澳门"中葡商贸合作服务平台"建设的重要一环。

第三，金融业发展必须有效配合国家"一带一路"倡议以及自贸区建设等发展战略。

2012 年 11 月，中共召开十八大，宣告中国改革开放进入新的历史发展阶段。随后，中央先后提出了自贸区建设战略和"一带一路"倡议。其中，自贸区建设从上海扩展到天津、福建、广东（包括珠海横琴、广州南沙、深圳前海蛇口三个片区）；而"一带一路"的整体框架则围绕陆权与海权建设，形成互联互通的亚洲经济体系；合作重点包括政策沟通、设施联通、贸易畅通、资金融通、民心相通等方面。在"一带一路"格局中，粤港澳地区无论在经贸合作还是在人文交流等方面都具有不可替代的地位和作用。由广东珠三角和港澳组成的粤港澳大湾区将成为"21 世纪海上丝绸之路"的重要战略支撑点。

对澳门而言，"21 世纪海上丝绸之路"战略的实施，将为澳门的发展带来新机遇，澳门的旅游业将纳入"21 世纪海上丝绸之路"旅游带，推动澳门"世界旅游休闲中心"的建设。同时，"21 世纪海上丝绸之路"战略的推进，包括与沿线国家的设施联通、贸易畅通、资金融通等，也将有利于加快澳门作为"中葡商贸合作服务平台"的建设，加快"三个中心"的建设。可以说，自贸区建设战略和"一带一路"倡议的实施，积极配合了澳门"一个中心、一个平台"的建设。在新形势下，澳门金融业的发展，也必须有效配合国家"一带一路"倡议、自贸区建设等发展战略。

根据上述三方面的分析，新时期澳门金融业的发展定位，可以确定为区域性商贸合作的金融服务平台，以有效配合澳门"一个中心、一个平台"建设，以及"一带一路"倡议实施和自贸区建设，推进经济适度多元化。在该平台上，以澳门金融业的主导行业银行业为主体，积极引进其他非银行金融机构，包括融资租赁公司、资产管理公司/基金公司、信托公司、证券公司、保险公司等，发展区域性特色融资租赁业务中心、特色资产管理中心及特色债券市场等，从而为平台建设奠定坚实的产业基础。

四、发展融资租赁业，搭建区域性特色融资租赁业务中心

融资租赁（Financial Lease）是指实质上转移与资产所有权有关的全部或大部分风险和报酬的租赁业务。融资租赁主要涉及设备的租赁，故又称设备租赁（Equipment Lease）。融资租赁本质上是以融通资金为目的的，是为解决企业资金不足而产生的服务，需要添置设备的企业只需付少量资金就能使用所需设备进行生产，相当于为企业提供了一笔中长期贷款。融资租赁是集融资与融物、贸易与技术更新于一体的新型金融服务产业。由于其融资与融物相结合的特点，出现问题时租赁公司可以回收、处理租赁物，因而在办理融资时对企业资信和担保的要求不高，所以比较适合中小企业融资。

融资租赁业产生于"二战"之后的美国。1952年美国成立了世界第一家融资租赁公司——美国租赁公司（后更名为美国国际租赁公司），开了融资租赁的先河。由于它适应了现代经济发展的需求，因而在20世纪六七十年代迅速发展起来，成为企业更新设备的主要融资手段之一，被誉为"朝阳产业"。目前，融资租赁行业已成为发展最迅速的金融服务产业之一，成为与信贷和证券并驾齐驱的第三大金融工具，全球近1/3的固定资产投资是通过融资租赁完成的。根据怀特·克拉克集团编制的《2015年国际租赁年报》公布的数据，1994年，全球50个主要国家地区的租赁市场总额为356.4亿美元；到2007年已达到7 804亿美元，13年间增长了超过20倍。2009年由于受到全球金融危机的影响，租赁市场总额减少到5 573亿美元，之后逐步回升，到2014年又达到9 443.1亿美元的新高。从总体来看，融资租赁业对全球经济增长的贡献正逐步增加。

据统计，过去20年，在全球融资租赁市场中，北美、欧洲和亚洲这三个地区的业务量稳定维持在90%以上，2014年上升到95%左右。其中，北美达3 684亿美元，占39.0%；欧洲达3 274亿美元，占34.7%；而亚洲则为1 946亿美元，占20.6%。从国家层面来看，美国的融资租赁业在全球占主导地位，约占全球融资租赁业务总量的1/3，超过了中国、日本、英国和德国四个国家业务的总和。英国和德国则是欧洲业务量最大的国家，在全球排名中仅次于美国、中国和日本。目前，北美、欧洲等地区的

发达国家，由于融资租赁市场已趋成熟，各种涉及大型设备、高端高精密机械的行业均与租赁息息相关，融资租赁的市场渗透率较高，一般为15%~40%。近年来，中国的融资租赁业也发展迅速，2014年达到1 148.5亿美元，巩固了第二大国的地位。中国融资租赁业的发展，主要得益于宽松的货币政策，如监管部门对非银行金融机构监管的放松，以及外商投资融资租赁公司审批权下放等有利外部环境。另一个重要因素是中国需要增加国家基础设施。不过，目前中国融资租赁业的市场渗透率仍相当低，2013年仅为3.1%，发展空间巨大。

目前，融资租赁业在澳门才刚起步。2013年10月，澳门成立了第一家，也是现在唯一一家融资租赁公司——莱茵大丰（澳门）国际融资租赁股份有限公司，该公司由LAND-G澳门集团和澳门大丰银行合资创办。截至目前，该公司仅于2014年完成一笔游艇项目的融资租赁，由中国银行澳门分行牵头组成银团贷款向该公司提供融资租赁。不过，从总体来看，澳门发展融资租赁业有其独特优势：澳门作为自由港，实行简单及低税率的税制，融资租赁所得税仅为12%，有利于吸引国内外的融资租赁公司前来投资、发展；回归以来，澳门银行业得到长足的发展，银行体系资金充沛、经营稳健、金融监管灵活，金融管理局对融资租赁杠杆融资没有杠杆倍数的具体限制。同时，澳门资金储备充裕，目前澳门的外汇储备和财政储备合共约5 000亿澳门元。另外，澳门的离岸人民币融资成本较低。

更重要的是，目前澳门遇上发展融资租赁业的有利机遇：2013年以来，国家大力推进"一带一路"倡议，其中一个重要内容就是要推动"一带一路"沿线国家基础设施和公共服务项目的建设，预计未来一段时期将有不少内地企业以基础设备和公共服务出口带动对外投资发展，这为融资租赁业带来了庞大的发展商机。现阶段，国家为适应培育战略性新兴行业、引进先进生产设备与技术等所引发的对融资租赁业务的需求，正积极推动融资租赁业的发展。2015年9月，国务院专门发布了《关于加快融资租赁业发展的指导意见》，以推动国内融资租赁业的发展。不过，目前国内融资租赁业的发展仍然遇到不少问题和困难，包括有关融资租赁的法律法规缺乏、融资管道相对较单一、经营模式陈旧、风险管理不完善、专业人才不足、管理体制相对滞后等。而有关的问题牵涉到相关制度、法律的修改等复杂程序，并不能很快解决。这就为澳门融资租赁业的发展提供了空间。

因此，澳门应把握机遇，发挥优势，配合国家"一带一路"倡议，结合自身作为"中葡商贸合作服务平台"的战略定位，以发展融资租赁业来促进内地高端设备"走出去"，将融资租赁业作为推动金融业发展、构建澳门区域性商贸合作的金融服务平台的重要内容来抓，大力发展区域性商贸合作的融资租赁产业，搭建区域性融资租赁平台。为此，当前应抓好以下方面的工作：

第一，制订发展融资租赁业的总体规划、发展目标和市场定位。澳门特区政府特别是经济财政司、金融管理局应通过深入的调查研究，制订澳门融资租赁行业发展的总体规划。根据初步的研究，澳门融资租赁业的总体发展目标和市场定位可确定为：充分把握国家实施"一带一路"倡议的机遇期，以及澳门加快建设"中葡商贸合作服务平台""三个中心"的机遇期，积极构建内地特别是广东珠三角地区和泛珠三角地区与"一带一路"沿线国家及葡语/西语国家之间的融资租赁业务平台。通过由澳门特区政府、民间和银行共同推进、共同参与的商业模式，即在中央政府的支持下由澳门特区政府主导平台组建、鼓励澳门及内地民间资本积极参与、澳门银行体系支持参与并提供相关服务的模式。大力发展涵盖交通运输设备、通用机械设备、建筑工程设备、基础设施及公共服务等行业的专业性融资租赁业务，从而做大做强澳门的融资租赁产业。

第二，借鉴国际经验，制定、出台《融资租赁法》及相关的法律法规，完善融资租赁发展的法律环境。目前，澳门实际上并没有出台有关融资租赁的专门法律法规和行为规范。因此，当务之急是成立专门小组，通过借鉴国际经验，研究、出台专门规范融资租赁业务开展的法律《融资租赁法》，以及修订与之配套的其他法律，包括《合同法》《物权法》《公司法》等，以破除本地现行政策的限制，便利融资租赁公司进入澳门发展。同时，由澳门特区政府牵头建立融资租赁的相关仲裁机制，成立租赁行业的调解中心，探索解决租赁经济纠纷的法律救济途径，以完善融资租赁发展的法律环境。通过法制建设，尽快形成对国内的法律环境的比较优势，以吸引国内外融资租赁公司进入澳门发展。

第三，制定及完善有关融资租赁的财税政策，积极搭建融资租赁公共服务平台。目前，国内融资租赁行业发展快速，从中央到地方都出台了大量促进融资租赁业务发展的政策。因此，澳门要发展融资租赁产业，澳门特区政府必须给予足够的资源投入，特别是要尽快协调相关政府职能部门制定相关的财务、税收政策及相关配套政策。例如，将融资租赁行业的所得税从目前的12%进一步下调，或对融资租赁行业实行差别税率，以鼓励机械装备、高铁、船舶及海洋工程项目的租赁项目在澳门展开；牵头向中央相关职能部门争取税收、保险等有利政策；牵头与国外政府签署有利于融资租赁业务发展的双边税收协议等；制订引进融资租赁公司及专业人才的激励计划等。另外，可以研究、考虑成立由特区主权财富基金——澳门投资公司牵头成立的融资租赁公司，以起示范作用，并通过实体公司的运作，核对、完善政府各项配套政策及基础设施的可行性，为澳门培养有实务经验的融资租赁管理人才。此外，为了带动融资租赁业的发展，澳门特区政府可考虑牵头成立融资租赁服务中心和融资租赁网上服务平台。前者的功能主要是协助企业设计税务结构、制定通关模式、提供融资管道信息、协调政府部门等；后者的功能主要是宣传澳门特区政府政策、解答咨询、行业指引、业务咨询发布等。

第四，制定相应的行业管理制度，建立监管有度、灵活宽松的管理模式。目前，澳门对融资租赁公司没有相关的管理法规，在管理上是由澳门金融管理局比照金融机构进行管理。在注册门槛及管理模式上也限制较多，如在澳门设立租赁公司，必须由银行参股，且单笔融资租赁业务金额不得超过注册资本的30%。这些限制都制约了租赁业的发展。因此，澳门特区政府要重新修订现行管理制度，可参照国内的经营管理，建立监管有度、适度宽松的管理模式，即对于经营范围要求全面、金融属性更强的融资租赁公司，比照国内银监局管理模式纳入金融管理局管理，对于其他类型的融资租赁公司，比照国内商务部管理模式纳入贸促局管理。在具体监管方面上，监管过严或过于宽松都不利于融资租赁业的发展，可借鉴国际上最先进的爱尔兰监管制度，建立监管有度、灵活宽松的管理模式。

第五，积极推动澳门金融业、相关专业服务业支持、参与融资租赁业务。融资租赁业的发展，需要金融体系内其他金融机构和金融市场的支持和参与，包括提供融资支持的银行、提供出口信用保险的公司等。澳门特区政府和金融界应积极推动澳门金融业支持、参与融资租赁业务，包括设立或参股融资租赁公司；利用客户资源为融资租赁公司和客户互荐，发掘业务机会；协助融资租赁公司拓宽融资渠道，鼓励融资租赁公司通过债券市场募集资金，支持符合条件的融资租赁公司通过发行股票和资产证券化等方式筹措资金等。融资租赁业的发展还需中介性专业服务机构的协助、配合，包括会计、律师、资产评估、产权交易等行业，澳门特区政府应制定相应政策，支持这些行业参与融资租赁业务。

五、发展资产管理/基金业，搭建区域性特色资产管理平台

资产管理（Asset Management），又称投资管理（Investment Management），是指委托人将自己的金融资产交给作为专业投资管理人的受托人，受托人通过系统的分析，代委托人在金融市场进行投资，并以分散投资风险的方法为客户获取投资收益，以达到保值、增值的目的。委托人可以是机构，如保险公司、退休基金及公司或者私人投资者。资产管理包含了多个元素，如金融分析、资产筛选、股票筛选、计划实现及长远投资监控等。投资目标包括股票、债券、结构性票据、金融衍生工具等。资产管理的营运模式包括两大类：一是众筹模式，即由资产管理公司自行订立标准的投资指引，并以此招来不同层面的投资者认购，建立基金进行投资管理。以这种模式成立的基金一般被称为共同基金。二是独资模式，即由投资者根据自己的收益目标及风险承受能力订立个性化的投资指引，然后交由资产管理公司作投资管理。

20世纪80年代前后，西方发达国家经历了金融脱媒和利率市场化的冲击，公司组织架构逐渐从直线职能制转变为事业部制（总行内设事业部或控股公司制）。在此背景下资产管理起步发展，并在20世纪90年代及21世纪初获得快速发展。据普华永道的统计，2004年全球资产管理规模为37.3万亿美元，到2007年增加到59.4万亿美元，3年间增长了59.25%。2008年全球金融海啸后，资产管理业务受到较大影响。不过，2012年以后明显复苏并再上一个台阶，当年全球资产管理规模达到63.8万亿美元，比2007年再增长7.41%。据普华永道估计，到2020年，全球资产管理规模将达到101.7万亿美元，比2012年增长59.40%，年均复合增长率约为6%（见表5）。如果届时客户渗透率从现时的36.5%提高到46.5%，全球资产管理规模将达到130万亿美元。

表5　全球资产管理规模

（单位：万亿美元）

年份	2004	2007	2012	2020（预计）
全球资产管理规模	37.3	59.4	63.8	101.7
共同基金	16.1	25.4	27.0	41.2
专户	18.7	28.8	30.4	47.5
另类基金	2.5	5.3	6.4	13.0

数据来源：普华永道《资产管理行业展望2020：勇敢的新世界》。

从地区来看，目前全球资产管理主要集中在北美和欧洲。2012年，北美和欧洲的资产管理规模分别为33.2万亿美元和19.7万亿美元，分别占全球资产管理总额的 51.96% 和 30.83%，亚太地区则为 7.7 万亿美元，占 12.05%。而在亚洲，资产管理业在过去的十年内获得快速的发展，资产管理规模从 2000 年的 1 904 亿美元增加到 2013 年的 1.46 万亿美元，13 年间增长了 6.67 倍。据普华永道的估计，从 2012 年至 2020 年，南美洲、亚洲、非洲、中东地区的资产管理规模的增长速度将超过发达国家。其中，亚太地区资产管理规模将在 2020 年达到 16.2 万亿，年均复合增长率为 9.8%，所占市场份额将提高到 15.93%。普华永道还认为，到 2020 年，人民币的国际化将促进中国资产管理市场的开放，会极大地提升此类资金的流入，使之成为全球最大的资产管理市场之一。①

与香港和内地相比，澳门的资产管理/基金业才刚起步发展。1999 年，澳门推出第 83/99M 号法令——《规范投资基金与基金管理公司之设立及运作》，以规范投资基金及基金管理公司的设立和运作。不过，由于法令陈旧、手续繁杂等各种原因，直至目前为止，仅有少数基金公司或基金公司的子公司在澳门设立，也只有极少数基金在澳门面向大众进行发售或流通。根据法例，在澳门进行销售的基金必须首先取得经销商代理，并获得澳门金融管理局的批准登记之后才可销售，手续烦琐，耗时长。到目前为止，澳门尚未有私募基金成功在澳门金融管理局登记并销售的案例。现阶段，澳门的投资者主要通过银行、保险公司等相关金融机构的代理销售渠道来认购香港认可的公募基金。截至 2014 年底，澳门居民持有基金总额为 320 亿澳门元，其中 35.3%，即 113 亿元为保险公司代客户管理的部分。这些基金的注册地，主要为卢森堡（占 42.1%）、中国香港（16.7%）、美国（11.8%）、英属维尔京群岛（11.6%）、爱尔兰（11.3%）及开曼群岛（3.7%）等地。②

不过，尽管如此，在澳门发展资产管理/基金业却拥有众多比较优势。首先，澳门作为中央政府实施"一国两制"的成功典范，回归以来一直保持政治、经济、社会稳定，税率低，金融监管灵活、宽松，发展资产管理的外部环境良好。其次，澳门拥有庞大的本地资金的投资需求。回归以来，澳门博彩业带动经济高速增长，致使澳门居民存款和本地高净值客户资产规模不断扩大，政府财政储备和外汇储备大幅增加，地区资金充裕、流动迅速。2014 年，澳门银行体系存款达 4 767 亿澳门元，居民和机构境外投资规模达 3 991 亿澳门元，其中，政府机构投资 1 616 亿澳门元。再次，从国际实践来看，资产管理的主要机构包括银行业、保险业和基金业

---

① 参阅普华永道《资产管理行业展望 2020：勇敢的新世界》，第 9 页。
② 参阅澳门金融管理局《证券投资调查 2014》，第 7 - 8 页。

等环节。澳门银行业和保险业发展成熟，特别是银行业在过去十年有了长足的发展，这为发展资产管理业务奠定了良好的基础，而资产管理业务的发展无疑将进一步壮大银行的实力，使两者相得益彰。

从发展机遇来看，随着澳门推进"一个中心、一个平台"的建设，特别是加快"中葡商贸合作服务平台"和"三个中心"建设，澳门与葡语国家、西语国家的官方民间交流及经贸往来将日趋密切，再加上国家实施"一带一路"倡议，澳门将日益成为内地企业及资金"走出去"和境外资金投资内地的"桥头堡"之一，这为资产管理业务的发展提供了众多商机。同时，近年来，尽管中国经济发展进入新常态，但中国私人财富市场仍然保持了较快增长的势头。据招商银行和贝恩咨询联合发布的《2015年中国私人财富报告》，2014年中国个人持有的可投资资产总规模已突破100万亿人民币，达到112万亿人民币，年均复合增长率达16%。在人民币相对美元贬值的情况下，将有部分资金进入国际理财市场。澳门作为背靠内地特别是华南地区的门户，将有可能像香港一样，成为内地资金进入国际资产管理市场的一个热点。

因此，资产管理将可成为新时期澳门金融业发展的另一个重要行业。当前，澳门发展资产管理在政策层面应重视以下方面：

第一，积极推动银行业发展资产管理/基金业务，积极引进国内外有实力的专业资产管理公司、基金公司等相关金融机构，搭建区域性特色资产管理平台。资产管理应以银行业为主导，辅之以资产管理公司、基金公司等金融机构。澳门银行业已有相当的规模与实力。因此，澳门发展资产管理业务，应在银行业的主导下，积极引进国内外具有实力和竞争力的资产管理公司、基金公司、信托公司、证券公司、保险公司等金融机构，并加强与香港、内地等市场的对接和互动，针对"一带一路"沿线国家和地区、葡语国家、广东珠三角地区及澳门本土资产管理的需求，重点设计、开发与香港、内地等市场错位发展的特色产品和资产管理计划，包括特色基金、特色债券、资产证券化等，从而引进和盘活"一带一路"沿线国家、葡语国家、中国内地特别是广东珠三角地区的资金资本，形成有特色的区域性资产管理平台。

第二，积极推动澳门发展成为区域性特色基金设立、发行和交易的服务平台。在完善投资者保障和风险管理体制的前提下，澳门应借鉴与澳门同样实施大陆法系的欧洲国家的经验，例如卢森堡等国际金融中心的发展经验，设立与欧洲基金市场相接轨的基金认可标准，大力培育澳门基金市场，积极引入来自中国内地、香港及新加坡和欧洲的公、私募基金，同时与符合一定条件的中国香港、新加坡、欧洲地区的基金展开互认，扩大澳门基金在海外的销售渠道，使澳门成为亚洲进入欧洲市场的枢纽，以补充在普通法背景下的中国香港、新加坡等亚洲基金市场的局限性。与此同时，要把握构建"中葡商贸合作服务平台"和"一带一路"的机遇，鼓励设立基金并投向巴西、阿根廷、墨西哥等拉美、葡语国家的新兴市场，并积极引进来自葡语、西语国家的基金，致力使澳门发展成为区域性特色基金设立、发行和交易的服务平台。

第三，制定、出台资产管理/基金业的相关法律法规，完善资产管理/基金等业务发展的法律环境。发展资产管理业务需要一套完善的相关法律体系，以规范资产管理公司、从业人员和产品的准入及防止违反诚信和专业操守的行业行为及交易标准，保障投资者的权益。在这方面，澳门应借鉴中国香港、新加坡、卢森堡等国际金融中心的经验和制度，检讨、修订澳门现有不配套的法律、法规，全面修订《规范投资基金与基金管理公司之设立及运作》，包括引入有限合伙人经营制度，允许私募基金在澳门注册及销售；建立内地发行基金、香港及其他地区可销售基金在澳门销售的注册制度等，放宽基金及基金管理公司的注册、销售条件等。另外，要修订其他相关法律，包括检讨、修订澳门现有的继承法；在《民法典》引入"一物多权"的概念，以支持托管及信托业务的发展；订立《信托法》；将现行《私人退休基金法律制度》扩展至适用其他类型的公、私募基金，让在岸及离岸的资产管理均可享有免税待遇，以吸引海内外的资产管理公司到澳门发展；修改现行《规范投资基金与基金管理公司之设立及运作》，以使内地在澳门注册的资产管理公司旗下的公募基金可自动在澳门销售等。总体而言，就是要完善澳门资产管理/基金业发展的法律环境。

第四，加强与资产管理/基金业相配套的金融基础设施的建设，加快引进和培养相关的专业人才。资产管理/基金业发展的前提条件之一，是建设具可靠性、高效性和低成本的支付与结算系统等金融基础设施。在这方面，澳门可借鉴香港的经验，加快发展进行银行同业资金转拨的实时支付与结算系统，以提升澳门银行同业之间的资金结算与支付效率。同时，可考虑引入类似内地的中央登记系统，方便各类基金的交易、托管及信托的注册登记。另外，澳门特区政府要制定相关的人才引进政策，以吸引具有国际经验和视野的资产管理专业人士到澳门工作，范围可涵盖前中后台的专业人才，包括营销及市场推广、行政及风险合规管理、投资管理、研究分析、买卖交易、企业策划及商业管理等方面的人才，使本地从业人员能够在工作中吸取国际经验，从而提高本地从业人员的专业素质。此外，要通过给学生提供实习机会和制订专业发展计划，提升澳门大学毕业生关于资产管理的行业知识及软性技能。

六、推动地区债券发行，发展区域性特色债券市场

债券是一种融资工具，政府或大型机构借发行债券来筹集资金。债券投资可视为低风险投资，在现今息率极低时期可赚取潜在的稳定的利息收入，更可分散投资风险。债券市场则是发行和买卖债券的场所，是金融市场的一个重要组成部分。债券发行已有悠久的历史。美国独立战争时期，为了支付战争费用，开始发行多种中期债券与临时债券，这些债券的发行和交易，形成了美国最早的债券市场。20世纪70年代中期的通货膨胀、80年代的赤字开支，以及90年代的技术发展，使全球债券市场在实务和范围上发生了根本性变化。过去二十年间，国际债券市场出现了爆发性的成长，成长的动力包括对资本管制的放宽、市场投机活动的兴起、筹资观念与技术的推陈出新，以及以财政赤字刺激经济增长的政策被政府普遍使用，这些都使得债券的发行量大增。

目前，美国债券市场是全球规模最大、流动性最好的单一市场，也是世界上发展最完备的债券市场之一，它由四个相对庞大的市场组成，包括政府债券市场、市政债券市场、政府支持企业债券市场和公司债券市场。市场的现货品种主要有国债、市政债券、联邦机构债券、抵押担保债券、资产担保债券、公司债券及货币市场债券等。据美国证券业及金融市场协会（SIFMA）数据，截至2015年中，美国债券市场规模达到39.5万亿美元。日本是全球第二大债券市场，规模约为美国的1/4。英国则是欧洲最大的债券市场。据2014年的数据，美国占全球债券市场的57%，日本占17%，欧洲占23%，而包括中国在内的新兴市场只占全球债券市场的3%。近年来，中国债券市场有了较快的发展，截至2015年10月，中国债券市场规模超过44万亿人民币，已超过欧盟。但整体与美国、日本相比，仍有很大差距，发展潜力大。

目前，澳门尚未形成完善的债券市场。澳门的债券业务集中表现为以银行为主要媒介的代客债券交易业务。根据澳门金融管理局出版的《证券投资调查》报告，截至2008年底，澳门居民（包括个人、政府及其他法人，但不含澳门的外汇储备）持有的境外债券市值总额为511.23亿澳门元，到2014年底增加到2 441.75亿澳门元，6年间增长了3.78倍。其中，长期债券市值总额从433.37亿澳门元增加到2 289.35亿澳门元，短期债

券市值从77.86亿澳门元增加到152.40亿澳门元，分别增长了428.27%和95.74%（见表6）。2014年底，长期债券市值和短期债券市值分别占境外证券投资市值总额的57.4%和3.8%；长期债券的投资地域分布以中国内地为主，占了总额的66.3%，其余依次为开曼群岛、美国、澳大利亚、英属维尔京群岛、韩国及荷兰等。澳门居民投资境外债券市值的持续增加，反映了澳门居民、政府及金融机构对债券投资的需求。

表6　澳门居民境外债券市值概况

年份	债券市值总额		长期债券市值		短期债券市值	
	金额（亿澳门元）	增长率（%）	金额（亿澳门元）	增长率（%）	金额（亿澳门元）	增长率（%）
2008	511.23	−5.2	433.37	−8.2	77.86	16.1
2009	552.18	8.0	499.00	15.1	53.18	−31.7
2010	561.13	1.6	516.95	3.6	44.18	−16.9
2011	616.54	9.9	538.75	4.2	77.79	76.1
2012	1 288.04	108.9	1 175.32	118.2	112.72	44.9
2013	2 194.12	70.3	2 038.45	73.4	155.67	38.1
2014	2 441.75	11.3	2 289.35	12.3	152.40	−2.1

数据来源：澳门金融管理局《证券投资调查》，2008—2014年。

　　从比较优势来看，澳门具有发展债券市场的良好商业环境。澳门为全球最开放的贸易和投资经济体系之一，奉行利伯维尔场经济制度，属于独立关税区，实行简单及低税率的税制，没有外汇管制，资金进出自由。澳门与全球100多个国家和地区保持贸易往来，商业运作准则与国际惯例接轨，投资营商手续简便。从国家风险和经营风险来看，澳门与卢森堡、摩纳哥、开曼群岛等均属于风险较低地区，政治、经济稳定。从金融方面来看，澳门实行与港元挂钩的联系汇率制度，拥有雄厚的外汇储备和财政储备，具有较强的抗风险能力，特别是与债券市场发展关系密切的银行业，在回归以来已有长足的发展，并且具有很强的国际性特点。在国际声誉方面，目前澳门人均GDP已超过瑞士，位居全球第四位，在亚太地区居首位，澳门作为世界一流旅游城市的国际形象正逐步提高。2014年穆迪公司将澳门政府的评级提升至Aa2。这些都为澳门债券市场的发展奠定了良好的基础条件。

　　从发展机遇来看，随着国家"一带一路"倡议的实施，沿线国家和地区（包括中国内地）将会产生大量的融资及投资需求，特别是铁路、公路、航空、港口等交通基础设施，电信、互联网等通信设施，电力、石油开采与供应等能源基础设施，以及与此相关的装备制造项目等，都将可能产生庞大的对债券的需求。澳门作为"一带一路"重要一环，应该把握这一重要机遇，发展成为为沿线国家提供债券融资需求的新平台。与此同时，随着人民币国际化进程的加速推进，离岸人民币债券的发展将进入高增长时期，澳门"背靠内地、面向全球"的区位优势以及与葡语国家的密切联系，使它不仅可以为境外的投资者提供接触内地企业发行的人民币债券的新平台，更可利用澳门与葡语国家的密切联系，吸引葡语国家政府及企业在澳门发行债券。此外，广东自贸区建设所带动的粤港澳深化合作，也将为澳门发展债券市场带来新的契机。

因此，澳门应将发展特色债券市场作为金融业发展的又一个重要领域。当前，澳门发展特色债券市场在政策层面应重视以下方面：

第一，研究、确定澳门债券市场的发展重点，建立和营造稳定的债券供需关系。由于香港、新加坡都是亚洲重要的债券市场，因此，澳门债券市场的发展，应与香港等外围地区的市场实现错位发展，以获得最大的空间和效益。长期以来，澳门与葡语国家有着深厚的经贸联系和文化渊源，现在又成为"21世纪海上丝绸之路"的重要节点。因此，澳门债券市场的发展，应以发展与"21世纪海上丝绸之路"沿线国家以及葡语国家经贸和产能相关的基础设施的债券融资为重点。具体而言，在债券供应层面，澳门要发挥地缘优势，利用"21世纪海上丝绸之路"沿线国家和葡语国家的长期合作关系，通过各项政策优惠吸引这些地区的政府机构、企业持续到澳门发债，争取建立稳定的供应来源；在需求层面，要加强本地金融机构尤其是商业银行的承销实力，积极吸引国际上具实力的承销商，同时要争取中央政府的支持，引入国内资金，如QDII等，借助外部市场资金，克服本地市场资源有限的制约，营造稳定充足的需求环境。

第二，扫除行政障碍，规范市场行为准则，建立及完善债券市场的监管制度和监管架构。作为刚起步发展的债券市场，澳门特区政府将在其中扮演主导的角色。澳门特区政府将是债券市场的规划者、政策制定者、法律法规制定者及监管者，对债券市场的发展具有举足轻重的作用。澳门特区政府需扫除现有的行政障碍，建立相应的监管制度和专门的监管机构，规范债券发行的流程和交易操作。可以参照国内外债券市场发展的经验，由澳门金融管理局主导，成立澳门债券市场交易商协会，吸纳银行界代表，以及资质较高的律师事务所、会计师事务所、信用评级机构等参加，共同研究制定澳门债券市场的发行、交易、结算等规则，以及为启动债券市场建设需要澳门特区政府在债券监管、税务处理、债券交易等方面提供立法支持。鉴于澳门债券市场主要涉及的葡语国家和"一带一路"沿线国家多为新兴市场国家，其政府或企业发行的债券流动性普遍不足，为活跃债券市场，为参与者提供良好的价格发现和合理的估值功能，可以考虑建立债券市场的做市商制度，吸纳相关国家的主要金融机构加入做市商行列，为二级市场提供流动性支持。澳门债券市场的发展，需要内地相关机构的积极配合和参与，澳门特区政府需积极向中央政府争取相关的政策支持。

第三，借鉴香港等国际经验，修订、完善有关证券、债券发行、交易的法律法规，建立起适合澳门实际情况、有利债券市场发展的法律环境。目前，澳门尚未建立《证券法》规范债券发行的行政程序，仅存《商典法》第四百三十三条明示在本地注册的股份有限公司允许发债，对于外地发债主体并没有明确的法律规定。而且，根据《金融体系法律制度》第三条第二款所示，即使本地实体发行的债券，只要是用作公开认购，就必须得到行政长官许可。因此，澳门现时相关法律法规不仅不够全面、完备，而且部分条文还过于严格，这在很大程度上制约了债券市场的发展。因此，澳门应积极借鉴中国香港、新加坡、卢森堡等国际金融中心的发展经验和法律制度，加快出台相关的法律法规，建立起适合澳门实际情况、有利债券市场发展的法律环境。

第四，积极推动银行业参与债券发行及债券市场建设，积极发展与债券市场相关的配套专业服务业。银行业在债券市场发展中一向扮演着重要角色，包括担任发行债券的承销商、持有者、交易者、担保者，以及负有财务顾问、资金清算等职能。因此，澳门特区政府和金融管理局应积极推动银行业参与债券发行及相关业务，在债券市场发展中发挥主导作用。同时，债券市场的发展也需要会计、保险、法律、翻译等相关专业行业的积极参与。债券发行主体的财务数据需要独立第三方的会计事务所审核；债券发行需要法律行业协助处理当地的法律问题，保障发行工作的合规性；作为覆盖葡语国家及"一带一路"沿线国家的债券市场，澳门还需要大量通晓各地语言和金融的复合型人才。因此，澳门特区政府要制定相关政策，积极吸引相关企业和人才进驻澳门。另外，评级是债券定价的基础，因此，发展本地评级机构，为目标发债主体提供公正的信用评级，对澳门债券市场的发展也具有重要意义。

（未公开发表文稿，2016 年 4 月）

第四编　粤澳合作与横琴开发

粤澳经济合作的回顾与前瞻

一、20 世纪 90 年代以来粤澳经济合作不彰的症结

20 世纪 80 年代初到 90 年代初，在中国改革开放的推动下，澳门与广东尤其是珠海、珠三角西岸地区的经济合作取得迅速的发展。然而，90 年代中期以来，两地合作的步伐明显减缓，竞争加强，已影响了两地，特别是澳门、珠海的经济发展。回顾过去 20 年来的历史，粤澳经济合作不彰，其中的症结，有两点是根本的：

第一，澳葡政府的无为施政与珠海政府经济发展战略决策的失误。长期以来，澳葡政府对澳门的经济发展就一直缺乏长远规划和策略，90 年代中期随着澳门回归的迫近，更是缺乏承担和作为。而广东方面，主要是由于当时珠海政府部分领导在经济发展战略决策上忽略与澳门的区域性合作，反而强调西区的开发，热衷于"大工业""大港口"的发展，脱离了珠海当时经济发展的客观实际，结果错失了开发横琴的最佳时机。战略指导思想的失误更造成了两地大型基础设施建设的重复浪费，最典型的例子就是珠海、澳门两地机场、赛车场的重复建设，加剧了两地的竞争。

第二，澳门在经济发展方面的比较优势不明显或弱化。与香港相比，澳门的比较优势明显不足。20 世纪 80 年代中期以来，澳门经济原有的优势，尤其是纺织品配额及普惠制的出口优势逐渐被削弱，而迅速开放的广东珠三角则以低成本的优势逐渐取代澳门而成为香港厂商的首选投资地区。踏入 90 年代，澳门更因经济体积细小，特别是缺乏深水港，无法与其背后的经济腹地，尤其是珠海、珠三角西岸地区以及西江中下游地区形成紧密的战略联系，其作为这一地区对外开放的桥梁和窗口的优势，亦随内地开放程度的提高而逐渐被削弱。这也是珠海方面不重视与澳门合作的一个客观原因。

二、21 世纪推动粤澳经济合作的基本经济因素

踏入 21 世纪，随着经济全球化、区域化的推进，区域之间的竞争已成

为时代的主要潮流。在这种宏观经济背景下，粤澳经济合作正出现一些新的推动因素：

第一，澳门博彩专营权开放，引进竞争机制，澳门极有机会发展成为"亚洲拉斯维加斯"——区域内的综合性、多元化的旅游娱乐城市，再创新的比较优势。长期以来，澳门一直是区域内的博彩胜地，然而，在博彩专营制度下，澳门旅游博彩业的发展停滞不前。澳门回归后，新成立的特区政府权衡形势，作出开放博彩专营权的果断决策。目前，来自美国、马来西亚和中国香港、台湾的财团热烈竞投赌牌，这些财团大多资本雄厚，拥有丰富的博彩业管理经验。在竞争机制的推动下，澳门极有机会发展成为"亚洲拉斯维加斯"，再创新的比较优势。

第二，香港、澳门与广东珠三角地区正出现加快经济整合的态势。亚洲金融风暴后，香港、澳门陷入空前困难的境地，其产业结构的缺陷暴露无遗，加快与广东珠三角地区经济整合的呼声迅速高涨。而广东在面对以上海为中心的长江三角洲地区经济的迅速崛起时也产生了巨大的压力和挑战，加强与香港、澳门经济整合的迫切性也大增。在第四次粤港高层联席会议上，香港与广东方面达成包括延长通关、开发南沙的6点共识即为证明。在新一轮经济整合中，珠三角西岸的开发无疑将更受重视。

第三，中国加入WTO在即，与世界各国（地区）的贸易、投资互动势将加快，物流、资金流、信息流必将加速。澳门作为广东珠三角西岸对外拓展的一个窗口和桥梁，如何把握机会，发展成为区域内的中介性商贸服务中心，将是另一个重要的挑战。在国内方面，正在启动的西部大开发中，包括四川在内的大西南及广西西江中下游地区如何利用澳门开拓国际市场，也是一个值得注意的问题。

三、新时期推动粤港澳经济合作的几个关键性问题

上述分析表明，长期停滞不前的粤澳经济合作，在踏入21世纪后正面临突破性的契机。粤澳经济合作正展现乐观的前景。然而，要使乐观的前景变为客观现实，需要解决三个关键性问题：

第一，长期议而不决的横琴开发问题。21世纪粤港澳经济合作的一个重要方面，就是三地形成大珠江三角洲旅游协作区。澳门开放博彩专营权，向综合性、多元化旅游娱乐业发展的结果，将可能吸引大批到香港迪斯尼乐园（现筹备兴建中）游玩的家庭式度假游客。为配合这一发展态势，横琴的开发将提到重要议事日程上。然而，长期以来，横琴开发一直

议而不决，关键是粤澳双方的立足点不同、视角不同、利益的差异不能协调。这个问题不解决，粤澳经济合作难以有效推进。我认为，横琴作为"国际特别旅游区"的开发，在规划上应与澳门旅游博彩业的发展形成差别，避免竞争。针对澳门土地狭小和以旅游博彩业为主的特点，横琴应侧重发展土地密集型的旅游娱乐项目，以度假、休闲为主。在投资的来源方面，以吸引欧美及中国香港、台湾资金为主。

第二，澳门、珠海联合建设深水港及兴建广珠铁路问题。澳门要推动区域经济合作，成为中介性商贸国际城市，实际上深受缺乏深水港的制约。因此，改善港口条件以及彻底改善澳门与珠三角北部以至大西南的水陆交通运输条件，就成为关键之一。为解决这一问题，曾有多种建议。其中一个构想就是加强澳珠合作，在得到中央政府同意的前提下，将珠海部分符合条件的岛屿拨归澳门兴建深水港或合作兴建深水港。不少专家认为，珠江口西部地区最适合建设深水港的地方就是万山群岛地区，可考虑由澳门与珠海合作在此兴建深水港。当然，这一构想在实施中将会遇到不少实际困难。有关珠澳合作共建深水港问题，建议中央政府、广东省政府及有关方面成立专门小组详细研究。此外，应加快京珠高速公路和广珠铁路的建设步伐，彻底打通澳门与珠三角乃至内地的交通大动脉，以真正发挥和强化澳门自由港的功能。

第三，香港、澳门与珠海三地机场的合作问题。香港、澳门、珠海要发展物流业，三地机场的合作与协调也是一个关键。问题是三方能否找到协调利益的平衡点。

若以上三个问题不解决，粤澳经济合作将只能继续停留在空泛的层面上，并随着时日的推进，使得双方的竞争更加激烈，最终不能获得双赢。

（原文为"粤澳合作论坛"学术会议提交论文，2001年10月）

以横琴开发为纽带，推进粤澳区域合作

2009年初，国务院颁布《珠江三角洲地区改革发展规划纲要（2008—2020年）》（以下简称《规划纲要》），赋予粤港澳合作丰富的内涵。其后，国务院常务会议原则通过《横琴总体发展规划》（以下简称《发展规划》），提出要把横琴建设成为带动珠三角、服务港澳、率先发展的粤港澳紧密合作示范区。《规划纲要》和《发展规划》的颁布实施，使粤澳经济合作进入新的历史发展时期。

一、横琴开发开启粤澳合作新时期

2009年初，国务院颁布的《规划纲要》正式提出横琴开发问题。《规划纲要》指出："规划建设……珠海横琴新区、珠澳跨境合作区等改造区域，作为加强与港澳服务业、高新技术产业等方面合作的载体。"2009年6月24日，国务院常务会议原则通过《发展规划》，明确提出：要充分发挥横琴地处粤港澳结合部的优势，推进与港澳紧密合作，把横琴建设成为带动珠三角、服务港澳、率先发展的粤港澳紧密合作示范区。6月27日，十一届全国人民代表大会常务委员会第九次会议决定，授权澳门对设在横琴的澳门大学新校区实施管辖。8月14日，国务院正式批复《发展规划》。横琴新区作为继上海浦东新区、天津滨海新区之后，第三个由国务院批准的国家级新区。根据《发展规划》，横琴新区的产业发展重点为商务服务、休闲旅游、科教研发和高新技术四大产业。《发展规划》根据"制度创新、先行先试"的原则，授权横琴新区进行一系列制度创新，包括实行"分线管理"的查验监管模式、鼓励金融创新、实行更加开放的产业和信息化政策、支持进行土地管理制度改革和社会管理制度改革等。

目前，横琴开发的五大重点项目，包括澳门大学横琴新校区项目、十字门中央商务区项目、长隆国际海洋度假区项目、横琴新区市政基础设施建设项目以及多联共燃气发电项目，均已全部启动建设，总投资将达700多亿元。横琴新区还与香港新世界、嘉华及南光集团等多个港澳财团商讨合作协议，涉及项目投资额超过100亿元。据了解，在未来5年内，横琴新区的投资规模将达到 2 000 亿元。

横琴新区的开发，是在新历史时期中，在"一国两制"框架下推进粤港澳合作的一种新尝试，是一次重要的制度创新，目的是要充分发挥澳门、香港与广东三地资源互补的优势，构建粤港澳紧密合作区的新载体，推动澳门经济的适度多元化与可持续发展。从这个意义来说，横琴新区的开发开启了粤澳经济合作的新时期，具有深远的经济影响及重要的政治价值。

二、新时期粤澳区域合作的新趋势

在新的历史发展时期，粤澳经济合作将呈现新的发展趋势，突出表现在以下方面：

第一，以横琴新区的开发为纽带，粤澳加强旅游休闲业的合作，共同打造"世界旅游休闲中心"。

《规划纲要》提出要巩固澳门作为"世界旅游休闲中心"的地位。澳门素有"东方蒙特卡洛"之称，与美国的拉斯维加斯和摩纳哥的蒙特卡洛并称为世界三大赌城，其独特形象深入人心。自 2002 年澳门特区政府开放博彩专营权以来，博彩业快速发展，博彩规模超过拉斯维加斯。澳门还是中西文化、宗教交汇的城市，具有博物馆式的都市风貌和丰富的历史文化遗产。不过，澳门作为微型经济体，土地面积狭小，经济规模不大，仅靠本身的实力难以成为"世界旅游休闲中心"。

澳门旅游业最大的特点是以博彩业为主导的综合性旅游业，因受到地域狭小的限制而缺乏其他自然景观、人文景观及大型游乐设施，难以充分发挥旅游功能和效益。横琴的开发弥补了澳门的不足。横琴根据海岛型生态景观的资源优势，重点发展休闲度假产业，发展高质量度假旅游项目，包括以自然景观和人文景观为主的大型娱乐、体育、休闲设施，发展绿色旅游、蓝色旅游、休闲度假旅游，发展水上运动和大型高尔夫球场，突出休闲特色。以已经启动建设的长隆国际海洋度假区为例，该项目占地面积达 5 平方公里，定位为"中国的奥兰多"，目标是要建成一个世界级的集会展、游乐、酒店度假于一体的综合性海洋公园，建成后预计每年将吸引游客 3 000 万人次。率先动工的首期工程"长隆海洋世界"，以一个全新的情景式海洋主题乐园为主打，包括多个巨型的海洋生物博物馆，以及一家超五星级海洋酒店等，计划于 2012 年对外营业，年接待游客量为 1 000 万 ~ 1 500 万人次。

此外，计划兴建中的横琴十字门中央商务区紧临横琴大桥南侧，占地面积约 120 万平方米，主要发展度假酒店、SOHO 办公、游艇码头及商务配套等设施。该片区将规划一系列针对年轻的创业人士消费及互动多元的餐饮及零售空间，并配套滨水起居、私人游艇码头等，拥有绝佳沿水视野。因此，以横琴开发为纽带，澳门与横琴、珠海乃至中山、江门等珠江西岸城市之间可以在发展旅游休闲业方面协调配合及错位发展，共同打造珠江西岸"世界旅游休闲中心"。

第二，以横琴新区的开发为契机，粤澳错位发展商务会展业，共同打造"中葡商贸合作服务平台"。

澳门经济发展中的重要比较优势是区位优势、自由港优势和国际网络优势。澳门背靠珠三角西部，而它联系的国际层面，则以欧盟和葡语国家为重点。2002 年澳门特区政府提出将澳门建设成为"三个服务平台"的目标，即作为内地，特别是广东西部地区的商贸服务平台；作为中国与葡语国家经贸联系与合作的服务平台，以及作为全球华商联络与合作的服务平台。"三个服务平台"中的核心是"中葡商贸合作服务平台"。

长期以来，澳门与欧洲国家和葡语国家有着紧密的商贸、文化等各方面的联系，又有一批懂得葡语的专业人才，这是亚洲其他城市包括香港所不具备的优势。这种优势有利于澳门发挥区域性商贸服务平台的作用，为内地特别是珠三角地区企业走向国际、为中国与欧洲及葡语国家经贸合作牵桥搭线。2003 年，中央政府为支持澳门发展成为中国与葡语国家之间的合作平台，决定将中国—葡语国家经贸合作论坛交由澳门承办，该论坛以经济合作发展为主题，旨在促进中国和葡语国家或地区的经贸交流与合作。该论坛为部长级论坛，暂定每三年举办一次，常设机构秘书处设在澳门，负责日常维持中国国务院外经贸部与 8 个葡语国家相关部门的联系。

然而，从近年的发展实践看，澳门要真正成为"中葡商贸服务合作平台"还需广东珠海方面的配合，而横琴则提供了合作的平台。其中，值得重视的就是十字门中央商务区的建设。该区位于珠海东部城区、西部城区和横琴新区的中心，占地面积约 5.77 平方公里，将发展成为一个国际化、滨水生态型现代服务业聚集平台。已经动工的首期项目位于珠海南湾的会展商务组团，主要建设珠海国际会议中心、展览中心、国际标准甲级写字楼、白金五星级酒店、国际标准五星级酒店及相关配套设施。会议中心总建筑面积约 2.5 万平方米，可承接近万人同时举行不同规格的大型会议；展览中心面积约 8.5 万平方米，可同时举办超过 3 000 个国际标准展位的大型展览。可以说，横琴新区的开发为珠海会展业带来了重大发展机遇。

未来进一步发展的问题是澳门与珠海两地如何协调发展和错位发展商务会展业。从澳门的角度看，其优势在于博彩业和与葡语国家的联系。澳门可以博彩业为"卖点"，精心打造两三个具比较优势又配合澳门旅游博彩业发展的会展业知名品牌，特别是与葡语国家相关的会展业品牌，从而真正发展成为中国与葡语国家经贸、文化交流的平台。澳门可以会议为主，展览为辅。珠海方面则可发展澳门不具备比较优势的会展业，如航空展览、重工业展览、游艇展览、印刷机展览等；或者展览在珠海举办，而相关的会议则可安排在澳门。通过两地的协调发展和错位发展，共同做大做强会展业的"蛋糕"，共同打造"中葡商贸服务合作平台"。另外，横琴可发展为配合澳门会展业发展的会展后勤基地和仓储中心，以有效降低澳门的办展成本。

为了配合"中葡商贸合作服务平台"的建设，横琴可发展为葡语人才培训基地和葡语国家产品展示和展览中心，建立针对葡语国家的商务中心和商业市场，提供葡语国家的商业信息、翻译。一方面，将葡语国家的产品，如巴西的资源性产品，以及葡萄牙的红酒、西班牙的瓷砖等，通过横琴的葡语国家产品展示和展览中心，推销到内地广阔的市场；另一方面，将葡语国家需要的中国产品，例如健康产品等，推销到葡语国家、欧盟国家，使澳门与横琴共同成为中国和葡语国家的贸易枢纽和桥梁。

第三，粤澳合作建设横琴中医药科技产业园区，发展具国际影响力的中医药产业。

粤澳在横琴的产业合作中，率先启动的就是中医药科技产业园。早在2005年，澳门特区政府科技委员会就发表研究报告认为，澳门有能力、有优势、有潜力发展中医药产业。因此，一直以来澳门特区政府相关部门与广东省政府对口部门保持密切接触。2010年5月，粤澳双方签署《关于探讨粤澳双方共建中医药科技产业园的备忘录》，决定在横琴设立粤澳合作共建的中医药科技产业园。

据了解，横琴中医药科技产业园位于小横琴西部，面积为0.5平方公里，发展目标是要将产业园建设成以健康精品开发为导向，集中医医疗、养生保健、科技转化、会展物流于一体，功能相对完善的国际中医药科技产业基地；打造绿色地道中药和名优健康精品的国际中医药交易平台，将中医药产品推向世界。该产业园的合作模式，初步计划是采取横琴出土地、澳门特区政府出资金的方式。不过，最终的合作模式，估计要等《粤澳合作框架协议》签署后才能最终定下来。《粤澳合作框架协议》一经中央政府批准后，中医药科技产业园便可动工兴建，预计三年内竣工。

通过中医药科技产业园的建设，横琴不但可以发展成为珠江西岸具世界影响力的中医药产业基地，还可发展成为区域性药品研发和检验检测中心，如食品检验检测中心，并取得欧盟的认可，推动内地产品进入欧盟市场。横琴若作为区域性食品检验检测中心，可与"中葡商贸合作服务平台"的建设相互配合，推动澳门经济的适度多元化发展。

第四，以横琴新区开发为纽带，共同打造珠江西岸核心都市圈。

《规划纲要》指出，"以广州、深圳为中心，以珠江口东岸、西岸为重点，推进珠江三角洲地区区域经济一体化"。目前，珠三角一体化进程中正逐步形成广佛肇、深莞惠以及珠中江三大经济圈。由于东西岸发展不平衡，珠中江经济圈尚处于雏形阶段。不过，随着港珠澳大桥和珠三角城际轨道交通系统的建设，特别是珠海横琴新区的开发，这种状况正发生深刻变化。根据《发展规划》的人口发展目标，横琴总人口将在 2015 年达到 12 万人，到 2020 年达到 28 万人。

根据中国城市规划设计院完成的《珠海东部城区主轴（情侣路）概念性总体城市设计》，未来珠海的主城区将由"香洲核心区 + 横琴新区 + 西部中心城区"（所谓"三区一城"）构成。其中，横琴新区处于三区三足鼎立的最南端，而十字门中央商务区刚好处于三足鼎立的中央位置，无论是从地理几何角度还是从经济发展角度，十字门中央商务区都将成为未来城市的中心和重心。十字门中央商务区地处粤港澳交汇地，毗邻湾仔、横琴和拱北三大口岸，其中南湾、横琴片区与澳门、氹仔构成了独特的"两江四岸"格局，是珠海环澳城市带核心。珠海的主要交通基础设施港珠澳大桥、太澳高速、京澳高速、金海大道、广珠城轨和情侣路城市主轴等在此汇聚，将形成珠江口西岸的交通枢纽。以十字门中央商务区规划建设为纽带，澳门、横琴和珠海，以及中山、江门等将组成珠江西岸核心都市圈，而横琴将成为珠江西岸最具活力的新城区。

第五，以横琴新区的开发为起点，共同打造"绿色大珠三角地区优质生活圈"。

目前，粤港澳三地政府已达成共识，向中央政府提出构建"绿色大珠三角地区优质生活圈"计划。横琴开发的一个重要特色，就是高度重视环境保护，注重和谐发展，将横琴建设成为世界一流的"环保岛"。因此，可以横琴新区的开发作为粤澳共建"绿色大珠三角地区优质生活圈"的新起点。

三、推进粤澳区域合作的几个关键问题

要有效推动粤澳区域合作的深化发展，需要解决以下几个关键性问题：

第一，解放思想，创新思维，扫除区域合作的认识障碍。

长期以来，粤澳合作进展并未如人意，其中原因很多，但缺乏对区域合作的深刻认识恐怕是其中一个重要因素。以横琴开发为例，长期以来横琴开发一直议而不决，表面上看是珠海和澳门双方的立足点不同、视角不同、利益差异不能协调，深入分析却是对区域合作缺乏深刻认识，彼此都站在自己的立场斤斤计较，患得患失，形成越来越难解的心结。因此，在新的历史发展时期，粤澳要推进区域合作，首要前提就是要解放思想，以创新思维解决区域合作的认识障碍。

根据经济学的基本理论，区域经济合作的实质是各地区以自身的比较优势为基础，根据各自的资源禀赋优势，实现区域内不同地区的分工和错位发展，实现资源的最优配置。环顾当今国际社会，经济全球化、区域经济一体化已成为世界经济发展的潮流。粤澳两地，无论是政府、商界还是社会，都必须解放思想，以创新的新思维积极、主动地推动区域合作，实现互补双赢。

第二，切实落实、实施《发展规划》授予横琴新区的一系列制度创新和政策措施。

《发展规划》提出，以"分线管理，模式创新"设置横琴口岸，比照海关特殊监管区域进行管理。横琴新区能否实施"分线管理，模式创新"的管理模式，最终过渡到"一线放开、二线收紧"的通关管理模式，对于横琴能否成功开发至关重要，因此必须放在"重中之重"的位置。

《发展规划》将横琴纳入珠海经济特区范围，岛内企业的税收管理比照海关特殊监管区域的税收政策执行，保税货物项下外汇管理比照海关特殊监管区域的外汇管理政策执行。同时，鼓励金融创新，实行更开放的产业和信息化政策，支持进行土地管理制度和社会管理制度改革等。这些制度安排有利于吸引国际资本到横琴投资发展，也有利于澳门参与横琴开发。但是，从过去实践的经验看，最关键的是能否真正贯彻实施《发展规划》所授予的制度创新和政策措施。

第三，积极推进粤澳通关便利化，推进跨境重大基础设施的对接和协调发展。

粤澳要共同打造"世界旅游休闲中心",首先必须推动通关便利化。澳门和珠海方面都需加快通关设施的扩容和配套发展,包括扩建现有口岸及建设新口岸,完善公共交通系统的接驳,加强口岸综合配套服务功能;推进口岸电子化,通过高科技应用调整过境车辆管制手段,以降低交通成本,提高过关的便捷性;增加边检、卫检等部门的人员编制。同时,要研究如何延长拱北、横琴口岸的通关时间,积极探索"一地两检",优化"144小时便利免签证"机制等,以推动粤澳两地人员往来便利化。

在重大基础设施发展方面,需要深入研究如何推进重大基础设施协调规划和对接,实现基础设施共建共享及跨境基础设施的对接,包括澳门与广东、香港在城市规划、城际轨道交通网络、信息网络、能源基础网络、城市供水等方面的协调规划和对接;深入研究如何尽快推动港珠澳大桥的建设等问题,构建高效的交通运输体系。值得注意的是,澳门的轻轨系统制式与广珠城际轨道存在相当大的差异,需要研究两个系统如何延伸至横琴并在横琴实现无缝换乘对接。

(原文发表于澳门《澳门研究》杂志,2011年第1期)

粤澳合作开发横琴："五平方公里"做文章

一、基本判断

对于横琴有一个基本判断，就是横琴的开发价值非常高，横琴是风水宝地。那么，它的价值在哪里？其中一个重要价值是毗邻澳门，其产业发展可与澳门经济形成互补、协调发展和错位发展，弥补了澳门土地资源的不足。

横琴开发是国家实施"一国两制"方针、国家战略的重要组成部分，目的是使实施"一国两制"的澳门保持经济社会长期的繁荣稳定，以及经济适度多元化，这是一个基本判断。

二、两个重要背景

第一个背景，就是《粤澳合作框架协议》确认横琴将建设"五平方公里"的"粤澳合作产业园区"。横琴开发对澳门非常重要，但澳门是微型经济体，中小企业众多，在这样的现实背景下，澳门怎样参与横琴开发呢？澳门参与横琴开发的平台在哪里？《横琴总体发展规划》提出"同等条件，港澳优先"，澳门最早提出了横琴"五平方公里"的概念。2009年1月，国家副主席习近平在澳门表示，中央已决定开发横琴，拟将横琴"五平方公里"土地作为粤澳横琴合作项目用地。但《横琴总体发展规划》并没有提及"五平方公里"。同年6月，第十一届全国人民代表大会常务委员会第九次会议决定，将横琴1.092 6平方公里土地以租赁模式租给澳门，授权澳门对设在横琴的澳门大学新校区实施管辖。2010年5月，粤澳双方签署《关于探讨粤澳双方共建中医药科技产业园的备忘录》，计划在横琴设立中医药科技产业园，面积为0.5平方公里，其后又提出文化创意产业园区，但没有提及土地面积。最终，"五平方公里"在《粤澳合作框架协议》中明确提出。

我相信这个过程背后是中央、粤港澳各方利益博弈的最终结果，这种博弈反映了中央实施"一国两制"方针、维持港澳繁荣稳定的决心和高瞻远瞩的战略眼光，广东省推进粤澳区域合作共赢的最大诚意，以及澳门特区政府与社会各界长期以来不懈的努力。这个结果使澳门参与横琴建设获得平台，实际上是粤澳合作的重要进展。

第二个背景，《横琴总体发展规划》和《粤澳合作框架协议》使横琴成为国家三个最重要的开发新区之一，而且它的制度安排是中国改革开放最前沿的热点，某种程度上它代表着中国新一轮改革开放最新方向之一。在《粤澳合作框架协议》中有政策亮点：横琴开发是粤澳"合作开发""共同参与"，这是《横琴总体发展规划》中没有提及的。中央已把横琴视作新历史时期下，改革开放最前沿的位置，澳门在当中担任了非常重要的角色，实质赋予了澳门在新时期国家总体发展战略中重要的功能和角色。所以，澳门首次越过香港，处于中国新一轮改革开放潮流中最前沿的位置。如果横琴开发的工作做得好，将能探索出粤澳合作的新机制、新模式，澳门最后亦能成为"世界旅游休闲中心"。

此外，如果澳门在"中葡商贸合作服务平台"中发挥作用，其将在国际经济发展中起到重要的功能和作用，相信能媲美三十年前香港在深圳发展中所起到的功能和作用，从这个角度来说，粤澳两地正在创造历史。

分析这两个背景，可以发现横琴开发是充满机遇和商机的，且对城市群体的发展、产业的发展、居民生活的改善、澳门经济适度多元化等都会带来深远的影响。

任何区域合作都是利益博弈最后互利共赢的结果，粤澳合作在横琴开发问题上能走到今天这一步实在不容易，亦是粤澳合作史上的最佳时机和机遇。欧盟区域合作经过五十年的不断博弈、制度磨合和创新，横琴开发势必也是这样的过程。在这个过程中，还存在很多问题，需要再进一步细化和落实。"五平方公里"是澳门参与横琴开发的重要平台，是一个起点，这一点做好，横琴开发将会全面铺开。

三、四个问题

（1）"五平方公里"是完整的一块还是分散在横琴各规划小区的多块？
《粤澳合作框架协议》指出，按照《横琴总体发展规划》要求，在横琴文化创意、科技研发和高新技术等功能区，共同建设粤澳合作产业园区。澳门特区政府统筹澳门工商界参与建设，重点发展中医药、文化创意、教育、培训等产业，推动澳门居民到园区就业，促进澳门产业和就业的多元发展。"五平方公里"无论是一块还是多块，都应该做好，以"项目带动土地"开发。做好了，澳门不仅可以有"五平方公里"，还可以参与更多的横琴开发。

（2）"五平方公里"的粤澳合作产业园区的产业规划怎样？

澳门最大的问题是土地资源不足，横琴有"五平方公里"供澳门合作开发。除了积极发展中医药科技产业园、文化创意园区之外，应该如何合理规划珠澳合作产业园区其他用地？发展哪些项目？如何真正推动澳门经济的适度多元化？这些问题都值得深入思考。

其中，一个值得考虑的产业是领域培养训练，特别是旅游培养训练。澳门的领域培养训练产业很有特色，一是它的国际性，二是它的实操性。领域培养训练产业的发展既可带动澳门经济适度多元化，更可为横琴旅游休闲产业的发展提供人才资源。

（3）"五平方公里"的粤澳合作产业园区将如何带动澳门中小企业发展？

除了重点发展中医药、文化创意、教育、培养训练等产业，还要考虑如何通过"五平方公里"的产业规划带动澳门中小企业的发展。同时，整个横琴发展尚需零售业、餐饮业、服务业、物流业、交通运输业等其他产业配套，如何为澳门的中小企业挖掘机遇？

可以判断，横琴新区将会为参与开发的企业提供税收优惠。横琴开发和"五平方公里"粤澳合作产业园区的发展，无疑将为澳门中小企业提供众多历史性发展机遇。

除了按《粤澳合作框架协议》协助澳门中小企业到横琴发展，澳门特区政府还应推出相应的配套政策，如通过设立工商发展基金等，为有意到横琴发展的中小企业提供帮助。长远而言，澳门特区政府应修缮完善法律，使企业或个人在横琴开发过程中的权益得到保障。

（4）如何根据《粤澳合作框架协议》的规定，探索粤澳合作开发横琴的新模式，包括"五平方公里"粤澳合作产业园区的开发模式？

《粤澳合作框架协议》对澳门在横琴开发中的角色作了明确界定：横琴开发是"合作开发"，是"共同参与"，借此"探索粤澳合作新模式"。模式之一：粤澳合组投资公司，如粤澳中医药科技产业园。模式之二：参考新加坡、中国江苏的合作经验，建立类似苏州工业园区的合作模式。粤澳两地应和衷共济，相互理解，抱团开发。特别是共同向中央争取更切合横琴实际的合作开发模式。

四、结论

综上所述，对于横琴的开发还需要对《粤澳合作框架协议》进行细化，深入研究，找出可行的模式，探索出可以推广的经验，实际地推广发展。

（原文为澳门发展策略研究中心研讨会发言稿，2011 年 5 月）

粤澳合作开发横琴的
几个关键问题与政策思考

一、澳门经济适度多元化与合作开发横琴

作为典型的微型经济体，澳门经济发展长期处于"随波逐流"的状态，经济的单一性早已突显。1990 年，美国麦健士公司在其研究报告《澳门未来十年发展前景》中就明确指出："澳门经济具有高度的极性。"[①]1999 年澳门回归以来，特别是 2002 年澳门博彩专营权的开放和 2003 年中央对港澳实行的"自由行"政策，使得博彩业快速发展，博彩业"一业独大"的态势进一步突显。博彩业在澳门 GDP 中所占比重从 1999 年的23.98% 上升至 2009 年的 32.30%，其中 2008 年达 37.20%，2004 年更高达 39.13%。相比之下，澳门的传统支柱产业除了地产建筑业由于受益于博彩业的迅速扩张而实现短期上升，其他两大支柱产业制造业和金融业的比重均随博彩业的膨胀而下降，尤其是制造业萎缩严重，2009 年澳门的制造业比重仅剩 2.8%，第二产业的比重也仅剩 14.7%，经济单一化的特性日趋明显。

根据国际上微型经济体的发展经验，诸如澳门这种微型经济体，由于地域空间狭小，资源禀赋有限，比较优势单一，其产业一般具有单一性和专业性，难以产生规模经济效应，应充分发挥其比较优势。香港中文大学林聪标教授在分析 20 世纪 70 年代香港产业和城市的集中性及专业化时曾指出："在任何情况下，一个小型的开放经济在商品分类和市场分布上，都会有一定程度的出口集中，这正是唯一能充分享受专业优势的方法。"[②]从经济学的基本理论出发，诸如卢森堡、中国香港、中国澳门这类小型或微型经济体，其经济和产业相对集中或单一化，有其合理性。

然而，研究和实践证明，经济结构的单一性必然导致经济的高度集

---

① 美国麦健士公司. 澳门未来十年发展前景 ［N］. 周筠，译. 澳门日报，1990 - 12 - 10.
② 林聪标. 香港的贸易结构与经济成长 ［M］//邢慕寰，金耀基. 香港之发展经验. 香港：中文大学出版社，1985：118.

中，在外向型经济的前提下必然导致经济发展的不稳定性和波动性。这种波动性无疑将大大提升宏观经济和微观经济的风险。为了解决微型经济体的两难问题，产业结构的适度多元化一般被认为是既可保持产业的国际竞争优势又能相对降低经济风险的有效办法。也正因为如此，诸如中国香港、新加坡、卢森堡等小型或微型经济体一直致力于保持产业的适度多元化。当然，微型经济体的适度多元化不是全面多元化，不是将社会有限的资源分散到所有行业，从而降低经济效益并大幅提高经济成本。

2002 以来，澳门的经济虽实现飞速增长，但是增长率波动极大，而中国香港、新加坡以及作为微型经济体的卢森堡经济增长均较为平稳。研究显示，2002 年至 2007 年期间，中国香港、新加坡和卢森堡的经济增长率方差分别为 8.73、4.39 和 3.57，而澳门的经济增长率方差则为 60.23，经济发展的风险迅速大增。在经济大幅波动的情况下，正常的经济及商业活动运作将受到干扰，亦对经济个体的规划及经济政策的制定造成压力。同时，博彩业的"一业独大"使得澳门资源禀赋进一步集聚，进而挤压了其他行业尤其是中小企业的生存空间，形成所谓的"马太效应"和"挤出效应"，使澳门经济结构的单一性更加突出，对澳门经济的长远发展和可持续发展构成了威胁。[①] 正是在这种背景下，中央在"十一五"规划纲要中对澳门提出了经济适度多元化的发展目标。

不过，过去几年，澳门推动经济适度多元化的成效并不明显。众所周知，澳门作为典型的微型经济体，适度多元化发展所面临的最大制约在于土地、人力资源的短缺。而一水之隔的横琴是一块未开发的处女地，全部开发后面积将达 106.46 平方公里，是澳门现有面积的 3 倍。该岛地处南亚热带季风区，环岛岸线长 76 公里，沙滩绵延，礁石嶙峋，地形有低山、丘陵、台地，全岛最高山峰——脑背山海拔 457 米，植被茂盛，空气清新，环境优美，生态良好，是天然的旅游休闲度假胜地，具有丰富的旅游资源。

横琴地处"一国两制"的交汇点，具有极为优越的区位优势。[②] 1999 年澳门回归，莲花大桥和横琴大桥相继建成以及横琴口岸开通后，横琴的开发价值进一步突显。2009 年初，国务院颁布的《珠江三角洲地区改革发展规划纲要（2008—2020 年）》（以下简称《规划纲要》）指出："规划建设……珠海横琴新区、珠澳跨境合作区等改造区域，作为加强与港澳服务

---

① 冯邦彦，赵雪梅. 微型经济体产业适度多元化理论与实证研究：以澳门为例 [J]. 澳门理工学报，2006（3）：39.

② 参阅珠海横琴经济开发区管委会《横琴：充满发展商机的黄金宝岛》，第 2 页。

业、高新技术产业等方面合作的载体。"① 2009 年 6 月 24 日，国务院常务会议原则通过《横琴总体发展规划》（以下简称《发展规划》），明确把横琴建设成为带动珠三角、服务港澳、率先发展的粤港澳紧密合作示范区。6 月 27 日，第十一届全国人民代表大会常务委员会第九次会议决定，授权澳门特别行政区对设在横琴岛的澳门大学新校区实施管辖。8 月 14 日，国务院正式批复《发展规划》。横琴新区成为继上海浦东新区、天津滨海新区之后，第三个由国务院批准的国家级新区。至此，经过 18 年的努力，横琴开发终于正式展开。

横琴开发最重要的战略价值是要解决澳门在经济发展过程中面临的土地、人力资源短缺等问题，使澳门优势产业得到延伸、扩充，相关产业得到发展。澳门经济适度多元化，必须在两个层面展开：首先，澳门要致力推动旅游休闲业产业链的延长，重点发展本身具竞争优势的产业，包括博彩业以及与博彩业相关的旅游业、零售业、会展业、文化创意产业等；其次，通过区域合作，特别是通过横琴开发，实现横琴与澳门产业的对接和错位发展，形成区域内经济适度多元化。

从"一国两制"的战略高度看，横琴开发的出发点，是先要配合澳门成功实现经济适度多元化，进而有效实现澳门与广东珠三角地区的经济合作和经济融合，维持澳门经济社会发展的繁荣、稳定，并且最大限度地发挥澳门在粤港澳大珠三角经济区域中的战略价值和经济功能。

二、合作开发横琴：比较优势互补与产业错位发展

区域经济分工合作的理论基础最初由亚当·斯密的绝对优势理论（1776）和大卫·李嘉图的比较优势理论（1817）奠定。比较优势理论从两国劳动生产率的不同出发，认为通过各自生产具有比较优势的产品，然后双方能从交换中得到比通过自己生产更多的产品。在比较优势理论的基础上，赫克歇尔和俄林创立了要素禀赋理论，其用生产要素禀赋的差异导致的价格差异代替李嘉图的生产成本的差异来展开分析，认为区域分工会导致两个地区相对价格的变化，各国和地区将出口那些较多使用本国和本地区拥有丰富要素的产品，即资本富裕的国家和地区将出口那些在生产中使用大量资本的产品（资本密集型产品）；而劳动力丰富的国家和地区将出口劳动密集型产品，从而以资源禀赋完成国家或区域的分工。

① 参阅《珠江三角洲地区改革发展规划纲要（2008—2020 年）》，第 52 页。

根据比较优势理论和要素禀赋理论，澳门参与区域分工合作的比较优势主要集中在两方面：一是澳门旅游博彩业在区域甚至全球分工中的竞争优势；二是澳门的自由港优势、区位优势与国际网络优势的结合。在国家"十二五"规划纲要中，根据澳门的比较优势对澳门在区域和国际分工中的战略定位作了科学的概括，即"世界旅游休闲中心"和"中葡商贸合作服务平台"。从这两个战略定位出发，"十二五"规划纲要进一步明确提出："支持澳门推动经济适度多元化，加快发展休闲旅游、会展商务、中医药、文化创意等产业"；同时，要"深化粤港澳合作，落实粤港、粤澳合作框架协议，促进区域经济共同发展，打造更具综合竞争力的世界级城市群"。①

因此，从贯彻"一国两制"方针的战略高度和比较优势理论出发，横琴开发的重点是要实现澳门与横琴两地比较优势的互补，特别是围绕着澳门打造"世界旅游休闲中心"和"中葡商贸合作服务平台"这两个战略定位出发，深入研究横琴开发在产业发展方面，包括旅游休闲业、会议展览业、商贸服务业，甚至科技产业等如何与澳门实现对接和错位发展，防止同位恶性竞争，形成粤澳经济发展的互补和双赢。从比较优势理论和要素禀赋理论出发，横琴开发的重点产业领域应该是：

第一，大力发展与澳门旅游博彩业对接及错位发展的旅游休闲业、文化创意产业，共同打造"世界旅游休闲中心"。

《规划纲要》提出：要巩固澳门作为"世界旅游休闲中心"的地位。澳门素有"东方蒙特卡洛"之称，与美国的拉斯维加斯和摩纳哥的蒙特卡洛并称为世界三大赌城，其独特形象深入人心。2002年澳门特区政府开放博彩专营权以来，博彩业快速发展，博彩规模超过拉斯维加斯。澳门还是中西文化、宗教交汇的城市，具有博物馆式的都市风貌和丰富的历史文化遗产。不过，澳门作为微型经济体，土地面积狭小，经济规模不大，仅靠本身的实力难以成为"世界旅游休闲中心"。

澳门旅游业最大的特点是以博彩业为主导的综合性旅游业，因受到地域狭小的限制而缺乏其他自然景观、人文景观及大型游乐设施，难以充分发挥旅游功能和效益。因此，合作开发横琴首先应该根据横琴海岛型生态景观的资源优势，重点发展休闲度假产业，发展高质量度假旅游项目，包括以自然景观和人文景观为主的大型娱乐、体育、休闲设施，发展绿色旅游、蓝色旅游、休闲度假旅游，发展水上运动和大型高尔夫球场，突出休

第四编　粤澳合作与横琴开发

---

① 参阅《中华人民共和国国民经济和社会发展第十二个五年规划纲要》，第五十七章。

闲特色。已经启动建设的长隆国际海洋度假区就是一个很好的例子。该项目占地面积达 5 平方公里，定位为"中国的奥兰多"，目标是要建成一个世界级的集会展、游乐、酒店度假于一体的综合性海洋公园，建成后预计每年将吸引游客 3 000 万人次。率先动工的首期工程"长隆海洋世界"，以一个全新的情景式海洋主题乐园为主打，包括多个巨型的海洋生物博物馆，以及一家超五星级海洋酒店等，计划于 2012 年对外营业，年接待游客量为 1 000 万～1 500 万人次。此外，横琴可致力于发展区域性的游艇中心。研究显示，在国际上，游艇经济正成为一个庞大、热门的产业，被誉为"漂浮在黄金水道上的商机"。

横琴发展与澳门旅游博彩业对接及错位发展的旅游休闲业，不但可弥补澳门之不足，有利于与澳门共同打造"世界旅游休闲中心"，而且有利于将澳门与珠海两地各具特色的旅游资源进行整合，再与香港及广东的旅游资源相配合，形成一个具竞争力的、关联度高的旅游休闲产业链和产业集群，共同打造《框架协议》所指出的"世界著名旅游休闲目的地"①，达致双赢之局。

第二，大力发展商务服务、会议展览、物流仓储等现代服务业，共同打造"中葡商贸合作服务平台"。

澳门背靠珠三角西部，而它联系的国际层面，则以欧盟和葡语国家为重点。2002 年，澳门特区政府提出将澳门建设成为"三个服务平台"的目标，即作为内地，特别是广东西部地区的商贸服务平台；作为中国与葡语国家经贸联系与合作的服务平台，以及作为全球华商联络与合作的服务平台。"三个服务平台"中，核心是"中葡商贸合作服务平台"。这次国家的"十二五"规划纲要明确肯定了澳门的这一战略定位。

长期以来，澳门与欧洲国家和葡语国家有着紧密的商贸、文化等各方面的联系，又有一批懂得葡语的专业人才，这是亚洲其他城市包括香港所不具备的优势。这种优势有利于澳门发挥区域性商贸合作服务平台的作用，为内地特别是珠三角地区企业走向国际、为中国与欧洲及葡语国家经贸合作牵桥搭线。2003 年，中央政府为支持澳门发展成为中国与葡语国家之间的合作平台，决定将中国—葡语国家经贸合作论坛交由澳门承办，该论坛以经济合作发展为主题，旨在促进中国和葡语国家或地区的经贸交流与合作。该论坛为部长级论坛，暂定每三年举办一次，常设机构秘书处设

---

① 《框架协议》第一章第一条"合作定位"指出，要合作建设"以澳门世界旅游休闲中心为龙头、珠海国际商务休闲度假区为节点、广东旅游资源为依托"的"世界著名旅游休闲目的地"。

在澳门，负责日常维持中国国务院外经贸部与 8 个葡语国家相关部门的联系。

然而，从近年的发展实践看，澳门要真正成为"中葡商贸合作服务平台"，还需广东珠海方面的配合，而横琴则提供了合作的平台。因此，《发展规划》在产业发展规划方面，将商务服务与旅游休闲、科教研发和高新技术一道列为横琴开发的四个重点产业。目前，正在建设中的十字门中央商务区项目，其发展重点就是商务会展业。该区位于珠海东部城区、西部城区和横琴新区的中心，占地面积约 5.77 平方公里，将发展成为一个国际化、滨水生态型现代服务业聚集平台。已经动工的首期项目位于珠海南湾的会展商务组团，主要建设珠海国际会议中心、展览中心、国际标准甲级写字楼、白金五星级酒店、国际标准五星级酒店及相关配套设施。十字门中央商务区项目首期建设将为珠海会展业带来重大发展机遇。

但是，关键问题是在珠海、横琴的商务会展业应该如何与澳门的商务会展业协调发展和错位发展。从比较优势理论和区域合作战略出发，横琴的产业发展必须与澳门的产业发展形成优势互补，尽量避免双方正面竞争，特别是恶性竞争。我们认为，从澳门的角度看，澳门的优势在于博彩业和与葡语国家的联系。澳门可以博彩业为"卖点"，精心打造两三个具比较优势的会展业知名品牌，特别是与葡语国家相关的会展业品牌，从而真正发展成为中国与葡语国家经贸、文化交流的平台。而珠海和横琴方面则可发展澳门不具备比较优势的会展业，如航空展览、重工业展览、游艇展览、印刷机展览等；或者展览在珠海举办，而相关的会议安排在澳门。通过两地的协调发展和错位发展，共同做大做强会展业的"蛋糕"，共同打造"中葡商贸合作服务平台"。另外，横琴还可发展为配合澳门会展业的会展后勤基地和仓储中心，以有效降低澳门的办展成本。

为了配合"中葡商贸合作服务平台"的建设，横琴可发展为葡语人才培训基地和葡语国家产品展示和展览中心，建立针对葡语国家的商务中心和商业市场，提供葡语国家的商业信息、翻译。一方面，将葡语国家的产品，如巴西的资源性产品，以及葡萄牙的红酒、西班牙的瓷砖等，通过横琴的葡语国家产品展示和展览中心，推销到内地广阔的市场；另一方面，将葡语国家需要的中国产品，例如健康产品等，推销到葡语国家、欧盟国家，使澳门与横琴共同成为中国和葡语国家的贸易枢纽和桥梁。①

第三，积极发展教育培训、科技创新等先导产业，探索构建澳珠科技

---

① 参阅澳门发展策略研究中心《横琴开发与澳门机遇——〈横琴总体发展规划〉解读》，第 32 页。

创新合作机制和珠江西岸高素质人才基地。

横琴开发最大的"亮点"之一，是由全国人民代表大会常务委员会决定以租赁方式授权澳门对澳门大学横琴新校区实施管辖，为期约40年，并且届时可根据实际情况续期。澳门大学的新校区位于横琴东部沿海区域，与澳门隔水相望，占地1.092 6平方公里。澳门与横琴新校区之间将由一条24小时全天候运作的隧道连接，师生、职员、澳门居民和访客可通过隧道进出校园，无须办理边检手续。新校区面积将比现有校园大约20倍，可容纳至少1万名学生。可以说，横琴新校区为澳门大学也为横琴新区的教育及科技创新产业的发展，提供了更广阔的发展空间。

从澳门的角度看，澳门特区政府和澳门大学要充分把握迁校这一历史性发展机遇，以创新的思维和创新的机制，有效整合澳门现有的教育资源，在横琴新校区创办出国际先进、亚洲著名的高水平大学，为澳门经济发展培育高级专业人才、技术人才和管理人才。澳门大学横琴新校区属澳门特区政府管辖，所产生的本地生产总值理所当然为澳门经济所有。因此，澳门特区政府应该以澳门大学新校区为载体和发展平台，积极推动发展澳门的科教研发产业和文化创意产业，使科教研发产业和文化创意产业成为澳门经济适度多元化的一个重要组成部分，也成为横琴发展的重要组成部分，从而成为广东珠江口西岸地区甚至整个珠三角人才培育和科技创新的重要平台之一。

《发展规划》强调，要将横琴新区建设成为珠江口西岸的地区性科教研发平台，要依托港澳科技教育资源优势和内地人才资源，加强粤港澳三地的科技合作与交流，重点发展研发设计、教育培训、文化创意等产业，将横琴建设成为服务港澳、服务全国的区域创新平台。因此，在教育培训产业发展上，横琴应在澳门大学新校区创办、建设的同时，积极吸引香港、澳门的其他大学和培训机构在横琴办学，建立以高端专业人才、技术人才培训和普通高等教育为主的教育培训园区。横琴科教研发产业的发展，无疑将有利于满足粤港澳产业转型升级，特别是澳门经济适度多元化的人才需求。

从长远发展而言，粤澳还需要加强在科技创新方面的合作，以建立区域性科技创新体系。在横琴的开发规划中，中央和广东方面对横琴开发都有建设科技产业发展板块的考虑。因此，从长远来说，澳门与广东方面可以借助横琴探讨如何构建珠澳创新合作机制与平台。例如，澳门与广东可以在中医药科技产业园合作建立区域性中药检测中心，以推动澳门和广东中药产业的发展。

第四，配合发展房地产、基础设施等城市发展的基础产业，以横琴开发为纽带共同打造珠江西岸核心都市圈。

根据中国城市规划设计院完成的《珠海东部城区主轴（情侣路）概念性总体城市设计》，未来珠海的主城区将由"香洲核心区＋横琴新区＋西部中心城区"（所谓"三区一城"）构成。其中，横琴新区处于三区三足鼎立的最南端，而十字门中央商务区刚好处于三足鼎立的中央位置，无论是从地理几何角度还是从经济发展角度，都将成为未来城市的中心和重心。十字门中央商务区地处粤港澳交汇地，毗邻湾仔、横琴和拱北三大口岸，其中南湾、横琴片区与澳门、凼仔构成了独特的"两江四岸"格局，是珠海环澳城市带的核心。珠海的主要交通基础设施港珠澳大桥、太澳高速、京澳高速、金海大道、广珠城轨和情侣路城市主轴等在此汇聚，将形成珠江口西岸的交通枢纽。以十字门中央商务区规划建设为纽带，澳门、横琴和珠海，以及中山、江门等将组成珠江西岸核心都市圈，而横琴将成为珠江西岸最具活力的新城区。根据《发展规划》的人口发展目标，横琴总人口将在 2015 年达到 12 万人，到 2020 年达到 28 万人。从某种意义来讲，横琴的开发可以承担起缩小珠江东西岸经济发展落差，构建珠江西岸核心都市圈的重要战略功能。

可以预测，随着横琴开发的深化，横琴的房地产业，无论是旅游地产、商业地产还是住宅地产开发都具有广阔的发展空间。房地产、基础设施等城市发展的基础产业都将得到长足发展，而且将成为粤澳合作开发横琴的重要领域。

三、横琴的合作开发模式与制度创新

合作开发横琴，需要克服的矛盾是源于粤澳两种制度所带来的利益协调的困难。在《发展规划》颁布前，粤澳两地就横琴的开发模式经过多年的探讨，大致提出了四种不同的模式，包括股份制、租赁制、划归澳门管辖及"9＋2"共同开发。

模式一：股份制。在该模式中，珠海以横琴地权入股，澳门以城市品牌入股，设立"横琴国际开发区"，为期50年或更长时间。双方享有平等的参与权、决策权。区内设立对等的联合管理委员会作为行政机关，按照双方商订的联合管理委员会组织条例行使管理权，联合管理委员会实行双主席制，下设"横琴开发总公司"作为具体开发实施的机构。《澳门与珠三角地区经济一体化策略研究》报告就认为，如果采取股份制模式联合开发横琴，应争取实行"境内关外"的特殊管理政策，实施以澳门为蓝本的自由港政策。岛内的行政管理体制尽量向国际惯例靠拢，并有所创新。①

模式二：租赁制，即"关闸"模式。广东（珠海）将横琴租借给澳门使用，为期50年或更长时间，澳门每年向广东（珠海）缴纳一定数额的地租。澳门特区政府全权管理和开发横琴，实行澳门特别行政区的法律和自由港政策。澳门在开发横琴的过程中，充分照顾广东（珠海）的利益，并给予广东（珠海）在横琴的投资以特别的便利和优惠。②

模式三：划归澳门管辖。该模式认为，澳门在开放博彩专营权以后，土地供应更加紧张，并且受周边海域环境的制约，不可能像香港那样大规模地填海造地。所以，将与澳门一水之隔的横琴划归澳门直接开发管理，无疑最有利于澳门的发展。当然，在划归过程中要获得广东、珠海方面的配合，并且要充分保证珠海方面的利益。

模式四："9＋2"共同开发。在2004年11月30日粤澳合作联席会议上，粤方提出了共同探讨设立泛珠三角横琴经济合作区的议题，构想从原来的粤澳联合开发扩大到"9＋2"共同开发，从而为泛三角地区合作提供载体。

上述四种模式都各有其合理性，但在实施过程中又都有其在政治或经济上的难度，因而可行性不高。不过，如果对这四种模式进行深入研究，不难发现它们关注的两个共同点：其一，横琴开发究竟由谁主导？在开发过程中，澳门将扮演什么样的角色？双方在开发中的利益如何协调？其二，横琴开发的制度怎样安排？这个问题实际上由前一个问题引发的，这也是澳门方面特别关注的问题。澳门经济学会认为："横琴岛地处'一国两制'前沿，无论实行哪种管理模式，都必须实行更特殊的配套政策，以真正体现其国际性、开放性及特殊性。如果将横琴划拨澳门管辖，或者按'关闸'模式将横琴租赁给澳门50年，横琴都成为澳门的一个有机组成部分，实施澳门的法律制度和自由港政策。倘若按照股份制的模式联合开发横琴，则应争取实行'境内关外'的特殊管理政策，将横琴建成一个'似澳门而非澳门，比特区更特殊'的'国际旅游开发区'。"从澳门的角度看，唯有实行这一开放性的管理模式，横琴开发才可能取得成功。中国改革开放30年的实践也证明，唯有通过制度创新，解放生产力，才可能取得经济的大发展。可以说，上述两个问题没能得到科学、合理的解决，成为横琴开发迟迟未能迈开实质步伐的关键原因。

横琴开发终于在2010年以来取得重要的突破，究其原因，也主要是在

---

① 参阅澳门经济学会课题组《澳门与珠三角地区经济一体化策略研究》，第60页。

② 参阅《租用横琴扩澳土地值得研究》。

上述两个问题上取得重要的进展。

第一，在横琴开发究竟由谁主导的问题上，《框架协议》提出粤澳"合作开发横琴"的战略定位，界定了澳门在横琴开发中的角色。

从历史回顾可以看出，横琴开发中一直困扰粤澳双方的一系列绕不开的问题是：横琴开发缘何而起？由谁主导？在开发过程中，澳门将扮演什么样的角色？横琴开发如何才能配合澳门经济适度多元化？这些问题甚至在《发展规划》颁布之后仍然没能很好地解决。当时，有关方面的回答是：澳门参与横琴开发的原则是——同等港澳优先。然而，由于澳门资本多为中小型企业，在与跨国公司的竞争中往往处于下风。澳门社会若不能有效参与横琴的开发，中央和澳门社会所关注的澳门经济适度多元化将无从谈起。这也可以解释为什么 2009 年初习近平表示将考虑在横琴设立"五平方公里"粤澳合作产业园区时广受澳门社会各界欢迎。

2011 年 3 月 6 日粤澳两地政府在北京签署《框架协议》时，横琴开发有了重大的转机。《框架协议》将"合作开发横琴"单列为"总则"之后的第二章，并且以第四条第十四款详细列明"共同参与"的模式，合作的"重点园区"。《框架协议》对澳门在横琴开发中的角色作了明确规定：横琴开发是"合作开发"，是"共同参与"，借此"探索粤澳合作新模式"。《框架协议》还规定："澳门特区政府研究采取多种措施，从资金、人才、产业等方面全面参与横琴开发，重点建设粤澳合作产业园区和旅游休闲等相关项目，并积极研究制定澳门居民跨境就业、生活的社会福利安排等配套政策"，并且要"建立粤澳合作开发横琴协调机制，对横琴开发重大问题提出政策建议，支持横琴新区就具体合作项目与澳门特区政府有关部门直接沟通"。

为了保障粤澳合作开发横琴能够落到实处，《框架协议》规定："在横琴文化创意、科技研发和高新技术等功能区，共同建设粤澳合作产业园区，面积约 5 平方公里。"《框架协议》还规定："共同建设粤澳合作中医药科技产业园，作为粤澳合作产业园区启动项目"，并且要"合作建设横琴文化创意区"，"提升横琴中心商务区功能，将澳门区域商贸服务平台功能延伸到横琴，拓展澳门商贸服务业发展腹地"。① 这些规定为澳门有效参与横琴开发扫除了障碍，提供了有效载体和发展平台。

第二，在横琴开发的制度安排问题上，《发展规划》和《框架协议》作出一系列制度创新的安排，创造出类似"港澳自由港"的制度环境。

---

① 参阅《粤澳合作框架协议》第二章"合作开发横琴"第一条"共同参与"及第三条"重点园区"。

《发展规划》提出，要在《规划纲要》和 CEPA 的框架下，进一步扩大开放，进一步发挥香港、澳门的自由港优势，大力推进通关制度创新、管理体制创新和发展模式创新，实施比经济特区更特殊的对外开放政策，率先探索建立合作方式灵活、合作主体多元、合作管道畅顺的新机制，促进三地的人流、物流、资金流和信息流的高度聚合与高效流动。通过制度创新，在改革开放的重要领域和关键环节率先取得突破，为进一步推进粤港澳紧密合作提供示范和经验，并为广东珠三角"科学发展、先行先试"创造经验。《框架协议》则在《发展规划》的基础上进一步明确提出了一系列制度创新安排，包括以下几个方面：

关于"分线管理"制度安排。提出"横琴与澳门之间的口岸实行'一线管理'"，"横琴与内地之间实行'二线管理'"的海关管理模式，并承诺"双方共同努力，争取横琴口岸 24 小时通关"以及"双方共同努力，为人员、货物以及澳门居民到横琴工作、生活提供通关便利条件"。

建立与澳门自由港政策相适应的经济管理体制。包括《发展规划》所规定的：将横琴纳入珠海经济特区范围，实行更开放的产业和信息化政策，支持进行土地管理制度和社会管理制度改革等。

将金融创新的政策内容具体化。《框架协议》规定："推进横琴金融创新，引导和鼓励两地金融机构在横琴设立金融后台服务机构。开展产业投资基金试点，鼓励两地符合条件的机构联合发起设立横琴产业投资基金。探索在横琴开展个人项下人民币与澳门元、港元在一定额度内的双向兑换试点。探索在横琴推广使用多币种金融 IC 卡。"

横琴在通关模式和经济制度上的创新，不仅为粤澳双方合作开发横琴提供了可靠的制度保证，而且将成为广东省乃至全国新一轮改革开放的突破口。它的实践将为国家下一步的发展寻找新路子，探索新经验，具有深远的经济影响。

四、合作开发横琴的几点政策性思考

粤澳合作开发横琴经过长达 18 年的探索，终于迎来了突破性的发展。然而，冷静思考，《发展规划》的颁布、《框架协议》的签署，仅仅还是"万里长征的第一步"。粤澳双方要顺利推进合作开发横琴，当前还需解决以下几个关键问题：

第一，解放思想，创新思维，扫除区域合作的思想障碍，顺应国际发展的大潮流。

长期以来，横琴开发一直议而不决，从表面上看是双方的立足点不同、视角不同、利益差异不能协调，深入分析却是双方对区域经济合作的重要性缺乏深刻的认识，彼此都站在自己的立场上斤斤计较、患得患失，并形成越来越难解的心结。因此，在合作开发横琴的新阶段，粤澳双方要顺利推进横琴开发，首要前提还是要进一步解放思想，彻底扫除区域合作的思想障碍。粤澳两地无论是政府、商界还是社会，都必须彻底摒除狭隘的本位主义和地方保护主义旧观念，求同存异，互让互谅，以创新的新思维真诚、积极、主动地推动区域合作，实现互补双赢。

根据经济学的基本理论，区域经济合作的实质就是各地区以自身的比较优势为基础，根据各自的资源禀赋优势，实现区域内不同地区的分工和错位发展，实现资源的最优配置。环顾当今国际社会，经济全球化、区域经济一体化已成为世界经济发展的潮流。粤澳两地在合作开发横琴方面若不能实现协调发展，很有可能重蹈历史覆辙，延误横琴开发的良机，甚至造成不必要的损失。

第二，切实落实"分线管理"等制度创新安排，使横琴真正成为中国改革开放的最前沿区域。

《框架协议》签署、实施，体现了中央政府推进改革开放的高瞻远瞩，体现了粤澳两地政府积极推动建立更紧密合作关系的诚意。不过，有了这些框架性的制度安排，并不等于就一定能够取得成功。当前的关键和重点，是要狠抓落实，在《框架协议》的基础上，粤澳合作开发横琴要取得进一步的深入解决、细化或者说具体化《框架协议》所规定的一些关键性制度安排。例如，横琴新区如何有效实施"分线管理"和"通关便利化"，包括"一线"该放开到什么程度，"二线"该收紧到什么程度，"分线管理"的海关监管模式最终能否过渡到"一线放开、二线收紧"的管理模式等问题都影响着横琴能否成功开发。因为，区域间的生产要素，包括人流、物流的自由流动，是区域合作的重要一环。我认为，在经过一段实践检验之后，"分线管理"模式应尽快过渡到"一线放开、二线收紧"的"境内关外"管理模式，以吸引澳门及国际投资者参与横琴的开发和建设，吸引更多国际游客经澳门进入横琴。

又如，《框架协议》规定横琴新区实施"与横琴新区发展定位相匹配、与澳门自由港政策相适应的经济管理体制"，这里面具体包括哪些内容？其中，所谓的"实行更开放的产业和信息化政策"，实行"比照海关特殊监管区域"的税收政策和外汇管理政策，"鼓励金融创新"，"支持进行土地管理制度和社会管理制度改革"等，将如何细化落实？这些问题不解决，横琴开发也就难以顺利推进。

第三，合理规划、开发"五平方公里"粤澳合作产业园区，有效配合澳门经济适度多元化发展。

《框架协议》规定："在横琴文化创意、科技研发和高新技术等功能区，共同建设粤澳合作产业园区，面积约5平方公里。"客观而言，除了澳门大学横琴新校区，这是澳门共同参与横琴开发的最有效平台。但有关条文仍然是粗线条的，实质内容有待具体化、细化。例如，"五平方公里"粤澳合作产业园区，是整体的一块还是分别散落在各产业功能区的多块？《框架协议》实际上并没有明确这一点。又如，"五平方公里"的粤澳合作产业园区的产业要怎么规划才可真正推动澳门经济适度多元化？合作产业园区中除了发展中医药、文化创意产业，应该如何合理规划其他用地？发展哪些项目，才可真正推动澳门经济适度多元化？这些问题都值得深入思考。

我认为，从合作开发的战略高度出发，理想的"五平方公里"模式是完整的一块，在"五平方公里"粤澳合作产业园区中"先行先试"，率先探索粤澳合作开发横琴的具体模式以及粤澳合作开发横琴协调机制。

第四，探索、确定合作开发横琴的具体模式以及合作开发横琴协调机制，实现粤澳之间利益的良性博弈和双赢。

根据国际经验，横琴新区作为特殊的开发区域，可采用两个层次的开发模式：第一个层次是横琴新区管理委员会，作为广东省政府的派出机构，代表广东省政府和珠海市政府对横琴行使行政管理权，并协调国家有关部门设立在横琴新区机构的工作，负责审议横琴开发的各项报告及预案，修订横琴新区的规章制度。第二个层次是开发公司，对横琴开发进行系统管理，负责土地的成片开发、基础设施建设和招商引资等具体事项。根据《框架协议》的规定，粤澳双方是"合作开发""共同参与"，现在要研究的是，在这两个层面上，澳门该如何参与？澳门特区政府是仅仅发挥一般性的咨询作用，还是实质性参与横琴开发的所有重大决策，其中的制度安排该如何？又如，在即将建立的粤澳合作开发横琴协调机制中，澳门特区政府将扮演何种具体角色？发挥哪种具体功能？另外，在"五平方公里"的粤澳合作产业园区中，粤澳双方合作的具体模式又如何？这些模式的合理与否，都可能直接影响开发的进程，影响粤澳两地之间是否能实现利益的良性博弈和双赢。

（原文发表于澳门《澳门理工学报（人文社会科学版）》杂志，2011年第4期）

CEPA 实施、服务贸易自由化与澳门经济适度多元化

一、CEPA 开启粤澳经济合作新阶段

2003 年 10 月 17 日，澳门与内地签署《关于建立更紧密经贸关系的安排》（CEPA）。CEPA 的内容包括对澳门货品实行零关税、对澳门开放服务业和实施贸易投资便利化三方面，其中以开放服务业最受两地政府和商界的重视。其后，中央政府按照"先易后难，逐步推进"的原则，先后与澳门签署了 9 个补充协议，不断增加和充实 CEPA 的内容。CEPA 在符合 WTO 规则的前提下，建立起内地与澳门之间"更紧密经贸关系的安排"，标志着两地经济合作进入新阶段。

CEPA 实施以来，粤澳两地经贸合作取得了显著成效，主要表现在：①货物贸易零关税取得进展。CEPA 实施至 2013 年 6 月，澳门享受零关税到内地的货物总达到 4.14 亿澳门元。②合作领域进一步扩大，从以经贸为主，向旅游、科技、教育、文化、环保、体育、卫生等多领域全方位推进，截至目前，内地对澳门在服务贸易领域开放的措施已达 383 项。③合作环境进一步优化，包括两地通关趋向便利化，跨境大型基础设施建设进入新阶段，广东投资环境得到进一步改善。④合作机制进一步健全，双方形成政府和民间等多层次的合作组织机制。

二、CEPA 框架下澳门经济适度多元化发展

CEPA 实施十年来，对澳门经济适度多元化发展发挥了积极的作用。主要表现在：

（一）CEPA 开放内地居民赴港澳"自由行"，带动了澳门旅游休闲业特别是酒店、餐饮、零售等行业的多元发展

CEPA 关于开放内地居民赴港澳"自由行"的规定，无疑是 CEPA 中对澳门经济发展最具影响力的开放措施。2003 年，香港、澳门先后遭受 SARS 疫情的冲击，刚刚复苏的澳门经济又出现了负增长。为了帮助港澳渡过难关，从 2003 年 7 月起，中央政府先后开放广州、深圳、珠海以及北京、上海等城市的居民赴港澳"自由行"，其后扩大到全国 22 个省区的 49 个城市，有力推动了粤澳跨境旅游业的发展。据统计，从 2003 年 7 月正式实施"自由行"至 2010 年底，内地居民以"自由行"形式来澳门旅游的总人数达到 4 033.89 万人次，平均每年超过 550 万人次。"自由行"政策的实施有力推动了内地居民赴澳门旅游热潮。内地年赴澳游客总数从 1999 年的163.66 万人次，增加到 2010 年的 1 322.91 万人次，年均增长率超过 20%。2012 年，在来澳门游客 2 496 万人次中，来自内地的游客达 1 690.25 万人次，占来澳游客总人数的 67.7%。其中，以"自由行"方式入境的内地游客达 713.19 万人次，占来澳内地游客总数的 42.2%（见表 1）。

表 1 2003—2012 年内地赴澳门游客统计资料

年份	内地赴澳门游客			内地"自由行"游客	
	人次（万）	同比增长（%）	占澳门入境游客比重（%）	人次（万）	占内地赴澳门游客比重（%）
2003	574.20	35.4	48.3	60.00	10.4
2004	952.97	66.0	51.7	351.88	36.9
2005	1 046.30	9.8	55.9	533.14	51.0
2006	1 190.00	13.7	54.0	590.50	49.6
2007	1 484.61	24.8	55.0	716.52	48.3
2008	1 159.51	−21.9	50.6	658.46	56.8
2009	1 098.95	−5.2	50.5	574.77	52.3
2010	1 322.91	20.4	53.0	548.62	41.5
2011	1 616.27	22.2	57.7	658.87	40.8
2012	1 690.25	4.6	67.7	713.19	42.2

注：2008 年、2009 年的内地游客数量减少是统计局调整了统计方法所致。

数据来源：澳门统计暨普查局、澳门行政特区旅游局。

在"自由行"的政策安排下，大批内地游客来澳门旅游消费。在 2002 年澳门特区政府开放博彩专营权的历史背景下，不仅有力地刺激了博彩业的发展，而且带动了酒店、餐饮、零售等相关产业的发展，拓展了澳门旅游休闲业的产业链。以餐饮业为例，"自由行"政策实施以来，为了应付游客的大量涌入，澳门的餐饮业有了快速的发展。据统计，从 2003 年至 2011 年，餐饮业的场所和员工分别从 1 368 家和 11 612 人增加到 1 714 家和 21 219 人，8 年间增幅达 25.29% 和 82.73%。同期，餐饮业的营业额从 17.10 亿澳门元增加到 60.94 亿澳门元，增幅达 2.56 倍；餐饮业附加值从 5.69 亿澳门元增加到 23.61 亿澳门元，增幅达 3.15 倍（见表 2）。目前，不仅市面上美食成堆，而且随着大型酒店、娱乐场的落成，一些高端的饮食业品牌也逐渐在澳门落地生根，大大提高了澳门餐饮业的档次和质量。随着大批具规模的高级餐厅、国际知名的特许经营连锁店、特色的小型主题餐厅的进入，澳门正迈向"世界美食之都"，吸引更多的国际游客前来品食。

表 2　2003—2011 年澳门餐饮业发展概况

年份	2003	2005	2007	2009	2011
场所（家）	1 368	1 489	1 537	1 615	1 714
员工总数（人）	11 612	14 706	17 508	19 738	21 219
营业额（亿澳门元）	17.10	27.18	38.66	47.90	60.94
附加值（亿澳门元）	5.69	9.28	14.01	18.92	23.61

数据来源：澳门统计暨普查局网站《餐饮业调查（2003—2011 年）》。

从零售业来看，中国游客大幅增加引发了对澳门批发及零售业的庞大需求，推动了澳门批发及零售业的快速发展。据统计，从 2000 年到 2011 年，澳门的批发及零售业营业额从 123.90 亿澳门元增加到 687.65 亿澳门元，11 年间大幅增长了 4.55 倍；批发及零售业附加值也从 15.81 亿澳门元增加到 146.32 亿澳门元，增幅高达 8.25 倍；批发及零售业占 GDP 的比重从 3.79% 上升至 7.76%，整整翻了一番（见表 3）。这一时期，一批国际零售企业积极进驻澳门，在推动批发及零售业急速扩张的同时，也推动了这一产业的转型升级。澳门正发展成为香港之外的另一个亚洲"购物天堂"。

表3　2000—2011年澳门批发及零售业发展概况

年份	2000	2005	2008	2009	2011
场所（家）	6 791	9 593	10 446	10 630	10 962
在职员工（人）	19 598	29 234	34 455	38 107	41 573
营业额（亿澳门元）	123.90	238.18	366.77	430.31	687.65
附加值（亿澳门元）	15.81	30.90	53.29	68.51	146.32
占GDP的比重（%）	3.79	4.46	4.63	5.94	7.76

数据来源：澳门统计暨普查局网站《批发及零售调查（2000—2011年)》和《澳门产业结构》。

（二）CEPA的实施为澳门服务业的发展和经济适度多元化提供了坚实的基础

对旅游业来说，CEPA允许广东居民个人赴澳门旅游，这对澳门旅游业的发展无疑具有极为重要的支持作用，有助于提升澳门作为"世界旅游休闲中心"的地位；对物流业运输来说，CEPA推行贸易投资便利化，将有利于扩大两地的贸易量和物流量，为澳门物流运输业的发展提供了难得的机会；对会议展览等中介性商业服务业来说，CEPA开放专业服务领域，有利于澳门发展中介性商业服务业。2006年，CEPA补充协议三明确提出："为支持和配合澳门产业结构适度多元化，推动两地会展业的发展，双方一致同意将会展业合作补充列入CEPA贸易投资便利化的产业合作领域。"2007年CEPA补充协议四进一步承诺："内地支持和配合澳门举办大型国际会议和展览会。"这些条文为澳门的会展业进入内地市场提供了便利。总体而言，CEPA的实施有利于推动澳门成为"中葡商贸合作服务平台"。事实上，近年来澳门作为"中葡商贸合作服务平台"的发展，也是首先从会展业开始起步的。2009年，澳门会展业在CEPA框架下先后在重庆、上海、北京等内地城市举办"活力澳门推广周"，有力地拓展了澳门作为区域平台的辐射范围。此后，澳门会展业得到了快速的发展（见表4）。

表4　2009—2012年澳门会展业发展概况

年份	2009	2010	2011	2012
会议（项）	1 159	1 342	994	961
会议与会人次（人）	118 169	149 832	110 771	123 028

年份	2009	2010	2011	2012
会议平均会期（日）	1.98	2.38	2.00	2.00*
展览（次）	56	7	51	61
展览入场人次（人）	454 515	656 303	1 167 283	1 489 933
展览平均会期（日）	3.11	4.30	3.50	3.50*

注：＊为2012年第四季度数据。

数据来源：澳门统计暨普查局网站《会议及展览统计（2009—2012年)》。

CEPA还推动了澳门物流运输业、地产建筑业等服务业的发展。据统计，自2004年CEPA正式实施至2012年底，澳门特区政府共向澳门符合申请条件的企业签发出432张"澳门服务提供商证明书"。其中，属于物流服务提供商的包括货代服务、物流服务、仓储服务、运输服务、公路卡车和汽车货运，以及集装箱堆场服务，约占总数的70%。另外，还包括房地产服务与建筑及相关工程服务的广告服务、管理咨询服务和法律服务等专业服务。在CEPA的带动下，内地与澳门投资活动继续保持良好发展。据统计，目前澳门累计在内地投资企业1.3万家，实际投入资金近110亿美元；内地在澳门累计实际投资超过30亿美元。这些投资为澳门多元产业的发展提供了坚实的基础。

此外，CEPA允许澳门服务提供商以个体工商户形式运作，突破了服务业经营模式，为澳门中小型服务业提供了崭新的投资主体。根据国家商务部的统计，截至2013年6月底，澳门在内地注册登记的个体工商户已达到800户，主要经营零售、餐饮、美容保健等；开设的地点也从以前相对集中于珠海、广州扩散至珠江西岸的中山、江门、佛山以及东岸的深圳、东莞等地。

（三）在CEPA框架下粤澳跨境基础设施建设和通关便利化取得良好进展

CEPA实施以来，粤澳两地的通关便利化取得了明显的进展，特别是两地实行统一报关单据，大大降低了企业的通关交易成本。海关的单证互认亦已取得共识，正在落实之中。在贸易方面，两地政府加强了经济信息的相互通报。CEPA补充协议六提出：进一步加强知识产权保护领域内有关两地商标领域的交流与合作，由国家工商行政管理总局与澳门经济局建立联络机制，加强两地在商标领域的信息交流，增加两地企业对双方商标注册制度的认识及加强两地在人员培训方面的合作。而在补充协议七中，内地和澳门新增教育合作，使贸易投资便利化的合作领域增至10项；在补充协议八中指出，内地和澳门深化四大合作领域，包括商品检验、电子商务、知识产权保护和创新科技产业领域。其中，商品检验方面，包括鼓励内地符合资格的专业检验检疫机构在澳门设立分支机构，加强两地化验所的技术合作以及研究为内地自澳门进口货物设立预检制度；对澳门输往内地的传统食品、葡萄酒等商品在准入条件、检验检测和通关方面给予便利措施，指定珠海出入境检验检疫局对进口澳门产品实施预检；在电子商务合作方面，增加推进粤澳两地开展电子签名证书互认试点应用；成立工作组，提出两地证书互认的框架性意见。

三、粤港澳服务贸易自由化与澳门服务业发展

（一）广东对港澳开放的新形势：服务贸易自由化

CEPA 的实施为澳门工商界提供了新方向和商机，为澳门经济发展注入新动力，为适度多元化创造条件。当然，亦应该指出，由于 CEPA 开放服务业的门槛仍然过高，以及澳门企业规模和竞争力有限等种种原因，CEPA 对澳门经济适度多元化的影响尚未得到有效发挥。正因为此，国家于 2008 年起开始实施 CEPA 在广东"先行先试"的制度安排。2011 年，国家又提出到"十二五"期末，基本实现内地和澳门服务贸易基本自由化的目标。其中，广东将争取到 2014 年底率先实现粤港澳服务贸易自由化。根据《广东省人民政府关于加快发展服务贸易的意见》，广东省政府积极推进实施粤港澳服务贸易自由化的重点包括：推进粤港澳金融服务贸易发展；深化粤港澳商贸服务业合作；促进粤港澳专业服务业合作；提高粤港澳科技文化服务合作水平；加强粤港澳社会公共服务合作；打造粤港澳现代航运服务聚集区等。

值得重视的是，2013 年，国务院批准设立中国（上海）自由贸易试验区（简称"上海自由贸易区"），范围涵盖上海市外高桥保税区、外高桥保税物流园区、洋山保税港区和上海浦东机场综合保税区 4 个海关特殊监管区域，总面积达 28.78 平方公里。国务院常务会议在通过上海自贸区方案时明确表示：要"形成可复制、可推广的经验"。其后，全国各地掀起了一股自贸区热浪，加入申报自贸区战团的城市包括天津、重庆、福建厦门、浙江舟山。国务院批准设立上海自贸区，令广东的南沙、前海、横琴

三大国家级新区的压力骤然上升。在这种背景下，2013 年 8 月 28 日，广东省省长朱小丹表示，南沙、前海、横琴都被列入国家发展战略层面"十二五"规划之中，是粤港澳合作的 3 个最重要的平台，广东省政府已正式向国务院申报，南沙、前海、横琴将申请设立国家自由贸易区①，定位为"粤港澳自由贸易区"。

根据初步方案，广东版自贸区的定位将锁定粤港澳合作，范围将涵盖南沙、前海、横琴以及白云空港区域。其中，前海因空间太小，产业选择有突出的轻型化倾向，主要发展金融业、现代物流业、信息和科技服务，以及一些专业服务、公共服务，重点是金融业。横琴的重点是在服务贸易自由化方面。横琴立足区位优势和澳门协同发展，一方面对接澳门的优势资源以延伸发展新的产业，协助澳门实现经济发展的适度多元化，比如联手发展旅游休闲业、商务会展产业、中医药产业等；另一方面也要发挥珠海自身的资源、政策优势，发展一些高端产业。港珠澳大桥建成后，粤港澳的联系将更紧密，贸易往来会加强，人民币、港元、美元流通都可以利用横琴这个融资平台。而南沙主要着眼于货物贸易自由化方面。

（二）新形势下澳门发展现代服务业的策略重点

在新的历史时期和新的制度环境下，澳门应与时俱进，积极加强与广东的区域合作，联合向中央争取按照澳门的实际情况在 CEPA "先行先试"框架下进一步开放服务业，加快粤港澳服务贸易自由化进程，积极参与粤港澳自由贸易区的申请和建设，加快服务业进入内地的步伐，为澳门现代服务的发展，拓展更大的空间。当前的策略重点是：

第一，积极争取在 CEPA "先行先试"框架下，对澳门重点扶持产业如会展业，以及有发展潜质产业如金融业等，在广东进一步开放，并落实开放措施。

在澳门经济适度多元化进程中，会展业的发展具有举足轻重的战略价值，是需要澳门特区政府重点扶持的服务行业，建议澳门特区政府向中央政府争取将会展业作为 CEPA "先行先试"的重点突破行业。在 CEPA 框架下，澳门会展业在广东"先行先试"的突破口应集中在三个方面：一是

---

① 自由贸易区（Free Trade Area）有广义和狭义之分：广义的自由贸易区是指两个或两个以上的国家或地区或单独关税区组成的区内取消关税和其他非关税限制，区外实行保护贸易的特殊经济区域或经济集团。如北美自由贸易区（包括美国、加拿大、墨西哥）、东盟自由贸易区（包括东盟 10 国）等。狭义的自由贸易区，是指在一个国家或单独关税区内设立的用栅栏隔离、置于海关管辖之外的特殊经济区域，区内允许外国船舶自由进出，外国货物免税进口，取消对进口货物的配额管制，是自由港的进一步延伸，如德国汉堡自由贸易区。

落实执行已开放的措施，通过便利化措施使双方的合作能够真正展开。这些措施包括设立人员及展品便利通关制度（绿色通道）；对参与经澳门特区政府或行业商会认可之会展活动发出的会展商务签证，加快及简化其办理手续等。二是加强政府对会展企业的支持，包括鼓励国际大型会展在澳门举办；协助澳门组展公司竞投国际会展项目；在澳门举办的会展经澳门特区政府审批后提请内地政府有关主管部门为支持机构。三是制定粤澳会展业合作总体发展规划，研究确定双方如何错位发展，扩大合作办展、相互参展参会、缔结"伙伴展会"的合作范围，以及推行一站多程的巡回会展；国内的巡回展览与会议（如展中展等），当题材与时机与澳门切合时，可以请国家相关部门支持，移师到澳门举行。

目前，澳门主要注册银行的资产规模与 CEPA 框架下 60 亿美元的门槛规定尚有相当大的距离，这制约了粤澳两地金融业的合作。目前，CEPA 补充协议九已明确规定：考虑到澳门银行参与横琴发展的业务需要，在横琴开设银行分行或法人机构的澳门银行年末总资产要求从 60 亿美元降至 40 亿美元。考虑到澳门与广东珠江西岸地区的密切经济联系，建议将此条款从横琴新区进一步开放到珠江西岸的珠海、中山和江门三市。同时，允许澳门银行在广东境内设立小区银行、村镇银行等新型金融机构，让澳门银行能够拓展其经营空间，使其庞大资金有一个更好的出路，这对广东珠三角地区，特别是珠江西岸地区经济发展也有积极的推动作用。

第二，以旅游休闲业、物流运输业、教育培训和人才合作、医疗卫生和环境保护等产业为重点，积极推进粤澳服务贸易自由化。

在旅游休闲业方面，要大力促进旅游签证及通关便利化；促进粤港澳三地游艇、邮轮业务发展，支持游艇行业开展进口游艇租赁业务；积极探索粤港、粤澳游艇出入境便利化措施，开展"两地牌一证通"政策试点，以推动澳门、香港与珠海横琴、广州南沙等地的旅游休闲业，特别是游艇、邮轮旅游业的合作和发展。

在物流运输业方面，积极推动粤澳交通运输合作与发展，实现粤港、粤澳跨境出行"一卡通"；探索开展粤澳跨境甩挂运输试点等工作；利用海关会展和保税政策，支持建立"前展后仓""前展后贸"等新型展会模式。

在教育培训和人才合作方面，要深化和拓广粤澳高等教育合作；完善粤澳基础教育合作机制，鼓励和允许港澳服务提供商在深圳前海、珠海横琴设立外籍人员子女学校；推进粤澳职业教育培训、师资交流、技能竞赛等合作；加强粤澳人才合作，探索对在粤就业的港澳人才的签证居留、教育医疗、社会保险、便利通关、个人所得税等方面"先行先试"，并为境外人才薪酬汇兑提供便利。从而推动澳门的教育培训业向广东拓展、升级。

在医疗卫生和环境保护方面，要积极争取澳门服务提供商到广东办医和行医，简化粤港澳独资医院的审批程序；允许港澳地区环境保护服务提供商在广东从事环境污染治理设施运营服务和承担环境监测服务。

第三，以全面推进澳门与珠海横琴、广州南沙区域合作为重点，积极推进粤港澳自由贸易区的申报和建设。

广东把横琴、前海、南沙连成一线，与香港、澳门共同发展粤港澳自由贸易区，加上港珠澳大桥落成通车，将解决过往珠三角东西部发展不平衡的态势，并带动粤西地区、内地西南部省份的经济发展，同时可以连通东南亚，与中国—东盟自由贸易区接轨，与上海自由贸易区一起形成中国对外开放的全新格局。这样将形成贸易创造效应、市场扩张效应、促进竞争效应，从而大大加快粤港澳经济一体化的进程，提高其国际竞争力。目前，香港大珠三角商务委员会主席冯国经在一个论坛上就公开表示，粤港澳自由贸易区将可发展成为具竞争力，且达世界水平的贸易区。这对澳门经济适度多元化发展将产生正面效应。

根据《横琴总体发展规划》《粤澳合作框架协议》，以及国务院对横琴政策的批复，横琴新区已完全具备自由贸易区的制度安排。粤港澳自由贸易区的建设将进一步推动相关制度、政策的落实、深化，加大对香港、澳门特别是澳门开放的力度和水平，包括落实粤澳合作开发横琴的制度安排和推进"五平方公里"粤澳合作产业园区的建设。在粤港澳自由贸易区的框架下，广东可以考虑率先在横琴新区对港澳服务企业全面开放，实行"国民待遇"。对所有进入横琴的中资与澳资实行同一标准，以便有利于加强粤澳两地的联合开发。粤港澳自由贸易区的范围涵盖了横琴、南沙两大粤澳合作平台，并且将实施类似港澳地区的自由贸易制度，这使近年来快速发展的澳门投资者和企业有了更大的发展空间。澳门企业可以通过组成财团或者"以大带小"的形式到横琴、南沙发展，解决澳门土地、劳动力等资源短缺的瓶颈。

（三）澳门特区政府应在区域合作中承担更积极的角色

面对中国改革开放的新格局，澳门特区政府应该在区域合作中担任更积极的角色，包括更积极发挥澳门投资有限公司的带动作用，带动澳门投资者参与粤澳合作产业园区以及南沙的区域合作。澳门社会各界和企业也要有国际视野和创新思维，以开放态度，积极、主动地去探索参与横琴、南沙开发的各种可能性，筹组各种财团积极参与横琴、南沙开发，以分享开发的红利。对澳门企业来说，参与横琴、南沙开发，是澳门企业参与区域经济合作，参与跨境结盟、跨境经营（与跨国公司、香港公司和广东公司合作）的难得机遇，也是澳门企业提升素质、扩大经营规模、取得快速发展的良机。

（原文发表于澳门《澳门研究》，2013 年第 4 期，作者为冯邦彦、彭微）

横琴开发与澳门企业的发展商机

一、横琴开发背景：澳门经济适度多元化

2002年博彩专营权开放和2003年中央对内地居民开放港澳"自由行"以来，随着博彩业的高速发展，澳门的经济总量大幅攀升，到2012年达到3 482.16亿澳门元，比1999年的472.87亿澳门元大幅增长了6.36倍，年均实质经济增长率高达16.6%。不过，澳门经济在取得历史以来最快速发展的同时，经济结构的一些深层次问题也逐渐凸显，主要表现为博彩业"一业独大"的态势凸显，博彩业对其他产业和中小企业的"挤出效应"凸显。这对澳门经济的长期繁荣稳定和可持续发展构成了隐患和风险，并可能成为经济社会发展中矛盾激化的一些潜在威胁。

有鉴于此，国家"十一五"规划明确提出要"促进澳门经济适度多元发展"①；国家"十二五"规划更明确指出："支持澳门推动经济适度多元化，加快发展休闲旅游、会展商务、中医药、教育服务、文化创意等产业"，"支持澳门建设世界旅游休闲中心，加快建设中国与葡语国家商贸合作服务平台"。②而澳门特区政府为推动经济适度多元化发展，提出了一系列政策措施。根据澳门社会各界多年来的研究，我们认为，从澳门经济的长远定位（"一个中心、一个平台"）出发，澳门经济适度多元化发展路向，可以循以下四个方向推进：第一，主导产业的垂直多元化，推动旅游博彩业向旅游休闲业发展③；第二，围绕"中葡商贸合作服务平台"的建设，大力培养和发展现代服务业，推动经济横向多元化发展④；第三，积极参与横琴开发，实现横琴与澳门产业的对接和错位发展，形成区域经济适度多元化；第四，借鉴新加坡经验，设立主权财富基金作为投资平台，通过向周边地区的投资，来推动经济适度多元化。

---

① 参阅《中华人民共和国国民经济和社会发展第十一个五年规划纲要》，2005年。
② 参阅《中华人民共和国国民经济和社会发展第十二个五年规划纲要》，2011年。
③ 参阅澳门经济学会《澳门博彩旅游业垂直多元化研究》，第52－92页。
④ 参阅澳门发展策略研究中心《CEPA先行先试，培育澳门现代服务业》，第9－24页。

由此可见，在澳门经济适度多元化发展中，横琴开发具有举足轻重的战略意义。横琴位于珠海南部、澳门西侧，地处"一国两制"的交汇点，具有极为优越的区位优势和宝贵的生态资源，对澳门来说是一块极具战略价值的"风水宝地"。2009年初，国务院颁布的《珠江三角洲地区改革发展规划纲要（2008—2020年）》（以下简称《规划纲要》）指出："规划建设……珠海横琴新区、珠澳跨境合作区等改造区域，作为加强与港澳服务业、高新技术产业等方面合作的载体。"① 同年6月24日，国务院常务会议原则通过《横琴总体发展规划》（以下简称《发展规划》）。6月27日，全国人民代表大会常务委员会通过《关于授权澳门特别行政区对设在横琴岛的澳门大学新校区实施管辖的决定》，授权澳门对设在横琴的澳门大学新校区实施管辖。

2010年3月6日，广东省政府和澳门特区政府在北京签署了《粤澳合作框架协议》（以下简称《框架协议》），确立了合作开发横琴、产业协同发展等合作重点，提出了共建粤澳合作产业园区等一系列合作举措。4月19日，珠海市政府批复通过《横琴新区控制性详细规划》。横琴新区控制性详细规划的总面积达106.46平方公里，空间上仍采用"三片十区"结构，即商务服务片、休闲旅游片和科教研发片。交通上，以城际轨道连接珠三角城际轨道和澳门城市轨道，融入珠三角一小时生活圈。规划显示，从2009年到2015年，为横琴新区的近期建设阶段，目标是完成会议商展、口岸服务、综合服务、总部基地等主要功能组团的建设，初步形成分片区、组团式发展的城市空间结构，释放土地的潜在价值，形成完善的城市机能。2011年3月11日，横琴开发纳入国家"十二五"规划。同年7月14日，《国务院关于横琴开发有关政策的批复》正式下发，同意在珠海市横琴新区实行"比经济特区更加特殊的优惠政策"。至此，经过近20年的努力，横琴开发终于正式展开。

根据国务院批准实施的《发展规划》，横琴新区的发展定位是："以合作、创新和服务为主题，充分发挥横琴地处粤港澳结合部的优势，推进与港澳紧密合作、融合发展，逐步把横琴建设成为带动珠三角、服务港澳、率先发展的粤港澳紧密合作示范区。"具体包括以下三方面：①"一国两制"下探索粤港澳合作新模式的示范区；②深化改革开放和科技创新的先行区；③促进珠江口西岸地区产业升级的新平台。② 从横琴的"粤港澳紧

---

① 参阅国家发展和改革委员会《珠江三角洲地区改革发展规划纲要（2008—2020年）》，2008年12月。

② 参阅广东省人民政府发展和改革委员会《横琴总体发展规划》，2009年8月。

密合作示范区"这一定位及三个具体方面来看，横琴的发展更强调与港澳，特别是澳门的"紧密合作"，而且更强调在经济方面的合作、融合。因此，在产业发展上，《发展规划》提出重点发展商务服务、休闲旅游、科教研发和高新技术四大产业。其后，在国务院对横琴开发有关政策的批复中，将横琴的产业发展明确规定为旅游休闲、商务服务、金融服务、文化创意、中医保健、科教研发和高新技术七大产业，以配合澳门经济适度多元化发展，共同建设"世界旅游休闲中心"和"中葡商贸合作服务平台"。

根据《发展规划》，横琴新区实行"比特区还要特殊"的政策，具体包括：将横琴 1.092 6 平方公里土地以租赁方式租借给澳门，作为澳门大学横琴新校区；将横琴纳入珠海经济特区范围；创新通关制度，实施"分线管理"的通关政策；鼓励金融创新；实行更开放的产业和信息化政策；创新土地管理方式，增强政府对土地供应的调控能力等。这些制度创新的实质，就是要借鉴港澳在对外开放方面的制度经验，构建类似国际上通行的"自由港"制度。这为横琴发展成为粤港澳紧密合作示范区提供了坚实的制度基础。

值得重视的是，《框架协议》还为澳门参与横琴开发提供了明确的制度安排。该协议对澳门在横琴开发中的角色作了明确界定：横琴开发是"合作开发"，是"共同参与"，借此"探索粤澳合作新模式"。《框架协议》规定：珠海发挥横琴开发主体作用，探索体制机制创新，推动规划实施和政策落实。澳门特区政府研究采取多种措施，从资金、人才、产业等方面全面参与横琴开发。根据协议，珠海将联合澳门开展招商引资，不断拓展国际市场空间；加强与澳门在社会管理与公共服务等方面的对接，研究制定澳门居民跨境就业、生活的相关政策。澳门将重点建设粤澳合作产业园区和旅游休闲等相关项目，并积极研究制定澳门居民跨境就业、生活的社会福利安排等配套政策。粤澳两地还将建立粤澳合作开发横琴协调机制，对横琴开发重大问题提出政策建议，支持横琴新区就具体合作项目与澳门特区政府有关部门直接沟通。因此，横琴成为澳门参与区域合作的首选和第一站。

二、横琴产业发展及大项目建设中澳门企业的发展商机

（一）横琴开发取得的新进展："三年大变化"

目前，横琴的基础设施建设已取得重大进展。首条长达 7.64 公里的双

向 8 车道交通大动脉——环岛东路基本贯通,这条连通长隆、进出横琴的咽喉要道,不仅能为横琴新区东部产业带提供全方位配套服务,还成为横琴其他市政基础道路建设的示范和标杆。横琴以 BT 模式克服资金瓶颈,全面启动全国单次投入最大的市政基础设施项目。总投资 1 750 亿元的 41 个重点落地项目加紧建设,全岛主干路网、桥梁隧道、人工岛、横琴二桥、金海大桥等大型交通基础设施建设在稳步推进。

与此同时,横琴新区引进的龙头项目建设也取得了突破性进展:投资约 100 亿澳门元、占地 1.092 6 平方公里、建筑面积约 94 万平方米的澳门大学横琴新校区主体工程于 2009 年 12 月 20 日奠基动工,经过三年建设已完工移交;1.5 公里长的海底隧道工程已经完成,澳门大学学生可直达横琴新校区。长隆国际海洋度假区由广东长隆集团投资兴建,将建成集主题公园、豪华酒店、商务会展、旅游购物、体育休闲等于一体的世界级大型综合主题旅游度假区,打造“中国的奥兰多”。目前,长隆国际海洋度假区首期各建筑结构已全部封顶,大部分游乐设备、海洋动物已运抵现场,长隆国际海洋度假区首期即将开业。十字门中央商务区横琴片区主干路路基逐步成型,金融产业服务基地一期项目顺利建成,口岸服务区 5 个现代服务业项目正加快推进基坑施工。2013 年 1 月 28 日,金融产业服务基地配套设施完成测试,28 家金融机构随即开业。据统计,过去三年间,横琴新区出让 3.29 平方公里土地,换来总投资 705 亿元的 18 个已落地产业项目,平均每平方公里投资强度达 214 亿元。此外,总投资超 1 750 亿元的 41 个重点项目顺利推进,固定资产投资从 2009 年的 19 亿人民币,跃升到 2012 年的 166 亿人民币,预计 2013 年将达到 200 亿人民币。

目前,横琴开发已完成“三年大变化”的目标,正向“五年成规模”的目标迈进。在开发政策方面,《横琴产业发展促进目录》已经通过,《横琴产业优惠目录》及相关税收优惠政策有了突破性进展。海关总署正广泛征求意见,制定“横琴与澳门之间一线放宽、横琴与内地二线管住”的分线管理特殊通关实施办法。国家赋予横琴特殊的税收优惠政策,对横琴新区内符合条件的企业减按 15% 的优惠税率征收企业所得税。这是全国统一实施 25% 企业所得税后,东部沿海发达地区第一个享受税收优惠的特殊区域。此外,横琴新区在体制创新、探索粤港澳合作的新路径等方面也实现了重大突破:全国第一个商事登记制度在横琴实施,全国第一个廉政办公室在横琴挂牌,粤澳合作产业园区加快发展,通关、税收等方面“比经济特区更加特殊的优惠政策”正在逐步落实。这为横琴的长远发展打下了基础。

（二）横琴产业发展和重大项目建设中澳门企业的发展商机

目前，横琴开发的商机已引起澳门社会各界特别是工商业的广泛兴趣，澳门社会各界积极参与横琴开发的愿望日渐高涨。从目前的情况看，在横琴产业发展和重大项目建设中，澳门企业的发展商机主要表现在以下领域：

1. 旅游休闲业

从发展商机来看，旅游休闲业是横琴最具发展条件的优势产业。除了长隆国际海洋度假区项目，横琴还将整合现有旅游资源，发展高质量休闲度假项目，包括高档度假酒店、疗养中心、游艇俱乐部等海岛旅游精品项目。在横琴开发过程中，酒店业特别是高档酒店将是最热门的投资项目之一。在长隆国际海洋度假区和十字门中央商务区两大项目建设中，均有高档酒店项目的投资兴建。根据澳门的经验，高档次的综合性酒店的进驻，将带动酒店上下游业务的发展，带动包括高档零售商场、珠宝、手信、会展、表演、仓储、物流等相关行业的繁荣，还会延伸出顶级走秀、娱乐、展会、赛事等，从而把澳门的博彩旅游与横琴的休闲旅游有机地结合起来。在这方面，澳门拥有运营拓展旅游及娱乐产业的丰富经验，具有相当的投资能力和投资眼光。

横琴发展旅游休闲业将把港澳游的庞大客源吸引到横琴，这些游客所带来的巨大购买力可以催生横琴新区的零售商业，并逐渐形成大规模的购物中心或商业街，吸引珠三角地区居民为购物而休闲旅游。旅游休闲业的发展还将带动餐饮业的繁荣，包括为酒店配套服务的高档食肆、特色餐饮店以及美食街等，这些都将给澳门的投资者和业者提供可观的投资机会。

2. 商务会展业

商务会展业是横琴重点发展的另一产业，目前起步发展的是十字门中央商务区项目的建设。十字门中央商务区位于珠海湾仔城区和横琴新区的中心，占地面积约 5.77 平方公里，规划总建筑面积 1 100 万平方米，总投资超过 1 000 亿人民币，开发时间为 15～20 年。根据负责建设的中标公司 HOK 国际公司的规划方案，十字门中央商务区将发展成为一个国际化、滨水生态型现代服务业聚集平台，重点发展金融保险、商务服务、商业贸易、会议展览等产业。全区分为五大组团，首期发展珠海南湾会展商务组团，主要发展会展商务组团及商务配套等功能。该区的核心是商务中心组团，位于横琴东北角新开辟的人工岛上，是横琴的"岛中岛"，通过五座桥梁和周边相连，占地面积约 120 万平方米，将集中发展金融服务、高端商务办公及相关配套产业。

在商务会展业发展方面，澳门与横琴优势互补，合作潜力大。十字门中央商务区的建设，为双方合作提供了发展平台。当然，两地会展业必须错位发展，形成互补。例如，澳门可以会议为主、展览为辅，澳门的展览可以消费品展览为主，而一些澳门做不了的展览，如航空展览、重工业展览、游艇展览、印刷机展览等，可重点在横琴发展，而相关的会议则可安排在澳门。横琴可发展为配合澳门会展业发展的会展后勤基地和仓储中心，以有效降低澳门的办展成本。此外，澳门要发展成为"中葡商贸合作服务平台"，横琴可配合发展葡语国家产品展示和展览中心，将葡语国家的产品，如葡萄牙的红酒、罐头、软木塞，巴西的咖啡，西班牙的瓷砖等，推销到内地广阔的市场。这些有潜质的发展项目，都将会为澳门的商务会展界的投资者带来一系列发展商机。

3. 教育培训产业

《发展规划》强调：要将横琴建设成为珠江口西岸的地区性科教研发平台，要依托港澳科技教育资源优势和内地人才资源，加强粤港澳三地的科技合作与交流，重点发展研发设计、教育培训、文化创意等产业，将横琴建设成为服务港澳、服务全国的区域创新平台。在教育培训产业发展上，要吸引香港、澳门在横琴办学，建立以高端专业人才、技术人才培训和普通高等教育为主的教育培训园区。横琴科教研发产业的发展，无疑将有利于满足粤港澳产业的转型升级，特别是澳门经济适度多元化的人才需求。

值得指出的是，澳门的旅游教育和相关职业培训实际上已达到国际水平。它有两个显著的特点：一是国际性，教育培训均与国际接轨；二是实操性。另外，澳门的葡语人才培训在国内也占有领先的优势。因此，澳门与横琴应加强在教育培训等方面的合作，推动澳门的职业培训机构在横琴粤澳合作产业园区设立职业教育实习实训基地。可以先从旅游教育和培训、葡语人才培训等方面起步，为珠三角的旅游管理人员和高技能人才提供职业教育培训服务，打造粤澳旅游职业教育培训基地。澳门和葡语国家有着广泛的历史联系，而澳门"中葡商贸合作服务平台"的发展定位，将推动澳门对葡语人才的需求。因此，澳门高等院校和教育培训界的投资者，可考虑争取在横琴设立分校、分院/系，或采用合办等方式在横琴设立葡语学院或中葡双语培训中心，推动教育培训业在横琴的合作发展。

4. 金融业

中央授权横琴制度创新的五大政策之一是金融创新。据广东及珠海方面的介绍，横琴新区金融创新的最终目的，是要以横琴岛为主体，构建粤港澳金融合作新平台，把横琴建设成为广东和香港、澳门共建的粤港澳金融更紧密合作区、粤港澳金融共同市场试验区的"金融特区"。"金融特区"的制度创新，将包括降低门槛以吸引港澳金融机构上岛发展，特别是港澳地区的一些金融产品到横琴来进行试验；设立人民币产业基金、发行人民币债券、设立离岸金融；探索建立连接珠三角和港澳资本市场的多层次资本市场，立足私募股权投资，发展跨境直投型资本市场和多币种股权转让市场，按照有关管理办法设立横琴股权（产业）投资基金；研究建设面向珠三角的金融资产交易市场和促进粤港澳金融合作的横琴国际金融研究院等。

面对横琴金融业发展的庞大商机，具有一定实力并且在近年来获得快速发展的澳门金融业也正跃跃欲试，希望在横琴开发中分享红利。目前，CEPA 补充协议九中已明确规定，考虑到澳门银行参与横琴发展的业务需要，同意在横琴开设银行分行或法人机构的澳门银行年末总资产要求从 60 亿美元降至 40 亿美元。因此，澳门的金融机构将可以更便捷地进入横琴，从而为横琴开发推广更多服务，并借此发展壮大。

5. 城市建设与地产建筑业

目前，珠海中心城区的开发已日益饱和，南屏板块开发亦逐渐成熟，湾仔板块在十字门中央商务区的开发带动下，将成为近期的开发热点。未来，从湾仔至横琴这个区域有望成为珠海的商务中心区域。可以预料，随着横琴开发的展开，横琴的房地产发展，无论是旅游地产、商业地产甚至是住宅地产都具有广阔的发展空间。目前，澳门企业已开始进入这一领域以分享横琴发展的红利。2012 年 12 月，澳门励盈投资有限公司以 2.5 亿人民币拍得横琴口岸附近面积约 3 万平方米的商业用地，计划投资 16 亿人民币打造具有南欧特色的高级商业中心，包括购物广场、餐饮、零售以及地下停车场等内容。2013 年 7 月，横琴新区推出了两幅包含办公、酒店、商业、商务公寓功能的向港澳企业定向拍卖的综合用地，其中一幅位于横琴口岸广场旁，占地 2 万多平方米，被何鸿燊旗下的信德集团以 7.21 亿人民币投得，另一幅地则由灏怡有限公司以 7.2 亿人民币投得。地产业已成为澳门企业率先进入的行业之一。

三、横琴粤澳合作产业园区建设中澳门企业的发展商机

（一）横琴粤澳合作产业园区：澳门企业参与横琴开发的有效平台

过去三年来，尽管横琴开发取得了瞩目的进展，但是澳门企业特别是

中小企业参与横琴开发的并不多。究其原因，主要是横琴高标准的产业规划及企业进入门槛与澳门中小企业的实力之间存在很大的差距。横琴新区管委会主任牛敬表示，横琴新区坚持"生态优先、规划先行、基础快上、项目慎选、科学发展"的开发策略。在面积 106 平方公里的横琴岛上，超过七成土地被列入禁建或限建区。余下 28 平方公里可开发的土地镶嵌在森林、湿地、海洋之间，由国际一流团队进行高规格设计。因此，横琴必须对开发强度提出较高要求以维持可持续发展，并配合发展高端服务业、高端制造业等高附加值产业的目标定位。在这种背景下，横琴开发首先瞄准的是跨国公司和上规模、上档次的大项目，这从三年来横琴新区平均每平方公里的投资强度达 214 亿元就可以反映出来。相比之下，目前澳门 4 万多家企业中，绝大部分是只有 10~20 人的微型企业、家族企业，实力有限且长期缺乏跨区、跨境经营或合作的经验，在与跨国公司的竞争中基本上处于下风，难以参与横琴开发。

为解决这一难题，《框架协议》规定："按照《横琴总体发展规划》要求，在横琴文化创意、科技研发和高新技术等功能区，共同建设粤澳合作产业园区，面积约 5 平方公里。"并将"共同建设粤澳合作中医药科技产业园，作为粤澳合作产业园区启动项目"，并且要"合作建设横琴文化创意区"，从而"将澳门区域商贸服务平台功能延伸到横琴，拓展澳门商贸服务业发展腹地"。通过这一制度安排，澳门企业在横琴获得了至少 5 平方公里的发展空间，可以重点发展澳门具相对比较优势的产业，从而改变澳门博彩业"一业独大"的产业结构，推进澳门经济适度多元化发展。据澳门贸易投资促进局主席张祖荣表示，截至 2013 年 6 月，贸易投资促进局已收到有意到横琴投资的意向共 53 个，主要涉及中医药、文化创意、旅游、教育培训等产业。澳门中小企业参与横琴开发终于迈出了可喜的一步。

（二）横琴粤澳合作产业园区近期发展重点与澳门企业的发展商机

根据横琴粤澳合作产业园区建设目标和发展阶段，近期将积极发展中医药科技产业园和中小企业产业园。不过，我们认为，文化创意产业园也应启动发展。这些产业园区的建设发展，将为澳门企业特别是中小企业带来发展商机。

1. 中医药科技产业园

目前，横琴粤澳合作产业园区中最早启动建设的是粤澳中医药科技产业园。该园区占地面积 50 万平方米，规划建筑面积 90 万平方米，计划将在 2020 年完成整体建设。负责粤澳中医药科技产业园建设、经营、运作以及管理的粤澳中医药科技产业园开发有限公司已完成内地全部行政审批程序，首期注册资金全部到位。2011 年 4 月 19 日，粤澳中医药科技产业园的基础建设正式启动，2012 年 5 月，园区内 50 万平方米的土地吹沙工程竣工。根据规划，中医药科技产业园的产业发展分为短、中、长三个目标。短期目标是首先建立国际级中药检测和认证中心，完善基础设施建设及企业孵化环境；中期目标将集中中医药养生保健、商务、会展、文化及物流于一体，打造国际健康产业集群基地；长期目标是云集国内外大型医药企业、科研机构及人才交流中心，成为国际级中医药质控基地和国际健康产业交流平台。

2013 年 7 月 5 日，中医药科技产业园在澳门贸易投资促进局商务促进中心举办首场项目推介会。澳门贸易投资促进局执行委员、粤澳中医药科技产业园开发有限公司董事长陈敬红表示，澳门工商界、医务界等多个领域的参与对粤澳合作建设中医药科技产业园是不可或缺的。澳门发展中医药有很好的民众基础和悠久的历史，镜湖医院早在 1841 年成立时就以提供中医药服务为主。澳门回归以来，澳门特区政府加强了对中医药研究和人才培训方面的支持，包括 2002 年澳门大学创办的中华医药研究院，并和澳门科技大学药物与健康应用研究所联合向国家申报成为国家重点实验室的伙伴试验室。目前，澳门提供中医药服务的机构包括澳门科技大学医院、政府卫生中心、镜湖医院以及一些慈善机构和约 200 家中医药诊所。澳门发展中医药产业已具备一定的基础。

横琴粤澳中医药科技产业园的建设发展，无疑将有利于澳门充分利用广东丰富的中医药资源、长期积累的科研成果和产品，充分发挥粤澳两地的资源优势和比较优势，共同推动中医药产业走向世界。早在园区启动建设前，澳门中医生协会会长彭向强就表示，中医药科技产业园若能实现，相信会吸引不少商人前来投资，并推动澳门中医药产业的发展，为澳门中医药质量评价和国际商业认证方面的发展提供机会。

2. 文化创意产业园

2010 年，珠海市市委常委、宣传部部长公开表示，文化产业合作是粤澳合作的最佳切入点。他提议，粤澳两地共同成立文化产业发展基金，合作开发横琴文化创意产业园，推动文化产业加快发展。我们认为，面对当前形势的发展，澳门特区政府应尽早启动横琴粤澳合作产业园区中文化创意产业园的建设。其开发模式可参照中医药科技产业园的股份制合作模式，由澳门特区政府（澳门投资发展股份有限公司）与珠海横琴新区和广东省政府的有关机构共同出资组成粤澳文化创意产业园开发有限公司,其中澳方以现金形式入股,占有 51% 的股权,并控制实际运营权。该产业园区占地 0.5 平方公里,所处地段最好与澳门大学横琴新校区相邻,以利于借助澳门大学的文化资源推动发展。粤澳双方仍以"共同规划、共同投资、共同经营、共享收益"的原则,推动文化创意产业园的发展。

文化创意产业园的产业发展重点,应配合澳门作为"世界旅游休闲中心"的特色定位。博彩业作为澳门主导产业,给澳门带来了发展繁荣。因此,澳门文化创意产业发展必须立足现实,在丰富休闲旅游的文化内涵、创新多样类型模式、满足多元化消费需求的基础上,构建以博彩业为主导的立体多元的产业体系,包括视觉艺术、影视制作、流行音乐、动漫、设计、广告、出版等。文化创意产业园的产业发展,也同样应以此为重点。这样既可配合澳门经济适度多元化发展,又有利于发挥澳门自身的比较优势。

建议由澳门特区政府筹建文化创意发展基金,鼓励和支持澳门企业与珠海横琴、广东省的同行共同组建财团,在文化创意产业园投资发展符合澳门文化创意产业方向的项目,利用横琴的发展空间加强培训创意人才,令创意人才集聚起来,形成文化创意中心。

3. 中小企业产业园

2012 年 5 月,时任广东省省长朱小丹在粤澳合作联席会议后与澳门行政长官崔世安的共同会见会中已明确宣布,粤澳双方即将在横琴建设澳门中小企业产业园。同期,横琴新区管委会主任牛敬表示,筹备中的横琴澳门中小企业产业园规划占地 3 万平方米,建筑面积 6 万平方米,横琴将通过澳门特区政府,选择素质较好、有经验、有实力的澳门中小企业进入。我们认为,面对澳门中小企业希望尽早进入横琴发展的诉求,澳门特区政府应尽早与横琴新区商议启动横琴澳门中小企业产业园的建设。根据横琴方面的说法,横琴澳门中小企业产业园规划占地 3 万平方米,建筑面积 6 万平方米。我们认为,这远不能满足澳门中小企业发展的需求。规划中的中小企业产业园占地面积 0.5 ~ 1 平方公里,或者可以考虑起步发展阶段为 0.5 平方公里,再根据发展需要逐步扩大。考虑到目前横琴发展的现实情况和澳门中小企业发展的需要,中小企业产业园的重点发展产业可以旅游休闲业、批发及零售业、商务会展业、物流运输业、教育培训业等为主。

横琴新区党委书记刘佳曾公开表示,横琴为澳门企业的进入准备了"做园区""进园区"和个人创业三种方式,让澳门企业可以通过不同的层次和管道参与横琴开发。其中,"做园区"即采取中医药科技产业园的股份制模式，由珠海（横琴）和澳门双方的投资机构共同成立开发公司，具体负责园区的开发。澳门企业以这种方式进入的难度较高，故只有少数企业可以这种方式进入横琴发展。"进园区"即澳门企业通过在产业园区注册企业、投得土地兴建物业或者以租赁物业的方式进入园区发展经营。这是澳门企业进驻园区最普遍的方式。有意进驻园区的澳门企业，其投资项目须向澳门贸易投资促进局申请，项目能否入园由澳门特区政府的横琴发展澳门项目评审委员会和横琴新区管委会审核决定。而个人创业，即澳门居民通过产业园区内的商业街等发展平台，以租赁方式经营特色商铺，出资几万元即可创业。

四、推动澳门企业参与横琴开发的政策思考

为了推动澳门企业参与横琴新区开发，促进澳门经济适度多元化发展，我们认为，当前应重视以下几个方面的政策推进：

第一，澳门特区政府以澳门投资公司为战略工具，加大对中小企业的政策扶持。

横琴开发及横琴粤澳合作产业园区的建设，对澳门经济适度多元化、澳门中小企业的发展乃至对澳门居民的生活，影响深远，意义重大。澳门特区政府有必要根据形势的发展，在政策制定、城市交通发展规划等各方面作出相应的战略部署和政策调整。当前的关键有两点：

其一，以澳门投资公司为战略工具，带动澳门企业参与横琴粤澳合作产业园区建设。2011年，澳门特区政府宣布筹组澳门投资发展股份有限公司（以下简称"澳门投资公司"）。该公司作为澳门方面参与建设、经营、管理横琴粤澳中医药科技产业园的澳方公司。澳门特区政府应在此基础上，根据横琴粤澳合作产业园区建设的需要，制订澳门投资公司的长远发展规划，循序渐进，分阶段、有计划地扩大澳门投资公司的资本规模。现阶段，澳门有不少企业有兴趣参与横琴新区开发。但是，澳门企业以中小企业为主体，如果由这些中小企业零散出击，难免分散实力、散乱无序，不利于投资。因此，澳门特区政府可以澳门投资公司为投资主体，在其辖下成立新的营运公司，并在澳门社会募集资金，在横琴粤澳合作产业园区寻找有利的项目发展，带动企业参与横琴开发。当然，前提条件是应提前制定管理制度和机制，制定严格的监管制度，包括行政运作、财务、政府财政支出的投放制度等。这种模式可最大限度地调动起澳门各方面参与横琴开发的积极性。

其二，加大对中小企业的扶持，带动澳门企业以各种形式参与横琴开发。澳门特区政府自 2003 年以来，相继为中小企业推出了免息财务援助的"中小企业援助计划"、为中小企业提供银行信贷保证和支持的"中小企业信用保证计划"、"中小企业专项信用保证计划"等政策支持。澳门特区政府应在此基础上，根据澳门中小企业的实际需要，进一步制定完善的金融财税扶持政策，建立长期有效的中小微企融资机制和多元化、多层次、多渠道的中小企业融资体系。澳门特区政府应通过政策引导企业参与横琴开发，为推动澳门中小企业参与大型项目的配套服务制定相应的倾斜政策，强化和增加部门处理或协助澳门企业参与区域投资相关事务的责任和职能，包括引资推介、简化行政手续等。此外，澳门特区政府在广泛动员澳门企业参与横琴开发的同时，要将最早收到的有关信息，以更快捷、更透明的方式传递给澳门工商界和社会各界，并加强对企业的相关引导、培训。

第二，积极推动建立横琴粤澳合作产业园区的协调机制。

考虑到横琴粤澳合作产业园区建设的成功与否，对于落实《框架协议》中关于粤澳合作开发横琴的重要意义，建议园区的组织架构借鉴苏州工业园的发展模式，在园区的开发公司之上，设立粤澳合作协调机制，该机制包括三个层面：

第一层面是粤澳两地政府联合协调理事会，理事会共同主席分别由广东省省长和澳门特区政府行政长官担任，负责协调横琴粤澳合作产业园区建设的重大问题，就横琴粤澳合作产业园区的总体发展思路和发展定位、发展阶段与建设目标，以及政府的角色定位等重大问题展开协商讨论。

第二层面是珠（横）澳双边协调委员会（或者可称为"横琴粤澳合作产业园的联席会议"），由珠海市市长（或横琴新区管委会主任）和澳门特区经济财政司司长共同主持，就横琴粤澳合作产业园区开发建设中的一系列具体问题，包括对开发模式、土地发展规划、企业进入门槛等进行具体协商。

第三层面是粤澳合作产业园区协调指导工作小组，由澳门贸易投资促进局和横琴新区产业发展局合作成立，负责澳门企业进入园区的具体协调、指导工作。

目前澳门企业进入横琴粤澳合作产业园区的程序，是澳门企业需先向澳门特区政府提交申请，再由澳门特区政府向横琴推荐，由横琴新区管委会负责项目的规划、功能、用地和环保等。澳门企业指出，在申请上受到粤方限制，澳门根本没有决定权，顶多是一个"收件者"或提供意见的角色，这并不符合《框架协议》精神。我们认为，澳门应尽快争取粤澳合作产业园区的话语权，至少应该有共同评审的权力，这才有利于园区的发展。

第三，适当降低横琴粤澳合作产业园区的企业准入门槛。

根据《发展规划》和《框架协议》的指导思想，横琴粤澳合作产业园区的制度安排，实质就是要解决横琴高标准的产业规划及企业进入门槛与澳门中小企业的实力之间存在的落差和矛盾，降低澳门企业进入的门槛高度，以保证澳门企业在横琴的发展空间。然而，从近来横琴新区公布的粤澳合作产业园区的企业进入门槛来看，该标准仍然过高。澳门商界人士普遍认为这些条件过于苛刻，能够满足以上条件的澳门企业为数甚少。有评论认为，有关方面为粤澳合作产业园区设立如此高的入园门槛，实际作用可能就是会将澳门企业"拒之园外"。横琴方面实际上也认为进入门槛偏高，横琴新区交流合作局局长刘扬表示，澳门中小企较难独力参与横琴发展项目，建议组成联营体一同参与项目评审。我们认为，目前粤澳合作产业园区的进入标准仍然偏离澳门企业的实际情况，不利于澳门企业参与横琴发展，也不利于推动澳门经济适度多元化，建议对此作进一步调整。

第四，全面落实、深化中央对横琴新区颁布的制度创新与政策措施。

2011年7月，国务院明确提出横琴要实行"比经济特区更加特殊的优惠政策"，并正式批复横琴开发有关的政策。其中，最大的亮点就是创新海关通关制度，实行"一线放宽，二线管住，人货分离，分类管理"的分线管理制度。2013年7月，海关总署出台《中华人民共和国海关对横琴新区监管办法（试行）》，分别从通关、监管、征税、保税、企业管理等方面作了阐述和规定。相信新海关通关模式实施后，在实际运行中还将遇到不少具体问题需要进一步解决。这些都需要中央有关部门和海关总署进一步深入贯彻落实国家制定的相关政策规定，制定具体实施办法，落实好各项优惠政策，及时研究解决实际工作遇到的新情况、新问题，进一步完善横琴新区的通关模式，为进入横琴的澳门企业创造良好的投资营商环境。

根据《国务院关于横琴开发有关政策的批复》，横琴将实施"比照港澳"的税收优惠政策，具体包括：15%企业所得税，专为港澳居民的个人所得税优惠，特殊的关税政策和特殊的流转税政策。这些特殊税收政策，对进入横琴的澳门企业至关重要。然而，据了解，截至目前横琴的产业准入及优惠目录还未出台，企业仍难以享受到这些税收优惠政策。有已进入横琴的企业反映，批复规定在横琴工作的香港、澳门居民涉及的个人所得税问题，暂由广东省政府按内地与港澳个人所得税负差额对港澳居民给予补贴，这对高端人才的进驻无疑有着极大的诱惑力。但直至现在具体的操作办法仍没有出台。目前，许多公司面临的普遍问题是如何为已引进的人才代扣代缴个税，因为港澳地区由个人按年度申报个税，而且有许多可以扣除的项目，而内地的税法规定由单位按月为员工代扣代缴，而且实行累进税率。有的公司引进的高端人才年薪百万人民币以上，如果按照目前内地的税法规定，他们适用的个税税率会很高，税负比较重。如果等政府补贴，不知要等到何时。这些具体问题，都需要及时得到解决。

（原文发表于澳门《澳门理工学报（人文社会科学版）》杂志，2014年第1期）

从合作开发横琴看澳门
参与区域合作的模式创新

一、粤澳合作开发横琴的背景与制度安排

1. 横琴开发背景：促进澳门经济适度多元化

横琴位于珠海南部、澳门西侧，地处"一国两制"的交汇点，具有极为优越的区位优势和宝贵的生态资源，对澳门来说是一块极具战略价值的"风水宝地"。横琴的总面积约是澳门的 2 倍，它将在很大程度上弥补澳门经济发展面临的众多问题，有效推动澳门经济适度多元化。因此，如何充分利用横琴来解决澳门发展空间的不足、促使产业功能延伸、促进澳门多元就业、改善澳门民生，是澳珠乃至澳粤经济合作的关键。

2005 年 9 月，温家宝总理在视察横琴时指示，要做好横琴的规划，争取最大的经济社会效益和生态效益。随后，为加快横琴开发，推进粤港澳紧密合作，支持澳门经济适度多元化发展，广东省政府组织编制了《横琴总体发展规划》（以下简称《发展规划》），几经易稿后于 2008 年 12 月上报国务院。2009 年初，国务院颁布的《珠江三角洲地区改革发展规划纲要（2008—2020 年）》（以下简称《规划纲要》）指出："规划建设……珠海横琴新区、珠澳跨境合作区等改造区域，作为加强与港澳服务业、高新技术产业等方面合作的载体。"

2009 年 1 月 10 日，时任中共中央政治局常委、国家副主席习近平在考察澳门期间宣布：中央政府已决定同意开发横琴，并将在开发过程中充分考虑澳门实现经济适度多元化发展的需要。同年 6 月 24 日，国务院常务会议原则通过《发展规划》，决定将横琴纳入珠海经济特区范围，对口岸设置和通关制度实行分线管理。6 月 27 日，全国人民代表大会常务委员会通过《关于授权澳门对设在横琴岛的澳门大学新校区实施管辖的决定》，授权澳门特别行政区对设在横琴的澳门大学新校区实施管辖。8 月 14 日，国务院正式批复《发展规划》。横琴新区成为继上海浦东新区、天津滨海

新区之后，第三个由国务院批准的国家级新区。

2010年3月6日，广东省政府和澳门特区政府在北京签署了《粤澳合作框架协议》(以下简称《框架协议》)，确立了合作开发横琴、产业协同发展等合作重点，提出了共建"五平方公里"横琴粤澳合作产业园区等一系列重要举措。4月19日，珠海市政府批复通过《横琴新区控制性详细规划》。

2011年3月11日，横琴开发纳入国家"十二五"规划。同年7月14日，《国务院关于横琴开发有关政策的批复》正式下发，同意在珠海市横琴新区实行"比经济特区更加特殊的优惠政策"。2012年1月，《珠海经济特区横琴新区条例》正式施行，该条例作为横琴新区的"基本法"，确立珠海主导横琴新区开发，理顺横琴新区管理体制，赋予横琴新区独立的"人、财、物"管理权，实行符合国际惯例的企业工商登记制度，打造与港澳法制互通互融的法治之区。可以说，20年来横琴的开发历程，是和推动澳门经济适度多元化、维持澳门经济社会的长期稳定繁荣紧密联系在一起的。

2. 粤澳合作开发横琴的制度安排

根据国务院批准实施的《发展规划》，横琴新区的发展定位是："以合作、创新和服务为主题，充分发挥横琴地处粤港澳结合部的优势，推进与港澳紧密合作、融合发展，逐步把横琴建设成为带动珠三角、服务港澳、率先发展的粤港澳紧密合作示范区。"具体包括以下三方面："一国两制"下探索粤港澳合作新模式的示范；深化改革开放和科技创新的先行区；促进珠江口西岸地区产业升级的新平台。

从横琴的"粤港澳紧密合作示范区"这一定位及三个具体方面来看，横琴的发展强调与港澳，特别是与澳门的"紧密合作"，更强调在经济方面的合作、融合。因此，在产业发展上，《发展规划》提出重点发展商务服务、休闲旅游、科教研发和高新技术四大产业，其后，在国务院对横琴开发有关政策的批复中，将横琴的产业发展明确规定为旅游休闲、商务服务、金融服务、文化创意、中医保健、科教研发和高新技术七大产业，以配合澳门经济适度多元化发展，共同建设"世界旅游休闲中心"和"中葡商贸合作服务平台"。

根据国务院批准实施的《发展规划》，横琴新区将实行"比特区还要特殊"的政策，从而创造出开发度最高、体制宽松度最大、创新空间最广的政策环境。这些政策具体包括：将横琴1.092 6平方公里土地以租赁方式租借给澳门，作为澳门大学横琴新校区；将横琴纳入珠海经济特区范围;创新通关制度,实施"分线管理"的通关政策;鼓励金融创新;实行更开放的产业和信息化政策等。岛内企业比照海关特殊监管区域的税收政策执行,实行境内一般区域外汇管理政策,但保税货物项下外汇管理比照海关特殊监管区域外汇管理政策执行。鼓励金融创新,即鼓励横琴在金融业务、金融机构准入、金融市场、金融产品等方面进行创新,拓展融资管道。包括设立横琴股权(产业)投资基金;开展金融产品和服务创新试点;开办知识产权、收益权、收费权和应收款质押融资,大力发展租赁融资;研究开展个人本外币兑换特许业务试点等。实行更开放的产业和信息化政策,就是支持设立服务外包园区,承接澳门、香港金融、物流等行业的后台服务;在 CEPA 总体框架下,允许国内电信运营商与澳门电信运营商合作,经营横琴增值电信业务。

这些制度创新的实质,就是要借鉴港澳在对外开放方面的制度经验,构建类似国际上通行的"自由港"制度。目前,广东省政府已根据中央的有关政策,出台了加快横琴开发的若干意见,珠海也出台了横琴新区条例。这些将为横琴发展成为"粤港澳紧密合作示范区"提供坚实的制度基础。

特别重要的是,《框架协议》还为澳门参与横琴开发提供了明确的制度安排。该协议对澳门在横琴开发中的角色作了明确界定:横琴开发是"合作开发",是"共同参与",借此"探索粤澳合作新模式"。《框架协议》还规定:澳门特区政府研究采取多种措施,从资金、人才、产业等方面全面参与横琴开发。根据协议,珠海将联合澳门开展招商引资,不断拓展国际市场空间;加强与澳门在社会管理与公共服务等方面对接,研究制定澳门居民跨境就业、生活的相关政策。澳门将重点建设粤澳合作产业园区和旅游休闲等相关项目,并积极研究制定澳门居民跨境就业、生活的社会福利安排等配套政策。粤澳两地还将建立粤澳合作开发横琴协调机制,对横琴开发重大问题提出政策建议,支持横琴新区就具体合作项目与澳门特区政府有关部门直接沟通。

二、横琴开发取得的进展与粤澳合作开发面临的困境

1. 横琴开发取得的新进展

作为国家批准的第一个"粤港澳紧密合作示范区",横琴新区经过 3 年的开发取得了瞩目的进展:2013 年 1 月 28 日,金融产业服务基地配套设施完成测试,28 家金融机构随即开业;澳门大学横琴新校区交付使用,

1.5 公里长的海底隧道工程收尾，澳门大学学生可直达横琴新校区；长隆国际海洋度假区即将开业；十字门中央商务区首期工程和横琴粤澳中医药科技产业园基础设施工程启动建设。成立三年，横琴新区出让了 3.29 平方公里土地，换来总投资 705 亿人民币的 18 个已落地产业项目，平均每平方公里投资强度达 214 亿人民币。此外，总投资超 1 750 亿元的 41 个重点项目顺利推进，固定资产投资从 2009 年的 19 亿人民币，跃升到 2012 年的 166 亿人民币，预计 2013 年将达到 200 亿人民币。固定资产投资总和将达 543 亿人民币，远超过去 30 年的总量，年均增长 105.2%；GDP 年均增长 73.9%。

横琴开发已基本完成"三年大变化"的目标，正向"五年成规模"的目标迈进。据了解，当前已有港企抢滩横琴发展文化创意产业，如丽新集团总投资约 180 亿人民币，在横琴文化创意产业区建"丽新星艺文创天地"；香港文化传信集团有限公司拟在横琴投资 100 亿港元，建设文传亚洲 3D 梦工厂项目。在开发政策方面，《横琴产业发展促进目录》已经通过，《横琴产业优惠目录》及相关税收优惠政策有了突破性进展；海关总署正广泛征求意见，制定"横琴与澳门之间一线放宽、横琴与内地二线管住"的分线管理特殊通关实施办法，并将于 2013 年底闭关运作。国家赋予横琴特殊的税收优惠政策，对横琴区内符合条件的企业减按 15% 的优惠税率征收企业所得税。这是全国统一实施 25% 企业所得税后，东部沿海发达地区第一个享受税收优惠的特殊区域。

2. 粤澳合作开发横琴面临的困境与存在的问题

三年来，尽管横琴开发取得了瞩目的进展，但是，横琴开发的初衷并未能实现，特别是《框架协议》所提出的粤澳合作开发横琴并未能取得实质性的推进。主要表现在：

第一，横琴高标准的产业规划及企业进入的高门槛，与澳门中小企业的实力之间存在很大的差距，导致澳门绝大部分企业难以参与横琴开发。

横琴新区管委会主任牛敬表示，和过去粗放型发展方式不同，横琴新区始终坚持"生态优先、规划先行、基础快上、项目慎选、科学发展"的开发策略。在面积 106 平方公里的横琴岛上，超过七成土地被列入禁建或限建区，余下 28 平方公里可开发的土地镶嵌在森林、湿地、海洋之间，由国际一流团队进行高规格设计。因此，横琴必须对开发强度提出较高要求以维持可持续发展，并配合发展高端服务业、高端制造业等高附加值产业的目标定位。在这种背景下，横琴开发首先瞄准的是国际跨国公司和上规模、上档次的大项目，这从三年来横琴新区平均每平方公里的投资强度达

214 亿元就可以看出来。

横琴开发，对粤澳两地经济具有巨大的发展红利，也给澳门资本和澳门企业乃至澳门市民带来新的发展空间和发展机遇。然而，横琴高标准的产业规划及企业进入的高门槛，与澳门企业特别是中小企业的实力之间存在很大的差距。目前，澳门4万多家企业中，绝大部分是只有10～20人的微型企业、家族企业，缺乏经验和管理能力，没有实力到横琴投资。澳门55万居民中，技术人才、专业人才、管理人才比较欠缺。澳门的中小型企业，实力有限且长期缺乏跨区、跨境经营或合作的经验，在与跨国公司的竞争中，基本上处于下风，难以参与横琴开发。在横琴开发上，中央及广东省政府也充分了解澳门企业在竞争中的弱势，提出以"同等澳门优先"的原则招商引资。但实际情况是，即使如此，澳门企业仍难以参与横琴的开发。

第二，从过去几年的实践看，横琴开发并未能有效推进澳门经济适度多元化发展。

虽然横琴瞄准的目标是世界性的企业，但根据《发展规划》，横琴开发的初衷却是推动澳门经济适度多元化发展。《发展规划》第一章"横琴开发的主要意义"列出三项意义，其第二项就是"有利于促进澳门经济适度多元发展和维护港澳地区长期繁荣稳定"，其中就有"有利于弥补港澳土地资源有限和劳动力相对短缺的劣势，为逐步改变澳门经济结构比较单一的问题提供新的空间"的表述。而《框架协议》也在"总则"中明确规定"拓展澳门经济适度多元发展新空间"。《国务院关于横琴开发有关政策的批复》更是全文贯穿着"深化改革开放、推进粤港澳更紧密合作、促进澳门经济适度多元发展和维护港澳地区长期繁荣稳定"的主线。

但是，从过去几年的实践看，横琴开发并未能有效推进澳门经济适度多元化发展。澳门有评论指出：中央政府给予横琴特殊优惠政策，目的之一就是方便澳门中小企业前往经营，推动澳门经济适度多元化。但似乎掌握横琴新区发展主导权的某些部门，或许是并未能准确领悟中央的精神，也许那种当年要与澳门竞争的残余心理仍未能完全消除，因而将建设横琴新区的重心放在十字门中心商务区，而对于澳门中小企业的呼声，则是能拖则拖，甚至对澳门中小企业进驻横琴设置了较高的门槛，不重视澳门中小企业的诉求，将之排在吸引大型项目之后，并对大型企业进驻横琴给予"特事特办"的政策优惠及效率待遇，实在是本末倒置。

面对澳门方面的担心，广东省省长朱小丹强调，横琴是粤澳合作的主要平台，为澳门经济适度多元提供新空间，双方对横琴开发充满期待；澳门居民可以放心，粤澳会加快开发，中央政策必会逐条落实到横琴开发建设中。

三、横琴粤澳合作产业园区开发模式的选择与粤澳双方的分歧

为了解决上述问题，《框架协议》在《发展规划》的基础上，对澳门在横琴开发中的角色作了明确界定：横琴开发是"合作开发"，是"共同参与"，借此"探索粤澳合作新模式"。《框架协议》提出粤澳合作开发横琴的有效平台："澳门特区政府……重点建设粤澳合作产业园区和旅游休闲等相关项目，并积极研究制定澳门居民跨境就业、生活的社会福利安排等配套政策。"《框架协议》还提出："按照《横琴总体发展规划》要求，在横琴文化创意、科技研发和高新技术等功能区，共同建设粤澳合作产业园区，面积约 5 平方公里。"

不过，对于 5 平方公里的横琴粤澳合作产业园区的开发模式，珠海与澳门方面存在明显的分歧。根据我们的研究，可供选择的横琴粤澳合作产业园区的合作开发模式主要有：澳门大学横琴校区模式（租赁制模式）、中医药科技产业园模式（股份制模式）、"以大带小"模式（企业主导型合作模式），以及苏州工业园合作模式（政府主导型合作模式）。

1. 租赁制：澳门大学横琴校区模式

2000 年，时任澳门行政长官的何厚铧向中央政府提出"租借"横琴岛或岛上部分土地，设立出口加工区及发展旅游娱乐事业，以作为澳门产业腹地。这是澳门大学横琴校区模式的最初起源。2009 年 6 月 27 日，全国人民代表大会常务委员会通过《关于授权澳门对设在横琴岛的澳门大学新校区实施管辖的决定》，授权澳门对设在横琴的澳门大学新校区实施管辖。澳门大学横琴新校区坐落于横琴口岸南岸，占地 1.092 6 平方公里。该幅土地由澳门特区政府以 12 亿澳门元的土地租金租用，租赁期由校区启用之日至 2049 年 12 月 19 日止，租赁期限届满，经批准还可以续期。澳门大学横琴新校区全部建成后采取封闭式管理，并将建有一条 24 小时全天候运作的隧道与澳门连接，师生、职员、澳门居民及访客可通过隧道便捷进出校园，无须办理边检手续，与进出校园无异。新校区将依照澳门法律实施管辖，实行隔离式管理。换言之，澳门大学横琴新校区将完全参照澳门的法律、制度进行管理，成为实施"一国两制"的新区域。

澳门大学横琴校区模式的实质，是以租赁制的形式，将横琴部分土地划归澳门管理、发展、经营，这无疑是过去 20 年来无数澳门人士憧憬的发展模式，对澳门的经济发展最为有利。不过，这一模式需要由全国人民代

表大会常务委员会授权，难度最大。

2. 股份制模式：中医药科技产业园模式

中医药科技产业园是横琴粤澳合作产业园区展开的首个合作项目。根据《发展规划》和《框架协议》的指导思想，2011年11月，粤澳双方分别由澳门投资发展股份有限公司与珠海大横琴投资有限公司共同出资组成粤澳中医药科技产业园开发有限公司，其中澳方将以现金形式投入6亿人民币，珠海以土地作价出资，注册资本为12亿人民币。双方股份比例分别为51%和49%，实际运营由澳方控股，利润分配则为澳方45%，珠海方55%。粤澳中医药科技产业园坐落在横琴新区高新技术片区，占地0.5平方公里，预计2020年完成整体建设。粤澳双方将以"共同规划、共同投资、共同经营、共享收益"的原则，推动中医药科技产业园的发展。该产业园将整合广东中医药医疗、教育、科研、产业的优势和澳门的科技能力和人才资源，吸引国内外大型医药企业总部在这里聚集，打造集中医医疗、养生保健、科技转化、健康精品研发、会展物流于一体的国际中医药产业基地，以及绿色地道药材及名优健康精品的国际交易平台。

中医药科技产业园模式的实质，是以股份制的模式，通过澳门和珠海两地政府牵头成立粤澳中医药科技产业园开发有限公司，作为园区开发运营主体。其中，澳门特区政府成立准主权财富基金——澳门投资发展股份有限公司，出资6亿人民币，并实际控制园区的营运。可以说，中医药科技产业园模式是现阶段横琴粤澳合作产业园区最可行的开发模式。但该模式对澳门来说，存在一定的风险，即一旦经营失利，将会导致政府资产损失。

3. 企业主导型合作模式："以大带小"模式

即采取大企业主导、小企业配合，或者大小企业结盟的发展模式参与横琴粤澳合作产业园区的开发。可考虑先由大发展商投资，把市场、大楼等建筑物做好后，再由发展商通过拍卖或者租赁等方式向中小企业招商，带动澳门中小企业进驻横琴；又或者可考虑采取大企业、大项目进入，上下游企业结盟跟进的形式展开；也可由澳门准主权财富基金——澳门投资发展股份有限公司直接出面竞拍横琴新区土地，对基础设施等进行投入、协助谋划发展思路和制定项目准入条件等，然后按照横琴新区的产业目录和项目准入要求，将地块分拆给符合条件的企业进行投资运作。

4. 政府主导型合作模式：苏州工业园合作模式

苏州工业园是中国和新加坡两国政府间重要的合作项目，是中国改革开放的重要窗口、国际合作的成功范例。园区管委会享有省一级的项目审批权限，管委会是苏州市人民政府的派遣机构。苏州工业园中新协调机制包括三个层面：第一层面是中新两国政府联合协调理事会，理事会共同主席分别由两国副总理担任，负责协调苏州工业园开发建设和借鉴新加坡经验工作中的重大问题；第二层面是中新双边工作委员会，由苏州市市长和新加坡裕廊镇管理局主席共同主持，就开发建设中的重要问题和借鉴新加坡经验工作进行协商；第三层面是借鉴机构，由苏州工业园借鉴新加坡经验办公室和新加坡贸易与工业部软件项目办公室负责日常联络工作。

中新两国合作的载体和苏州工业园早期主要的开发主体为中新苏州工业园区开发有限公司（CSSD），由中方财团和新方财团合资组建，1994 年 5 月和 8 月，分别经外济贸部和国家工商管理局批准成立。公司成立时投资总额为 1 亿美元，注册资本为 5 000 万美元，其中新方财团出资 3 250 万美元，占 65%，中方财团出资 1 750 万美元，占 35%。CSSD 设有股东大会、董事会和监事会。董事会包括薪酬与考核委员会、战略委员会、提名委员会、审计委员会。董事会下设总裁和董事会秘书。总裁下设办公室、规划建设部、招商部、审计处、财务部、企业发展部、证券部。CSSD 与园区管委会的沟通协调方面，主要是双方与相应部门的对接，如公司规划建设部负责与管委会规划局对接，招商部负责与管委会经发局及招商局对接等，双方协调比较高效。

苏州工业园合作模式最重要的特点是合作开发由政府主导，适合由两地政府共同推动的大规模的园区开发。由于该合作开发模式中，包括中央政府层次的介入，对推动园区的合作开发至为有利。若横琴粤澳合作产业园区为 5 平方公里的一块，最适合采取此开发模式。

四种开发模式的比较

开发模式	内容与特点	好处/风险/困难
澳门大学横琴校区模式	其实质是以租赁制的形式，将部分土地划归澳门管理、发展、经营	这是澳门人士憧憬的发展模式，对澳门的经济发展最为有利。不过，这一模式需要由全国人大常委会授权，难度最大
中医药科技产业园模式	其实质是以股份制的模式，通过两地政府牵头成立开发有限公司，以作为园区开发运营主体	是现阶段横琴粤澳合作产业园区最可行的开发模式；但该模式存在一定的风险，即一旦经营失利，将会导致政府资产损失

开发模式	内容与特点	好处/风险/困难
企业主导型合作模式	采取大企业主导、小企业配合，或者大小企业结盟的发展模式参与开发	有利于推动澳门企业转型升级，提高参与区域合作的竞争力。但由于澳门企业规模普遍较小，组合难度较大
政府主导型合作模式	合作开发由政府主导，适合由两地政府共同推动的大规模的园区开发	由于该合作开发模式中，包括中央政府层次的介入，对推动园区的合作开发至为有利。若横琴粤澳合作产业园区为 5 平方公里的一块，最适合采取此开发模式

可以说，上述四种模式中，以政府主导型合作模式最为有利。不过，由于《框架协议》并未对粤澳合作产业园区的形式、地点、建设时序、开发模式等具体细节提出方案，澳珠双方从各自立场提出对合作产业园区的认识，在沟通尚未充足及有效的情况下，导致两地政府层面目前对合作产业园区的认识并未完全统一。其中最大的分歧在于合作产业园区的用地范围和位置能否尽快明确。由此引发的争议包括：

第一，合作产业园区用地是否需要尽快落实。澳方希望尽快落实用地以便开展下一步的招商工作，以及部署园区建设方案；横琴方则认为招商项目宜根据产业规划入驻相应的产业功能区，在项目性质确定前难以落实产业园区的具体用地位置。

第二，合作产业园区的园区形式是分散的项目用地形式或是成片集中式的园区用地形式。澳方希望能预留成片的集中式用地，或是在文化创意、教育培训、旅游休闲等功能区预留相对集中的园区用地，并明确用地范围。横琴方则认为这些功能区目前尚有足够的用地，在项目未确定前难以落实具体用地形式。

第三，开发的模式。采用何种开发模式，引导澳门企业参与横琴开发，目前尚未明确。调研中业界反映的意见包括：政府负责管理园区用地并招商、政府直接参与园区的建设投资，或是建立以大代小的企业入驻模式等，但尚未形成具体方案。

双方认识的不统一，导致目前出现了澳门部分大企业已按捺不住，自行前往横琴购买土地进行项目开发，且对于其项目是否被纳入粤澳合作产业园区用地并不关心，这在一定程度上反映出大企业对粤澳合作的作用的不信任。澳门的中小企业则由于自身的迫切需求得不到解决而日益焦急，有可能逐渐产生对横琴作为粤澳合作平台的作用的怀疑。长远而言，无论企业规模大小如何，若澳门商界不能及时体会到合作产业园区项目带来的实际作用，将严重影响两地未来开展更深入的合作。

四、模式创新：共建"粤澳全面合作示范区"

正是由于澳门与横琴的区域合作迟迟未能取得突破，澳门方面开始将合作的目标转向广州南沙、中山翠亨、江门大广海湾等开放新区。2014 年 7 月 16 日，在澳门召开的粤澳高层联席会议上，澳门特区政府与中山市人民政府正式签署了《关于合作建设中山翠亨新区的框架协定》（以下简称《中山框架协定》）。协定决定，为了落实《框架协议》《规划纲要》和 CEPA 及其补充协议，推进粤澳更紧密合作，双方将在"一国两制"方针指导下"合作开发"中山翠亨新区，共同建设具国际特色的"粤澳全面合作示范区"，示范区首期规划面积为 5 平方公里。这是澳门方面吸取了在横琴开发中的经验教训后在参与区域合作时的一种模式创新。具体分析如下：

第一，从合作模式看，横琴开发是由珠海方面主导，而翠亨开发则是双方"全面合作"，澳门将发挥一定的主导作用。

根据《框架协议》，横琴开发是粤澳双方"合作开发"，是"共同参与"，借此"探索粤澳合作新模式"。协议规定："澳门特区政府研究采取多种措施，从资金、人才、产业等方面全面参与横琴开发，重点建设粤澳合作产业园区和旅游休闲等相关项目"，并且要"建立粤澳合作开发横琴协调机制，对横琴开发重大问题提出政策建议，支持横琴新区就具体合作项目与澳门特区政府有关部门直接沟通"。但是，在推进过程中，由于这些规定条文缺乏具体制度和机制的保障，实际上是由珠海横琴方面主导，包括土地发展规划的制定、5 平方公里的落实（包括是完整的"一块"土地还是分散的"多块"土地）、企业进入的高门槛等，导致澳门绝大多数中小企业难以进入发展，只能望而兴叹，所谓"合作开发"变成"参与开发"。

相比之下，澳门与中山翠亨的合作，成为澳门参与区域合作以来第一次的"全面合作"和真正的"共同开发"。根据《中山框架协定》的规定，合作的核心内容是双方"共同开发、协助管理"具有国际特色的"粤澳全面合作示范区"。示范区将不仅仅是单纯的产业合作园区，而是一个"全面合作"的示范区。示范区的建设，是由双方合资组建的开发公司牵头推进的，根据澳门经济适度多元化的需要和中山翠亨的实际情况，双方"共同编制区域合作专项规划，优化两地资源分配"。因此，"全面合作"

和"共同开发"从一开始就有制度和机制的保障。在此过程中，不但澳门特区政府能够全程参与、发挥主导作用，为澳门的经济适度多元化未雨绸缪，澳门投资者、中小企业、社会团体和广大市民也将参与其中。这种"全面合作"的模式，是中央赋予广东"先行先试"政策的一次重大突破，也是澳门参与区域合作的一次重大突破。

第二，从合作开发的主体和规模来看，横琴粤澳合作产业园区缺乏开发主体，而"粤澳全面合作示范区"的开发主体是由双方组建的合资公司。

根据《框架协议》，为了推动澳门经济适度多元化，横琴新区将规划出5平方公里的土地面积"共同建设粤澳合作产业园区"。其中，0.5平方公里以股份制的形式组建开发公司，以作为园区开发的运营主体。这在当时是一种很有价值的制度创新。可惜的是，其后双方在其余4.5平方公里产业园区的建设上一直无法消除分歧，最后由澳门方面推荐33个项目给横琴，由横琴分别与这些项目谈条件。所谓粤澳合作产业园区也就成为一纸空文，没有合作开发的主体，且由于33个项目分散在横琴各地，也就无法作为一个产业园区进行统一管理，无法共同争取和落实优惠政策。

而根据《中山框架协定》，中山翠亨的首期5平方公里的"粤澳全面合作示范区"是完整的一块土地，园区的开发有明确的主体——由澳门和中山双方组建的合资公司。澳门方面由澳门特区政府组建投资公司参与合作，中山方面由翠亨投资有限公司参与合作。双方各占50%的股份。其中，澳门方面主要以现金形式入股，中山方面将新区划定范围内的土地作价入股，并考虑吸收一部分其他资金。在开发规模方面，与横琴中医药科技产业园的0.5平方公里相比，翠亨示范区的规模要大得多，仅首期面积就达5平方公里。言下之意，发展得好，规模还可以进一步扩大。由于示范区区位条件好，发展潜力大，合资公司将享有土地开发的红利。换言之，澳门特区政府的投资是有效益的、有回报的。多年来，澳门社会一直在讨论如何借鉴新加坡淡马锡控股的经验，推进经济适度多元化。这次合作对澳门来说无疑是一次有效运用主权财富基金的有益尝试，是一次合作制度的创新。

第三，从合作的领域看，横琴粤澳合作产业园区是单纯的产业合作，而翠亨新区的"粤澳全面合作示范区"则是全方位的、多元化的合作。

在横琴开发上，《框架协议》规定："澳门特区政府研究采取多种措施，从资金、人才、产业等方面全面参与横琴开发，重点建设粤澳合作产业园区和旅游休闲等相关项目，并积极研究制定澳门居民跨境就业、生活的社会福利安排等配套政策。"从表面上看，粤澳双方在横琴的合作，除了产业合作还将兼顾民生，但从近 5 年来的实践看则基本集中在产业方面，而且中小企业难以进入，民生的合作工程尚未起步。这就导致了社会大众和众多中小企业对澳门特区政府在推进区域合作中未能照顾到他们的利益而感到不满。

吸取这些教训，澳门特区政府在推进与中山翠亨的合作中提出了"全面合作"的战略目标，合作将突破以往"产业园区"模式的窠臼，并将拓展到教育、旅游、文化交流、商贸服务、产业等多方面。根据规定，合资公司将主营选址范围内的园区开发，城市道路、港口、市政公用设施建设和招商等，而园区内将建设五大功能区，包括产业合作、商贸服务、教育培训、文化交流、旅游合作。因此，这一合作为澳门经济适度多元化发展提供了广阔的腹地，符合澳门中小企业转型发展的迫切需要，更重要的是有利于推进澳门民生福祉的提升。可以说，这次合作澳门特区政府有份，商界和中小企业有份，大众有份。

第四，从合作的机制看，无论是横琴新区的"合作开发"还是翠亨新区的共建"粤澳全面合作示范区"，都强调包括官方和民间的多层次合作协商机制的建立和完善。

在横琴开发上，《框架协议》规定将"组建粤澳发展策略研究专责小组，吸纳各界代表和专家参与，形成政府、业界和研究机构互动机制，研究粤澳合作发展策略，强化咨询论证功能，向粤澳高层提供政策建议"。可惜的是，在过去近 5 年的实践中，有关合作协商机制的建设令人不满意，导致双方在"合作开发"方面缺乏紧密的沟通和交流。

这次澳门特区政府与中山翠亨的合作从一开始就高度重视合作机制的建立。根据《中山框架协定》，该合作机制由两个层次组成：第一层次是官方的，由澳门特区政府和中山市人民政府合作专责小组定期会晤，提出合作的年度工作重点，共同推进落实；第二层次则是民间的，由澳门和中山双方合作专责小组定期（双月或季度）组织双方有关部门和社会团体会晤，共同商讨合作开发示范区的具体事宜。这有利于调动民间的积极性，发挥民间的监督作用。但关键是不要让这些条件成为一纸空文。

总体而言，澳门与中山翠亨合作建设的"粤澳全面合作示范区"是澳门参与区域合作的一个模式创新，充分反映了澳门经济发展的优势和特点，有利于澳门扬长避短，有效参与合作，因而值得予以充分的肯定并推广。

（未公开发表文稿，2014 年 10 月）